U0938855

清代通史

萧一山 著

六

商务印书馆
创于1897 The Commercial Press
2019年·北京

第六册目录

下卷

第二篇　咸丰之忧患与同治中兴

第二篇　咸丰之忧患与同治中兴

第九章　咸丰之忧患及两宫垂帘

三十四　咸丰帝之初政

（一）奕詝得位之由来

道光三十年正月，旻宁以孝睿和皇后之丧，衔哀积慕，年臻古稀，身体违和。十四日卯刻，特召宗人府宗令载铨，御前大臣载垣、端华、僧格林沁，军机大臣穆彰阿、赛尚阿、何汝霖、陈孚恩、季芝昌，内务府大臣文庆，宣示朱谕，立皇四子奕詝为皇太子。午刻，疾大渐，少顷帝崩，奕詝继位。二十六日，举行登极礼，以明年为咸丰元年。上旻宁尊谥曰成皇帝，庙号宣宗。未几，晋刑部尚书杜受田（字芝农，山东滨州人，道光三年进士，选庶吉士授编修。督山西学政。十五年特召直上书房，授文宗读。二十四年擢工部尚书）协办大学士，受田，奕詝师傅也。生母全贵妃，钮祜禄氏，即孝全成皇后。道光十一年六月初九日，生奕詝于圆明园之湛静斋（后更名基福堂）。次年静贵妃博尔济吉特氏即孝静成皇后亦生皇六子奕䜣，颇英异，宣宗爱之，欲立为皇太子，金合缄名，时书奕䜣名者数矣。以奕詝居长（时长子奕纬，次子奕纲，三子奕继，皆先死），无失德，故逡巡未决。全妃隐知其意，谋鸩奕䜣，以绝后患，奕詝不忍，阴告之，得不死。一日，宣宗命诸皇子校猎南苑，受田谓奕詝曰："今日围场中，但坐观他人骑射，弗发一矢一枪，并约束从人，勿捕一生物，复命时，只言时方春和，鸟兽字育，不忍伤生命以干天和。且不欲以弓马一日之长与诸弟竞争也。"是日，皇六子奕䜣所得鸟兽最多，顾盼自豪，奕詝一无所献。宣宗问之，具如受田所教以对。宣宗大悦曰："是真有人君之度矣。"储位遂定。或曰：宣宗病,一日召二皇子入对,将藉以决定储位,二皇子各请命于其师。奕䜣师卓秉恬教以上如有所垂询,当知无不言,言无不尽。受田则谓奕詝曰:"阿哥如条陈时政,智识万不及六爷,惟有一策,皇上若自言老病,将不久于此位,阿哥惟伏地流涕,以表孺慕之诚而已。"如其言,帝大悦,谓皇四子仁孝,储位遂定。以上两说虽出传闻,皆非无据之谭,故《清史稿》援前说以入《杜受田传》。《道光朝实录》,亦明载立奕詝为皇太子,与封奕䜣为恭亲王朱谕,同藏于储位缄名金匣中,时道光二十六年六月十六日,奕詝十六岁,奕䜣十五岁,此为清朝家法所未有之特例也。可见宣宗对建储颇费踌躇,二人皆同得父爱耳。故奕詝甫即位,即以受田入内阁。受田虽无大才识,然其为人笃谨敏学,爱惜人才,如疏荐林则徐、周天爵及保全向荣等,大节较然,天下颇睹其效,惜未及正纶扉而遽逝。奕詝闻讣,亲往奠醊,追赠太师,予谥文正,饰终之典,悉视大学士例有加。盖非惟追怀典学之勤,亦以报其拥戴之勋。清诸帝之文字,以奕詝为最优,亦多得受田启沃之力云。惟奕詝嗣立不一年,洪秀全即起事金田,天下扰攘,亘十余年而后定。终咸丰之世,东南疆圉,为太平天国势力所笼罩,对外以误用一叶名琛,致召英、法联军之祸,内忧外患,纷至沓来,戎马仓皇,何暇图治?诚所谓"四夷交侵,万方多难"时矣。《清实录》谓:"文宗聪明天亶,大孝性成,总以国计民生为重,十一年中,有如一日,批章召对,日昃不遑。每念时势孔艰,四海疮痍未复,辄中夜傍徨,不能自已,以至圣体违和,然犹宵旰忧劳,不自暇逸。"此虽谀辞,亦颇能道出当时实况,盖奕詝目睹天下大乱,无术挽回,中夜傍徨,不能自已,乃日近醇酒妇人,纵欲自戕。早年优美英发之资,一变风流滑稽之态,强作欢颜,以遣忧勤,其心良苦,其体日坏。野史言咸丰季年,天下糜烂,几于不可收拾,故文宗以醇酒妇人自戕。其时有雏伶朱莲芳者,貌为诸伶冠,善昆曲,歌喉娇脆无比,且能作小诗,工楷法。文宗嬖之,不时传召。有陆御史(相传即常熟陆懋宗)者亦狎之,因不得常见,遂直言极谏,引经据典,洋洋数千言。文宗阅之,大笑曰:"陆都老爷醋矣!"即手批其奏云:"如狗啃骨,被人夺去,岂不恨哉?钦此。"不加罪也。奕詝风流滑稽如此。故论者以为九年己未,预祝三十诞辰,是时东南大乱,兵连祸结,而犹颁恩诏,开庆榜,且引道光帝之因五旬六旬开科为例。十一年正月，帝在热河，间关奔走之余，犹复御殿受朝，作乐宣表，并赐近支亲藩等宴，可谓清歌漏舟之中，痛饮焚堂之下者已。矧在常雩大祀，并不躬亲，方泽圜丘，一概遣代，寅恭无畏，典礼久旷，使非有文庆、奕䜣诸人，内外维持，则大局糜烂，早已不可收拾矣。

（二）穆彰阿、耆英之罢斥

道光时，穆彰阿把持朝政，抵排异己，前既详述之矣，而耆英相与依附，贪庸误国。鸦片战役，朝廷举措失当，实二人蒙蔽之咎，故皆为舆论所指责。林则徐在广东禁烟，对夷务主张强硬，与穆彰阿、耆英等之主抚派不合，因被罢遣。姚莹、达洪阿在台湾击毁英人兵船，以英人要求，被逮入京。凡此皆使人切齿者。又白门议约，不注意鸦片问题，贻害国家，厥罪殊显。道光三十年五月初三日，兵科给事中曹履泰奏云："查粤东夷务，林始之而徐终之，两臣皆为英人所敬畏。去岁林则徐乞假回籍，今春取道江西养病，使此日英人顽梗不化，应请旨饬江西抚臣速令林则徐赶紧来京，候陛见后，令其协办夷务，庶几宋朝中国复相司马之意。若精神尚未复原，亦可养疴京中，勿遽回籍。臣知英人必望风而靡，伎俩悉无所施，可永无宵旰之虑矣！"同时大学士潘世恩等又为林保奏。奕詝因颁上谕，令其迅速北上，听候简用。旋特派为钦差大臣，命赴广西剿匪。盖帝亦不满于抚夷派之软弱无能，颇欲振作有为，既采纳众议以起用则徐，则罢黜穆彰阿乃自然之结果。是年十月二十八日，奕詝朱谕在廷诸王大臣曰：

> 任贤去邪，诚人君之首务也。去邪不断，则任贤不专。方今天下，因循废坠，可谓极矣！吏治日坏，人心日浇，是朕之过；然献替可否，匡朕不逮，则二三大臣之职也。穆彰阿身任大学士，受累朝知遇之恩，不思其难其慎，同德同心，乃保位贪荣，妨贤病国。小忠小信，阴柔以售其奸；伪学伪才，揣摩以逢主意。从前夷务（《实录》作"洋务"）之兴，穆彰阿倾排异己，深堪痛恨。如达洪阿、姚莹之尽忠宣力，有碍于己，必欲陷之。耆英之无耻丧良，同恶相济，尽力全之。似

此之固宠窃权者,不可枚举。我皇考大公至正,惟知以诚心待人,穆彰阿得以肆行无忌,若使圣明早烛其奸,则必立置重典,断不姑容。穆彰阿恃恩益纵,始终不悛,自本年正月朕亲政之初,遇事模棱,缄口不言。迨数月后,则渐施其伎俩,如英夷(《实录》作"噗人")船至天津,伊犹欲引耆英为腹心,以遂其谋。欲使天下群黎,复遭荼毒,其心阴险,实不可问。潘世恩等保林则徐,伊屡言林则徐柔弱病躯,不堪录用。及朕派林则徐驰往粤西剿办土匪,穆彰阿又屡言林则徐未知能去否?伪言荧惑,使朕不知外事,其罪实在于此。至若耆英之自外生成,畏葸无能,殊堪诧异!伊前在广东时,惟抑民以媚外(《东华录》作奉夷),罔顾国家。如进城之说,非明验乎?上乖天道,下逆人情,几至变生不测,赖我皇考炯悉其伪,速令来京,然不即予罢斥,亦必有待也。今年耆英于召对时,数言及噗人如何可畏,如何必应事周旋,欺朕不知其奸,欲常保禄位,是其丧尽天良,愈辩愈彰,直同狂吠,尤不足惜。穆彰阿暗而难知,耆英显而易著。然贻害国家,厥罪惟均。若不立申国法,何以肃纲纪而正人心?又何以使朕不负皇考付托之重欤?第念穆彰阿系三朝旧臣,若一旦置之重法,朕心实有不忍,着从宽革职,永不叙用。耆英虽无能已极,然究属迫于时势,亦着从宽降为五品顶戴,以六部员外郎候补。至伊二人行私罔上,乃天下所共见者,朕不为已甚,姑不深问。办理此事,朕熟思审度,计之久矣。实不得已之苦衷,尔诸臣其共谅之!嗣后京内外大小文武各官(《实录》脱"内"字),务当激发天良,公忠体国,俾平素因循取巧之积习,一旦悚然改悔,毋畏难,毋苟安!凡有益于国计民生诸大端者,直陈勿隐,毋得仍顾师生之谊,援引之恩,守正不阿,靖共尔位,朕实有厚望焉!布告中外!咸使知朕意。

奕詝此举,虽为改变对外政策之张本,但其厌廷臣习于因循,乏匡济之略,亦可于谕中见之。盖帝颇欲于内政外交,齐下整顿之决心也。其初政屡以求言任贤为标帜之宗旨,既起用林则徐,又征罢废之太常寺卿唐鉴(号镜海,湖南善化人。著《国朝学案小识》,曾国藩有《唐确慎公墓志铭》）入观对，以年逾七旬，不能服官，赏给一二品卿衔，仍留主讲金陵书院。然去邪不断，则任贤不专，乃罢斥穆彰阿、耆英以风示天下，所谓早年英断之风，亦于此征其一二焉。

（三）秀女之罢选

咸丰三年，太平军由武昌沿江东下，覆九江、安庆，破江宁，建都于此。分兵北攻河南、直隶，京、津震动，昕夕戒严。时值清廷忧劳旰食之时，忽下遴选秀女之诏。旗人某氏女者父为骁骑校，夫妇老而无子，且家赤贫，恃女针黹以养，缝澣湢厨之事，悉一身兼之。女略识文字，有暇则聚邻童，教以之无，藉博升斗资。至是亦名列籍中，闻报痛哭，念己入宫，父母老无依，且辗转入沟壑，欲奉亲以遁者数矣。故事无问官民女，既当选，则以官监守之，虑其脱也。女既不克逃，不得已，届期，随众往，排班候驾于坤宁宫外，自黎明至日中昃，车驾久不至，诸女来自民间，骤睹禁卫森严，颇形惶恐，加以饥渴竟日，荏苒难支，相向饮泣。监者叱之曰："圣驾行且至，何敢若此，不畏鞭笞耶？"众闻言，愈战惧欲绝。女勃然起，厉声语监者曰："去家室，辞父母，以入宫禁，果当选，即终身幽闭，不复见其亲。生离死别争此晷刻，人孰无情，安得不涕泣？吾死且不畏，况鞭笞乎？且赭寇起粤峤间，不数载，悉长江而有之，今遂陷金陵，天下已失其半。天子不能求将帅之臣，汲汲谋战守，保祖宗大业，而犹留情女色，强攫民家女，幽之宫禁中，俾终身不获见天日，以纵己一日之欲，而弃宗社于不顾。行见寇氛迫宫阙，九庙不血食也！吾死且不畏，况鞭笞乎？"监者大惊，急掩其口。适奕詝驾至，因缚之，牵诣辇前，抑之跪。女犹倔强，不肯屈膝。初女所言，帝已微闻之，笑问其故，女仍侃侃然奏如前语。奕詝欣然喜曰："此奇女子也！"亟命释其缚，令引入宫中，朝见皇后。会某邸新丧偶，乃以女指婚焉。而罢所选秀女，令皆宁其家。此事见王闿运《湘绮楼文集·国朝列女传》，近人《清宫遗闻录》、《恬庵语乘》及《春冰室野乘》等书，当时如吴季清笔记多载之，想非无据也。案选女之制，乃清朝定例：入宫者只以旗籍充之，不及汉人。中选分四等：一妃，二嫔，三贵人，四常在，皆由太后主之。而皇贵妃在妃上，答应又在常在下，似有六等矣。道光帝崩后，

《实录》每日皆有“上诣永春室,问皇贵太妃安”句。盖奕䜣母静贵妃尊为皇贵太妃。奕詝母孝全皇后于道光二十年崩,奕詝方十岁,贵妃抚育有恩也。时后宫加封者,仅琳贵妃,常、佳、彤、成、祥五贵人,顺常在,蔡、尚、李、那四答应,不过十一人耳。凡妃、嫔、贵人、常在,如得宠或生子,亦可荐升至皇后,满洲未字之女,其贵以此。慈禧太后那拉氏,咸丰元年被选入宫,初号懿贵人,四年封懿嫔。六年生同治帝,晋懿妃。七年晋懿贵妃。即由此途阶进者也。

三十五 咸丰中之宰辅

(一) 文庆之相业

满清建国二百年来,凡磊落闳伟盖世之勋业,皆出满洲世族及蒙古、汉军之隶旗籍者。汉臣虽不乏贤俊,不过以文学议论黼黻隆平而已。其措注之深意,盖谓疏戚相继,近远相驭之道当如此,而风气文弱,不娴骑射,将略非所长,又其次也。乾隆、嘉庆间防畛犹严,如岳钟琪之服金川,二杨之平教乱,虽倚任专且久,而受上赏为元勋者,必以旗籍当之。盖内满外汉之势,所由来者旧矣。顾满人自入关以后,已尽失其英武之风,习于安荣,阘冗沓泄,早无治御能力,清廷但以名位所寄,大权集于己族,亦不稍假借他人。洎咸丰初年,海内多故,乱事四起,经略大臣如赛尚阿、讷尔经额皆以失律获咎,于是满人之不堪用,已尽情暴露矣。幸文庆(字孔修,费莫氏,满洲镶红旗人。两广总督永保之孙也。道光二年进士,选庶吉士,授编修。五迁至詹事,历通政使左副都御史,内阁学士。十二年授礼部侍郎,兼副都统。历礼部、户部侍郎,二十三年连擢左都御史兵部尚书。二十八年诏授吏部尚书,兼步军统领,内务府大臣。三十年充内大臣。薛执中者,甘肃河州人,以符咒惑众,至京师,借术医病,朝贵多与往来。遂妄议时政,谈休咎,行踪诡密,为巡城御史曹楙坚捕治。中外大臣牵连被谴者众。文庆曾延医病,文宗斥其身为步军统领,不能立时捕究,有乖职守,褫职。咸丰元年予五品顶戴,办理昌陵工程。二年授内阁学士,寻擢户部尚书,复为内大臣。五年复为军机大臣,拜文渊阁大学士,晋武英殿大学士,管理户部事)为大学士、军机大臣,淳谨持大体,屡踬屡起,眷依不衰,尝言:“欲办天下事,当重用汉人。彼皆从田间来,知民疾苦,熟谙情伪,岂若吾辈未出国门一步,懵然于大计者乎?”平时建白,常密请破除满、汉畛域之见,不拘资格以用人。曾国藩初任军事,屡战失利,忌者沮抑之,文庆独言:国藩负时望,能杀贼,终当建非常之功。时时左右之。胡林翼以庚子江南科场失察,与同镌秩,文庆深知其才略,屡密荐,由贵州道员,一岁之间,擢至湖北巡抚。凡所奏请,无不从者。文庆实居中主之。袁甲三督师淮上,骆秉章巡抚湖南,尝荐其才,请勿他调,以观厥成。其兼管户部也,阎敬铭方为主事,明习部务,文庆尝采用其议,虽他司所掌,亦询之以定稿。后卒得诸人力以勘定大乱。及端华、肃顺渐进用事,然独严惮庆。庆以累世贵显,气度浑融,能断大事,为八旗王公所敬信,端华、肃顺虽颇被裁抑,弗敢怨也。咸丰六年十一月,文庆卒,予谥文端。遗疏言:如有督抚如庆端、福济、崇恩、瑛棨等皆难胜任,不早罢之,恐误封疆事。其后数人,皆如所料,数人皆满人也。说者谓咸丰一朝虽时艰事危,而不至遽亡者,则以斡旋气运之功,终移数百年积重之习,卒以奋起贤才,削平大难。中兴之先,论相业者,必以文庆居首焉。

(二) 祁寯藻、彭蕴章之相业

文庆以户部尚书入值军机,协办大学士,及继正揆席,皆在咸丰五年间。五年以前,继穆彰阿为首相者,则祁寯藻(字春圃,山西寿阳人。嘉庆十九年进士,选庶吉士,授编修。道光元年值南书房,历任侍讲学士,光禄寺卿,内阁学士,兵部、户部、吏部侍郎,左都御史,兵部尚书。二十一年调户部,命为军机大臣。二十九年以户部尚书协办大学士。三十年,文宗即位,拜体仁阁大学士)也。寯藻颇以湘军之起,不利清室,时抵排曾国藩,而与文庆、肃顺之意见相左。然寯藻汉人也,素以学问雅博负重望,一时考据辞章之士,与讲许氏学者,翕然称之。门下士私相标榜,至推为儒宗。道光季年以户部尚书入为军机大臣,与首相穆彰阿共事,无龃龉。奕詝即位,以大学士潘世恩乞休,遂以寯藻为大学士。未几穆彰阿罢,寯藻遂为首相。太平军之据武昌、汉阳也,进据岳州,以逼长沙。国藩起乡兵出境攻战,连克武、汉、黄诸郡,捷书方至,奕詝喜形于色,谓军机大臣曰:"不意曾国藩一书生,乃能建此奇功!"寯藻对曰:"曾国藩以侍郎在籍,犹匹夫耳,匹夫居闾里,一呼蹶起,从之者万人,恐非国家福也。"奕詝默然变色者久之。由是国藩不获大行其志,亘七八年皆有责而无权,薛福成谓其"利害之私挠乎中,爱憎之公变于外,堕坏国事于冥冥之中"者也。使当时不有文庆从中维护,则国藩当被排以去,国事尚堪问乎?侍郎吕贤基尝疏论天下事,颇忤政府,是时皖北骚乱,寯藻请派贤基还籍治团练,无兵饷以畀之。贤基自陈书生不知兵,陛辞日,痛哭而出。未几,遂殉舒城之难。刑部员外郎邵懿辰以经学、文学名于世,惟戆直,好议天下大计。与寯藻学术不相中,又素与国藩善,时为军机章京,会太平军北伐,寯藻请遣懿辰出防河。人谓懿辰:"黄河绵亘千里,纵有劲兵数万,且不易守,而况徒手无一兵者乎?此政府欲置君死地,否则以疏防罪君也。"已而太平军果渡河至畿辅,懿辰以是镌秩去。太平军势日炽,江南数省沦陷,军兴财匮,议者试行钞法,又铸当百、当五百大钱,皆行之未久而滋弊。寯藻管户部,负时咎,又与满尚书肃顺意见龃龉,盖肃顺力言湘军可用,而奕詝向之也。寯藻不自安,称病请罢,温诏慰留。四年冬,复坚以为请,乃允致仕。然仍以厘损病民为言,欲去湘军之羽翼耳。同治元年,征用耆旧,复以大学士衔补礼部尚书,入值鸿德殿。适两江总督何桂清以苏、常失守,弃城而逃,逮入刑部狱,舆论皆谓死有余辜,独寯藻上书力救,为御史卞宝第所劾,由是清望日减。同治五年卒,赠太保,谥文端。与寯藻同气量而以力排湘军为事者,尚有彭蕴章(字咏莪,江苏长州人,有自订年谱及潘祖荫撰《彭文敬公神道碑铭》)。蕴章以咸丰初年入政府,命在军机大臣上行走。六年遂为大学士,力荐何桂清兼资文武,必能保障江南。迄苏、常告陷,犹力庇桂清,谋贳其罪。与端华、肃顺等共事,肃顺尤为横恣,蕴章未尝迕之。英、法联军之变,乞病予告。亦以同治即位征起。蕴章条陈时事颇备,不自上疏,诣军机大臣,请代陈之。其大旨谓湘军遍天下,曾国藩权太重,恐有尾大不掉之患,于所以撤湘军削国藩权者三致意焉。是时国藩负朝野重望,清廷方倚以平乱,军机大臣闻而哂之,由是不获再用,未几病辞,遂卒,予谥文敬。祁、彭久领枢务,皆负一时之望,而其无远识如此,殆优容取媚,深以满、汉权力之消长为虑者,然观其好恶,可以觇其相业焉。《中国近世秘史》谓请撤湘军削国藩权者为翁心存之事,殊误。《庸庵文集·记宰相有学无识》条虽只言某某两公,但《庸庵笔记》卷一"肃顺推服楚贤"条,有祁文端公、彭文敬公尚懵焉不察语,则所谓两公,即寯藻、蕴章之事也。又记中有庚申之变,乞病予告之言,更确知其为蕴章,因心存已以己未五月休致矣。

(三) 肃顺之尊用汉人

太平军之起也,清廷兵力、财力,已不足以敉平大难,而将帅之有功者,皆在湖南。故文庆首以重用汉人为言,奕詝颇信其说。胡、曾、左、李联翩大用,清室之所以能延祚数十年者,此其要键也。然汉臣如祁寯藻、彭蕴章等尚瞢焉不察,时时排抵之,文庆于大臣中,亦可谓佼佼者矣。及文庆卒,载垣、端华、肃顺相继用事,即后之所谓"咸丰三奸"者也。载垣为圣祖第十三子允祥之后,袭爵怡亲王。端华为乌尔泰阿子,袭爵郑亲王,与惠亲王绵愉(仁宗第五子),在道光时久供职内廷(端华为御前大臣,载垣在御前大臣行走),同受顾命。奕詝即位,其弟恭亲王奕䜣、惇亲王奕誴、醇郡王奕譞并令在内廷行走。诸王中以奕䜣关系最密切,缘帝十岁丧母,就养于奕䜣生母静贵妃,自小相处,如亲昆弟也。惟心厌静贵妃有所溺爱,故仅尊为皇太贵妃,而不尊为后。奕䜣心慊甚,频以为言,帝皆不应,二人因此有隙。咸丰五年,静太贵妃疾笃,始勉强尊之为康慈皇太后,越九日崩,上谥曰:"孝静皇后。"不系宣宗谥,且杀其丧葬礼仪,出殡次日,即命恭王退出军机,入上书房读书。自后遂视同他王矣。而载垣、端华导帝娱情声色,帝心惑焉,遂日与郑、怡二王接近。肃顺者,字雨亭,郑王端华同母弟也。其才远出二王上,王闿运诗所谓"二王不达政,顺乃颜敷腴"是已。咸丰初以散秩大臣擢内阁学士,兼副都统,帝以其敢于任事,又能迎合意旨,渐向用之。咸丰四年,授御前侍卫,寻迁工部侍郎,历礼部、户部。七年擢左都御史、理藩院尚书兼都统。八年调礼部尚书,仍兼理藩院事,又调户部。为人才气横溢,勤于治事,有法家综核之风,盖欲承帝意以起积弊于衰靡之世也。故帝极信任之,遇事均与谋,军机大臣遂致拱手听命而已。科场及户部两案,为咸丰时最大之刑狱,以严为尚,皆肃顺为之也。因此怨毒繁兴,终及于败。然肃顺推服楚贤,尊用汉人,与文庆相表里,维系清室命运,关系綦大。帝虽娱情声色,而能假肃顺以整饬吏治,君臣济美,皆有足多,谓之为奸,未免枉矣!肃顺以天下大难,非依畀汉人不可,乃极意搜罗人才,汲汲不可终日。若郭嵩焘、匡源、高心夔、陈孚恩、尹耕云等,皆为肃顺所心折,而引为羽翼。又聘龙皞臣为西席,教其子就读。常言:"满人胡涂不通,不能为国家出力,惟知要钱耳。国家遇有大疑难事,非重用汉人不可!"相传其任部院时,对所属旗籍司官,多役使之若奴隶,待汉员则极谦恭,谓人曰:"咱们旗人浑蛋多,懂得什么?汉人是得罪不得的,他那枝笔利害得很!"咸丰九年王闿运至京,皞臣之老友也,肃顺得见之,即激赏其才,欲沿八旗习俗约为异姓兄弟,并拟入资为郎。闿运未即许,但肃顺已极喜其人矣。闿运自荐充报聘俄罗斯使,肃蹙额曰:"那可甘粗使。"其言外之意,似认使者为粗事,王为文学长才,恐终非所屑为耳。其优礼贤士,尊重学者,饮宴馈贻,脱落形迹。闿运有诗云:"尚书赐第花珊瑜,醉翻酒盏相欢呼。盛胡俳优喧坐隅,徐郎屈膝请为奴。就中龙黄较清稳,当筵未肯污茵裾。"又云:"当时意气论交人,顾我曾为丞相宾。俄罗酒味犹在口,几回梦哭春花新!"盖其时肃顺已败,而闿运犹忆恋故交,追述醉酒欢呼之盛况,其意气干云,可想见也。平日与座客谈论,极佩曾国藩之识量,胡林翼之才略。咸丰十年,苏、常失陷,奕訢欲调胡林翼总督两江。肃顺曰:"胡林翼在湖北,措注尽善,未可挪动。不如用曾国藩督两江,则上下游俱得人矣。"遂如其议。国藩至是始有督吏筹饷之权,不徒为空名之督师,而削平大难,于此肇基,故王闿运谓:"曾侯大用自肃豫庭。"盖纪实也。左宗棠在湖南巡抚幕,已革永州镇樊燮控之都察院,官文复严劾之。廷旨饬下官文密查,如左宗棠果有不法情事,即可就地正法。肃顺告幕客高心夔,心夔告王闿运,闿运告郭嵩焘,嵩焘与宗棠同县,又素佩其经纶,闻之大惊,亟请闿运求救于肃顺。肃顺曰:"必俟内外臣工有疏保荐,余方能启齿。"嵩焘方与潘祖荫同值南书房,乃挽祖荫疏荐宗棠,谓:"左君去,湖南无与支持,必至倾覆,东南大局,不复可问。"而胡林翼上《敬举贤才力图补救疏》,亦荐宗棠才可大用。

并有"名满天下,谤亦随之"语。奕詝果问肃顺曰:"方今天下多事,左宗棠果长军旅,自当弃瑕录用。"肃顺曰:"闻左宗棠在骆秉章幕中,赞画军谋,迭著成效,骆秉章之功,皆其功也。人才难得,自当爱惜。请再密寄官文,录中外保荐各疏,令其察情办理。"从之。官文知朝廷欲用宗棠,遂与僚属别商具奏结案,宗棠竟未对簿。俄而曾国藩荐宗棠以四品京堂襄办军务,勋望遂日隆。故肃顺于中兴名臣之得握兵柄,调护主持之力,其功不可没也。

三十六　咸丰间之两大狱

(一) 戊午科场之狱

自科举取士,乡会试为抡才大典,然而通关节、行贿赂,历朝数见不鲜。嘉、道以来,公卿子弟,视巍科如故物,以通榜为常事。即士子来京就试,遇同乡京官之考差者,亦必向之索关节,谓之"条子"。条子者,截纸为条,订明诗文某处所用之字,以为记验,凡与考官房官熟识者,皆可呈递。或辗转相托而递之。房考官入场,凡意所欲取者,凭条索之,百不失一。盖自条子兴而糊名易书之法几穷矣。此风至咸丰初尤盛行,大庭广众,不以为讳。敏给者常获选,讷朴者常失意,往往有考官夙所相识,闱中不知而摈之,及出闱而咎其不递条子者。又有加识三圈五圈于条子上者,倘获中式,则三圈者馈三百金,五圈者馈五百金。考官无行,以为利薮。但亦有博延揽人才之名,为收门生计者,不必一定为利也。且辗转相托,已成积习,虽科场之狱屡起,制裁严峻,而儆百之效不彰,盖名利所在,常有侥幸得免者,一二主考官之监察殊难尽周耳。咸丰八年顺天乡试,正主考官大学士柏葰,副主考尚书李凤标,左副都御史程庭柱。甫入场,监临顺天府尹梁同新,提调顺天府丞蒋达,即以供给事议不合,互相诋。八月十日头场门开,蒋贸然去,疏劾同新。侍郎景廉,因具疏并劾二人。蒋褫职,梁亦降调。及榜发,士论哗然。有满洲人平龄,中式在前十名,平龄素娴曲调,曾在戏院登台演剧。御史孟传金疏奏平龄朱墨不符,且优伶,请推治。奕詝立提试卷复勘,签出诗文悖谬者甚多。奉旨将柏葰革职,凤标、庭柱调任,听候查办。特派载垣、端华、全庆、陈孚恩会讯。牵涉柏葰门丁靳祥。是时载垣、端华、肃顺方用事,以柏葰资较深,性颇鲠直,畏而恶之,欲借此事兴大狱以树威,因下靳祥狱。又于案外访出同考官郎中浦安,与新中式之主事罗鸿绎通关节,居间者为兵部主事李鹤龄。而庭桂长子柄采,亦有收贿事,并逮治。案未结,平龄、靳祥皆瘐死狱中。锻练久之,亦无纳贿实迹。奕詝意以柏葰老成宿望,欲待以不死。肃顺力言取士大典,关系至重,亟宜执法,以惩积习。咸丰九年二月狱成,大旨柏葰虽无纳贿情事,而靳祥之请求撤换试卷,其弊显然。靳祥未伏罪而死,当以罪名加之柏葰。奕詝御便殿,召诸王大臣,谕以不得已用刑之故,柏葰、浦安、鸿绎、鹤龄、柄采皆同日弃市。庭桂遣戍,内外帘官及新中举人军流降革至数十人。行刑之日,各犯官皆赴菜市口,候驾帖一到,即行刑。是日,柏葰照例冠摘缨帽,衣元色外褂,同赴市口,先向阙谢恩。静候驾帖,时谓其子曰:"皇上必有恩典,我一下来,即赴夕照寺候部文起解,尔回家速将长途应用之物赶紧送来!"盖向来一二品大员临刑时,或有格外恩典,柏葰意非新疆即军台,故云至夕照寺候起解也。乃言甫毕,见刑部尚书赵光一路痛哭而至。柏一见云:"完了!完了!皇上断不肯如此,必肃六从中作祟,我死不足惜,肃六他日亦必同我一样。"刽子手即屈左足半跪送中堂升天矣。柏死后,有人挽以联云:"其生也乐,其死也哀,雨露雷霆皆主德;臣门如市,臣心如水,皇天后土鉴孤忠。"盖柏葰尝于道光朝以少宰使朝鲜,朝鲜王馈五千金,却之,请益坚,携归奏闻,请存礼部,还其使臣。故论者谓其清节如此,通榜受贿,良非信谳也。自此以后,遂无明目张胆以条子相授者,一时科场之弊渐肃。然肃顺等之用意,在树威而张权势,故议者亦不以整顿科场之功归之也。如翁同龢《日记》咸丰十年四月二十一日有云:"是日监试者有尚书肃公,湖北陈炳勋带坊间副本起草,实无他物,坐以怀挟交讯。传旨戌初撤卷,甫届戌初,即纷纷撤取,有剩一行者、数字者,均不得免。发出寿字圆印,完卷者钤于卷尾,不完者就取止钤之。肃公颐指气使,视士人若奴隶,掣卷毕,日犹未落也。"民间盛传肃顺欲以大魁畀其幕宾高心夔,扬言整肃场规,而阴告监场御史及收卷候高交卷,即传撤卷。蜚语四传,士民对肃顺遂增恶感矣。惟同龢为翁心存之子,心存固与肃顺不合而求退者,其言未必无成见耳。是科为恩科,状元为钟骏声亦非高心夔也。

(二) 户部宝钞处等案

科场之案方告结束,而户部舞弊案又起。先是户部因军兴财匮,发行钞票,设宝钞处;行大钱,设官钱总局,分领其事。又设官号,招商佐出纳,立乾字官号四,宇字官号五,钞币大钱无信用,以法令强行之,官民交累,徒滋弊窦。咸丰八年冬,肃顺任户部尚书,乃派员覆对宝钞处五宇字官号欠款,以资整理。结果竟发现其数目与官钱总局所立存稿不符,因奏请查办。自此户部案牵延两年,查出清结五宇字官号司员有蒙混办稿,将官款化为私欠情事,肃顺大怒,即奏请将该司员台斐音、王正谊、李寿蓉等褫职究办,商人张兆麟等革职严讯,一时司员及商户被抄没者数十家。又劾官票所官吏交通,褫关防员外郎景雯等职,籍没官吏亦数十家。户部迭兴大狱,肃顺主之,多所罗织。载垣等会鞫,谓司员忠麟、王熙震以短号钞兑换长号,曾面启户部尚书翁心存。奉严旨诘问:"是否知情?"心存回奏:"部院事非一二人所能专政,断无立谈数语改旧章之理。"载垣遂请褫顶戴归案讯质。文宗鉴其诬,仅以失察议处,免传讯,议降五级,改俟补官革职留任,时心存已予告去职矣。盖心存尝受肃顺当署垢辱,不能堪,遂移疾去。九年十一月二十九日午刻,户部忽失火,廨宇尽焚,且延及礼部祠祭司廨。民间均藉藉以为天灾示警,似不当更事峻刑,尽归人咎。而肃顺以为舞弊案未审结,忽而失火,其中必有别情,或系冀图灭迹。请旨令严加夹讯,以期水落石出。御史朱梦旦上疏称:"冬令旱干,时有火警,请修人事,以迓祥和。"并谓:"求治太锐,不免操之已蹙;除弊太急,不无过为已甚;凡事务以祥慈为念"等语。言殊率直,而颇切时病。但上谕云:"持论尚未平允。近来部院各衙门办事多趋苟且,诸臣果能力求整顿,固不宜专以刻薄残忍为能,亦不可徒博宽大之名,因循废弛。即如见办户部钞票局一案,种种弊端,层见叠出,上亏国帑,下朘旗民,若不严行惩办,何以肃纲纪而对臣民?从此惩一儆百,各知悚惕,不至自罹法网,所以保全者不更大耶?"王闿运诗云:"自喜忠国谋,五宇算锱铢。"颇能道出肃顺苦心,盖彼颇欲藉此以伸纲纪,整饬因循废弛之庶政耳。但积习已深,上下容隐,一旦受裁,反怨滥枉。时人论之曰:"顷年度支百出,而官吏朋奸舞弊,亏至数千万以上,县官振厉,固不容缓;然昔岁科场,今兹储库,屡兴大狱,亦非国家福也。"是故肃顺之振作有为,固未可厚非,然而操之激切,则不免怨言繁兴矣。且其揽权自肆,日益骄横,致招同官旗人(因请减八旗俸饷事)不满,后之失败,率由于此。如在户部每阅文稿,均审慎再三,始行画诺,一日有一公文已画诺,肃顺佯问之:"是谁之诺也?"司员答曰:"周中堂之诺也。"肃顺骂曰:"唉!若辈愦愦者流,但能多食长安米耳!乌知公事?"因将司员拟稿,画加勒红帛焉。并加勒帛于周画诺上,累次如此,周均默然受之。周者,即周祖培也(字芝台,河南商城人,嘉庆二十四年进士,选庶吉士授编修,历官学政内阁学士,礼、工、刑部侍郎。咸丰元年,擢刑部尚书。三年降调左副都御史,四年擢左都御史兵部尚书管顺天府尹,六年,调吏部,八年协办大学士兼署户部。九年调户部兼署吏部。英法联军入侵,留京办事,拜体仁阁大学士)。盖肃顺以户部议复四川学政何绍基捐廉疏,违式用骈体文,帝见之,曾面责尚书祁寯藻曰:"当阅何绍基疏时,卿亦议其迂拘,何为而效之?大学士管部,乃不能动司官稿一字乎?"常忆及此事,故文稿有不妥处,虽同僚亦为之勒改。殊不知周之地位声望尚高于肃顺也。顺待之如此,其愤恨何如?以后辛酉政变,周即领衔首请垂帘之人,为那拉后、奕䜣作驱除难矣!故郭嵩焘批评之曰:

肃尚书之才美矣!其用心在起积弊而振兴之,亦可谓勤矣!某在京三年,推求国家之致弊之由,在以例文相涂饰,而事皆内溃,非宽之失,颟顸之失也。宽者宣圣之明训,国家积累之至仁,乌可轻议哉?今一切以为宽,而以严治之,究所举发者,仍然例文之涂饰也。于所事之利病原委与所以救弊者未常讲也。是以诏狱日繁而锢弊滋甚,徒使武夫悍卒乘势罔利以凌藉缙绅,明世之稗政见矣,某窃独忧之!向者之宽,与今日之严,其为颟顸一也。颟顸而宽犹足养和平维系人心之本,颟顸而出之以严,而弊不可胜言矣!毋以稍宽假以例文以求理财行政之实效,天下事其犹可为乎?故某以为省繁刑而崇实政,为今日之急务!

观乎此,则知肃顺用心虽佳,治事虽勤,然不能抉病源而崇实政,徒以繁刑例文相涂饰,是以锢弊滋甚。其柄政之措施,适足为怨谤所集,过咎所归。郭氏诚能作持平之论矣。

三十七　咸丰帝之崩逝

(一)回銮之议

咸丰十年八月,英、法联军逼通州,肃顺方以协办大学士兼步军统领,与载垣、端华同劝奕詝北狩,巡幸热河,以避其锋。热河本湫隘,内外禁防不甚严密,三人益得出入自便,导帝娱情声色,为希宠揽权之计。迨和议成,英、法军自北京撤退由天津登轮回国,留京王大臣疏请回跸,以安人心。惟帝以夷使亲递国书一节,未经明言取消,恐有反复。是年九月二十五日朱批恭王等奏折后云:"二夷虽已换约,难保其明春必不反复,若不能将亲递国书一层消弥,祸将未艾,即或暂时允许作为罢论,回銮后,复自津至京,要挟无已,朕惟尔是问!此次夷务步步不得手,致令夷酋面见朕弟,已属不成事体。若复任其肆行无忌,我大清尚有人耶?"然恭亲王复再次奏称:"可令恒祺等在津先为理喻,亦可随时设法消弥。……日久示之以信,似属无难钤制,不致上烦宸廑。"而帝仍以为"此次办法实属毫无把握,在京并未言明,含混退兵,欲使恒祺等随时羁縻,不来则已,来则必启争端。况既经换约,何法阻之?种种贻患,实难枚举!"并责恭亲王等:"岂能因兵退回銮,即可卸责?"盖奕詝因畏见外使,始不肯回銮也。恭亲王奕䜣再请,帝仍以"为时尚早"拒之。十月初一日复明谕内阁曰:"本年天气渐届严冬,朕拟暂缓回銮,俟明岁再降谕旨。"同日并谕军机大臣申言不即回銮之理由云:

恭亲王奕䜣等合辞吁恳回銮一折,览奏具见悃忱,业经明降谕旨宣示矣。惟此次夷人称兵犯顺,恭亲王等与之议抚,虽已换约,此系万不得已允如所请。然退兵后而各国夷酋尚有驻京者,亲递国书一节,既未与该夷言明,难保不因朕回銮再来饶舌。诸事既未妥协,设使朕率意回銮,夷人又来挟制,朕必将去而复返,频数往来,于事诸多不协;且恐京师人心震动,更有甚于八月初八日之举。该王大臣等奏请回銮,固系为镇定人心起见,然反复筹思,只顾目前之虚名,而贻无穷之后患。且木兰巡幸,系循祖宗旧典,其地距京师尚不甚远,与在京无异,足资控制。朕意本年暂缓回銮,俟夷务大定,再将回銮一切事宜办理。所有各衙门引见人员及一切应办事件,均查照木兰旧例遵行办理。至前派应赴行在者,着即饬前来。至各衙门办事之堂司各官,均着赶紧清理积压诸事,勿稍稽延!再本年回銮之举,该王大臣等不准再行渎请!

帝之见解,殊欠正确,英、法既定约,又何至因回銮而再来挟制乎?使臣亲递国书,不过为外交上一种仪节,有何后患无穷可言?兵部尚书沈兆霖等仍复上疏谏之云:

夫圣驾之暂幸热河,与暂缓回銮,皆因洋务未定起见。臣虽未与闻抚议,而换约时臣在城内亲见其事。窃意外兵虽众且强,其意不过藉以胁和,并无利我疆土之志也。八月廿九日联军入城时,臣遣人往观,兵约万人,薄城而上,其氛甚恶;九月十一日,英国换约,自安定门至礼部门外,绵亘十余里,步步为营约万余人,器甲精严。居民皆闭房不出,如有异志,则此二日已可占据都城为所欲为矣。换约之时,臣细窥额尔金等面容皆怀疑惧,知外人未必不畏我密谋,故严为设备,并非别有意计也。至十二日法国换约,则更觉坦易,礼部门外至安定门并无一兵,惟礼部门内罗列千余人自卫而已。计开城至退兵共十九日,彼军未伤一人,未毁一屋,故此次外人内扰,我国之虚实,固为外人窥破,而外人之虚实,亦为我国窥破。——夫以万余众入城,而仍换约而去,全城无恙,则彼等之专于牟利,并无他图,已可深信。其亲递国书一节,臣私心揣度,亦可姑允所请,抚慰数言,总期不损国体,不拂断无意外之患。窃思外人虽非我族类,果能示以诚信,尚易羁縻。且通商一层,本与中国两有利益,所虑者以通商为名,而志在土地、人民耳,就今日之情势论之,危至于拥兵入城尚不足虑,此后岂有再重于此者乎?彼处汉奸虽多,此时为彼设计,亦只在要求图利一边。臣窃以为外人不足虑也!至中外大计则可虑者极多:京兵不可用,宜如何训练?粤、捻久未平,宜如何议剿?库藏空虚,宜如何预备?南漕不继,宜如何采买?其事皆较洋务为巨,亦较洋务为难。热河距京不甚迩,诚如圣谕与在京无异,而皇上不在城内,各署事件虽亦照常办理,不至旷误,久之亦恐敷衍具文,渐臻疲玩。盖进则无禀承,而退则无所警畏也。况京师见闻尚确,邸报仍通,故城幸俱安静,疑惧不生;若地稍远则言论庞杂,传闻失实,民志未定,宵小必从而生心。在京城戒严时,畿南一带在在皆有土匪,各属下忙钱粮均迁延不肯即纳,闻此时尚严催罔应;若辈皆有业之民,尚复藉端观望,若素不安分之徒,且将造作谣言,乘机煽惑。河间土匪其已见者也。然此犹密迩畿辅者耳,至远省则闻乘舆未回,且谓都城危殆,粤、捻各匪益轻朝廷,济宁之围幸即解散,倘再肆其鸱张,安保河北之不骚动乎?此皆臣之所谓可虑者也。见今已届严冬,已奉谕旨,暂缓回銮,臣何敢渎请?惟求圣上内定于中,俟明岁春融,即启跸还京,以慰群臣之仰望,以释远迩之危疑。此事关系大局安危,其几甚微,而其理至显,全在宸衷独断,弗为众论所游移,则天下幸甚!

沈氏以夷人只在图利,危至于拥兵入城尚不足虑,此后岂有再重于此者乎?似可以回奕詝疑惧之心矣。亲递国书,亦可姑允所请,抚慰数言,不拂彼情,断无意外之患,其见解在与外人接触后,已有所改变,可谓识时务者。奈载垣、端华等见不及此,惟尼奕詝之行,甚或危言耸听,曲回事实以蒙蔽之,后之得罪致死,即由于此也。当时侍郎胜保奏疏,亦隐加以指摘云:

若木兰行在,不过供游豫之观,并非会归之地,暂幸则循旧例,久

> 居则为创闻。臣恭绎圣旨,亦不过迟至明春耳。然而臣民众矣,皆曰今岁不归,明岁复何望乎?都城尚弃,木兰能久居乎?众口一辞,莫能解释,弱者怨嗟,强者觊觎,祸乱之渐,不可不防!即如直隶现在征收下忙地丁,民间咸以回跸无期别存意见,各属钱粮,延不完纳。……此时犹为观望,将来积成厉阶,一省如此,他省可知!……夫天下不患土崩而患瓦解,而其所患不在巅臾而在萧墙,欲皇上之留塞外者,不过左右数人,而望皇上之归京师者,不啻亿万计,我皇上仁明英武,奈何曲循数人自便之私,而不慰亿万来苏之望乎?

胜疏本谓:"仍请年内还京。"全疏千余言,详明恺切,忠悃溢于言表,时人目为"近年有数文字"。但帝意坚决,疏上仅批一"览"字而已。此外连衔专折者亦不报,于是"主上虽明,无如内臣营私自便,粉饰太平,以致大局决裂若此,深堪痛恨"之心理,流行于士大夫间,而载垣等不之顾,且大兴土木修缮行宫,导帝射猎,或娱情声色。肃顺亦建筑私邸作久居热河计,凡此均足影响帝之返京意念者,以致回銮之议,终未实现焉。

(二) 奕詝之娱乐

奕詝体质素弱,病咯血,日饮鹿血以疗之。在京时即以观剧自娱。此次仓皇北行,有司办供张不及,途中有一日帝未得饱食,愤恚甚。及抵泺阳,十日即病泄且呕血,幸至九月初渐安康。载垣仍以在京故技,导帝时出打围,以宽解之。旋和议成,乃即驿召升平署人员往。盖木兰原有离宫二百余所,时完好者尚有七十余,又多藏乾、嘉时服玩及梨园行头,尤华美倍南府物。而其中演戏之处三:一曰烟波致爽,在澹泊敬诚殿后,当时承应用之;二曰福寿园,在德汇门内勤政殿之前,其规模较圆明园中之同乐园及大内之宁寿宫尚称宏丽,遇庆寿大典用之;三曰如意洲,当芝径、云堤东北,戏台位置在"一片云",系水座,炎夏用之。斯时圆明园已被毁于英人,演戏场所亦以此为最完美者矣。是年孟冬,升平署总管太监安福赴热河请安,奉谕着升平署内外人等分三拨至行宫承差。首拨于十一月二十一日在烟波致爽开戏,由老生黄春全唱"饭店",张三福唱"战潼关",昆小旦严宝麟唱"游寺"等剧。自后各伶承值或花唱(彩排)或清唱,甚少闲暇,据故宫所藏升平署杂项总档观之,几于每二三日即有戏一次,有时上午已花唱,而仍"传旨今日晌午还要清唱"。每次戏目脚色,亦均由朱笔决定。如十一年四月初五日旨:"初六初七日,烟波致爽花唱,新进学生伺候。"六月初八日朱笔撤初九日万寿节戏内之"四海升平"、"训子"、"教子"、"夜奔"四出,并谕:"四海升平"下次再传。是时国内不宁,太平军尚盛,不足当"四海升平"四字,帝殆有意也哉?斯时在行宫承值之伶人,有嘉庆年间上过热河当差者,如费瑞生、陈金崔、周双喜、范得保、张开、陈永年、钱思福、钱恩寿等八人,帝常召见抚慰之,并尝亲至钱粮处观彼等授太监艺。一日,陈金崔教唱《闻铃》武陵花曲,至"萧条恁生"句,"恁"应作去声,而陈读作上声,帝指其非是。金崔答系按旧曲谱之声读者。帝曰:"旧谱固已误耳。"帝于戏曲之究心也类如此。先是,当帝北行时,仓促间供张莫办,途中仅稍供御酒肉,但后妃辈不得食,致以豆乳充饥。及之热河,地方官进呈猪羊鸡鸭各二十头,全供御膳,未行分赏,而库款不继,随扈兵丁口粮亦时告缺,肃顺总管内务府印钥,不能不有所权衡,故后妃辈之"宫分",不能按定例供给。就宫中膳档载,九月初始有赏内廷主位(即妃嫔)饭菜之旨,半月不得肉食,娇生惯养之妃嫔,不能体谅此中困难,莫不迁怒及肃顺矣。是年除夕及十一年元旦,帝均在热河,据敬事房日记档载:"十二月三十日辰正,烟波致爽进高头早膳,用海屋添筹有帐子膳桌摆。正午勤政殿安金龙宝桌围大宴,东边皇后头桌宴,丽妃、祺嫔二桌宴,西边懿贵妃、婉嫔头桌宴,玫嫔、容贵人二桌宴。酉正伺候上团元饼一个,元光切成二十五块,上进一块,赏皇后一块,懿贵妃等位十二块,大阿哥、大公主二块。""新正初一日,净面冠服毕,伺候三阳开泰果茶,上前宫升座,章京希拉绷阿用枫木樱奶茶碗呈送奶茶,肃中堂揭碗盖。"除夕宴于中午,酉正分食团元饼,此与民间习俗不同者。元日早茶,由肃顺揭碗盖,则其关系之亲密,权势之熏灼,可以想见矣。正月初二日,帝忽感年景凄凉,兴不如归去之念,遂有"二月十三日回銮"之上谕。各部司均赶办供张。但期前数日又病,因改于二月二十五日启銮。至二十二日又颁谕云:"旬日以来,气体虽稍可支持,仍须静心调摄。本日王大臣等以朕躬尚未大安,奏请暂停回銮,情词恳切,不得已勉从所请暂缓回銮,俟秋间再降谕旨。”自此以后,帝躬即时病时安,京中且数次谣传“帝躬濒危”。实则戏剧玩艺,照常承应,未尝稍辍。如五月廿三日传旨:“廿四日早晨,着升平署总管带领内学首领斛斗武小旦武行之人武丑至如意洲一片云试演戏台。”此为水座台,仅夏季应用,今已停用数十年,故须先一试之也。结果演出成绩良好,故其后承应戏均改在此举行。清歌妙舞,凉风习习,其乐可知矣。然帝素不耐热,六月中旬病后转剧。七月初又稍痊。十四日仍传谕:“如意洲花唱照旧。”十五日病又增,但仍治事如常,如意洲花唱亦照旧。翌日辰初烟波致爽早膳,传鸭丁粳米粥。又传午用羊肉片白菜、脍伞单、炒豆腐、羊肉丝炒豆芽等,可见食欲尚佳,但已不耐繁嚣,故传谕:“如意洲承应戏不必了。”不料未及一日,而帝已长辞人间矣。

(三) 奕詝之病死

七月十六日晚膳后,帝忽晕厥,嘱内中诸侍臣缓散值,至晚苏转,始定大计。十七日子初三刻,乃召见御前诸臣,遂传谕:“立皇长子载淳为皇太子。”又谕:“皇长子载淳现为皇太子,着派载垣、端华、景寿、肃顺(御前大臣)、穆荫(兵部尚书)、匡源(吏部左侍郎)、杜翰(礼部右侍郎)、焦佑瀛(太仆寺少卿)尽心辅弼,赞襄一切政务,特谕。”随侍诸臣聆悉后,当请帝用丹毫手书,以昭慎重。但帝以手力已弱,不能执管,遂谕:“着写来述旨。”故遗诏中有“承写”字样也。寅刻,膳房仍“侍候上传冰糖燕窝”,但未及用,卯时即崩。据御医恭记脉案,知帝实患虚痨以致命也。敬事房记当时情形云:

> 十七日卯时,大行皇帝在烟波致爽殿内宾天。供奉漱口水一分,随传自今日起,皇后写“皇太后”,皇太子写“皇上”。随递领孝衣人名首领太监卅一名,伺候万岁爷在大行皇帝前奠酒,膳房伺候膳一桌,举哀毕撤下。皇太后率琳贵太妃等至灵前奠酒一分。首领马(叶)请侍肃中堂皇上在灵前奠酒,外边伺候。十八日巳初二刻,在

澹泊敬诚殿内入金柜,随传各等处穿孝衣,皇上换缟素,午祭奠酒,俱系外边伺候,皇太后奠酒,内廷伺候。是日敬事房首领传本处首领马:懿贵太妃亲封为皇太后。

奕詝崩逝之日,皇后钮祜禄氏及琳贵太妃均曾奠酒而不及懿贵妃。当时人之密札(涵芬楼藏)云:"八位(指辅政八大臣)共矢报效,极为和衷,大异以前局面。两印均大行所赐,母后用'御赏'印,上用'同道堂'印,凡应用朱笔者,用此代之,述旨亦均用之,以杜弊端。诸事母后颇有主见,垂帘辅政盖兼见之,自顾命后,至今十余日,所行尽惬人之意。风闻两宫不甚惬洽,所争在礼节细故,似易于调停也。"盖母以子贵,懿妃之子,既为帝矣,而仍不能与皇后并奠,所争或在此欤?但当日即由敬事房首领陈胜文传旨:"钟粹宫皇后晋封皇太后。"次日又传旨:"储秀宫懿贵妃晋封皇太后。"虽两后并崇而仍微有区别,钮祜禄氏称"母后皇太后",那拉氏称"圣母皇太后",盖援万历朝故事也。两宫乃召赞襄政务王大臣载垣、肃顺等入议诏谕疏章黜陟刑赏事,初肃顺等谓:谕旨由大臣拟定,太后但钤印,弗得更易,章疏不呈内览,太后持不可。最后乃决定章疏呈览,谕旨由赞襄政务王大臣拟进,皇太后、皇帝阅后,上用"御赏"、下用"同道堂"二印以为凭信,所有一切应用朱笔处均以此代之。如曾国藩覆奏鲍超救援江西折,即系依此方式用墨笔批:"赞襄政务王大臣奉旨:览奏均悉。"又批曾附奏近日军情片云:"赞襄政务王大臣奉旨:知道了!"至简放人员,则各省督抚等要缺,由赞襄王大臣公拟名,请懿旨裁决,其他人员则用掣签法。如七月二十四日简放各省学政,及崇文门监督,即系由军机处糊名签七八十支同进御前,两太后旁座,皇帝居中抽签,先正后副,掣下后再由各部堂官掣省分;然后将签上名字刮去,方发下。而印存太后处,故时人以为当时体制,"垂帘、辅政盖兼有之"也。赞襄政务王大臣见面集议,不过二三次,但均极和衷,共矢报效,所行颇惬人意,即平日恶彼辈者,亦以为"常能如此,未尝不佳"。然此种局面,并未能持久,其故由于载淳以六龄践阼,幼冲不能理事,所谓谕旨,则皆太后意也。而皇太后皆在盛年——母后二十五岁,圣母二十七岁,宁肯拱手以听命于辅臣乎?尤以那拉氏曾于咸丰六年生子后,奕詝方宵旰劳瘁,焦忧成疾,遂颇倦勤,常命其代笔批答章奏,初皆口授,妃仅司朱而已。及帝娱情声色,妃窥状渐思盗柄,时于帝前言政事,帝寖厌之。尝从容为皇后言妃机诈,后素宽和,殊无裁制之术。又肃顺得帝欢,当大任,妃颇嫉之,遇事辄故与之相左,于帝前哓哓。如英、法之役,肃故主张抚议及北行者,妃则持论主战且力阻北行。谓:"皇上在京,可以镇摄一切,圣驾若行,则宗庙无主,恐为夷人践蹈。昔周室东迁,天子蒙尘,永为后世之羞。今若遽弃京城而去,辱莫甚焉。"虽言之有理,而帝卒不从,妃心益不快,而肃顺辈亦对妃生恶感矣。及帝行抵热河,咯血病发,肃顺等恐一旦驾崩,则皇长子继位,贵妃将尊为皇太后,此大不利于己,因时进谗言于帝。帝亦渐恶妃之专权,一日妃又忤旨;肃因乘机请用钩弋故事,而帝濡需不忍。其后竟以醉恚漏言,妃闻之,遂衔肃刺骨矣。时帝既多病,百政皆委诸三人手,而肃兼管内务府,无论大小,均亲自监理,彼处事素严厉,除帝有宣索,则承意供奉外,其他宫眷之需求,则有定规。以是后妃均有怨言,而那拉氏始得乘间以合谋,未几而辛酉政变作矣。是年十二月,上咸丰帝尊谥曰:"协天翊运执中垂谟懋德振武圣孝渊恭端仁宽敏显皇帝",庙号"文宗"。帝在位十一年,春秋年三十有一。《东华续录》王氏赞称:"上膺艰大之任,当通变之时,以创为守,其势尤难。是故兵不足而兼用勇,漕不继而改海运,饷不足而更制大钱,改口岸以整鹾纲,输米石以实仓庾,裁河员之冗浮,减京师之成数。凡此新章之更革,无不与时为推移。"综十一年之行政,如斯数语,盖已尽之矣。

三十八 辛 酉 政 变

(一) 恭亲王之奔丧

先是,当帝抱病时,京师人士均以为一旦驾崩,幼君立,恭亲王奕䜣必可当摄政之任,如顺治时故事。盖王与帝关系最亲切,平日待人处事,又素称贤明,极孚众心,自奉命与英、法议和,使二国军队撤退后,更有安社稷之功,声望益隆,较之肃顺辈之怨声载道者,不啻霄壤,故京内外满、汉官员多拥附之,冀将来可分享荣华也。然奕詝对其弟素不甚喜,命其留京议和,所谓"从夷志也"(见《中西纪事》)。因当时传言英使额尔金以咸丰帝屡失信约,欲乘战胜之威以更易清朝皇统。而奕䜣之福晋,为大学士桂良女,桂良与英、法使者在津议款,熟于外情,故大位非奕䜣莫属也。奕䜣以抚局难成,人所共晓,派其出名,不过暂缓一步,仍令恒祺、蓝蔚雯往返磋商。谕告奕䜣:"汝不值与该夷见面。若抚仍不成,即在军营后路督剿,若实在不支,即全身而退,速赴行在!"盖帝亦深知奕䜣绝不敢违祖制以当英使之拥护,特将计就计,投其所好,以缓和当前局势耳。和议既成,奕䜣奏请赴行在问安,肃顺辈谓其联合外人,挟朝廷,且权势太大,恐别有图谋,必须预防之。惇亲王奕誴亦言王有反意。帝遂谕:"相见徒增伤感,不必来觐。"奕䜣既未能与帝谋面,而遗诏亦竟无一字及王。肃顺又传谕令奕䜣仍留京师,毋庸前赴行在恭理丧仪,于是王本人及其党与遂大失望。但不久而热河行在之特使至。盖那拉氏久有野心,思握政柄,对于王大臣辅政之遗命,殊不甘心。帝甫崩,即就皇后钮祜禄氏议垂帘事,钮祜禄氏初不允,因以肃顺平日抑制宫眷事以挑拨之,坚持惟有同垂帘听政,始可免为他人鱼肉。钮祜禄氏遂允以此议先谋之奕䜣,因以密旨付侍卫恒起赍京授其弟广科,令其问计于王。奕䜣正希用事,遂不惜违反家法及文宗委任辅政禁遏入朝之旨,欣然同意。适王再奏请赴行在谒梓宫,得允,遂即日起程。八月初一日,王抵行在,趣赴殷奠礼,伏地大恸,声彻殿陛,旁人无不下泪。自帝丧后,未闻有如此伤心者也。祭后太后召见,载垣等力阻之,杜翰复昌言于众,谓叔嫂当避嫌疑,且太后居丧,尤不宜召见亲王。肃顺抚掌称善,时太后召见奕䜣之意已决,数使太监传旨出宫,奕䜣乃请与端华同进见,以祛其疑。端华目视肃顺,肃顺笑曰:"老六汝与两宫叔嫂耳,何必我辈陪哉?"遂独对约一时许。两宫皆涕泣而道载垣等之侵侮,因密谋诛之。奕䜣对:"非还京不可!"后曰:"奈外国何!"奕䜣奏:"外国无异议,如有难,惟奴才是问。"因王已获得外使之保证与支持矣。奕䜣先见载垣等卑逊特甚,肃顺颇蔑视之,以为彼何能为,不足畏也。及王与太后独对,遂颇有惧心,对王则肃然改容,诸事颇为敛戢。军机章京曹毓瑛等,以居枢廷得闻机要故,前此即曾用秘密隐语述肃顺等言行作书札,置于军机处发报中,假公济私,驰驿京中以告其同党转陈恭王。今见王到行在,更夜往密谒,面陈一切,并献计请王速举事。奕䜣以辅政势力布满行在,非到京难有胜利把握,劝彼等“且俟进城再说”。薛福成《庸庵笔记》谓:“召鸿胪寺少卿曹毓瑛密拟拿问各旨,以备到京即发,肃顺等不知也。”殊觉过早。恭王于初七日离热河回京,以释载垣等之忌。兼程而行,州县备尖宿处皆不敢轻居,惧行刺也。十一日到达。同时,在京诸臣希旨请垂帘之事发矣。当是时热河与北京,实为政治上之二大中心,而两太后,八辅政,一亲王,又系鼎足三分之局,以势力论,则北京较优,以名份言,则行在为正,二者合而为一,则辅政之势孤矣。载垣、端华、肃顺等之所持者,仅遗命与祖制耳,殊不知康熙初四大臣辅政,当时入关未久,虽亦有两太后(顺治孝惠章皇后以太后病,礼节疏阙,为福临所责,命停应进中宫笺表。玄烨生母孝康章皇后康熙二年即崩),然太皇太后仍在,固不敢违家法而生野心。若那拉氏者,生具武曌机诈之才,又得奕䜣实力之助,岂祖制、家法、遗命所能限之?是以得掌握满清末叶政权垂四十七年,而肃顺等徒热中辅政,不谙当时情势,故未旋踵即失败矣。

(二)垂帘之动议

当恭王由热河启行之日,侍郎胜保向皇太后请安之黄折适达行在,此为前此所未有之创例,盖含有试探之作用,彼时肃顺等大权在握,岂能容此僭妄?故黄折甫上,即奉严旨诘责。据宫中档案咸丰十一年八月初七日内阁奉上谕:“向来臣工无具折请皇太后安之例,本日胜保、谭廷襄联衔并胜保单衔均具折请皇太后圣躬懿安,且与朕安同列一折,实属有违体制,并于缟素期内呈递黄折亦属不合,胜保、谭廷襄均着交部议处,钦此。”义正词严,挟天子以号令,肃顺等殊自引为得意,固未料及京中已有新酝酿也。大学士周祖培、贾桢、赵光等窥太后有垂帘之意,因嘱李慈铭(字炁伯,会稽诸生,入资为户部郎中,至京师以诗文名于时。周祖培、潘祖荫均引为上客)检举历代太后临朝史例,编《临朝备考录》一书,方欲上之,而御史董元醇之疏,已达行在,时正恭王回抵京师之前一日也。董疏云:

窃以事贵从权，理宜守经。何谓从权？现值天下多事之秋，皇帝陛下以冲龄践祚，所赖一切政务，皇太后宵旰思虑，斟酌尽善，此诚国家之福也！臣以为宜明降谕旨，宣示中外，使海内咸知皇上圣躬虽幼，皇太后暂时权理朝政，左右不能干预，庶人心益知敬畏，而文武臣工俱不敢稍肆其蒙蔽之术。俟数年后皇上能亲裁庶务，再躬理万几，以天下养，不亦善乎？虽我朝向无太后垂帘之仪，而审时度势，不得不为此通权达变之举，此所谓事贵从权也。何谓守经？自古帝王莫不以亲亲尊贤为急务，此千古不易之经也！现时赞襄政务，虽有王大臣军机大臣诸人，臣以为当更于亲王中简派一二人，令其同心辅弼一切事务；俾各尽心筹划，再求皇太后皇上裁断施行，庶亲贤并用，既无专擅之患，亦无偏任之嫌。至朝夕纳诲，辅翼圣德，则当于大臣中择其治理素优者一二人俾充师傅之任，逐日进讲经典，以扩充圣德，庶于古今治乱兴衰之道，可以详悉，而圣德日增其高深。此所谓理宜守经也。

元醇此疏，乃为希旨投机而发，对太后及恭亲王，可谓兼顾周到矣。顾当时恭王尚未有所布置，反嫌为时过早。奏上，当日即留中，此在太后或有深意，但载垣等已大愤，坚请发下痛驳。夸兰达下来说："西边留阅。"十一日，始交下，并谕："将所请垂帘暂理朝政饬群臣会议，其请于亲王中简派一二人辅弼，开具空名谕旨，只候简派，并于大臣中择其所可充师傅者公同保举。"载垣等闻此旨，即抗论以为不可。退下后，遂饬军机章京拟一旨痛驳之。初稿颇平和，载垣等不以为然，遂由焦佑瀛亲拟，缮真递上，其文如下：

咸丰十一年八月十一日内阁奉上谕：御史董元醇奏敬陈管见一折，据称"皇太后权理朝政应请明降谕旨，并赞襄政务王大臣外，再简派亲王一二人同心辅弼"，及"请择师傅以培德业，严饬督抚将帅以资整顿"等语。我朝圣圣相承，向无皇太后垂帘听政之礼，朕以冲龄仰受皇考大行皇帝付托之重，御极之初，何敢更易祖宗旧制？且皇考特派怡亲王载垣等赞襄政务,一切事件,应行降旨者,经该王大臣等缮拟进呈后,必经朕钤用图章始行颁发,系属中外咸知。其臣工章奏应行批答者,亦必拟进呈览,再行发还。该御史奏请皇太后暂时权理朝政,甚属非是!又据请于亲王中简派一二人令其辅弼一切事务,伏念皇考于七月十六日子刻特召载垣等八人,令其尽心辅弼,朕仰体圣心,自有深意,又何敢显违遗训,轻议增添?该王大臣等受皇考顾命辅弼朕躬,如有蒙蔽专擅之弊,在廷诸臣,无难指实参奏,朕亦必重治其罪,该御史必欲于亲王中另行简派,是诚何心?所奏尤不可行!以上两端,关系甚重,非臣下所得妄议!至朝夕纳诲一节,皇考业经派编修李鸿藻充朕师傅,该御史请于大臣择一二人俾充师傅之处,亦毋庸议!其各直省督抚及各路统兵大臣业经朕明降谕旨,令其共矢公忠,严申军律,谅内外文武臣工必能不负委任,以仰副皇考在天之灵,无俟朕谆谆训诫也!钦此。

那拉氏阅后,以其与原旨意见相反,不允照所拟宣发,并将董疏又留中,另召见载垣等八人。载垣等殊愤怒,见面时即大起争论,并谓:“赞襄幼主,不能听命太后,请太后看折,亦系多余之事!”杜翰更云:“若听信人言,臣不能奉命!”其他诸人,语亦多激烈,声震殿陛,太后为之震怒手颤,幼主更惊怖至于啼泣,遗溺于太后衣。争辩二刻许,钮祜禄氏云:“留着明日再说!”遂不欢而散。十二日,载垣等上值,未叫起,昨稿亦未发下,仅交下早事等件,载垣等遂负气不开视,将其压搁。日将中,太后不得已,遂将拟旨及原折发下,照抄宣示,八人始又照常办事,言笑如初。当时人之密札曰:“此事不久大变,八人断难免祸,其在回城乎?夫今日之事,必不得已仍是垂帘,可以远祸,可以求安。如不发下,将此折淹了,诸君之祸尚浅。固请不发,搁车(即怠工意)之后,不得已而发下,亦不见听,徒觉多事耳。昔人云:霍氏之祸,萌于骖乘,吾谓诸公之祸,肇于搁车矣。闻西边(指那拉氏)执不肯下,定要临朝;后来东边(指钮祜禄氏)转弯,虽未卜其意云何,大约是姑且将就,果如此行,吾不知死所矣。自前日明发要下,二圣怒极,‘是诚何心’一语,七先生(醇王奕谖)亦大怒,云俟进城讲话。

老五太爷(惠亲王绵愉)喝止之。如二四(指八王大臣)者,可谓浑蛋矣!"可见三派之政治斗争,已极紧张,而载垣等尚懵不知防备,谈笑自若,真愦愦矣。盖载垣、端华皆庸懦无能,一以肃顺为主谋,而肃顺又心粗气浮,自以为受顾命之重托,其谁奈我何!殊不知那拉氏之欲擒故纵也。

(三) 回銮与垂帘

八月十三日,上谕依钦天监所择日期,于十月初九日甲子卯时,举行登极颁诏巨典。此盖沿咸丰朝故事,奕詝于即位后十二日始举行登极礼也。李慈铭《越缦堂日记》谓:"天子崩,太子于柩前即位,古今不易之礼,未有大行在殡,旷位几三月始行践阼之礼者!方今冲人在上,诸大臣皆不识一字,大行崩逝之次日,即奉嗣子下诏称'上谕',称'朕',称皇后为'皇太后',夫既未即位矣,犹太子也,《春秋》之法未逾年尚称子,况以六龄之幼孤,未履九五之尊位,则诏何自出?名何自尊?此真贻笑万古者矣!"李氏固不知即位与补行巨典,清累代皆行之,如康熙帝崩于十一月甲午,迟七日辛丑,始书世宗即位。雍正帝崩于八月丁亥,至九月己亥(三日),高宗又即位于太和殿。惟嘉庆帝受禅于正月元日,由高宗授玺,故即位与登极典礼合而为一也。嘉庆帝崩于热河行宫,在七月己卯,而宣宗即位,则八月庚戌矣。何得谓"不识一字"、"贻笑万古"乎?因慈铭为周祖培家西宾,是皆发动垂帘之人,故不免好作苛论耳。翌日(十四日)又颁谕择九月二十三日辰时,恭奉大行皇帝梓宫回京。其时赞襄王大臣早拟于九月初三日,或十三日启行,并令直隶总督文煜到行在,面询沿途桥道工程。八月十日,车辆齐备,令妃嫔等先行陆续启程。嫔御入辞两宫,两宫泣谓:"若曹幸自脱,我母子未知命在何所?得还京师相见否?"(见《越缦堂日记补编》)盖两太后犹以途中安危为虑也。十四日,钦差大臣胜保自京畿军次抵行在叩谒梓宫,乃受恭王要结而来。因恭王回京后,欲藉武人之力以壮声势,其与太后密谋夺取政权,胜保誓为所用,此来盖含有对肃顺等示威意,兼为两宫壮胆耳。胜保在木兰,行动极谨慎,未露丝毫痕迹,恐载垣等削其兵权,以后事更难办。载垣等对之,亦未介怀,盖自董疏痛驳后,载垣等以为经此示威,他人必不敢再渎言,一切可宁贴无事,初不料那拉后及恭王正伺机而动,密谋日亟矣。九月初四日上谕调端华补工部尚书,并授步军统领,端华奉命后即与载垣、肃顺面谒太后,自陈差务暂较繁忙,请将管理处所恳恩酌量改派,意在彰其劳勚。诏即罢其所管火器健锐营,銮仪卫及步军统领缺,外示优礼,阴实夺其兵权也。此可见那拉氏之政治权术,固在端华辈以上远甚。又暗结醇王奕譞,令草罪状三人诏,以备到京即发。醇王福晋,那拉后妹也,得时入宫,往来传语,醇王草诏由其福晋携上之,钮祜禄后藏之袙服中,他人不知也。九月二十三日,命肃顺、奕譞、陈孚恩、宋晋等护送梓宫回京。两宫及载淳遵制在大行皇帝灵輀前行奠酒礼,礼毕,先自启节,由间道兼程返京。二十九日,车驾将至京师,诸大臣皆循例郊迎,恭王因讽示大学士贾桢、周祖培等于翌日公疏以上曰:

我朝圣圣相承,从无太后垂帘听政之典。前因御史董元醇条奏特降谕旨甚晰,臣等复有何议?惟是权不可下移,移则日替,礼不可稍渝,渝则弊生。我皇上冲龄践祚,钦奉先帝遗命派载垣等八人赞襄政务,两月以来,用人行政,皆经该王大臣等议定谕旨,每有明发,均用御赏、同道堂图章,共见共闻,内外皆相钦奉。臣等寻绎"赞襄"二字之义,乃佐助而非主持也。若事无巨细,皆凭该王大臣之意,先行议定,然后进呈,皇上一览而行,是名为佐助,而实则主持,日久相沿,中外能无疑虑乎?今日之赞襄大臣,即昔日之军机大臣,向来军机大臣事事先面奉谕旨,辨驳可否,悉经钦定,始行拟旨进呈,其有不合圣意者,朱笔改正,此"太阿之柄,不可假人"之义也。为今之计,正宜皇太后敷宫中之德化,操出治之威权,使臣工有所禀承,不居垂帘之虚名,而收听政之实效。准法前朝,宪章近代,不难折衷至当也!伏查汉之和熹邓皇后,晋之康献褚皇后,辽之睿智萧皇后,皆以太后临朝,史册称美;至宋之章献刘皇后有今世任姒之称,宣仁高太后有女中尧舜之誉。明代穆宗皇后,神宗嫡母,上尊号曰仁圣皇太后,穆宗贵妃神宗生母,上尊号曰慈圣皇太后,维时神宗十岁,政事皆由两宫裁决施行,亦未尝居垂帘之名也。我皇上天禀聪明,正宜涵咏诗书,不数年即可亲政,而此数年来,外而寇难未平,内而奸人逼处,何以饬法度、拯时艰？固结人心，最为紧要！倘大权无所专属，以致人心惶恐，是则大可忧者。至太后召见臣工礼节及一切办事章程，仍循向来军机大臣承旨旧制，或应量为变通，拟求饬下群臣会议具奏，请旨酌定，以示遵守。庶行政可免流弊，而中外人心益深悦服矣！

会胜保请太后垂帘听政并简近支亲王辅政之疏，亦适于是日到京，其疏云：

窃惟朝廷政柄操之自上，非臣下所得而专。我朝君臣之分极严，尤非前朝可比。自文宗显皇帝龙驭上升，皇上嗣位，聪明天亶，尚在冲龄，全在辅政得人，同民好恶，方足以资佐理。如怡亲王载垣、郑亲王端华等非不宣力有年，然而赫赫师尹，民具尔瞻，今竟以之当秉政巨任，揽君国大权，以臣仆而代纶音，挟至尊以令天下，实无以副寄托之重而餍四海之心！在该王等不过以承写朱谕为词，居之不疑，不知我皇上以皇子缵承大统，天与人归，原不必以朱谕之有无为定。至赞襄政务一节，则当以亲亲尊贤为断，不得以承写为凭，何也？先皇帝弥留之际，近支亲王多不在侧，仰窥顾命苦衷，所以未留亲笔朱谕者，未必非辅政难得其人，以待我皇上自择而任之，以成未竟之志也！今嗣圣既未亲政，皇太后又不临朝，是以政柄尽付之该王等数人，而所拟谕旨，又非尽出自宸衷，其托诸掣签简放，请钤用符信图章，在该王等原欲以此取信于人，无如人皆不能相信，民嵒可畏，天下难欺，纵可勉强一时，不能行诸日久，如御史董元醇条陈四事，极有关系，应准应驳，惟当断自圣裁，广集廷议，以定行止。该王等果知以国事为重，亦当推圣虚己，免蹈危疑，乃迳行拟旨驳斥，已开矫窃之端，大失臣民之望，命下之日，中外哗然。自古天无二日，民无二王……今一旦政柄下移，群疑莫释，道路之人，见诏旨皆曰：此非吾君之言也！此非吾母后圣母之意也！一切发号施令，真伪难分，众情汹汹，咸怀不服，不独天下人心日形解体，且恐外国闻知，亦觉于理不顺，又将从而生心，所关甚大。夫天下者，宣宗成皇帝之天下，传之文宗显皇帝以付之我皇

> 上践阼者也。昔周之世,武王崩,成王立,周公相之;本朝摄政王之辅世祖,亦犹周公之相成王,疏不间亲,典策俱在,以周之元圣,尚不免管蔡流言,逮风雷示警于金縢,而忠悃益见。现在近支诸王,能知大体迈于载垣、端华,尚不乏人,一切离间之言,应请毋庸过虑!又如垂帘听政之制,宋宣仁太后称为女中尧、舜,群情欢洽,国本无伤。我文皇后当国有年,虽无垂帘明文,而有听政实用,因时制宜,惟期允当不易!为今之计,非皇太后亲理万机,召对群臣,无以通下情而正国体;非另简近支亲王佐理庶务,尽心匡弼,不足以振纲纪而顺人心。惟有吁恳皇上俯纳刍荛,即奉皇太后权宜听政,二圣并崇,而于近支亲王中择贤而任,仍秉命而行,以待我皇上亲政以前,一切用人行政大端,不致变更紊乱,以承郅治。宗社幸甚!臣民幸甚!如此庶于亲亲尊贤之大经,既不相悖,且于该王等亦可保全终始,受福良多:此皆中外臣民所欲言而未发者,臣先为言之。

贾疏支离掩遮,不敢正言,而其中所引垂帘故事,乃取之李慈铭《临朝备考录》,杂举数人,割裂数语,前后不相连属,故慈铭讥之曰:"诸公不学,至于如此!董疏尤葛藤,以视胜保此疏有愧多矣。"曾国藩亦谓胜折皆识时之言。缘胜统兵京师,武力在握,故得无所顾忌、畅所欲言也。于是两宫垂帘之议,遂为朝臣一致之主张,奕䜣原欲藉此揽大权,初不料那拉后足以运用政治而有余,以致造成牝鸡司晨之局面,此于清朝为祸为福,殊难言矣!王闿运诗云:"谋迁误倚斌,号弓俄委裘,祖制重顾命,姜姒不佐周。谁与同道章?翻怪垂帘疏!不能召亲贤,自刎据天图,戮之费一纸,曾不惊殿芦。祺祥改同治,御坐屏波离。"亲贤指恭王而言,闿运得悉顾命八臣辅政,并请太后同省章奏,即以为非祖制,而恭王实系当时中外清望,如以之同辅幼主,庶几可使母后不得临朝。因寄书曾国藩言之,并言曾宜自请入觐,申明祖制,内外相维,则朝委裘而天下治矣。国藩自以功名太盛,恐蹈干政之嫌,得书未报。乃不旋踵而肃顺等即见诛。推厥原因,则实过于漠视恭王所致,倘闿运不图之国藩,能早建议于肃顺,以结纳恭王,则恭王又何必违祖制而使姜姒佐周乎?

(四) 所谓咸丰三奸之拿办

车驾到京之日,两太后即密召恭王奕䜣面询一切,九月三十日,太后又召见奕䜣及大学士桂良、周祖培、贾桢,侍郎文祥等,历数载垣、端华、肃顺等罪状,并将在热河所草就谕旨,即时宣布,其文曰:

上年海疆不靖,京师戒严,总由在事之王大臣等,筹划乖方所致。载垣等复不能尽心和议,徒诱获英国使臣,以塞己责,以致失信于各国。淀园被扰,我皇考巡幸热河,实圣心不得已之苦衷也。嗣经总理各国事务王大臣等,将各国应办事宜,妥为经理,都城内外安谧如常。皇考屡召王大臣议回銮之旨,而载垣、端华、肃顺朋比为奸,总以外国情形反复,力排众议。皇考宵旰勤劳,更兼口外严寒,以致圣体违和,竟于本年七月十七日龙驭上宾。朕怆地呼天,五内如焚,追思载垣等从前蒙蔽之罪,非徒一人痛恨,实天下臣民所痛恨者也。朕御极之初,即欲重治其罪,惟思伊等系顾命之臣,故暂行宽免,以观后效。孰意八月十一日朕召见载垣等八人,因御史董元醇敬陈管见一折,内称请皇太后暂时权理朝政,俟数年后朕能亲裁庶务,再行归政;又请于亲王中简派一二人,令其辅政;又请于大臣中简派一二人充朕师傅之任;以上三端,深合朕意。虽我朝向无皇太后垂帘之仪,朕受皇考大行皇帝付托之重,惟以国计民生为念,岂能拘守常例?此所谓事贵从权,特面谕载垣等着照所请传旨。该王大臣奏对时,哓哓置辩,已无人臣之礼,拟旨时又阳奉阴违,擅自改写,作为朕旨颁行,是诚何心?且载垣等每以不敢专擅为词,此非专擅之实迹乎?总因朕冲龄,皇太后不能深悉国事,任伊等欺蒙,能欺尽天下乎?此皆伊等辜负皇考深恩,若再事姑容,何以仰对在天之灵?又何以服天下公论?载垣、端华、肃顺着即解任。景寿、穆荫、匡源、杜翰、焦佑瀛等着退出军机处。派恭亲王会同大学士、六部九卿、翰詹科道将伊等应得之罪,分别轻重,按律秉公具奏。至皇太后应如何垂帘之仪,一并会议具奏,特谕。

此诏仅解除八人赞襄政务之任,尚未治罪也。当奕䜣率周祖培、文祥等入朝待命时,载垣、端华已先至,尚未知解任之信,然已微有所闻,见奕䜣等则大言曰:"外廷臣子,何得擅入?"奕䜣答以有诏。载垣等又以"太后不应召见外臣"呵止之。太后遂又令奕䜣等传旨曰:"前因载垣、端华、肃顺等三人种种跋扈不臣,朕于热河行宫,令醇郡王奕𫍽缮就谕旨,将载垣等三人解任。兹于本日特旨召见恭亲王及大学士桂良、周祖培,军机大臣、户部左侍郎文祥,乃载垣等肆言不应召见外臣,擅行拦阻。其肆无忌惮,何所底止!前旨仅予解任,实不足以蔽辜,着恭亲王奕䜣、桂良、周祖培、文祥即行传旨将载垣、端华、肃顺革去爵职拿问,交宗人府会同大学士、六部九卿、翰詹科道严行议罪。"恭王捧诏宣示,载垣、端华厉声曰:"我辈未入,诏从何来?"奕䜣命擒之,复呵曰:"谁敢者!"已有侍卫数人前来褫二人冠带,拥出隆宗门。尚顾索肩舆及从人,或告已驱散矣,遂跄踉拥至宗人府幽之。肃顺方护送梓宫次密云县,诏派睿亲王仁寿、醇郡王奕𫍽拿问,逮者至,门已闭,乃毁外户而入。肃顺咆哮骂詈,遂械至,亦系宗人府。肃顺嗔目叱载垣、端华曰:"若早从吾言,何至有今日!"二人曰:"事已至此,复何言!"载垣亦咎端华曰:"吾之罪名,皆听汝言成之!"故论者谓肃顺之才,过于二人,彼早有去那拉氏之计,未及行,而先为人所乘矣。乃派恭亲王奕䜣为议政王,大学士桂良、户部尚书沈兆霖、户部左侍郎文祥、右侍郎宝鋆、鸿胪寺少卿曹毓瑛为军机大臣。十月初五日,诸大臣会议载垣等罪名,久不决,刑部尚书赵光抗论以为应照大逆不道律凌迟处死,议遂定。初六日上谕云:

载垣、端华、肃顺朋比为奸,专擅跋扈,种种情形,均经明降谕旨,宣示中外。至载垣、端华、肃顺于七月十七日皇考升遐,即以赞襄王大臣自居,实则我皇考弥留之际,但面谕载垣等立朕为皇太子,并无令其赞襄政务之谕。载垣等乃造作赞襄名目,诸事并不请旨,擅自主持。即两宫皇太后面谕之事,亦敢违阻不行。御史董元醇条奏皇太后垂帘等事宜,载垣等非独擅改谕旨,并于召对时,有伊等系赞襄朕躬,不能听命于皇太后,伊等"请皇太后看折,亦系多余"等语,当面咆哮，目无君上情形，不一而足。且每言亲王不可召见，意存离间，此载垣、端华、肃顺之罪状也。肃顺擅坐御位，于进内廷当差时，出入自由，目无法纪，擅用行宫内御用器物，于传取应用物件，抗违不遵。并自请分见两宫皇太后于召对时，词气之间，互有抑扬，意在构衅，此又肃顺之罪状也。一切罪状均经母后皇太后、圣母皇太后面谕议政王军机大臣逐款开列，传知会议王大臣知悉。兹据该王大臣等按律拟罪，请将载垣、端华、肃顺凌迟处死，当即召见议政王奕䜣等面询以载垣等罪名，有无一线可原，据该王大臣等奏称载垣、端华、肃顺跋扈不臣，均属罪大恶极，于国法无可宽宥，并无异辞。朕念载垣等均属宗人，遽以身罹重罪，悉应弃市，能无泪下？惟载垣等前后一切专擅跋扈情形，实属谋危社稷，是皆列祖列宗之罪人，非独欺凌朕躬为有罪也。在载垣等未尝不自恃为顾命大臣，纵使作恶多端，定邀宽宥；岂知赞襄政务，皇考并无此谕，若不重治其罪，何以副皇考付托之重？亦何以饬法纪而示万世？即照该王大臣等所拟，均即凌迟处死，实属情真罪当。惟国家本有议亲议贵之条，尚可量从末减，姑于万无可贷之中，免其肆市，载垣、端华均着加恩赐令自尽，即派肃亲王华丰、刑部尚书绵森迅即前往宗人府传旨令其自尽，此为国体起见，非朕之有私于载垣、端华也。至肃顺之悖逆狂谬，较载垣等尤甚，亟应凌迟处死，以申国法而快人心，惟朕心究有所不忍，肃顺着加恩改为斩立决，即派睿亲王仁寿、刑部右侍郎载龄前往监视行刑，以为大逆不道者戒！

是日载垣、端华即自缢，肃顺以科场、钞票两案，无辜受害者尤多，其怨家皆驾车载酒驰赴西市观之。肃顺身肥面白，以大丧故，白袍布靴，反接置牛车上，过骡马市大街，儿童欢呼曰："肃顺亦有今日乎？"或拾瓦砾、泥土掷之，面目遂模糊不可辨云。将行刑，肃顺肆口大骂那拉氏，薛福成记曰："其悖逆之声，皆为人臣子者所不忍闻。"意其语必直揭那拉后淫秽残狠之事，或咸丰帝晚年不满之言也。刽子以刀筑其口，齿舌皆糜，犹喷血而詈焉。

(五) 政变之结果

上谕所指载垣等三人罪状,一则曰造作赞襄政务名目,诸事擅自主持;再则曰抗拒垂帘建议,目无君上。以事实证之,实莫须有之狱也。盖载垣等之赞襄政务,确系咸丰帝临终遗命,宫中档案,尚有此谕原文,当时人日记,亦明载此谕与立载淳为皇太子之谕,同于十八日到京。即《文宗实录》亦有命载垣等赞襄政务之语。其后御史钟佩贤请将载垣等造作擅改之件,不应载之实录,俨同顾命,亦不应登之册籍,假托纶音,拟请降旨销除,以期信今传后。上谕谓赞襄政务谕旨,确系矫传,自不应纂入实录,惟遽将其销毁,又恐无以示将来而征罪案。并言所拟驳斥董元醇一折谕旨,隐忍姑从,实出于不得已,言念及此,能无痛憾!着军机处即随此次谕旨,照录一份存档,另录一份交南书房收存,均低二格书写,庶使奸邪逆迹,不得混载方策,以重纶音而昭炯戒。名曰炯戒,实等改窜,然究不敢完全销毁,以泯灭此一段历史,是载垣等之赞襄政务,确系文宗遗命,不能否认也。何有俨同顾命,造作名目可罪乎?至其受顾命后所行,虽未必尽轨于正,但亦无大谬可指疵,抗拒垂帘之举,尤属至正至大,更不能目之为罪。因清代家法,不许母后专政,凡冲主御极,若顺治时之摄政王、康熙时之辅政大臣,均未有垂帘之事。所谓"我朝圣圣相承,向无皇太后垂帘之礼,朕何敢更易祖宗旧制?"此拟旨有何可非议之处?徒以那拉氏之野心勃勃,坚欲掌握政权,遂致与载垣等争论,而竟不惜置之死地,是诚"列祖列宗之罪人",反足见那拉后与恭王之自暴其罪也。至所谓"肃顺擅坐御位,擅用行宫物品"等事,乃系欲加之罪,毫无实迹,惟于召对时"词气之间,互有抑扬"一节,诚或有之。盖两宫名位不同,而钮祜禄后又谦和知礼,那拉后个性阴鸷,常以礼节细故,与母后有所争执,肃顺早知咸丰帝有不满那拉氏之心,在大体上,亦当右母后而轻圣母也。以此遭忌,更何况其妻妾有得罪那拉后之处,快意私仇,故对于肃顺之处置特严,借口护送梓宫,私带眷属行走,令西拉布春佑查抄京师、热河两处家产。并以肃顺于热河盖造房屋,年余尚未完工,所蓄资财,谅必不少。传谕热河道福厚、承德府灵杰、热河县管毓泰悉为指出,一律查抄。说者谓肃顺揽权受赃,家称金穴,那拉氏艳其富,欲得其厚藏,实则两次起获什物清单,较之和珅家产,不过沧海一粟耳。又因少詹事许彭寿于拿问三人时,敬陈管见折内,有查办党援一条,当令指出党援诸人实迹。嗣据明白回奏,形迹最著者,莫如吏部尚书陈孚恩,踪迹最密者,莫如侍郎刘崑、黄宗汉,平日保举之人,若侍郎成琦,太仆寺少卿德克津太,候补京堂富绩,或与往还较密,或拜认师生,均着革职,以示惩儆。太监杜双奎、袁添喜、王喜庆、张保桂、刘二寿皆因与肃顺交结,发往黑龙江等处给官兵为奴。未几查抄肃顺家,得陈孚恩手书有暗昧语,乃复遣戍伊犁。自是肃顺之党皆肃清,而朝局一变,那拉氏握君权近五十年,晚清三朝,实那拉氏之天下也。恽毓鼎《崇陵传信录》云:"孝钦后为叶赫那拉氏,天命朝,大兵定叶赫,颇行威戮,男丁罕免者,部长布扬古临殁愤言曰:'吾子孙虽存一女子,亦必覆满洲。'以此祖制宫闱不选叶赫氏。孝钦父任湖南副将,卒于官,姊妹归丧,贫甚,几不能办装。舟过清江浦时,吴勤惠公棠宰清江,适有故人官副将者,丧舟亦舣河畔,棠致赙三百两,将命者误送孝钦舟。复令,棠怒,欲返璧。一幕客曰:'闻舟中为满洲闺秀,入京选秀女,安知非贵人?姑结好焉,于公或有利。'棠从之,且登舟行吊。孝钦感之甚,以名刺置奁具中,语妹曰:'吾姊妹他日倘得志,无忘此令也。'既而孝钦入宫,被宠幸,诞穆宗。妹亦为醇贤亲王福晋,诞德宗。孝钦垂帘日,棠已任知府,累擢至方面,不数年督四川。棠实无他材能,言官屡劾之,皆不听。殁于位,易名曰惠,犹志前事也。"是说传闻甚盛,或谓吴棠为那拉氏义父,受其资助,故懿眷甚隆云。但《清史稿》载后为安徽徽宁池广太道惠征女,《清皇室四谱》谓其带印脱逃革职。那拉氏以咸丰元年被选入宫,号懿贵人。四年封懿嫔。六年三月廿三日,生载淳于储秀宫,封懿妃。时钮祜禄氏方切祈梅之祷,文宗心喜甚,爰有"庶慰在天六年望,更钦率土万斯人"之咏。自是渐蒙宠眷,襄理政务,由妃而进为贵妃,而钮祜禄氏早于咸丰二年正位中宫矣。文宗崩,两太后俯巨缸而语,计议甚密,于是羁縻肃顺,外示委任,急召恭王至热河密计除之。凡此皆那拉氏之谋,而元后但赞成之而已。十月初九日,载淳举登极礼于太和殿,颁诏天下,以明年为同治元年,大赦天下。先是,载垣等拟进年号曰"祺祥",已颁宪铸钱矣。及得罪,周祖培请更定,遂以"祺祥"字样,意义重复,命军机大臣改拟"同治"二字,隐寓顺治

时,孝庄文皇后“虽无垂帘明文,而实有听政实用”(见胜保疏)也。十月十六日,礼亲王世廉等复奏上会议垂帘章程十条:

一、郊坛大祀,大庙享祭拟请遣王恭代。

一、谒陵、御门经筵、耕耤拟请暂缓举行。

一、元日万寿传胪等大典,皇上升殿,均照常举行。

一、召见内外臣工,拟请两宫皇太后、皇上同御养心殿,皇太后前垂帘,于议政王御前大臣内轮派一人,将召见人员,带领进见。

一、京外官员请见,其如何简用,皇太后于名单内钦定,钤用御印,交议政王军机大臣传旨发下,该堂官照例述旨。

一、除授大员、简放各项差使,拟请将应补、应升、应放各员开单,由议政王军机大臣于召见时呈递,恭候钦定,将除授、简放之员钤印发下缮旨。

一、顺天乡会试以及凡在贡院考试,向系钦命诗文各题,均拟援照外省乡试之例,请由考官出题。其朝考以及各项殿廷考试题目,均拟令各衙门科甲出身大臣,届日听宣,钦派拟题进呈,封交监试王大臣至考试处所宣示。

一、殿试策题拟请照旧章,读卷大臣恭拟。殿试武举,拟请钦派王大臣阅视,照文贡士殿试例,拟定名次,带领引见。

一、庆贺表章,均照定例办理,其请安折拟请令臣工谨缮三分,敬于母后皇太后、圣母皇太后、皇上前恭进。

一、皇上入学读书,未便令师傅跪受,亦未便久令侍立,拟请援汉桓荣授业之仪,于皇书案之右为师傅旁设一座,以便授读。

十一月乙酉朔,载淳始奉母后、圣母御养心殿垂帘听政。那拉氏不乐母后、圣后之名,旋上两宫徽号,母后曰慈安皇太后,圣母曰慈禧皇太后,即俗所称东太后、西太后是也。因慈安恒居东所(绥履殿),慈禧恒居西所(平安室)故云。定嗣后诏书奏牍,皆以“慈安”、“慈禧”并称,不复有母后、圣母之别。自是垂帘之礼成,而辛酉政变告一段落矣。当是时,天下称东宫优于德,而大诛赏、大举措实主之,西宫优于才,而判阅奏章,裁决庶务,及召对时咨访利弊,悉中窾会。东宫见大臣呐呐如无语者,每有奏牍,必西后为诵而讲之,或竟月不决一事。然至军国大计所关,及用人之尤重大者,东宫偶行一事,天下莫不额手称颂。同治初元,擢曾国藩之贤,自两江总督简授协揆,以正月朔日下诏,凡天下军谋吏治及督抚黜陟,事无不咨,言无不用,论者谓同治中兴之业,于是乎肇矣。

三十九　黄河北徙与大吏伏诛

(一) 历代河道之变迁

黄河自古为中国大患,故历代皆以治河为要政。清于河道设两总督,一江南,二山东、河南,俗称南河、东河。南河总督驻淮安,东河总督驻开封。岁修经费,多糜至五六百万金。而河决时闻,迄无宁岁。康熙、乾隆叠次南巡,皆以治河为名,然不过补苴罅漏,塞目前之责而已,未克矫正其本源也。嘉、道间,河患益甚,糜帑益多。昔人谓御黄如御敌,其制御之策,不外疏导、刷沙、分流、浚口、筑堤数者,但求一时之功,未计百世之利;于是经生名臣与治水利之论者,均颇以复禹旧迹为言。考《禹贡》:"导河积石,至于龙门,南至于华阴,东至于砥柱,又东至于孟津,东过洛汭,至于大伾,北过洚水,至于大陆,又北播为九河,同为逆河,入于海。"《史记·河渠书》释之曰:"禹抑洪水,以别九州,随山浚川,任土作贡,通九道,陂九泽,然河菑衍溢,害中国也尤甚。惟是为务,故道河自积石,历龙门、华阴、砥柱及孟津、洛汭,至于大伾,于是禹以为河所从来者高,水湍悍,难以行平地,数为败,乃厮二渠,以引其河,北载之高地,过洚水至于大陆,播为九河,同为逆河,入于渤海。九川既疏,九泽既酾,诸夏乂安,功施于三代。"此汉武帝所谓"圣人作事,为万世功,通于神明,恐难改更"者也。顾柔谦(字刚中,无锡人,迁居常熟,祖禹之父)《山居赘论》云:"大河之流,自汉至今,迁移变易,不可胜纪,然孟津以西,则禹迹具存,以海为壑,则千古不易。"盖黄河迁徙靡常,要皆在孟津以东入海之道,禹酾二渠:一北流为大河,一东流为漯川。自周定王时,河徙宿胥口(在浚县),至长寿津与漯别行,而东北以下,至章武入海,《水经注》谓之大河故渎。犹是徒骇故道也。至王莽时,始改从千乘(即今广饶县,胡注高宛县有千乘故城)入海,后汉王景因之,禹迹荡然无存,君子于此,有遗憾焉。胡渭《禹贡锥指》附论历代徙流曰:“禹河从勃碣入海,上应天文,下协地理,自王莽时河徙从千乘入海,而北去碣石远矣,然犹未离乎渤海也。自金明昌中河徙,而河半不入渤海矣,元至元中又徙,而河全不入渤海矣。封丘以东地势南高而北下,河之北行,其性也,徒以有害于运,故遏之使不得北,而南入于淮。南行非河之本性,东冲西决,卒无宁岁。故元、明之治运,得汉之下策,而治河则无策,以其随时补苴,意在运而不在河也。设会通有时而不用,则河可以北决金龙、注张秋,而东北由大清河入于渤海,殊不烦人力也。盖禹河本有可复之机,一失之于元封,再失之于永平,三失之于熙宁,至明昌以后,事无可为,河之离旧逾远,则反本愈难。呜呼!禹河岂不复矣乎?”胡氏以河道汇淮入海,北流永绝,而患始亟。欲纾河患,惟有北流,此为一般治河者共同之意见,却不料于咸丰年间乃亲见之矣。咸丰元年八月,南河丰北厅属三堡堤决,河水高过堤顶,堤身坐蛰,口门塌宽至一百八十五丈,水深三四丈,大溜全行掣动,迤下正河,业已断流。全河北趋,由沛县之华山、戚山,分注微山、昭阳等湖,挟清水外泛运河。丰、沛、铜山、砀山等县及山东毗连各地方,民田庐舍,多被淹没。清廷恐其浸漫运道、闸坝、纤堤,与回空漕船有碍,特令南河总督杨以增、东河总督颜以燠等妥筹宣泄。除先行捐银拯济灾民外,又拨帑银数百万两,赶紧修筑;并饬核实办理,勿得狃于积习。是时防务重要,兵部尚书桂良疏请丰工漫口,严守清江。迨三年二月,甫告合龙,而五月间复决。清廷方虑太平军勾结灾民为患,令周天爵等带兵至徐州布置,而太平军卒由丰北渡河,略山东曹州等处。杨以增以丰工决口革职留任,东河总督长臻以未能豫防,致敌偷渡、降三级,而巡查黄河口岸之刑部员外郎邵懿辰亦被参议处。然自此由安东县云梯关入海之黄河,遂骎骎有北向改道之趋势矣。丰北之工程未已,而河南下北厅属兰阳汛,铜瓦厢、三堡之堤工,复决于咸丰五年六月。是时军书旁午,帑项支绌,民间兵燹流离,已不堪其苦,又罹此水灾,荡析失所,惨状殆不忍闻。水势漫溢、全行夺溜,刷宽口门至七八十丈,迤下正河,业已断流。清廷谕曰:“兰阳北岸为黄河上游,较丰北之距海较近者,迥不相同,据奏浸水微向西趋,复折往东北,是已直注直隶、山东境内。该河督等见议如何宣泄?由何处导令入海?即着迅速筹办!”又因部库支绌,无款可筹,着东河总督李钧设立捐局,无论银钱、米面及土方、楷料,皆准报捐,以济要工,而备赈需。至丰北决口,此时复蛰,尚未堵口,下流既断,丰北亦成陆地,应暂缓兴筑。既而李钧奏报漫水经由处所谓:“黄流先向西北斜注,淹及封邱、祥符二县村庄,复折转东北,漫注兰仪、考城及直隶长垣等县村落,复分三股:一股由赵王河走山东曹州府迤南下注。两股由直隶东明县南北二门分注,经山东濮州、范县,至张秋镇汇流穿运,总归大清河入海。”清廷因谕:“黄流泛滥,经行三省地方,小民荡析离居,朕心实深轸念。惟历届大工堵合,必需帑项数百万两之多。见值军务未平,饷糈不继,一时断难兴筑。若因势利导,设法疏消,使横流有所归宿,通畅入海,不至旁趋,则附近民田庐舍,尚可保卫。所有兰阳漫口,即可暂行缓堵,着李钧即派张亮基带同熟悉河工形势之员,周历查勘,绘图贴说,详细具奏!”盖当时只以筹款维艰,为目前缓筑之计,议者多谓宜因势利导,使河流徙归北趋,由大清河入海。清廷以事关大局,未可草率从事。十月亮基遍历查勘,逐细探量,拟定办法,李钧奏闻。清廷谕令顺河筑堰,遇湾切滩,堵截支流诸策,用力易而见效速,令地方官劝谕绅耆集资办理。自是大河北流,而河患亦稍纾矣。此道与东汉以迄唐、宋再徙之道略同,惟经流或未能尽合,近人或视为禹迹已复者,则但近于东道漯川耳,非大伾以北之故渎也。

(二) 何桂清、胜保之伏诛

咸、同之交,各省疆吏,领兵大臣,往往依恃军符,贪庸骄蹇,其植党甚众,盗名甚工,朝廷始亦为所蒙蔽,迨罪状昭著,卒以此败。就其最著者言,汉人中莫若何桂清,满人中莫若胜保。桂清字根云,云南昆明人,家世寒微。弱冠入翰林(道光十五年进士,仅十七岁),五迁至内阁学士。道光二十八年,擢兵部侍郎。咸丰二年调户部,督江苏学政,值太平军下江南,桂清疏陈兵事,劾疆吏巽耎偾事,侃侃无所避,文宗奇之。四年授浙江巡抚。派兵收复徽州、宁国府城,清廷即令兼辖徽、宁二郡。朝廷益嘉桂清,思大用之。会两江总督怡良解职,文宗以筹饷事重,难其人,大学士彭蕴章荐桂清,七年春,命以二品顶戴署两江总督,寻实授。桂清驻常州,屡疏陈方略,称旨。是年冬克镇江,以济饷功,加太子少保。十年春又因克九洑洲,晋太子太保。桂清意气发舒,倚畀益重,甚负时望,与胡林翼齐名,天下皆称何、胡南宫保。及江南大营再陷,桂清闻之,几失所措。和春奔常州,桂清大惊,即疏陈军事付和春,自驻苏州筹饷。绅民塞道请留,从者枪击死十余人,始得脱。桂清至苏州,巡抚徐有壬拒勿纳,疏劾其弃城丧师状。桂清托言借外兵,遂之上海。苏州破,有壬殉难,遗疏再劾桂清。诏褫职逮京治罪。会英法联军犯京师,车驾幸热河,迁延两载。浙抚王有龄、苏抚薛焕皆其故吏,迭疏为乞恩,不许。言官数劾奏,同治元年始就逮下狱,拟斩监候,大学士祁寯藻等十七人上疏论救,御史卞宝第疏驳之,并请议定逃官章程。时京曹李棠阶亦密疏言平贼不可先庇逃帅。桂清援司道禀牍为词,下曾国藩察奏。国藩疏言:"疆吏以城守为大节,不宜以僚属一言为进止;大臣以心迹定功罪,不必以公禀有无为权衡。"而贵州廪贡生黎庶昌伏阙上书,亦颇论及桂清。是冬,遂弃市。《清史稿》论曰:"陆建瀛、何桂清皆以才敏负一时之望,膺江表重寄,建瀛当军事初起,不能预有规画,临事仓皇;桂清无料敌之明,又失效死之节;二人者,身名俱陨,罪实难辞。"胜保字克斋,满洲镶白旗人。道光二十年举人,考授顺天府教授,累迁至祭酒。屡上疏言事,甚著风采。历光禄寺卿、内阁学士。会太平军起,胜保疏陈办贼方略,命驰往河南,交钦差大臣琦善差遣。太平军北伐,胜保率善禄西凌河兵四千,一再破之,诏嘉胜保果勇有为,授钦差大臣,代讷尔经额督师节制各路。特赐神雀刀(康熙时安亲王所进),凡贻误军情者,副将以下,立斩以闻。后围李开芳于高唐,数月不能克,迭诏诘责,褫职逮京治罪,遣戍新疆。直隶、山东既平,予蓝翎侍卫充伊犁领队大臣。六年召还,发往安徽军营差遣。七年予副都统衔,帮办河南军务。胜保连破捻匪,加头品顶戴。又招降李兆受,改名世忠,自为一军。惟与太平军战,辄不利。十年罢钦差大臣,召回京。会英法联军内犯,命率八旗禁旅驻定福庄,偕僧格林沁、瑞麟进战通州八里桥,额受微伤,裹创入见，文宗奖之曰："忠勇性成，赤心报国。"胜保益自负，矜功恃宠，日即骄淫。及停战议和，胜保收集各路溃军，得万余人，亲督操练。十一年擢兵部侍郎。同治元年，督军援皖，苗沛霖诱擒陈玉成，献于胜保，加兵部尚书衔。会陕西回乱炽，遂授胜保钦差大臣督办陕西军务。先是，胜保所部，惟雷正绾一军二千人为官兵，其余苗沛霖万余人为团练，宋景诗八百人为长枪会，而李兆受滋扰滁、来，地方糜烂已极，胜保绝不为意，惟以声色自娱。九年九月，定远布衣胡文忠走京师，欲叩阍诉其事，御史林之望力阻之。文忠自缢死，遗书责之望，语激切。之望奏闻，清廷未允。同治元年六月，督办三省剿匪事宜袁甲三附疏劾之曰：

胜保自统兵以来，贪淫无状，人所共知。请为我皇上约略陈之：金安清著名奸猾，精于钻营贿赂，远近所知，胜保奏派办捐，岂真为军饷计耶？臣闻金安清确于咸丰九年八月，馈送胜保花木二十盆，黄金二百两，胜保为其请布政使衔以酬之，蒙先皇帝驳饬。金安清见其可以利动也，谋之愈力。胜保丁忧回京，自宿迁一路办差供应，直至京师，糜费不下巨万。又为之沿途代索奠仪，由数千金至百数十金不等。臣到皖后，调阅金安清捐案，率多禀报不符，奏请饬令该员来营清厘；胜保惧有败露，设计弥缝，曲为开脱。不料胜保下与属员串通，卑污不堪至此！军营保举，原以论功行赏，胜保无一不拜门生，所收贽敬，按官阶以为多寡，皆知其数，习以为常，恬不为怪！粮台出入，丝毫均关报销，胜保设立杂支局，无物不备，糜费浮于正项。此其贪墨之大概也。其所到之处，携带妇女，广招娼妓，丑声至不可闻。九年夏间，驻军盱眙，有知府倪元灏买婢女二人送至胜保船上。胜保复居盱眙之江家花园，令该县知县许垣逐日密招歌妓，送至园中，荒淫无度，军心涣散，而盱眙不守。复至河南、山东，人言藉藉。此次由豫入皖，至陈州，即携妓女数人随行，到颍州又添数人，皆知县李连芳一手为之。逆贼张瀍之妾，胜保认为义女，并为请四品封典，营中文武，无不笑之。苗练诱擒狗逆（此指陈玉成），获有贼妇，胜保向苗沛霖

> 索取，苗沛霖不与，远近传为笑柄。近又闻其委员秦姓，由扬州买婢女数人，送往颍州。此其荒淫之大概也。然使其长于用兵，果有非常战绩，犹可略短取长，否则与各路统帅和衷共济，事事顾全大局，亦可用其功而原其过，乃此次援颍，为贼所困，几于全军尽覆。……其种种悖谬、任性妄为有不可枚举者。

清廷又置不问，甲三旋以病免。是秋胜保督师剿回，到陕后，每饰报捷音，广纳贿赂，妄保佥人，滥渔女色。西安副都统德兴阿首劾以带妓赴陕，并纳贼妻。于是光禄寺卿潘祖荫，顺天府丞卞宝第，御史丁绍周、华祝三及河南巡抚严树森，先后奏劾其冒饷纳贿，纵兵殃民，欺妄贻误各情形。而严疏最刻毒，略云："回、捻癣疥之患，粤寇亦不过支体之患，惟胜保为腹心大患。观其平日奏章，不臣之心，已可概见。至其冒功侵饷，渔色害民，犹其余事。"(相传为桐城方宗诚手笔)清廷以其满族，颇优容之，且其部下多不逞之徒，惧隶他将必生反侧。因密谕多隆阿回军入陕，并令僧格林沁将胜保被参各款，查复具奏。旋经僧格林沁等察实奏上。同治元年十一月，多隆阿军抵潼关，即着将胜保革职拿问，又恐胜保抗不遵旨，始终跋扈，或其部下不逞之徒别生枝节，因密谕多隆阿一切抚绥弹压及进兵机宜，令妥筹布置，出以迅雷不及掩耳之计。多隆阿扎营灞桥南，黎明径趋胜保行辕，昂然入中门，手举黄封高呼曰："胜保接旨!"胜失色，即设香案，跪听宣读。读毕，并问曰："胜保遵旨否?"胜对曰："遵旨。"多即命取关防至，验毕，摘去翎顶，遣兵百人守之。胜于此骄容尽敛，凄然无色。翌年，胜保逮至京，王大臣会鞫，仅自承携妾随营。呈诉参劾诸人诬告之罪，诏斥其贪污欺罔，天下共知，苗沛霖已戕官据城，宋景诗反复背叛，皆其养痈贻患，不得谓无挟制朝廷之意。念其战功足录，从宽赐自尽，并逮其从官，论罪有差。当其被逮也，降捻李世忠已擢至提督，请黜己官为之赎罪，不许。御史吴台寿因其兄台朗在胜军中，疏言："胜保有克敌御侮之功，无失地丧师之罪，请从末减。"以党附褫其职。《清史稿》论胜保负气凌人，虽僧格林沁不相下，自余疆臣共事，无不龃龉互劾。始终以客军办贼，无自练之兵，抚用悍寇，而紊纪律；滥收废员，而通贿赂，又纵淫侈不自检束。因祖庇苗沛霖与楚军不相能,功过固莫掩也。其实胜保以党于恭王,有翼戴之功,肆无忌惮,挟制朝廷,罪萌骖乘,底死不悟,亦可见慈禧有杀鸡儆猴之意,并非全在其骄纵不法也。然清廷能于危疑震撼之时,诛何桂清、胜保二大臣,足见其法纪尚未全坠,故可支撑至数十年耳。

第十章　英法联军之役及其影响

四十　战事之起因

（一）粤人排外之激烈

方太平天国之乱后复兴也，曾国藩祁门督师正在困难之际，而英、法联军乘势入犯北京，当时内忧外患，纷至沓来，其变局之剧烈，为旷古所仅见，中国国权之丧失，国际地位之低落，皆造成于斯役者也。先是，鸦片战争之局既终，中、英订《江宁条约》，定于广州、厦门、福州、宁波、上海五口为通商之地，又许英政府得派遣领事居住五处城邑，专理商务事宜，前此行商所负约束外人、担保纳税之事，悉改由领事负之。五口除福州外，皆曾通商之地，似应毫无问题，初不料广州与外人通商最久，而问题竟层出不穷也。其原因盖由于：一、英人在广州通商，受种种之限制，怨气颇深，及其战胜，则挟威以求报复。不谅中国人所受战争之痛苦，积怒外人；反而遇有交涉，即胁官压民，小题大做。二、广东地方官商，因广州在战前为唯一之通商口岸，赖此致富者甚多。江南一带茶丝由陆路运广，经十三洋行转售外商，获利至厚。据外人估计，伍氏怡和行财产有八千余万，富甲天下。《南京条约》后，外人直接至江、浙、闽诸省采购茶丝，是以上海之贸易日盛，而广州则不免衰落矣。官商既损其财源，劳工亦驯致而失业，因此全恨外人。三、粤人之民族观念甚强，性情刚毅，不畏强御。当林则徐禁烟时，因“身家既失，怨讟遂兴”（邓廷桢语），“反恐逆夷不胜，鸦片不行，则前辙不能复蹈”，所以“逆夷滋事，岂但汉奸引导，实亦百姓使然”

（王廷兰语）。及至英人兵临城下，淫掠滋扰，始幡然改计，鸣锣揭竿，遂有三元里“平英团”之事。地方官不能因势利导，反屈民以就夷，于是粤人仇英仇官，乃接踵而起矣。时厦门、福州、宁波、上海皆以次建立领事馆，虽不在城中，英人得自由出入，地方官且与修晋接之仪。惟粤人固执乾隆朝通商旧制，谓夷人不准入城，为天朝二百年来例禁，况五口通商？粤东但有澳门，不闻广州也。因合词诉大府，请申禁洋人入城。总督耆英知所请与《江宁条约》不相容，置不答。绅民乃传檄远近，大起团练，按户抽丁，以百人为一甲，八甲为一总，八总为一社，八社为一大总，不藉官饷，亦不受地方官约束，薰莸杂处，浸浸乎与官为仇矣。而英人以条约为词，数请入城，耆英不得已，遣广州知府刘浔登英舰，谓将晓谕军民，订会见之期。粤人侦知之，遂于城厢内外，遍张揭帖，约英人入城之日，闭城起事。适刘浔自英舰归，驺从前导，有担油者拦坐，舆过弗避也，隶触而污之，乃捽其发，当阶笞之。市人哗而言曰：“官方清道以迎洋鬼，其以吾民为鱼肉也！”一时啸聚数千人，乘衅而起，闯入府署内宅，劫取浔衣笥，陈之堂下，破其镭，搜其朝珠公服而焚之曰：“彼将事夷，不复为大清官矣！”浔自后院毁墙出，奔制抚，制抚惧激变，亟出示安抚之，并暂撤浔职。旋揭帖议劫十三洋行，英领相率避去。粤民益自得，遇英人登岸，辄多方窘辱之，如道光二十六年秋，有英夷二人私行入城，被居民殴打成伤，经官兵送出，未致毙命。英人不能堪，反以为大吏之发踪指使，则数数贻书谯让，或带兵进省威胁。耆英知粤事不易为，一方则密谋于政府，请内召，一方则权词答英人，谓粤民强悍，请徐图之，期以二年后践约。道光二十七年冬，黄竹岐地方杀毙英人六名，民众亦死二人，耆英复逮捕梁亚来等四人抵命。既而耆英果内用，以徐广缙为两广总督，叶名琛为巡抚。徐、叶皆骄虚自用之人，受士大夫传统观念极深，而名琛尤顽固。鸦片战争失败，一般皆认为系琦善、伊里布、耆英等之“抚夷”政策所致，如南宋秦桧之误国，倘林则徐能始终用事，则不致如此也。清廷之重用徐、叶，盖亦有改变外交政策之意焉。道光二十七年十二月二十九日谕军机大臣等：

本日已有旨着耆英来京陛见，所有两广总督印务，及钦差大臣关防,均交徐广缙署理矣。徐广缙经朕简任广东巡抚,到任已及年余,于地方情形,及一切夷务,自应熟习机宜,妥慎办理。惟疆寄重在民心,民心不失,则外侮可弥。嗣后遇有民夷交涉事件,不可瞻循迁就,有失民心。至于变通参酌,是在该署督临时加意权衡体察。总期以诚实结民情,以羁縻办夷务,方为不负委任。

因此徐、叶益以强硬政策为足恃而坚持之。凡英人有所要求,均置不答。道光二十九年正月,英人以两年后入城之约到期,香港总督文翰(S. G. Bonham)乘兵舰入内河,请入城与广缙议事,广缙辞之,即乘舟出虎门外,诣英舰。文翰出其所求各款,如鸦片开禁,照例纳税;前定税则,希冀更张;以及租地建房等事,广缙逐层驳斥。惟进城一事,则哓哓不已。广缙反复辩论,舌敝唇焦,文翰坚执耆英于二十七年二月二十一日,约定一过两年,即为英国商民进城之日。请代奏遍贴誊黄,以践前约。广缙思粤省民情剽悍,进城一事,万不可行,且阻其进城而有事,则众志成城,尚有爪牙之可恃,许其进城而有事,则人心瓦解,必至内外之交讧。因回省与军府划战守策,密召诸乡团练,先后至者逾十万人。道员许祥光用士绅名义,致书文翰,晓以大义,略云:"粤省通商二百余年,各国远人,皆在十三行居住,城外既无间华夷,则入城又何分畛域。不知省会之地,民居稠密,良莠不齐,往往倚主陵客,遇事兴波,于是闲人之积愤生事者有之,土匪之乘机抢劫者有之,民情习俗,均非上海、福建之可比,此贵国人所共知也。今贵使谬执前约,而不深思远虑,不过欲以贵国体面,夸耀于人,以为入城则荣,不入城则辱耳。不知无端而召众怨,举足而蹈危机,是慕虚名而贾实祸,求荣反辱,智者必有所不为也。"越日,英舰闯入省河,连樯相接,烟轮蔽天,广缙复自乘扁舟赴英舰,告以众怒难犯。英人谋留广缙为质,两岸练勇,呼声震天,英人惧,请仍修和好,保留权利,不复言入城事。督抚会疏入告:

现在英夷罢议进城,实因省城官民,齐心保护,防御森严,畏葸中止。是声威远播,已属信而有征。计自正月二十七日至三月二十日,居民则以工人，铺户则以伙伴，均择其强壮可靠者充补。挨户注册，不得在外雇募，公同筹备经费，置造器械，添设栅栏，共团勇至十余万人。无事则各安工作，有事则立出捍卫，明处不见荷戈持戟之人，暗中实皆折冲御侮之士，即至小街僻巷，亦皆竭力捍挡，争先恐后。至省城向与外洋交易各行商，皆富有资本，安分营生，非官所能操纵，亦复激于义愤，情愿歇业亏资，一律停贸。瞻徇违约者罚，知情报信者赏，坚持已几两月，夷商甚为窘促。虽诱以甘言，饵以贱值，无一应者，众志成城，坚逾金石，用能内戢土匪，外警猾夷。

道光帝览奏大悦，朱批："不折一兵，不发一矢，令该夷驯服，无丝毫勉强，可以历久相安""初不料卿等有此妙用！""皆卿胸中之锦绣，干国之良谋，喜悦之怀，笔难尽述也"。因封广缙一等子，名琛一等男，风示天下。又以为广东民情可用，而前此诸臣皆交臂失之，亟传谕嘉奖曰：

我粤东百姓，素称饶勇，乃近年深明大义，有勇知方，固由化导之神，亦系天性之厚！朕念其翊戴之功，能无恻然有动于中乎？着徐广缙、叶名琛宣布朕言，俾家喻户晓，益励急公向上之心，共享乐业安居之福！其应如何奖励，锡以光荣，毋稍屯膏，以慰朕意。

于是粤人益自得，谓洋人固易制也。徐、叶亦以为"民心可用"，对外人辄轻漫视之，此即后日失败之远因矣。

（二）修约之要求

中英《南京条约》为政治条约，当然无法修改，《虎门条约》虽系商约，亦无修改年限。惟中美《望厦条约》第三十四条，规定十二年后双方得派代表和平修改商约。其原意亦不过为税则而已。道光二十四年中美条约签字，修改之期，应在咸丰六年。乃英人以有最惠条款故，要求于咸丰四年修约，则以《南京条约》为道光二十二年所订，其年即正值十二年也。但美国不要求，或要求而不改订，则英国无权要求，于是英、美、法三国联合要求修约。三国要求修约之最大理由,即税率值百抽五之通商章程,系根据鸦片战前之货价订定,以后货价减低,而税银如故,英商皆欲减税,故要求修改章程。其时徐广缙移督湖广(咸丰二年),叶名琛坐迁总督,香港总督文翰于咸丰三年正月由英回任,照会名琛。名琛即奏称:据密探禀报:该国王因道光二十一年定条约时,曾许给有十二年再行更易之议,本年正届期,亦难保其不乘此内地匪扰兵分之际,从旁窥伺,别有要求。是清廷对于条约之事,早有所闻矣。咸丰四年英以包令(Sir John Bowring)代文翰,遂与美使麦莲(Robert McLane)、法使布尔布隆(Alphonse de Bourboulon)照会名琛,要求修约。名琛派知州张崇恪、知县陈宜之告其翻译,言叶督并未奉有谕旨办理修约之事。旋复与包令、麦莲复文,谨云:"天朝臣下无权,但知谨守成约,其重大事件,必须奏明请旨。"包令、麦莲、布尔布隆守候多日,未得结果,乃于八月初八日联樯至上海,初九日面见江苏巡抚吉尔杭阿,言十二年之期已过,前定章程,皆不足为据,欲赴天津向皇帝及大学士申诉。吉尔杭阿答称:"英人原定章程,名为万年和约,本无十二年变通之文,即当永远遵行,包令不应有此不经之谈。美、法二约,虽有十二年变通之文,而无另订新章之语。尔等欲赴天津,必须奏明准许,方可开行。"辩论竟日,迄无成议。包令等三使于十二日复偕翻译麦华陀(T. T. Meadows)与吉尔杭阿晤谈,言将于十八日启碇前往天津,必得请而后已,否则后事即难豫定。吉尔杭阿奏云:

> 伏查该酋前次呈递节略时,口称倘蒙钦差大臣指给地方贸易,其地如有贼匪,必当随同驱除净尽,并饬商补交旧税,以备军饷。事虽未可深信,而其言甚力。至此次到沪,乃置之不言,是所称助顺讨逆,不过假此以为更改定章之计。若云助顺讨逆,则长江现为贼踞,何妨借此横行。乃赴粤、赴沪并赴天津,必恃请命而行,似又并非恶意。揆厥情形,若不稍副所望,恐将乘我中原多故,以旧欠商税为经费,合各夷之力,独树一帜,不受羁縻,不完关税,伺衅而动,以图一逞,实为肘腋之患。现在之不敢遽肆鸱张者,以受我朝涵育深恩,誓言在耳,故作乞恩之词,以自明恭顺。若求之不得,必将另生诡计,其称奏明

该国王待命而行者，约计半年可以集事也。夷情狡诈暴戾，历难成事，凡有所求，必得而止。米、佛（美、法）二夷章程内，既有十二年变通之文，英夷章程内，又有恩施别国，英夷一体均沾之语，可否钦派重臣，会同两广督臣，妥为查办。所求如果可允，不妨曲示包荒，许其所请，倘大为悖谬，亦不妨直言杜绝，免其觊觎。若但令其仍回广东，致任跋涉风涛，久无成议，该夷心未惬服，终恐别滋事端。

吉尔杭阿与英、美人接触较多，知其修约之请，固别有所求，非达目的不止也。乘我中原多故，伺衅而动，以图一逞，似不如派员与之交涉，可允则允，当拒则拒，所虑极为有见。奈清廷仍怀自大之见，不知当时之国际情势，惟欲以理折之，并申斥吉尔杭阿"受人要挟，被人欺蒙"。以致后日所受之损失，更倍蓰于此矣。八月二十六日，英、美两使，带兵舰三艘，直抵大沽口外，遣翻译官麦华陀及伯驾（Peter Parker）乘小船驶过炮台，与天津道钱炘和、总兵双锐见面。声称：因五口货物难销，谒见江苏巡抚商酌，因不管夷务，令赴广东查办。到广东，叶制台并不见面，似此情形，只好先到天津，如天津长官再辗转，即赴通州至京，叩谒大臣代奏。旋长芦盐政崇纶与包令、麦莲接谈，包令即出其修约说帖云：

一、英国钦派大臣，驻扎京师。

二、准英人随意往内地各处，并海滨各城邑。

三、以天津为通商贸易港口，派领事官驻扎。

四、英国钦差全权公使大臣欲与海疆各省督宪相晤会，自应于署内照平仪接见。其管事领事等官，遇有必须进见者，亦应于署内照礼接晤。粤东省垣，亦在此条内。

五、两国派委员，将通商税则，会同辑修变通，又将鸦片土一项，准其一律进口，报税公允。

六、凡于贸易诸口之间，准英船装运货物，往来无碍。

七、凡有进口货运至内地，并出口货运至海滨，除五港照则纳税外，俱不得在内地关津重行征税。总宜流通，无有阻滞。

八、定明各式洋钱价值，无论何项大小式洋钱、洋圆，俱准按照分两、成色、轻重行用。

九、彼此会同设法，肃清海滨盗匪。

十、中土人涉海迁居他国者，彼此会同设法建立章程，以资控御周详，稽查严密。

十一、应请专行诏谕各省大吏，凡有英人购买地段，总应勷助交易成全，写立地契存案为据。

十二、应请专行诏谕各省大吏，将英人身体、性命、财产，妥为保护。

十三、凡有英人被中土人诓骗财物，或别受屈枉者，速即查追伸理。

十四、所有近年粤省加抽茶用，每担二钱之款，应即停止。其在前已交之项，俱应照数付还英国，即在上海未纳税项内扣抵。

十五、道光二十七年二月间前大臣耆立约定期，准英人进入粤东省垣，应请大皇帝特颁诏旨，著为如约办理。

十六、兹立新约之后，傥有切要之故，亟需变通者，自将新条重行酌改，总以十二年为期，复为酌订。

十七、在各贸易港口处所，设法建立官栈，暂存候销货物，以便不合售者仍行出口。终能合售，亦按则纳税。

十八、立兹条约，当以英字为确据，或彼此将汉文、英文各卷均立花押，以杜舛谬。

英使所提十八条之要求，几全出修约范围以外，可见英人之侵略野心，不过假修约为名而已。英人要求修约，已与《虎门条约》不合，其说帖如开天津为商港，驻公使于北京，鸦片弛禁，茶税找还，购买土地，必须官吏压迫成交，设置货栈，任听外货进口出口，内地关津一律不许征税，准英人随意往内地各处，广州入城之事，更请严谕饬行。此不啻以后《天津条约》之缩影，清廷认为碍难行者，当然不能应允。于是以崇纶及新任盐政文谦、总兵双锐之名义照复英使曰：

为照会事:本大臣前日会晤时,曾向贵公使详细面述,如两无妨碍,彼此有益,或于各国有益,中国无损,均可酌商。若凭一己之见,不在情理之中,断难勉从。贵公使甚以为然,足见深明大义。本大臣等将节略带回,详加批阅。即如欲驻扎京师,随意往来内地各处,并驻扎天津,贸易通商等三条,京师为辇毂重地,天津与畿辅毗连,并内地各处,从无外国之人,混入其中。试问贵国尺地寸土,能畀我中国乎?应毋庸议。又欲与中国地方官交往一节,原有议定体制,我国大吏各有职任,贵公使所到各处,岂能纷纷会晤?至通商税则,会同变通,鸦片之进口报税一事,查贵国既系万年和约,似不应另有异议。港口间装运货物往来无碍之句,殊难允行。进口出口货物,在五港纳税外,内地关津不得重行征税,查中国设立关口各有征税,定例已久,岂能率更旧章?至纳税或用纹银,或用洋银、洋圆,轻重均有一定章程,未便更易。其余欲建立官栈,候销货物等事,均应遵照旧约,断难随意更改。至欲进粤东省垣一条更属难行。以上各条于我国大有伤损,均多窒碍难行。本大臣等尚不能容其所请,何敢代奏?至华人与各国相争,原有成约可稽,恐近日地方官或有审断不公,应交该省督抚秉公查办。上海土匪滋事,贸易艰难,商人赔累,请免欠税,与中国有碍,惟大皇帝抚御中外,柔远为怀,能否稍从减免,仍由该省督抚酌办,奏请施恩。至广东茶税,加抽每担二钱,天津无案可稽,亦应由两广总督查办。以上三款虽与中国稍有妨碍,其事尚近情理,或有可商。惟税务情形,本大臣等既未深悉,又无案可查,况此间亦非办理通商之区,惟念贵公使等皆系各国忠臣,远涉风涛而来,恳求代奏,本大臣等详细酌核,除于我国大有滞碍之款,不敢陈奏外,拟将稍近情理可商之事,本大臣等不揣冒昧,据情代奏,请交两广总督详查被累情形,或可稍从减免,贵公使自应即回粤东听候。况原定章程,系米国、佛国有十二年变通之文,至贵国立定万年和约,不过奉有恩施别国,一体均沾之语,更不得首先另生异议,致负前约。贵公使此次驶抵天津,本大臣等凡事施之以礼,指驳各条,亦系据理而论,并将恳求事件,尚可迁就者指出代奏查办,无非以笃和好之意。倘固执前说,本大臣等亦不与相见也。为此备文照会,须至照会者。

崇纶照会,虽言不敢代奏,其实仍系清廷意旨,观九月十五日之上谕即可知。包令、麦莲既不得请,因于二十七日先后驶回上海。又晤两江总督怡良,及江苏巡抚吉尔杭阿,告以天津所允三款,皆不关紧要,但求另派钦差大臣前来商办重事,以坚和好,不可迟至咸丰六年等语。吉尔杭阿以其在津所呈节略,与在沪呈递者,迥不相同,向其诘询。包令答称:七日以后,又奉国王之命,增添各条,未及送阅。今既不允代奏,止得候国王命令再议。九十月间,包令、麦莲先后回粤,惟法使驻上海,此后二年间,虽英人与粤督叶名琛有所交涉,而叶认"虚声恫喝,乃夷人之惯技",惟有"静以待动,彼自势绌力穷"。殊不知英人知交涉之无望,正欲伺衅而动,以图一逞也。

(三) 叶名琛之外交政策

当是时中国尚无外交之专管机关,一切对外交涉,俄国由理藩院及黑龙江将军办理,西洋各国则由两广总督办理,以故清廷对英、美、法修约之请,辄令其赴粤与名琛接洽。名琛(字昆臣,湖北汉阳人,道光十五年进士)以翰林清望,年未四十,超任疆圻。其时东南诸省变乱纷起,而广东差完,又为中外通商都会,称殷富地,凡邻近诸省调兵食,购器械,率仰给广东。名琛亦颇能选将募兵,击平境内会党之起事者。咸丰四年以总督协办大学士,五年拜体仁阁大学士,宠眷稠叠,名望日隆。既累著勋绩,膺封拜,遂拟古今成功者皆如是而已,不知天下事多艰难也。然性木强,勤吏事,治两粤久,属吏惮其威重,皆不敢违。初以偕徐广缙拒英人入城有贤声,因颇自负,常以雪大耻、尊国体为言,凡遇中外交涉事,驭外人尤严,每接文书,辄略书数语答之,或竟不答。顾其术仅止于此,既不屑讲交邻之道,与通商诸国联络,又未尝默审诸国情势之强弱虚实向背,而谋所以应之。今人或以其外交政策,袭自徐广缙,而广缙又承继林则徐衣钵,谓之林派外交。殊不知林氏以守为攻,先事筹维船炮;而徐谓:"英人所系恋者,惟在贸易,则所以钤制之者,亦惟在贸易。"皆与名琛不同也。名琛迷信乩语,以沙盘占休咎,"始终坚持,不为所胁",妄以"彼技穷行自服矣",岂得谓之有策乎？而香港总督包令,性刚愎,与名琛已积不相能。咸丰六年英政府又以巴夏礼(H. S. Parkes)任广东领事,巴尤负气,好争小节,既以入城之约,为粤民所阻,居常悒悒;兼以修约事憾名琛之摧沮,而慑其积年虚望,未有以难也。先是,东莞天地会党人起事,联合他处会党围广州,势张甚。有议借洋力御敌者,名琛斥之。会党旋败散,按察使沈棣辉督官绅兵练力战功多,事平列战状请疏荐,名琛格不奏。顾下令诸府州县,凡昔通匪者,许吏民格杀勿论。兵练皆解体,棣辉忧愤而卒。而黠悍者皆假捕匪名相仇杀,前后死十余万人。会党附从者不敢归,或轶扰广西、江西,或遁入沿海诸岛。英人以轮船围而降之,会方与俄国有克里米亚战争,欲趋降人以敌俄。其首领关钜、梁楫惮远行,坚请巴夏礼先攻广东,可以得志。巴夏礼乃留香港数月,日事训练,备决裂。顾以师出无名为虑,未几而亚罗船(Arrow)事件起,广东之战祸作矣。是役外人称之为亚罗战争(Arrow war),实则亚罗事件仅为一导火线,而非战争之主因也。或称之为修约战争,则以应修约而不修约责清廷,亦未为允也(日人著述,多持此论)。盖英人并无要求修约之权利,特借此以侵略中国,获取较鸦片战争后更进一步之权益。其所要求,在今日视之,虽多国际惯例,无特别严重之事,但免税、豁欠、还课与鸦片弛禁,条约以英文为准诸条,宁非出情理以外乎？故此次之战争,虽由清廷及叶名琛之应付不当所导致,而实亦英人蓄意完全控制中国之侵略战争,所谓亚罗,所谓修约,皆表面上之一名词耳。

四十一　战争之开端与广州之沦陷

(一) 亚罗船事件

咸丰初我国苦内乱,调兵转饷,日不暇给,政令益废弛。东南沿海诸省,鸦片贸易之禁,殆如虚设。商民乘之,辄假英人势力,恣为奸利。英人亦利用之,与以护照若国旗,使自由出入诸港,以故华商船只,入香港政厅船籍,揭英国国旗,往来沿海者甚多。咸丰六年九月十日,有亚罗船者,自外海入粤河,桅张英旗,而所载皆华民,巡河水师千总梁国定疑为奸民托英籍自护者,遽登艇大索,拔其旗,投甲板上,执舟子十二人,械系入省,以获匪告。西洋通例,以下旗为大辱,亚罗船者,实际为华人所有,而船长则英人也。船长直诉于巴夏礼,巴夏礼闻之大恚,移文诘责,引《南京条约》补遗明文,谓不法华人逃至香港或英船潜匿者,华官得移取,不得擅执,毁旗尤非礼。且华民在英舟为佣,实无罪,责归所获十二人。名琛答称:亚罗船非英国船,乃中国船也,中国官入中国船,捕中国海盗,于理至当,何与英国事?盖亚罗船在香港登记,期满已逾十日矣,名琛知之,故作如是主张。巴夏礼强辩曰:登记期限届满,但事在航行之中,迟速非能豫计,不能以寻常期满不续者论,且船之主持者实英人,又揭英国国旗,其为英船也无疑。要求交还益力,时获犯方就讯,具供者已七人,未具供者五人,名琛令先还五人,告以实匪党,已具供,不当还。巴氏持不可。名琛谓小事何足较,其畀之!遣一县丞送十二人于领事馆。而巴夏礼已与香港总督及海军将领西摩尔(Admiral Seymour)密谋欲乘机求入城,修前约。因又见所遣仅微员,疑有意折辱之,遂严拒不受。必责名琛具状谢罪,誓他日无再举而后已。名琛命系十二人于狱,顾绝不为战备。于是英舰三艘以二十五日(西一八五六年十月二十三日)进夺猎得、龟江炮台。名琛方在校场阅武闱马箭,吏走报,文武相顾惊愕。名琛笑曰:"乌有是?日暮彼自走耳。"令粤河水师偃旗勿与战。英舰进迫十三洋行,明日趋凤凰山炮台,守兵以有勿与战之令也,则皆走不知所往。二十七日英兵夺踞海珠炮台,遂驾炮注击总督署。司道冒烟进见,请避居,名琛手一卷书危坐,笑而遣之。因遣使领事馆诘衅由,巴夏礼谓:两国官不晤,情不通,误听传言,屡乖旧好,请入城面议之。名琛坚持前约,又心惮洋人诡谲,虑既见而受辱,遂不许。九月二十九日,英军攻击城垣,炮火延烧靖海门、五仙门附近民房。三十日,扒入外城,被壮勇击退。十月初二日攻破外城,将总督衙门烧毁,名琛走入内城,着伍崇曜、苏廷魁等向英人讲和。时英兵不满千,我兵及团练赴援者二万人,均畏敌火器,未能力战。顾英人此举,初非出于本国政府之命令,特作势恐吓,求达其入城之目的而止。又兵数仅少,不能实行占领,故不久复退回军舰。而粤民见英军退,争起为暴动,纵火焚洋楼,亦不辨其谁属,凡美、法、英各商馆及十三洋行一切摧毁之。于是英人知衅端已成,且以法、美商馆被毁,必怒与合纵,遂驰书本国政府,请增兵宣战,而敛舟退舍以待命。英政府得讯,首相巴马斯统(Palmerston)力主用兵议。咸丰七年正月(一八五七年二月)向国会提出中国政府凌辱外人之事二十八端,要求协赞军费。上议员均谓包令、巴夏礼处置失当,不应以英人所获得之权利畀于海贼,何能迁怒而及中国政府?但有人谓亚罗船扬英国国旗,即应作英船论,今加侮蔑,不啻侮辱英国国家也。卒得多数之同意出兵。下议院则否决之。英政府乃遵照宪法,解散议会,重新改选。巴马斯统在议会演说,称中国为野蛮人,蔑视条约,傲慢无礼。实则巴氏正欲推行其帝国主义于东方,乃强辞夺理耳。新国会召集,得多数议决:先遣特使迫中国改订条约,赔偿损害,否则以兵临之。并遍告美、法、俄诸国,请共遣使节会北京。美、俄无意与中国宣战,惟各简使臣,要求改订商约。而法帝拿破仑三世好远略,正欲耀武扬威,为“圣教”立功,以博法人之拥护。乃借口广西有马神父(Pe're Auguste Chapdelaine)被杀案,断然与英国连盟。自是英法联军之局成,而粤事乃益棘矣。

(二) 英国之最后通牒

咸丰七年六月,英使额尔金(Lord Elgin)率先遣舰队抵新加坡,会印度士兵之乱起,印度总督飞书乞援。额尔金分军应之,而自将余舰以七月抵香港。时法军犹未至,额尔金复以其间赴加尔各答察印度乱状,至八月归。九月法使噶罗(Baron Gros)、美使瑞威廉(William B. Reed)亦至。十月美使先与名琛照会,名琛即致复文,美人皆感欣慰。既而英、法二使亦派兵员各送照会一件,英照会称:中国五港口,独广东何以不准进城?请中国特派大员,另行商议条约。上年起事,所有英人受累,皆当照数赔偿,并在河南各炮台驻扎英军。名琛复谓:查贵国来粤通商,已有一百余年,始在广州一口,至道光二十二年、二十四年两次立约后,方开四口。广州原有成规,本与四口不同。至进城一节,两次条约,皆无此款。惟道光二十七年二月,德公使(Davis)忽欲议及进城,先以两年为期。不及一年之久,商民因其多事,回国控诉,是以将其撤回。文公使(Bonham)来粤,道光二十九年与前大臣徐往来文件,罢议进城,文公使出示在公司,有不准番人进城之语。经奏明在案,钦奉上谕:“设城所以卫民,卫民方能保国,民心之所向,即天命之所归。今广东百姓既心齐志定,不愿外国人进城,岂能遍贴誊黄,勉强晓谕?中国不能拂百姓以顺夷人,外国亦应察民情而舒商力。”咸丰四年包公使(Bowring)赴天津恳请进城,并更议条约。大皇帝因两次条约,均系万年和约,并无更改之处,仍令回粤遵守。此时中国无论何等官员,俱不敢有违圣旨也。上年九月间起事,中国因拿内地人犯,巴领事听信划艇船主一面之辞,谓官兵扯破英国旗号。不知官兵到船时,并未见有旗号,即据被拿之水手供称,因船未开行,旗号收在舱内。接巴领事来文,业将该犯十二名交还,而巴领事不收,突然无故兴兵毁各路炮台,攻击省城,并放火三次,中国商民受其惨害,较之贵国损累更重。应作何办理?贵国军士欲驻扎河南地方,恐致酿成事端,贵国所倚重者,原为在此了事,断非到此生事,恐贵公使有理当明,无事不公,亦无待本大臣之期许也。其答复法使照会称:据广西按察使转据西林县知县张鸣凤禀称:咸丰六年正月十九日,并无拘拿马神父拷打致死之案。是年二月有匪徒马子农在尖客村妖言惑众,纠伙拜会,并奸淫妇女,抢劫村寨,拿办正法。马供系广东人,与马神父名既不同,籍亦不合。查天主教原系劝人为善,第二十三款和约章程内载,佛兰西人如有越界远入内地,听凭中国官查拿,但应解送近口领事官收管,中国官民均不得伤害虐待等语。无如贵国人往往不遵条约,屡有越界以及远入内地传教。如道光二十六年八月,有噶哔(Gabet)、约利额洼里斯塔(E'variste Huc)二名,由西藏解回广东。二十八年有罗启桢(Charles R'ene Rerou)一名,由四川解回广东。三十年十一月有尼基里利(Picrre N'egxerie)、化令加利(Fran,cois-Aim'e Franclet)二名,由蒙古解回广东。咸丰元年四月,有孟德一名,由江西解回广东。五年九月,有雅水明(Jacquemin)一名由嘉应州解至省城。本年四月有问其姓名言语难通,佛兰西传教人,由仁化解至省城,均系交贵领事官收领各在案。凡系贵国传教人深入内地,无不讯明交回,可谓情理之至。今广西五口之外,本系越界,并深入内地,如果马神父问明系佛兰西人,断无不递回广东之理!况天主教既系劝人为善,至于有奸淫抢劫情事,似非传教为善者所应为,则其非马神父可知。上年九月内英国无故动兵,放火延烧西关一带房屋,数十万人,皆在目睹,即各外国人亦无不周知,英兵放火烧毁,各外国人自应向英国理论,并闻巴领事官已允其赔补,实与中国无干。本大臣总以两国和好,如有通商事宜,彼此皆可妥办,幸勿惑于浮言,转为代人受过。名琛致复英、法照会,具见奏牍,并非如旧载一切置之不理也。但据广州将军穆克德讷、巡抚柏贵等十二月十三日奏称:美使投国书请相见,名琛以接见夷人,率在旧洋商伍怡和之仁信栈房,今此房已为英夷所焚,虽有愿见之心,并无可见之地,未经允许。穆克德讷询之,据云:如见美夷,而英夷乘时来扰,成何事体?不出一月,总可了事。不意冬月初一日,各夷船数十只驶进省河,督臣传谕,该夷如无动静,兵勇毋许挑衅。相持数日,该夷遂于初九日送来将军督抚两副都统五衔照会,督臣并未会商,不知如何回复。迨十二日,该夷又送来五衔照会,督臣仍未通知,并传谕各绅,毋许擅赴夷船,如违特参。十三日,炮声四起,督臣始调各乡团练,未能齐集。十四日辰刻,城内观音山北门内外各炮台,遽为该夷所据。穆克德讷所谓之五衔照会,盖即英人之最后通牒也。英人限名琛于四十八小时以内让城引去,名琛犹不知戒备,徒以英人开炮入城,务作声势恐吓,欲改旧约!我坚持不理,彼亦无能为。因此狃前功,蓄矜气,好为大言以御众,渐忘其无所挟持,每到危迫无措,冀常有天幸获转圜。默念与洋人角力必不敌,既恐挫衄以损威,或以首坏和局膺严谴,不如听彼所为,善藏吾短。又私揣洋人重通商,恋粤繁富,而未尝不惮粤民之悍,彼欲与粤民相安,或不敢纵其力之所至以自绝也。其始终意计殆如此。殊不知英、法既联盟宣战,而美、俄二国复从之胁我,冀获得利益均沾,岂空言搪塞所能奏效者哉?

(三) 广州陷落与叶名琛之被俘

先是,清廷以海内多故,饷源在广东,尝密戒名琛,保持和平,勿轻与英人启衅。而名琛蓄矜气,好大言,当英军退出之际,既增饰剿获胜状以闻,其后又累疏称:"该女王国书,务使好释嫌疑,毋得任仗威力,恃强行事。即中国有未能相允之事,仍当和衷审度,据情报奏,听候国书施行,断不准妄动干戈,复及沿海各省,有失国体。"意以为粤事皆包令、巴夏礼、额尔金主持之,非其国王本旨,若始终坚拒,不为所胁,彼技穷行自服矣。粤民嫉英人甚,则务流言相矜夸;或称印度已叛,英军败绩,连丧其渠;或称英船遭飓风,火器已荡尽。名琛即又据以入奏。且谓英兵放火,欲烧西关民房,转风自烧夷楼,巢穴一空。该夷屡经挫衄,各国俱知其计穷,又因延烧货物,欲令赔偿,不肯助逆,其势似亦穷蹙。朝旨又特戒之,谓传闻未可尽信,即使实有其事,事平之后,岂不虑其称兵报复?从前林则徐误听人言,谓英吉利无能为役,不妨慑以兵威,致开衅端,迨定海失守,即束手无策,前车之鉴,不可不知。顾南北相距七八千里,实状无由上达,又以名琛驻粤理洋务久,更事多,必能设法驾驭,操纵得宜,亦不为遥制,故常优旨答之。将军、巡抚、司道等官进见商战守策,名琛哂然若无事。或密询其故,则曰:"张同云在敌中,动作我先知之,彼但作战势来吓我耳,我不与和,彼穷蹙甚矣。"张同云者,本通事,名琛购为外间者也。有识时者退而叹曰:"强寇岂可以空言应哉?己则无备,辄谓人穷蹙,譬犹延颈受暴客白刃,尚告人曰:'彼惧犯法,穷蹙甚矣!'自欺如此,祸岂可纾乎?"粤民自琦善督粤后,尝疑大府阳剿阴抚,名琛亦畏粤民之悍,遇事尤裁抑洋人,欲求众谅。然粤民见叶之夷然不惊,转疑其与英人有私。及英人累致书不答,且不宣示,则愈疑之。至是敌势日迫,僚属请调兵设防,不许;请招集团练,又不许;众固请,则大言曰:"过十五日必无事矣!"盖名琛父志诜好扶乩,名琛亦笃信之,为建长春仙馆,祀吕洞宾、李太白二仙,一切军机进止,咸取决焉。"过十五日必无事"云者,乩语也,而广州竟以十四日陷落矣。十一月十二日,英法军六千人登陆,张榜城外,限以二十四小时破城,劝商民暂避其锋。十三日黎明,据海珠炮台,炮声如百万雷霆,并击总督府,开花弹芒焰四射,火箭入南门,延烧市廛,火光烛天,阖城鼎沸。名琛微服奔粤华书院。千总邓安邦率粤勇千人殊死战,杀伤颇相当,以无后继,遂不支。十四日,广州遂陷。城内炮台及观音山顶,遍树红旗,名琛知城破,始派弁持令箭出新城,悬万金赏调潮勇攻观音山,战良久不能克。巡抚柏贵传伍崇曜等议和,往见名琛,仍以断不许进城五字语之。十五日,将军穆克德讷开西门,纵居民迁徙。英法兵塞城上炮门,分兵巡城瞭望,出示禁止杀掠,谓此行惟仇总督不扰商民也。十六日穆克德讷、柏贵会同出示安民,谓和议可定,城内市民毋惊恐。伍崇曜等趋英船谒额尔金,不得见,见其翻译威妥玛(Thomas F. Wade)、领事巴夏礼及通事张同云、李小春,往返三四,和议不成。英人索名琛甚急,十八日夜,名琛移居左都统署圃之八角亭。二十一日,英人括总督署中财物,并布政使司库银二十万两,释南海县狱囚,大索名琛。旋搜至八角亭,拉名琛置轿中,挟以登舟。从者或以手指河,摄之以目,盖劝其赴水也。名琛瞠不悟。穆克德讷、柏贵及副都统双禧、双龄等会疏以告。清廷谕曰:

叶名琛以钦差大臣办理夷务,如该夷等非礼妄求,不能允准,自当设法开导,一面会同将军、巡抚等妥筹抚驭之方。乃该夷两次投递将军、督抚、副都统等照会,并不会商办理,即照会中情节亦秘不宣示,迁延日久,以致夷人忿激,突入省城,实属刚愎自用,办理乖谬,大负委任!叶名琛着即革职。

诏以柏贵署总督,已而更以侍郎黄宗汉代之。英法军派二军官当市政,将军、督抚仅弹压居民而已。自是广州为英法军占领者三年。而名琛被掳至香港,犹每日亲作书画以应洋人之请,从者力劝不可题姓名,乃自书"海上苏武"。咸丰八年正月,英人挟之至印度之加尔各答,居之大理恩寺楼上,赖家人带去食物存活。咸丰九年二月,食物已尽,名琛不允添买,英人送来食物亦拒绝。三月初七日病故。英人归其榇于广东,时人未尝不哀其志而憾其玩敌误国之咎也。因为之语曰:"不战不和不守,不死不降不走,相臣度量,疆臣抱负,古之所无,今之罕有!"盖反言以嘲之云。

〔附言〕　名琛于印度犹赋见志,其诗曰:"镇海楼头月色寒,将星翻作客星单。纵云一范军中有,怎奈诸君壁上看!向戌何心求免死,苏卿无恙劝加餐。任他日把丹青绘,恨态愁容下笔难。"又曰:"零丁洋泊叹无家,雁札犹传节度衙。海外难寻高士粟,斗边远泛使臣槎。心惊跃虎笳声急,望断慈乌日影斜!惟有春光依旧返,隔墙红遍木棉花。”盖名琛在镇海楼,英人五日照相一次,分报英国王及香港总督,而名琛之父,当城破时仓皇出走,未得音问,故其诗云然。

四十二 《天津条约》之订立

(一) 大沽口之役

英法联军既陷广州,遂欲乘势迫清廷改订约章,酌给偿金,增开商埠。而美、俄亦欲乘间增改通商条约,于是四国使臣协议,各贻书中国首相,遣员送江苏督抚转递,而自率舰队,陆续会上海。咸丰八年正月,两江总督何桂清方次常州,江苏巡抚赵德辙得四国公使书,咨送桂清,审之则致大学士裕诚者,乃据以奏闻。英使照会略称:

> 兹本大臣已同大佛钦差会拟两邦合军,仍在粤城驻扎,除有要务实有碍于军中者,此外概不再动干戈。其际我两国大臣等前赴上海,候戊午年(咸丰八年)二月十七日以前,希有得奉贵国钦差大臣南来,方将彼此应行商榷各节,会晤核定。惟本大臣所承敕旨,不但应讨英民受损赔偿,及因军务皆由叶大臣固执坚持所致,军需经费,亦应偿付。此两节外,尚奉大英君主特授全权,准以各式和约章程,代为商定,俾免日后复生,有碍和好。……年来熟睹见有缺处,宜为修补,即如设照泰西诸大邦,向来恒素交谊成规,各土大吏得以任意进诣京师,似则近年不美之患,多为杜绝。又设果得定立善章,使各国保其确系良民,即准历游各省州县。且条约所定通商各口外,有数处贸易萌兴而官府置之不较,国课无所征收,于此可见欲以成约限制各口,勉致外商不准私赴别区交易,如此立法,实可为徒劳无益之证据。……至贵境沿海贼匪鸱张,有妨商务,濒岸居民,惨遭毒害,本国深愿勷助荡剿,清除其患。……总之,幸有贵国特派大臣,可依期内到沪,商订良法,转敦我两大国之和好。候大佛、大清两国亦得完竣,

方令在粤城驻扎之军兵撤退。倘无……和议,亦勿待明言,乖和举兵。

此照会乃英人所写华文,故拮倔不甚通顺,然大意则提出赔偿损失军费及增开口岸,内地游历,派使驻京,减免关税等项,请派钦使至上海议约而已。倘清廷稍有国际常识,当即派员会商,或特派何桂清兼任亦可。乃犹袭鸦片战前之故智,谓大学士参与内政无与闻外交之例,外交事当各就疆臣议之。遂由裕诚咨复何桂清,即转致各使,俄国应向黑龙江办事大臣交涉,英、美、法应往广东听候两广总督办理,钦差向无赴上海督办之事。人臣无外交之义,亦未便自给该国照会也。时英、法、美、俄四国公使已相将集上海,得此答复,当然不满,乃决议北行。三月初,英舰十余艘,法舰六艘,美舰三艘,俄舰一艘,云集白河口,以初十日投书直隶总督谭廷襄,仍请转达首相,廷襄奏闻。诏户部侍郎崇绮,内阁学士、礼部侍郎乌尔棍泰驰赴天津会廷襄议款。英人谓其非相臣,不足当全权之任,概辞不见。惟美、俄二国与为往来而已。天津去海口二百里,大沽设有炮台,为天津门户,港外有积沙一道,海舶至此,往往搁浅不能行。当四国投递照会时,廷襄遣武弁驾小舟导之行,遂无阻滞。洋人自此数以小汽船及舢板探水,以方议款,不之禁,亦不设备,迁延二旬,洋艘渐熟,又以望远镜窥炮台,具悉虚实。四月初八日,英法联军突驾小轮船闯入大沽口内,攻击炮台,官军开炮相持不克,前路炮台陷,游击沙春元、陈毅以下死者八九。时副都统富勒登太营北岸,守后路,猝闻前军失利,兵皆惊溃,后路炮台亦陷。奕詝闻之震怒,诏逮天津镇总兵达年、大沽协副将德奎入都治罪,褫提督张殿元职,寻授科尔沁王僧格林沁钦差大臣关防,督兵驰赴天津,京师戒严。五城皆设围防局,惠亲王绵愉主之。英人既踞炮台,仍欲修好,美、俄二国居间排解。乃派大学士桂良、吏部尚书花沙纳赴天津议款。惠亲王绵愉、宗室尚书端华、大学士彭蕴章会保已革大学士耆英熟悉夷情,请弃瑕录用。诏赏侍郎衔,饬即赴津。四月二十九日往拜英使,不见,耆英惧,径自天津回。说者谓耆英内召时,英人以其通商原议大臣,请照江宁约定入城议,耆英许奏请而未敢以闻,故英人怀恨。(《清史稿》云:“初耆英之在广东也,五口通商事多由裁决,一意迁就。七年冬,广州陷,档案为英人所得,译出耆英章奏多掩饰不实,深恶之。")桂良闻之,惧阻和议,请召回耆英,奕詝不悦。耆英至通州,奉廷寄饬令仍留天津,自行酌办。盖欲使桂良、花沙纳拒绝英人所求,而令耆英出为转圆也。耆英径入都,寄信僧格林沁,告以五日可抵军营。时绵愉方自僧营归,途次接据耆英信函,大惊,乃携至巡防处,与宗室大臣同阅,佥谓夷情叵测,耆英并未办有头绪,辄敢借词卸责,且未奉特旨,擅自回京,因请饬下僧格林沁即将耆英在军前正法。旋奉上谕:"耆英畏葸无能,大局未定,不候特旨,擅自回京,不惟辜负朕恩,亦何颜以对天下?是属自速其死,着僧格林沁派员即将耆英锁扭押解来京,交巡防王大臣、军机大臣会同宗人府刑部严讯。"比具覆。奕詝谓其擅离差次之罪轻,而诿过卸肩之罪大,乃传旨宗人府,赐令自尽。自是抚议遂定。

(二) 天津之新议条约

方桂良、花沙纳之至津也,力持抚议,而天津之民自三年大败太平军后,勇于赴斗,见四国军舰停泊海口,辄欲纠集盐枭海盗,乘间抢掠,迨桂良至,绅民遮谒道左,请率团练助官兵防剿,桂良抚而遣之。英使通事李国泰(H. N. Lay)持所定新约,凡五十六条,要桂良划押允行。桂良勉强撑持二十余日,欲斟酌轻重缓急,以定准驳,而李国泰骄狠异常,非特无可商量,即一字亦不令更易。其条款大致如下:

第一款　《江宁条约》仍旧遵行,广东所定善后条约及通商章程,既经并入新约,一概作废。

第二款　中英互派使节,分驻两国京城。

第三款　英使及所带眷属,可在京师长行居住,或自由往来。觐见时不能行有碍于国体之礼。至租赁房地,雇觅夫役,毫无阻拦。眷属随员有越礼之事,由地方官从严惩办。

第四款　英使可任意收发文件,并享有国际习惯上应得之一切优待。

第五款　两国钦使会晤,皆照平等仪式。

第六款　以上优待条款,英国亦同。

第七款　于通商各口设立领事,待遇准最优之例。领事与道台同品,副领事及翻译官与知府同品,会晤文移,均用平礼。

第八款　耶稣教及天主教凡有传习,一体保护。

第九款　英人准持照前往内地各处游历通商,由地方官盖印,凡无照及讹误,或有不法情事,就近送交领事官惩办,沿途只可拘禁,不可凌虐。如通商各口有出外游玩者,地在百里,期在三五日内,毋庸请照。惟水手船上人等不在此例。

第十款　长江各口,英船俱可通商,除镇江一年后开埠外,其余俟地方平靖,准其自汉口至海,选择三口,为英船出运货物来往之区。

第十一款　于旧五口通商外,增开牛庄、登州、台湾、潮州、琼州等处为商埠。

第十二款　英人在各口租地盖屋,设立栈房、礼拜堂、医院、坟基,均按公值定价,不得互相勒措。

第十三款　英人觅致华工,官吏不得禁阻。

第十四款　卸货上货,任从英商自雇船只,倘有走私漏税情弊,自应照例惩罚。

第十五款　英国属民相涉案件,不论人产皆归英国查办。

第十六款　英人犯事,皆由英国惩办,中国人欺凌英人,皆由地方官自行惩办。两国交涉事件,彼此均须会同公平审断,以昭公允。(两国交涉以下句英文约章无之,或系衍文。)

第十七款　凡英国人控告中国人事件,应先赴领事署投禀,领事官即当查明根由,先行劝息,使不成讼。中国人有赴领事官告英国人者,领事官亦应一体劝息。间有不能劝息者,即由中国地方官与英领事会同审办,公平讯办。

第十八款　中国官吏当保护英人安全,如遇焚掠扰害,立即派兵弹压,并将匪徒按例严办。

第十九款　英船在中国海内被盗,地方官闻报即应设法追拿,追得赃物,交领事官给还原主。

第二十款　英船在中国沿海遭风搁浅,或损坏者,地方官应设法照料,送交就近领事,以昭睦谊。

第二十一款　中国犯人逃至香港,或潜往英国船中者,中国官得照会移取,查明交出。其在通商各口,潜匿英国船中、房屋者,一经中国官员照会,领事官立即交出,不得隐庇。

第二十二款　中英人有欠债不偿,或潜行逃避者,须认真严拿追缴。

第二十三款　华商在香港拖欠,由英官办理,倘逃往中国地方,英领事可通知中国官严拿。

第二十四款　英商起卸货物纳税,俱照税则为额,与他国一律。

第二十五款　输税期:出进口于起载落货时各行按纳。

第二十六款　前在《江宁立约》第十条内,定进出口各货税,彼时因总算税饷多寡,均以价值为率,每价百两,征税五两,大概核计,以为公当。旋因条内载列各货种式,多有价值渐减,而税饷定额不改,以致原定公平税则,今已较重。拟将旧则重修允定。此次立约,加有印信之后,奏明请派户部大员,即日前赴上海会同英员,迅速商夺,俾俟本约奉到朱批,即可按照新章迅行措办。

第二十七款　此次新定税则,并通商各款,日后彼此两国再欲重修,以十年为限。期满须于六个月之前,先行知照,酌量更改。若彼此未曾先期声明更改,则税课仍照前章完纳。复俟十年再行更改,以后均照此限此式办理,永行弗替。

第二十八款　前据《江宁定约》第十条内载,各货纳税后,即准由中国商人遍运天下,而路所经过税关,不得加重税则,只可按估价则例若干,每两加税不过某分等语在案。迄今子口课税,实为若干,未得确数,现定立约之后,或在现通商各口,或在日后新开口岸,限四个月为期,各领事官备文移各关监督,务以路所经处应纳银实数,明晰照复,彼此出示晓布汉、英商民,均得通悉。惟有英商已在内地买货,欲运赴口下载,或在口有洋货,欲进售内地,倘愿一次纳税,免各子口征收纷繁,则准照行此一次之课。其内地货则在路上首经之子口输交,洋货则在海口完纳给票,为他子口毫不另征之据。所征若干,综算货价为率,每百两征银二两五钱。俟在上海彼此派员商酌重修税则时,亦可将各货分别种式应纳之数议定。

第二十九款 英国商船应纳钞课:一百五十吨以上,每吨纳钞银四钱,一百五十吨以下,每吨纳钞银一钱,以四个月为期,如系前赴通商各口,俱毋庸另纳船钞。

第三十款 英国货船进口,并未开舱欲行他往者,限二日之内出口,即不征收船钞,倘逾二日之限,即须全数输纳。

第三十一款 英商在各口自用艇只运带客人行李、书信、食物,及例不纳税之物,毋庸完钞,倘带例应完税之物,则每四个月纳钞一次,每吨一钱。

第三十二款 通商各口分设浮桩、号船、塔表、望楼由领事会同地方官酌视建造。

第三十三款 税课银两,由英商交官设银号。

第三十四款 秤码、丈尺均按照粤海关部颁定式。

第三十五款 英国船只欲进出各口,听其雇觅引水之人。

第三十六款 英船进口监督派员弁看守,经费由关支发,惟于船主并该管船商处,不得私受毫厘。倘有收受,查出分别惩治。

第三十七款 英船进口,限一日将船牌、舱口各件交领事官,即于次日通知监督官,过期不报,每日罚银五十两,惟总数不能逾二百两以外。舱口单内须将货物详细开明,如有漏报、捏报,应罚银五百两。

第三十八款 监督官接到领事详细照会后,即发开舱单,倘船主未领开舱单擅行下货,即罚银五百两,并将所下货物,全行入官。

第三十九款 英商上货下货须先领监督官准单,如违即将货物一并入官。

第四十款 各船不准私行拨货,违者将货入官。

第四十一款 各船完清税饷之后,方准发给红单,领事接到红单,始行发回船牌等件,准其出口。

第四十二款 税则所载按价抽税,倘海关人役与英商不能平定其价,即须各邀客商二三人前来验买,即以所出最高之价为标准。

第四十三款 斤两秤计算除皮办法。

第四十四款 货物受潮按价减税。

第四十五款 英国民人运货进口,既经完清课税者,凡欲改运别口售卖,须禀明领事转报监督官委员验明,实系原包原货,查与底簿相符,并未拆动抽换,即照数填入牌照,发给该商收执,一面行文别口海关查照,仍俟该船进口,查验符合,即准开舱出售,免其重纳课税。如查有影射夹带情事,货罚入官。至或欲将该货运出外国,亦应一律声禀海关监督验明,发给存票一纸,他日不论进口出口之货,均可持作已纳税饷之据。至于外国所产粮食,英船装载进口,未经起卸,仍欲运赴他处,概无禁阻。

第四十六款 严防偷漏。

第四十七款 禁止通商各口以外之贸易。

第四十八款 英船走私,查抄入官,并驱逐不准在口贸易。

第四十九款 约内所指英民罚款及船货入官,皆应归中国收办。

第五十款 嗣后英国文书,俱用英字书写,暂时仍以汉文配送,俟中国选派学生学习英语熟习,即不用配送汉文。自今以后,遇有文词辩论之处,总以英文为准。此次定约汉、英文详细校对无讹,亦照此例。

第五十一款 嗣后各式公文无论京内外叙大英官民,自不得提书夷字。

第五十二款 英国军舰别无他意或因捕盗驶入中国,无论何口,一切买取食物甜水、修理船只,地方官妥为照料,水师各官与中国官员平行相待。

第五十三款 海盗损害商民,由两国会议设法消除。

第五十四款 上年立约所有英国官民应取益防损各事,今仍存之勿失。倘若他国今后别有润及之处,英国无不同获其美。

第五十五款　大英君主怀意恒存友睦，允将前因粤城一事所致需支赔补各项经费等款，如何办理，另立专约，与约内列条，同为坚定不移。

第五十六款　本约立定后，俟两国御笔批准，以一年为期，彼此各派大臣于北京会晤，互相交付。现由使臣先盖关防，以昭信守。

专款　前因粤城大宪办理不善，致英民受损，大英君主只得动兵取偿，保其将来守约勿失，商亏银二百万两，军需经费银二百万两二项，大清皇帝皆允由粤省督抚设措。至应如何分期办法，大英秉权大员酌定行办。以上款项付清，方将粤城交回。

法国所订条约四十二款，大旨与英略同。惟增开口岸，多淡水一处，长江仅列南京一口，吨税仍为每吨征银五钱，修改税则定为七年，后于通商章程亦改为十年矣。关于卸货纳税，颇有殊异之规定，第二十四款云："法船进通商各口，如将货在此卸去多寡，即照此卸去之数纳税。其余货物，欲带往别处卸卖者，其饷银亦在别口完纳。"是可谓洋货自由运销更明确之保障。其外补遗条约六款，为惩办广西西林知县，赔偿广州商民损失及军费银共二百万两。并规定此项赔偿，或用现银或用会单（关票），分六年由广东海关交清。凡法国商人完纳关税，准量税多寡，于现银外，他用十分之一之会单。此亦法约之特殊规定也。美、俄两约虽不同，但有利益均沾之条，则亦可并享有英、法约之利益耳。桂良等奏称："苦心孤诣，舌敝唇焦，进既不可战，退又不可守，两弊相形，避重就轻，愿以身死，不愿目睹凶焰，扰及京城，再四思惟，天时如此，人事如此，全局如此，只好姑为应允，催其速退兵船，以安人心。自今以后，惟当卧薪尝胆，力图补救。将来元气充足，再行奋耀威灵，以伸天讨。"因于五月十八日在海光寺画押盖印。额尔金及其弟副使布鲁士（Frederick W. A. Bruce），译员李国泰、威妥玛（Thomas F. Wade）皆与焉。在议抚时期，廷臣奏请决战者，如恭亲王奕䜣、尚书周祖培、侍讲殷兆镛等，语多激愤。帝弗能从，亦不之罪。初清帝之起用耆英也，召对密幄，造膝请陈，自称当此时势，惟有独任其难。奕詝垂诿者再，当密谕其自展谟谋，不必附和桂良，稍涉拘泥，盖欲以和为战也。迨耆英抵津，仍循故智，又见英人不礼，辄欲借词卸肩，奕訢始怃然失望。是时附髀择将，意在僧格林沁，而炮台未经修好，海防猝难整顿，一切战守机宜，诸形棘手。适桂良“从权允准”一折至，乃不得不委曲以从之矣。

（三）上海设法挽回之无效

和议既定，清廷以税则事宜，必须亲历海口，相度地宜，爰于六月六日派桂良、花沙纳及武备院卿明善驰驿前往江苏，会同两江总督何桂清妥议。并密谕其于派员驻京，长江通商，及内地游行，赔偿兵费四项，设法挽回，愿以全免关税为交换条件。八月二十六日桂良等至上海，次日即行文照会四国公使，订期商定税则事宜。而英人要求先罢粤督黄宗汉及解散团练之兵。先是广州城既为英法联军所据，北门外有九十六乡，即道光间创英人于三元里者，闻变锐意规复，募勇团练。八年春，粤绅大会南海、番禺之义民，设团练局于佛山镇，主其事者，侍郎罗淳衍、翰林院编修龙元僖、给事中苏廷魁也。九十六乡素与英人为仇，至是各谋保卫之计，首严清野，禁绝汉奸，声言洋人入其界者，登时格杀。淳衍等又亲赴各乡团练，得数万人，扬称戒期攻城，英、法联军闻而惮之。是时将军、都统皆在城中，英人防其内应，悉收驻防兵械，胁旗民降之。司道闻佛山起义，间行而逃。惟巡抚为英兵监视，不得出。英人初攻广州，地方官出示禁止华人受雇外洋，供其服役。迨广州陷后，英人逼令巡抚出示，谕以中外讲和，不日罢兵通商，凡在麦高、香港等处为英、法人办理文案及受雇服役人等，遵前示辞退者，仍速回原处，照旧办事，勿得心怀疑虑，观望不前。佛山绅士闻之，谓中西之衅，实起自汉奸，向来违抗封舱之案，必先撤其沙文，使之供应窘绝，遂于三月间由局中出示，令各府县乡村耆老通饬民间凡有为外人服役者，限一月内概行辞退回家，有不从者，收其家属，无家属者，系其亲族。于是华人在香港等处服役者，皆凶惧告归。英人身司炊爨，不堪其苦，以告领事巴夏礼。巴言非破佛山之局，不能换回华役，然额尔金赴天津时，曾戒谕在粤英军，勿得与粤人挑战，今日之事，非我所得专也。无已，且以弛禁告。遂由巴出示华人，言英公使在津与大清议和，不日即可通商,尔等仍各还原业,即地方官亦应仰体朝廷之意,勿再阻挠,致激他衅。遣新舰一艘前往新安贴示。忽乡勇伏发,杀其贴示者。英法联军闻之,因起兵攻陷新安。时佛山团练之局,绅民同心,声势相应,惜不能成纪律之师,故筑室道谋,攻城寡效,虽宗汉莅任,驻惠州,空言激励,殊不能撼英人丝毫也。及天津和议成,粤人以广州未返,无不眦裂发指,惇衍知英人狡诈,乃托名巡缉土匪,请缓撤佛山团练局,宗汉以闻。适桂良至上海,英、法公使首言粤督黄宗汉及绅士罗惇衍等于天津定和后,仍行招勇,且遍出三万两赏格,购巴夏礼首级。又复开炮伤我兵丁,致有新安之役,请问是何意见?桂良权辞答称:道途梗塞,咨会未达之故。英人乃以议定税则,必先奏请撤回黄宗汉,及解散粤东团练为先决问题。桂良不得已,许之。诏罢宗汉通商大臣。于是粤人锐意恢复之怀,一旦为之夺气矣。桂良与英、法开议,知其不肯轻弃条约,我亦何必免其纳税乎?因有免税十可虑之疏,谓:"惟察该夷情形,倘一商及条约,即恐其易于决裂,所以连日会议,未敢轻举。看此光景,即欲消弭一二事,亦甚未可轻言。"而桂清亦奏称:"本年正月,该夷前来上海,有请钦差大臣于二月十七日会议之约,所求尚不甚奢,故于黄宗汉道出常州时,痛哭挽留,即在上海办理,以冀分宵旰之忧。盖自五口通商以后,如果驾驭得宜,本可相安无事。惟因夷酋不能进广东省城,遂启衅端,伏而未发者已十年。迨军兴以来,乘我多事,大起戒心。……桂良等因其汹汹之势,逼近畿辅,不能不将就奏请依议,以为退兵之计。欲罢其议,为一劳永逸之谋,断非口舌能争,亦非微利能动,必得用兵方可。而用兵宜先操必胜之权,今年挫其锋,明年必有大举。连胜三年,处处有备,方能俯首听命。而以时势观之,内寇方炽,民困未苏,水师尤为不练,似应待时而动,方出万全。……桂良等亦不能不就其力能挽留者,去其已甚,开列进呈,可否仰恳天恩,俯赐允准,以免登时决裂,恭候圣裁!倘有未便准行之处,则非剿不可,而此时仍宜不动声色,使之不疑。我则先将天津海口水陆预备齐全,候其来年赴北换约之时,聚而歼之。但兹事体重大,非徒尚意气及空谈经济而无实用所能任事,亦非一二人所能挽回。伏乞皇上广求贤良,协力维持,方能万全无弊。否则一误再误,必至不可收拾而后止。"桂良所虑,不为无见,而英使早知其意,多方闪烁,致使之不得启齿。以故桂清亦恳俯赐允准,以免登时决裂也。桂清论夷务,确有超人见解,惟“候来年换约聚歼”之语,本为推诿之辞,却不料竟成谶语矣。

(四)税则之协定

十月初,桂良与英、美、法三国订立《通商章程善后条约》十款,新税则进口十四类一百七十七种,出口十二类一百七十四种,此为《南京条约》后关税协定第一次之修改,亦列强假条约以束缚我关税自主之权舆也。盖《南京条约》第十款:“进口出口货税饷费,均宜秉公议订则例,由部颁发晓示,以便英商按例交纳。”揆其初意,是英人欲免关吏需索陋规,私征加派之弊,特要求政府明定晓示,以便英商照则完纳,所谓秉公议订,即应循国际惯例而不许有独异之处,固绝未有协定之意义存乎其中也。乃耆英不明外交性质,于议订《五口通商章程》时,定出口税则十二类,进口税则十四类,正税均“值百抽五”,是为第一次中外协定之税则。惟进口木料、金属凡为税则所未赅载者,均按价值百抽十。当时耆英不知争取互惠,以及世界上尚有保护贸易政策,始铸成片面协定之大错。以致洋货在中国纳税轻,国货在外国纳税重,于是进口日增而出口日绌,影响于国内工业者,至重且大。顾此尚非由于条约之束缚,自《天津条约》第二十六七款,明定税则及修改年限,而我国关税始真无自主之权矣。上海所议税则,洋货入口税无形减低,茶叶出口税比例加重,鸦片开禁,公然列入税则,每担仅三十两,以时价计之,约值百抽七八,犹远不及出产地印度之税率。总之,此次修改税则,事前既毫无研究,临事又无熟谙世界大势及长于经济商务之人才辅佐办理,徒供外人利用,以成立保护其贸易之片面协定而已。《通商章程善后条约》凡十款,英、法两国一律,第一款进出口税则混用,均照值百抽五征税,完全违反世界各国自由订税之原则,外国海关欲奖励出口者则税轻,欲寓禁于征者则税重,从未有视同一致者也。第二款凡有金银、外国各种银钱、面、粟米、粉、砂、谷米、面饼、熟肉、熟菜、牛奶酥、牛油、蜜饯、衣服、首饰、搀银器、香水、碱、炭、柴薪、蜡烛、烟丝、烟叶、酒、家用杂物、船用杂物、行李、纸张、笔墨、毡毯、铁刀、利器、药料、玻璃器皿，皆准免税。在外国此种奢侈品皆应课以重税者，而中国则皆免之，可谓倒行逆施矣。此款于光绪二十八年，始获改正一部分，四十年中不知损失若干税收，洋烟、洋酒之畅行中国，胥由于免税之原因也。第五款：向来洋药（鸦片）、铜钱、米谷、豆石、硝磺、白铅等，例皆不准通商，现在稍宽其禁，听商纳税贸易。英人以鸦片输入中国，流毒华人，致有鸦片战争。战后禁例未开，而私输尤盛，无法防止，英人屡以开禁为请，今始达其目的，在清廷既处于无可奈何，不得不以消极的征税以限之，然税率至轻，何以顾全大体乎？米谷准外商在国内贩运，不但分内地商人之利，且令外人挟资以囤积居奇，操纵其间，所谓重民食之义安在？英人不但攘米谷运输之利，并欲攫淮盐，经桂良力争始罢。此可见英人之居心矣。登州、牛庄特产之大豆、豆饼，禁止在该地出口，他口则不禁，虽意在保护运输业，然因此而货价增高，徒损销场而已。故三年后亦即开禁。第七款将出口之子口税改订新章，前本由首经之子口纳税，兹则改为至最后出口之海关纳税，因此乃有土货三联单之制度，如是外人赴内地贩运货物，仅凭一纸单据，即可概免厘税，径至出口港岸，沿途税局，除义务的查验外，丝毫不能过问，国内商人贩运者仍须逢关纳税，遇卡抽厘，关税上设中外人之别，置本国商人于不利之地位，因此竟有将三联单卖给华商，或奸商向外国领事馆注册，假洋商名义，图免厘税者，其弊更有甚于子口单矣。第十款规定聘外人帮办税务，将上海海关组织扩充及于全国各海关，关税行政权实为此条款所断送，清末民初财政之为外人把持，实以海关任用外人故也。迄今言之，有余痛焉。清帝批桂良等疏云："览此折不觉愤闷，尤堪痛恨，汝辈此行，不但不能消弭，反不如原约。直令英夷轮船入江一行，设若不回，何以处之？"盖英人方以增设长江商埠一条，欲先察看沿江一带形势，遣兵船溯江而上，桂良百计阻之不得，奕詝虑其与太平军结也。

四十三　英法联军之入京与议和

（一）换约之起衅

先是，僧格林沁抵津后，目击和议之成，办理过柔，实由海疆重地先时无备之故。于是一方则弹劾督臣谭廷襄议罪,一方则经营台垒,选购巨炮,调集马队,丛植木桩。白河置三栅以阻敌,防务较前略有起色。咸丰九年五月,《天津条约》批准互换之期已届,桂良在上海,欲候英使商酌在沪交换,不必前往北京。而额尔金之弟布鲁士代任公使,抵沪后,拒绝与桂良会面,并责其何不早日回京,预备接待。布鲁士性情急躁,又得外相训令:"外国使节入北京,清政府常怀厌恶之心,每假托事故,左支右吾,以妨害其到达时间。此行倘遇有此情形,宜有果断之处置,抵白河之先,卫队宜备,苟有不得已者,可乘军舰赴天津。"因令海军司令何伯(Admiral Hope)率兵舰随之行。法公使布尔布隆亦乘军舰,备武装,同于五月十七日驶抵白河口外。直隶总督恒福派人告以天津为沿海重地,恐有盗匪骚扰,不能无所防备,尔国亦当体谅我国,请先至北塘停泊,候大学士桂良等到后,可由北塘登岸来津,入京换约。恒福并驰赴北塘,准备招待。而布鲁士先有成见,置之不理。且再三派通事孟甘(James Morgan)来言,限时将拦河障碍物撤除。僧格林沁督率官兵,加意严防,饬令在暗处瞭望,炮台营墙,不见一人,炮门俱用席帘遮挡,白昼不见旗帜,夜间不闻更鼓。英军不知虚实,时乘舢板窥察。二十四日,乃决意突进,先用小船驶入铁戗内,用炸炮轰断拦河铁链,适与我哨船相值,即便驶回。二十五日辰,英法轮船十三艘,竖红旗挑战,拉倒铁戗十余架,越过第一栅,逼近炮台,开炮轰击,陆战队蚁附以登。我军初尚隐忍静伺,及见陆战队登岸抢攻,乃发炮环击。英人狃于往岁海口之无备,出其不意,仓皇失措,被我击沉数船。其登岸英兵千余人,陷泥淖中,死者近半。英海军司令何伯亦打伤右腿,余众不敢恋战,纷纷退回军舰,驶出拦江沙外。直隶提督史荣椿、大沽协副将龙汝元、海口左中营都司奇车布、护军校塔克慎、千总王世勷、把总张文炳亦中炮阵亡。奉上谕:"此次夷人受大创,全军覆没,我军士奋勇异常,遂操全胜之算。着僧格林沁分别奖赏保奏,阵亡者均着交部从优议恤。"适美舰后至,公使华若翰(John E. Ward)、副使卫廉(S. W. Williams)遵约改道行走,经恒春奏闻。清廷以其情词恭顺,特优答之,准将和约用宝钤印,交恒春至北塘互换。时朝野动色相告,皆谓"为二十余年未有之快事",夷务当自此转机。纷请"待其穷蹙,取前议而更张之,以免其觊觎之心”（兵部尚书全广疏语）。咸丰帝朱批：“但不知能办到此地步否？”可见清廷仍念当时处境困难，不愿轻与决裂，故始终解释，我国海河自有设防之权，英使如果意在入京换约，何必随带重兵，不从北塘登岸？衅由彼启，其责应由英人负之。倘英人自愿弃嫌修好，则恒福迭奉谕旨，均可在北塘接待也。吾国所持之理由，甚为充足，英国会议员多咎外务大臣及布鲁士之轻举妄动。然而首相巴马斯统（Palmarston）为一著名之野心家，素抱侵略主义，卒胁国会通过出兵案，是年冬即复命额尔金为全权公使，与法使葛罗带兵二万五千（英一万八千人，法七千二百人），由印度等地会于中国海岸，修船招勇，未及一年，而辇毂之变作矣。

（二）联军陷据津、沽

咸丰十年二月，布鲁士在上海，犹照会两江总督兼通商大臣何桂清诘问白河之事，要求赔偿兵费，送还炮械船只，并限定三十天以内答复。桂清据以入告，得旨：“《天津和约》既定，普鲁斯忽复称兵，是该夷先行背约，并非中国肯失信于外夷。此时兵威既振，岂能将前议之五十六款，悉行照办？果使该夷悔罪，诚心求和，前定之五十六款内，凡不可行之事，悉听何桂清裁减，于上海议定，以后或欲照米夷成例，减从来京换约，尚属可行。”军机处于三月初八日给桂清咨文曰：

> 查上年钦差大臣桂等，在上海专候英国使臣，面议换约事宜。迨探闻该使臣嘈（即布鲁士）已到吴淞海口，即经该大臣等叠次照会，约期相见。原拟告知大沽设防，应由北塘行走，乃该使臣拒而不见。复经钦差大臣桂等知照该国兵船，万不可驶过拦江沙等语，而英国使臣嘈置之不理。迨到天津海口后，直隶总督恒差员投递公文照会，由北塘行走，并送食物，使臣概不收受。遽将船只驶入大沽，毁我防具，岂得谓北塘行走之说，丝毫不令闻知耶？且该国既来换约，何随带兵船？显系有心寻衅，何以反谓中国失礼？至大沽之设备，亦非为备防英国，设竟有他国兵船，冒用英国旗帜前来，岂能听其无礼？即将来互换和约之后，大沽之防，亦不能撤也。又如赔偿各项，并送还炮械

船只一节,亦属非理。中国所用兵费,实属繁多,沿海历来设防,为费不下数千百万,如向英国索赔,则英国所费,尚不及中国之半。(清帝谕旨云:"中国既经得胜,即应该夷赔偿,若两抵不偿,已属通融,安有中国出银之理?"时英商建议加给偿金一百万,并派兵驻津。)至送还船炮一节,前年英国将大沽炮台拆毁,得我炮位若干,英国又当如何赔偿?况英国船炮半沉海中,中国毫无所得,均可置之毋议。又如换约以后,通融别地居住,应作罢一节,查互换和约以后,或择别地居住,或以要务随时往来,前经使臣额(Elgin)与钦差大臣桂等议定通融办理,今该使臣以通融之议作为罢论,尤出情理之外。上年米国(美国)换约以后,改定吨钞章程,及在台湾、潮州通商,经英国使臣吁请照办,虽英国未经换约,大皇帝仁慈,宽待外国,体恤商情,一体施恩准行,英国亦当知感激。若云议定通融办理之事,可以罢议,则中国已许英国照米国改定吨钞通商各节,亦无不可罢议。至该使臣所请北来换约,以礼相待之处,如该使臣真心和好,凡和约内应行通融办理事宜,悉听贵大臣斟酌,于上海定议,如无异说后,不带兵船,减从北来,于北塘地方,守候换约,在中国必不咎其既往。当令查照米国换约章程,再行商量办理。倘必欲多带兵船,仍从大沽行走,是并非真心换约,则应听海口办防之大臣,据理酌办。至该使臣此次行文,语多悖谬,不足深较,向后不宜如此无理!以上各节,应由贵大臣即行转告该使臣查照。

此为大沽启衅后,清廷所抱之基本态度,盖始终无毁约意也。奕訢且有:"从来驾驭外夷,未有不归于议抚者,专意用兵,如何了局?"之语,并传谕海防将士,"不准因有前番得意,遇夷即战,徒邀保举,不顾剿抚大局,如有即拿获正法,不必请旨"。可见清廷从无再战之意,而英人求取过奢,惟以武力恫吓,咸丰帝始有"如果该夷带兵前来,惟有与之决战,所有前议条约,概作罢论"之谕。然仍令恒福、薛焕(江苏巡抚)暗中进行和议,并托美使转圜。盖冀获胜之后,外人或可就范,能挽回一二也。咸丰十年三月,英法兵集上海,英海军司令何伯(James Hope)、陆军司令葛兰特(Sir T. Hope Grant)、法海军司令沙纳(Charnor)、陆军司令蒙他班(Montauban)议先遣舰队据舟山,以为军需贮蓄之所,留兵三小队与少数炮兵据守之。由英派三人、法派二人,共同管理,旧有之中国官吏仍任司法行政及收税诸事,受英、法委员之指挥。四月,英、法军舰连樯北犯,英舰泊于山东成山洋面(芝罘),法舰泊于成山对岸之朝鲜洋面(大连),总计兵船百余只。何桂清奏请速定和议,借兵助顺,不成则南北局势,曷堪设想！清廷以藉资夷力,更使轻视中国,后患何可胜言,断难允行。盖桂清欲借洋兵以助剿太平军,谓可缓其北去,遍肆滋扰,两害相权,取其轻也。清廷既逮桂清,命薛焕署钦差大臣,务须向额尔金剀切开导,冀有转机,固不可因苏、常失陷,稍示以弱,亦不可激之北驶,致启兵端。殊不知额尔金已北去,六月初,英、法兵舰已抵大沽口外,在大沽、北塘间往来游弋,窥测形势。洞我设备严,惩前败,不敢阑入,徐窥北塘防弛,遂移向北塘。先是僧格林沁筹办海防,营度于大沽、北塘之间已二年,北塘用帑百余万两,仅成南北三炮台,会有言宜纵敌登岸击之者,僧格林沁心韪其说,旋奉旨留北塘一口为通使议和地,命撤北塘防备,以示不疑。因将官兵炮位退往营城。议者谓御寇不于藩垣而于堂奥,失计已甚。北塘绅士御史陈鸿翊密疏争于朝,不听。编修郭嵩焘时在幕府,亦争之。僧格林沁狃于大沽之捷,谓彼以船来,不能多携马队,俟其登岸,我以劲骑蹙之,可以必胜,洋兵伎俩,我所深知,何足惧哉？嵩焘以议论不合,遂辞去。至是英、法军先纵小轮船驶探海岸,拽去旧设木桩,遂以六月十五日(一八六〇年八月一日)各挽炮车登岸,先据炮台。官军犹以其来换约,不之御也。十七日由北塘结队出村,意图扑犯,经我军击退。清廷令恒福,专办抚局,务当心平气和,妥速给与照会,曲为开导,以顾大局,仍欲乘机转圜,请其入都换约。英使复称:"来文并无贵国改意必定尽约之语,本大臣何得咨行水陆二军中止？果有大清钦差大臣实奉其权,妥议行文前来,本大臣自宜细心查照。惟有一事,贵国定必通晓,是前文内开要求各议,本大臣毫不可改减。"其意指二月间布鲁士所要求之条件,不能更改也。时英、法兵由北而南,将逼大沽,抵新河,我军御之。洋兵先出七百人,僧格林沁瞰其寡,麾劲骑驰之,洋兵退,乘势蹴之。洋兵排列为一字阵,各执精利火枪,候我军渐迫,众枪竞发,发无不中,我军如墙之隤,纷纷由马上颠陨,精骑三千,得免七人而已。英、法军张甚,出全队攻军粮城,又攻副都统德兴阿之营于新河,皆陷之。二十六日,我军退保唐儿沽。于是英、法军舰由北塘分向大沽,驾大炮拟我炮台,以扼我前;步骑踞新河,以逼我后。大沽炮台危甚,炮穴外向,不能反击,于是经理二载之工程,与数百万之帑金,悉置无用之地。僧格林沁始悔纵敌登岸之非计,而事已不可挽回矣。二十八日,英、法兵进踞唐儿沽,时僧格林沁为朝野所倚重,奕詝恐其寄身命于炮台,特旨令退守。辛卯(二十九日)朱谕僧格林沁:

> 握手言别,倏逾半载,大沽两岸,正在危急,谅汝在军中,忧心如焚,倍切朕怀。惟天下根本,不在海口,实在京师。若稍有挫失,总须带兵退守津郡,设法迎头自北而南截剿,万不可寄身命于炮台,切要!切要!以国家依赖之身,与丑夷拼命,太不值矣!离营后,南北岸两炮台,须择可靠之人员,代为防守,方为妥善。朕为汝思之,身为统帅,固难言擅自离营,今有朱笔特旨,并非自己畏葸,有何顾忌?若执意不念天下大局,只了一身之计,殊为有负朕心!握管不胜凄怆,谆谆特谕,汝其懔遵!

七月五日,英、法兵自后路攻大沽北岸炮台,一开花弹飞入火药库,訇然震发,炮台陷。提督乐善死之。是役联军在广东募集中国人夫数千,炮战中为敌架梯攀登及一切进击之援助甚得力。旋攻第二炮台,守兵三千,不发一炮,投戈乞降。僧格林沁驻南炮台,念不能守,乃撤防退次通州之张家湾。英领事巴夏礼至督署痛陈利害,令将南炮台交付联军,恒祺惊疑不能决,及僧格林沁退兵,始与订让授之约,许将阵营军需、军器交付联军,并指示火药库及地雷所在地,白河设置之防御,亦详为之说明,约既定,而南岸炮台已先一日为联军占领矣。初七日英军舰溯航抵天津,联军以十日大至,英军据天津左岸,法军据右岸,城上悉张英、法国旗,而大局始亟矣。

（三）天津和议之不成

先是六月三十日清廷命侍郎文俊、武备院卿恒祺前往北塘海口，伴送英、法二国使臣，进京换约，即欲议抚也。英人以其不足当全权之任，拒不与见。及天津陷，清廷以兵事日亟，特改派大学士桂良为钦差大臣赴津会同直督恒福议和。七月十五日桂良抵天津，与恒福照会英法二使，定日会议。额尔金等声称："现在并未罢兵，前已将所办各事，节经照会，俟一概允准照复前来，再行晤面。此时无可商办，毋庸相见。"致桂良等无从措手，旋经恒祺设法，邀晤巴夏礼、威妥玛，巴夏礼谓："八年和约，及本年二月间照会，与在津要求各款，必得一概允准，不容稍事商量，如有一款不准，即带兵北上。"态度桀骜，固执不回。桂良等只好备文照覆英、法二国，概为允许，以解目前危急。时七月十九日事也。同日上谕：令桂良于天津开埠一事，设法消弭，傥决意不从，只准每年来津通商几次，不准携带兵船，不准建盖夷楼。索赔兵费二百万两，应宽定限期。必须先将内河兵船，海光寺马队撤出海口，方准来京换约，先期派人探看沿途光景及京中房屋，断不准应许。其时廷臣多以议和为失计，如户科给事中薛书堂疏云："战则我操五胜，而夷人之术穷，和则我受十害，而夷人之计得（以下解释五胜十害）。现闻大兵云集，急乘此时，谕令僧格林沁统率各军，相机进讨。再密谕广东、浙、闽各督抚，于夷人所在，设法歼擒，并严禁我茶叶、大黄各物，不许下海，以示绝不相和，则夷人之力分而计穷。未有不一败涂地者，未有不叩关请命者，然后与之和，则可望数千年之安。所谓一劳永逸，非终不许和也。否则和议不成，徒延时日，虚费饷需。和议幸成，则又必要求贿赂，或请贸易天津，或请筑馆京城，开门揖盗，莫此为甚！"二十二日朱谕和战两难之苦衷曰：

中国以天下之势而受累于蠢兹逆夷，廿载于兹，战抚两难，诚堪浩叹。盖谋国者务为长久之计，应变者，尤赖握要之图。朕不惮详思，夜以继昼，恐召对时事有或遗，因缕晰而细言之：

一、大沽为津郡门户，既失，则蕞尔之城，已在该夷掌握。通商一层，许与不许等。况该夷占炮台及三岔河等处，将来多集兵力，只能野搏,断不能以肉身与船炮争锋,朕初意未尝不善。以桂良此次抵津,不许津郡则必战,引之深入,决战之后,则明言新约不算,仍旧约。如再不能,则以津城通商,换驻京一款,斯则可矣。今既经该大臣等已允通商,只可就议条款,暂示羁縻。决裂之时,将桂良等撤下,或即斥革,办到何地步,再因时处置。

一、索费一层,多方要挟,必遂其欲而后止,无论二百万不能当时付与,即有此款,亦断无此理。城下之盟,古之所耻,若再觍颜奉币,则中国尚有人耶?

一、带兵换约,谓各有戒心,不得不防。若既经议抚,何必拥兵?若拥兵而来,显怀莫测。即使迁就进京,必仍有断难应允之条款,彼时欲允不可。况陆续潜来之夷队,虽有兵而不能阻,煽惑依附之匪类,虽严示而不能禁,大患切肤,一决即内溃于心,京师重地,尚可问乎?

以上二条,若桂良等丧心病狂,擅自应许,不惟违旨畏夷,是直举国家而奉之,朕即将该大臣等立置典刑,以饬纲纪,再与该夷决战。

一、吧酋(巴夏礼)进京一层,两国既经议和,一切供给,自应饬所司妥为筹办,何必先来踏勘?况该夷酋惊吠狂嗥,亦必多为挟制,既来则不肯走,与带兵换约一事,其害相等,断断不能应许。

一、津城大沽不能即时退兵一层,既经议抚,则应罢兵,岂有以刀加颈而索偿之理?况此条与赔费为一事,互相牵连,不过再为添偿地步。决裂之后,亦可向该夷索费,为消弥之法。

一、决战宜早不宜迟,趁秋冬之令,用我所长,制彼所短,若迟至明岁春夏之交,则该夷又必广募黑夷,举四国之力,与我争衡。再勾通发逆,远交近攻,支持颇觉费手。

以上各条,竭朕心思,手书示惠亲王戴垣、端华、肃顺军机大臣等,办法亦只能如此。若别有良谋,可再详细面陈,勿稍缄默!

桂良奉谕旨,正感万难措手间,适巴夏礼与法官美理登(Baron de Meritens)索阅桂良全权证书。桂良告以此次携带关防,即系八年颁给,彼时有全权大臣字样，并无另颁敕书。巴夏礼以桂良不能当全权告额尔金，始有入犯之意矣。桂良历陈迫切情形，恳求给与便宜行事字样，将各款允准，当可弭兵息事，稍戢凶顽。否则兵连祸结，不堪设想。奕詝谕曰："览奏曷胜愤怒！朕为近畿百姓，免受荼毒，不得已勉就抚局。乃该夷屡肆要挟，势不决战不能。况我满汉臣仆，世受国恩，断无不敌忾同仇，共伸积忿。朕今亲统六师，直抵通州，以伸天讨而张挞伐！"同时并发下僧格林沁请帝巡幸木兰密折，令各王大臣阅看，迅速定议。此与前二日之朱谕，均为优柔寡断，色厉内荏之表示，盖不甘于抚，又不能战也。所谓亲征一举，特为巡幸他避之饰词耳。载垣、端华、肃顺正当事，彼等为主和派，力赞是议，请备乘舆法驾，明示百官。而各王大臣多反对巡幸或亲征，并请帝即日由圆明园回宫以安人心。但有问团防大臣有何准备者？对曰："无。"又问："京城兵力足以坚障守御否？"众皆莫能对。于是端华等昌言于廷曰："既已毫无可守，如何请车驾还宫？"尚书陈孚恩亦云："宜为皇上筹一条路才是。"闻者均只有嗟叹，殊少良法以挽危局。但大学士贾桢仍领衔奏上曰：

> 皇上欲亲统六师直抵通州……惟地异澶渊，时无寇准，非万全之道也。臣等以为断不可轻于一试。至僧格林沁所奏木兰之说，尤多挂碍，京师楼橹森严，拱卫周密，若以为不足守，岂木兰平川大野，毫无捍蔽，而反觉可恃？况一经迁徙，人心涣散，蜀道之行未达，土木之变堪虞！夷人既能至津，亦何难至滦耶？种种情形，实不堪设想！

奏上，奉朱谕问："何人秉笔？明白回复！"廷臣当以宝鋆主稿复奏。又奉朱谕："巡幸之举，朕志已决，此时尚可从缓。惠亲王天潢近派，行辈又尊，自必以国事为重，着与惇亲王、恭亲王、端华等速行定议具奏。"帝既决意北巡，都中谣言蜂起，百官庶民，各谋迁徙，而车马悉以备巡幸，一时送其帑者，徒行奔命。群臣交章谏阻。二十五日九卿科道上疏俱留中不报，二十六日各大臣又会衔上疏曰：

若使乘舆一动,则大势涣散,夷人借口安民,必至立一人以主中国,若契丹之立石敬瑭,金人之立张邦昌,则二百余年祖宗经营缔造之天下,一旦授之他人,先帝付托之谓何?皇上何以对列圣在天之灵乎?

尚书彭蕴章、侍郎潘祖荫又各单衔上封奏,潘疏谓:"一二日间,闻有亲王吁请巡幸,是何心肝为此议论?皇上何负于若辈而必欲国家见危亡乎?"继云出狩之举有七祸:负祖宗之托一也;京师难复旧观二也;拨天下之根三也;绝中兴之望四也;挫军士之气五也;长寇盗之心六也。其七则云:"向来巡幸必派留京,在平时凡百皆堪胜任,事起仓卒,委托无人,留钥之司,设有居心思乘此时机,暗干天位,万一銮舆既出,竟有修笺劝进之人,彼谓幸则为唐肃宗、明景泰,否则亦不失为张邦昌、刘豫耳。是长盗贼之谋,其祸七也。"末谓:"臣窃思赞成此议者,必力主和议之人,当此和议未定,剿抚两难,恐皇上因和不足恃而罪其计之失也,遂为此谋以图固宠,置皇上于危险之地而不顾,而以大清二百年之社稷轻于一掷。皇上试思为此谋者忠乎?佞乎?中外之人孰不切齿!明臣杨继盛有言:'欲诛俺答,先斩严嵩。'今日之事,非将误国诸臣立赐罢斥,不足谢祖宗在天之灵,而作臣子同仇之气。"盖其言均有所指也。因恭亲王奕䜣自咸丰五年被命出军机处后,即置闲散,郁郁不得志。桂良乃其岳父,屡当交涉之任,与外人情熟。而额尔金以清帝违约失信,又有乘胜更易皇统之意,致引起谣喙,廷臣遂以著之奏章,所谓土木之变,所谓石敬瑭、刘豫、张邦昌则皆影射奕䜣耳。至误国诸臣则暗指载垣、端华、肃顺,以三人正当权,且主和议也。时京师设五城团防局,惠亲王绵愉主之。大学士瑞麟、理藩院尚书伊勒东阿统京旗马步兵九千驻防通州。适胜保被召回京,饬令会同贝子绵勋带调集禁军万人,以俟后命。胜保亦上疏力谏,谓不可为一二奸佞所误,致失天下臣民之望。奕詝意稍犹豫,二十六日乃颁朱谕曰:

朕揆时度势,夷氛虽近,尤应鼓励人心,以拯时艰。即将巡幸之预备,作为亲征之举。着惠亲王等传谕京城巡守接应各营队,若马头、通州一带见仗,朕仍带劲旅在京北坐镇,共思奋兴鼓舞。不满万之夷兵，何患不能歼灭耶？

其所谓“京北坐镇”，盖仍有出京北行意也。二十七日，吏部侍郎匡源、文祥，工部侍郎杜翰等因上疏称：“外间人言更多疑虑，以为朱谕在京北坐镇一语，圣意仍属木兰，众情益涣，汲汲可危。即请皇上明谕谕旨，使知木兰之役，决计不行。”二十八日，文祥又随醇王奕谖、惇王奕誴等进见面陈，奕谖且痛哭力争，请身先士卒，亲决一战。帝始颁上谕曰：

> 近因军务繁兴，需用车马，纷纷征调，不免啧有烦言。朕闻外间浮议，竟有谓朕将巡幸木兰，举行秋狝者，以致人心惶惑，互相播扬。朕为天下人主，当此时势艰难，岂暇乘时观省？果有此举，亦必明降谕旨，预行宣示，断未有乘舆所莅，不令天下闻知者！尔中外臣民，当可共谅。所有军装备用车马，着钦派王大臣等传谕各处，即着分别发还，毋得尽行扣留守候，以息浮议而定人心。

寻又特颁谕旨，由内府发银二十万两，赏给防堵巡防各兵丁，以示激励之至意。京师人心因之又稍稍安定矣。

（四）通州议和之决裂

先是奕詝虽降诏亲征，实仍欲就和，英人以桂良不能当全权之任，乃改派怡亲王载垣与兵部尚书穆荫前往，载垣等即日启程，并照会英、法二使请其折回天津商谈。英使照覆，谓桂良翻复无从画押，已决意赴通州，不能在他处定约。法使照覆，谓：“本大臣随带兵将，护驾进京，互换《天津和约》。如贵国不识已益，转抗拒往通州之师，则军务复兴，而兵驰抵京师。或兴干戈，或致安和于通州，皆由贵王大臣等意择。”盖是时英、法军已由西河务进迫通州矣。七月二十九日英领事巴夏礼及通事威妥玛驰抵通州，约见载垣，载垣即前往东岳庙接晤，反复辩论至深夜方散。由巴夏礼拟一照会稿缮给，除承认八年原定条约外，加以在津桂良所许之八款。候额尔金来通即行盖印画押。八月初二日巴夏礼偕法官巴士达

(Comte de Bastard)、美里登带四十余人又来通州,载垣等仍在东岳庙接见。巴夏礼递出照会,内有“国书须亲呈大皇帝御览”之语。载垣诘以二十九日并无此说,何以忽生枝节?且美、俄国书,均未亲递,国书盖玺,亦与亲递无异也。巴夏礼坚执必须亲递,载垣以事关国体,万难允许。初三日,巴夏礼又请知照僧格林沁撤退张家湾之驻兵,情词桀骜。载垣答以驻兵可以撤退,惟国书不能亲递。巴夏礼谓:不亲递国书,即是中国不愿和好,掉头不顾,骤马而去。载垣以抚局断无可议,当即知会僧格林沁将巴夏礼截拿解京。盖载垣许盟,因出京时有“可许则许,不必拘于成例”之旨,并以“请旨往返稽延时日,转致该夷疑虑”,故许额尔金到通即画押,军队悉驻张家湾以南五里外。而奕詝于当日(二十九日)谕军机大臣曰:

> 夷情狡谲,必欲带队赴通,名为议和,实则豫伏以兵要盟地步。况佛夷所递照会,万分狂悖,和议必不能成,惟有与之决战。已谕令僧格林沁等,相机截击,不得再令该夷一人北来。并谕胜保,统带精兵,驻扎由通入京各要隘矣。巴夏礼、威妥玛等系谋主,闻明常亦暗随在内,即着将各夷及随从人等,羁留在通,毋令折回,以杜奸计。他日战后议抚,再行放回。若不能羁禁巴夏礼等,令其全数回河西务,亦无不可。断不准去留任意,有碍战局。至巴夏礼等欲来求见,恐该夷以宾礼自居,长其骄傲,将来见额、噶等酋,又将何以待之?即着该王大臣勿庸接见,以崇天朝体制,仍遣员与之辩驳。所请索要现银及带兵进城,万不能允。

及载垣再请旨定夺,又批所请各条,均可允准,带兵进城一节,令仍照与桂良商定,每国不得过四百人。现银于换约后两月限内缴清。可见咸丰帝内心主和,而表面主战,于和战之机,始终把持不定,以致桂良、载垣两次议和,均功败垂成也。巴夏礼亲递国书之要求,正与载垣以决裂之借口,故请僧格林沁截获巴夏礼等,意谓巴夏礼善能用兵,各夷均听其指使,现已就擒,夷兵心必乱,乘此剿办,谅可操胜算矣。不料巴夏礼被擒时,联军以久候巴等不归,即进攻张家湾僧格林沁大营,枪炮齐发,弹落如雨,清兵死伤极多。僧格林沁被迫退守八里桥，乃由通赴京之要道也。而胜保方驻师定福庄，廷谕令僧格林沁扼八里桥更番搦战，调胜保驻余家卫以备截击。时英、法兵长驱而北，僧及瑞麟二军既失利，马步队沿途溃散。胜保督师御于八里桥之南首。初七日，英、法兵自郭家畈一带，分其军为三，僧格林沁迎其西，瑞麟遮其东，皆败焉。胜保红顶黄褂，骋而督战，迎击南路，亟麾台枪排击不克。英、法兵丛枪注射，中胜保之颊，坠马，众军曳而起，师奔，退次定福庄，英、法兵追及之，禁兵皆弃甲走。胜保退入城，瑞麟军闻风凶惧宵溃，僧格林沁屯守朝阳门外。时僧格林沁、瑞麟所统兵均不过数千人，胜保号称万人，实亦不足数，合计不过二万人，均无战志，僧在张家湾即曾致书英、法求和，为清廷所申斥。而英法联军在二万人以上，益以精锐火器，其胜败固早决矣。清廷昧于大势，既欲言和，又多疑虑，遂致引狼入室。奕詝在圆明园闻敌薄都城，各营皆溃，深知禁兵不足恃，京城不可守，遂决北狩之计。以载垣、穆荫办理和局不善，着撤去钦差大臣，授恭亲王奕䜣为钦差便宜行事全权大臣，督办和局。所谓从夷志也。并令僧格林沁宣示英、法，令其停兵待抚。八月初七日朱谕恭亲王曰：

> 现在抚局难成，人所共晓，派汝出名，与该夷照会，不过暂缓一步。将来往返面商，自有恒祺、蓝蔚雯等，汝不值与该酋见面。若抚仍不成，即在军营后路督剿，若实在不支，即全身而退，速赴行在。

帝盖以谣言英人欲拥戴奕䜣故，而始有是命，欲缓和当前局势耳。八月初八日黎明（西历九月二十二日），奕詝自圆明园启銮，六宫及诸王惠王、郑王、怡王、惇王随。肃顺及军机大臣穆荫、匡源、杜翰等皆扈从。初九日，旨派豫亲王义道、大学士桂良、户部尚书周祖培、吏部尚书全庆为留京办事王大臣。义道在禁城，祖培在外城，奕䜣、桂良在城外。当天津告陷，京师戒严，祖培等筹议团防章程，得旨允许。至是祖培与尚书陈孚恩、侍郎潘曾莹、宋晋等，佥集中州会馆，会议城守。城门昼闭，物价腾踊，迁徙者率以重贿司门卒得出。祖培等惧激变，议暂开西直门通往来，过午即扃之。时城中无主，英人声言攻城，且索巴夏礼甚急，恒祺请释之，胜保不可，黄宗汉请杀之，诸王大臣皆不能决。十一日，胜保驰奏行在，请飞召南师入援，谓用兵之道，全贵以长击短，逆夷专以火器见长，若我能奋身扑进，兵刃相接，贼之枪炮，近无可施，必能大捷。蒙古京旗兵丁，不能奋身击刺，惟以川、楚健勇，能俯身猱进，与贼相搏。请饬下曾国藩、袁甲三于川楚勇中挑选若干，派员管带，即日起程赴京，以解危急。于是始下勤王之诏。着曾国藩、袁甲三各挑精勇二三千名，即令鲍超、张得胜管带。庆廉新募之彝勇、胜保旧抚之安徽团练、苗沛霖等亦着遴选数千名，兼程赴京，交胜保调遣。时曾国藩在祁门督师，请于国藩、胡林翼中饬派一人，带兵北上。有拟迁都关中者，国藩力言不可。未几和议成，遂谕止东南勤王之师。

（五）圆明园之被毁

奕䜣既奉全权之命，英人给照会限三日内交还巴夏礼，否则以十五日攻城。奕䜣初次照覆，令其退至天津，再行议和，不许。又令退至通州，俟换约后即将巴夏礼送还，又不答。然英人终以巴夏礼之故，攻城稍缓，遂移兵绕过德胜门，谋窥伺海淀矣。奕䜣命将巴夏礼自刑部狱释出，暂居高庙，供给丰美。八月十二日，又派恒祺向巴夏礼请致书英使讲和。十六日僧格林沁退至齐化门外，粮饷不继，蒙兵饥甚。刑部侍郎麟魁等捐饼数万斤以供军粮。翌日，再退驻安定门外黄寺、黑寺，又移海淀。奕䜣、桂良皆驻圆明园中。二十日，英法声言进攻，京师商人同仁堂、恒利木厂等备牛羊千头，并南酒赴夷营犒师求和。英人抢去食物，答曰："此国中大事，非尔商人所得闻也，必欲以和议请，须恭王自来！"于是恒祺再请释巴夏礼，奕䜣不决。越二日，英法军攻海淀，禁兵不战而溃，奕䜣由万寿寺退居卢沟桥，旋移长新店。英法军进入圆明园中大掠，焚烧街市。户部右侍郎宝鋆奏云："八月二十二日夜间，遥见西北火光烛天，奴才不胜惊骇。至二十二日酉刻，夷匪闯入圆明园，旋于二十五日退出。园内殿座，焚烧数处。"又转据清漪园郎中文明禀称："八月二十三日，夷人二百余名，并土匪不计其数，闯入清漪园东宫门，将各殿陈设抢掠，大件多有损伤，小件尽行抢去。二十四日，夷人陆续闯入静明园宫内，将各殿陈设抢掠。其静宜园夷人并未前往。"奕䜣奏称："据探报宫门内庭宇间被毁坏，陈设等物抢掠一空。并王大臣园寓，宫门外朝房，及海淀居民铺户，大半焚烧。”此可见二十二日英法兵入园纵掠，焚烧殊有限耳。二十四日，恒祺得留京王大臣同意，将巴夏礼送至德胜门外夷营。京城弛禁，纵外兵闲游街市。英、法以被获夷兵监禁凌虐，死者五人，索赔恤银五十万两，并拆毁圆明园宫殿，及给还天主教士之坟茔。奕䜣照复允给银两，并定初十日换约画押。令恒祺阻其拆毁园宫。九月初五日，英使额尔金下令马步数千人前赴海淀一带，将圆明园三山等处宫殿焚烧，借以泄愤。额尔金谓：“圆明园为清帝爱玩之所，余焚之，所以示薄惩，亦即所以抑其傲慢心也。”其致英政府之报告曰：

圆明园乃吾军被虏之所，焚掠是园，正所以报复清政府，与其人民无关也。一因是园为被虏者手足悬蹄，三日不食，受困之所；二因此园若不焚毁，则不足留较永久之痕迹，而英人无以消此愤恨也。

按圆明园本明武清侯徐伟清华园故址，康熙间修之，改名畅春园，与玉泉山之静明园、香山行宫之静宜园，鼎足而三。后于园中辟地筑室赐雍邸，名圆明。雍正三年，乃于畅春园北挂甲屯扩建圆明园，大宫殿朝署之规，以避暑听政。乾隆中又大事修饰，以畅春园奉太后，自居圆明，增置离宫别馆，殚精构造，拓水村为长春园，仿意大利建筑为远瀛观、海晏堂等。又东南包万春园于内，号称“三园”。图史珍玩充牣其中。园中列景四十，所费不计亿万。自雍正以来，历亘四朝，每岁皆以夏首幸园，冬初还宫。复扩静明、静宜二园，因瓮山金海之胜，筑清漪园，号为“三山”。道光以俭名天下，撤三山陈设，而圆明、长春等三园则犹随时增修。咸丰中叶，东南多事，海内骚然，帝抑郁不乐，稍近声色。总管圆明园事务大臣文丰方宠盛，承旨遣人采江浙美女以进，更广治台沼以居之，因有五春之号——杏花春、武陵春、牡丹春、海棠春与那拉氏之天地一家春。诸姬皆汉人，殊色善歌舞，说者谓宫中例无汉女，奕詝破例挑选，故有此大乱。联军既劫圆明园，数朝御府希世之物，被掠殆尽，纵火焚宫殿，火三日不息，诸美人不知所终。文丰北向再拜，投福海死之。《东华录》记癸未淀园火,即八月二十二日也。至九月初五日,英使额尔金始正式下令焚毁耳。而所焚又不止圆明园一处,即三山——瓮山、玉泉山、香山等处皆被毁。故黑烟至议和换约时犹未息也。西人纪载,联军初入京,英法军司令官与其公使意见不协,而额尔金与葛罗亦不一致。额尔金初建议令清政府刻碑自述阴谋失信之事实,葛罗谓侮辱太甚,力持异议。额尔金又主张焚毁圆明园,谓被捕之外人,先曾受辱于园中也。葛罗不可,主张和议决裂后,火焚清宫。英将格兰特又反对,额尔金乃下令英军焚毁淀园。于是经营二百年之伟大建筑,竟化为焦土颓垣矣。英人不循国际外交常轨,而显露其残酷暴戾之帝国主义,盖莫著于此矣。此吾国所受空前之屈辱与最大之损失也。淀园既毁,京师震动,留京王大臣相顾愕眙,手足无措。周祖培驻城外,英人给照会,要奕䜣至军,面订和约,速开安定门,胁以三日之限。祖培以告豫亲王义道,义道不能答。二十八日,英、法照会,期以次日攻安定门,一时内外隔绝,军民重足,于是祖培昌言于廷曰:“和议已成,彼攻我拒,均之失信,不如开门纳之。”乃给照覆,请以次日释甲入城。二十九日,英使额尔金、法使葛罗率兵六百名进安定门,马队随扈,驻国子监等处。步队登城守望,高树红旗,安设洋炮。“我兵跪迎,观者如市。”九月初二日,各城守兵完全撤退,巴夏礼且索取门钥,专备出入焉。一时洋兵汉奸,填塞街巷,防卒溃散,附郭民房多被焚,外间讹传,禁城已破,其知者曰此正所谓“开门揖盗”也。于是留京王大臣合词请恭王入城速定抚议。初三日,奕䜣回驻广宁门外之天宁寺,进退犹豫,不敢辄入,而行在密谕,谓洋人叵测,令且择地居住,盖虑夷情中变,将执之以为质也。

(六) 议和与《北京条约》

九月初四日,奕䜣移住城外法源寺,英人复声言将犯禁城,城门洞开,势且岌岌。上谕夷人业已入城,令恭亲王等迅即进城与该夷画押盖印,互换和约。盖此时已被迫订盟,不敢再有所争论矣。初九日,先送恤银五十万两,分给英、法。英、法索阅奕䜣办理换约全权行事敕书,乃拟谕旨一道以畀之。初八日,英、法派人先看礼部互换和约地方。恒祺与巴夏礼约定于初十日到礼部演礼。届时礼部大堂彩灯辉煌，陈设华美，王公大臣等官早往伺候，而英人不至，各自散去，可怜亦可哀也。时英人焚西郊宫殿，火光犹未熄。十一日下午二时，英领巴夏礼乘马车率兵百人至礼部大堂外，由恒祺带见恭亲王，去帽为礼。四时，额尔金乘十六抬金顶绿围肩舆，鼓乐前导，带马步兵约千人，均持器械，自东四牌楼至礼部，络绎不绝。克兰特带女队数人随之，恭王迎至堂檐下。大臣相陪者，有贾桢、周祖培、全庆、陈孚恩、沈兆霖、宝鋆、文祥、宋晋以及三四品京堂武职官。护卫及善扑营兵仅二十名。左右其间者，庆英、恒祺、董醇而已。旋即交看证书，盖印换约，由英人摄影纪念。礼毕，恭王肃客入席，英人恐置毒，固辞，额尔金起行，赴安定门鸣炮致祝。是日观者万人，而西北隅之黑烟仍未绝也。十二日，法国公使葛罗亦带马步队千余人乘轿赴礼部与恭王换约。十四日，英使由安定门外大营移住怡王府，恭王送满汉席二桌及酒果等物。十六日，法拟撤兵回国，恒祺与法使送行。十九日，恭王在广化寺接见法使葛罗等。葛谓"此番北来，实非本意，不过为英夷牵制，且愿为中国攻剿发逆"等语。奕䜣以中国剿匪事宜，自不便与外人议论，致启窥伺之意，即以正言答复。二十二日，往怡王府拜英使，又到贤良寺回拜法使。内城有一家中男子被杀者五六人，妇女被淫者四五人，旋即殒命。二十七日，英法两国大兵全退，仅留威妥玛一人驻京。盖英人必候廷寄到时始撤兵，而廷寄以二十五日到京也。英人多年奢望，目的全达，凡条约于八年原定外，英续增八条，法续增十条，是谓《北京条约》，亦谓《续增条约》。条约中之要款，增辟天津为商埠，许两国派遣公使驻京，偿英国银一千二百万两，法国银六百万两，俟偿款交清，英、法军完全退出中国境外。两约有不同者，即英约第六款，割让九龙司属香港。法约第六款，传教士在各省租买田地，建造自便。第十款改船钞五钱为四钱，与英同。续约并请明降谕旨宣布，旋奉上谕云："所有和约内所定条款，均着逐款允准，行诸久远，从此永息干戈，共敦和好，彼此相安，各无猜疑。其约内应行各事宜，即着通行各省督抚大吏，一体按照办理。"恭王等合疏请帝回跸，谕以天气渐届严寒，俟明春再降谕旨。时晋抚奏请西迁，湖广总督疏请于陕、代之间暂设行在。俟外兵全退出大沽口外，然后返驾。皆不报。自道光禁烟启衅以来,事变百出,而始终实一贯相承,至是告一段落,且为后来东亚辟一新境界焉。

四十四 英法联军战役之影响

(一) 英法联军与鸦片战争之比较

吾国受不平等条约之束缚,而呻吟憔悴于帝国主义蹂躏之下,盖百有余年矣。此不平等条约之起源,莫不曰由于鸦片战争,实则《南京条约》可称为门户开放之枢纽,而非不平等条约之权舆也。不平等条约皆由英法联军之役造成之。盖所谓不平等者,即此种条约,系一方以威力攫取权利,强加明文规定,使他方负有遵守之义务,此权义并非本于国际上平等互惠之原制而协议以订定者也。就其大者言之:如领事裁判权也,关税协定也,内河航行也,租界管理也,势力范围之划定也,租界地也,皆丧失国权之尤者。以此而论《南京条约》,则十三款中足以当此者,盖无有焉。《南京条约》中主要之点,除割地赔款为战败国通有之现象外,只开五口通商,准外人居住,派遣领事;及用平行照会而已。前者因中国向只广州一埠准许外人通商,又规定许多限制,每年除贸易期外,一概不许外人居住,而妇女尤所严禁。是以英人极感不便,屡次要求,均未得请。既以武力获胜,特贯彻其历来宗旨。吾国向持闭关政策,既变旧例,颇以为辱,实则世界潮流所趋,岂容久守而不变哉?至居住自由,设置领事,乃国际间之惯例,有何失权之可言!后者则系鸦片战争之主因,盖我国以天朝大邦自居久矣,目外人为夷狄禽兽,一概视同附庸朝贡之国,外人以通商关系,委曲求全,益增君临骄虐之气。英既夺取印度,雄视世界,其人又狙诈自喜,心岂能甘?遂欲以武力取得平等权,此即鸦片战争酝酿之由来也。《南京条约》规定平行照会,其精神实注于此。外人称此战为东西国际平等之钥,良有以也。由此观之,鸦片战争之影响于吾国者,仅由优越之国际地位而降为平等。后因吾国人不明国际法之性质,外人辄利用此弱点,依事实上之惯例,以取得特权,如《虎门条约》、《中美条约》、《中法条约》,则皆与《南京条约》为一系,其中即有领事裁判权与关税之规定,然纯出于中国之恩惠的特许，并非由于战败而丧失主权也。至英法联军之役，国际形势乃大变矣。《天津条约》、《北京条约》，皆系城下之盟，任英、法人予取予求，于是前此依惯例取得之权利，一切悉以明文规定，法权、税权，显被剥夺；内地、内河，自由出入。最惠之条款，利益皆可均沾，治外之法权，逐渐推及租界。此则英、法蓄意侵略，而以我为次殖民地矣。故英法联军之役之影响于吾国者，乃由平等之国际地位而降为低等。所谓不平等条约者，则以《天津条约》始著其形而集其成耳。倘与鸦片战争比较观之，即可知其性质迥然不同，固未可一概而论也。

（二）领事裁判权之扩张

领事裁判权之沿革，前于中卷百零四节已评述之，兹欲补充者，即《中英五口通商章程》中已有："英商控告华民，先赴管事官处投禀，候查明是非调处；如有华民赴英官处控告英人，管事官均应听诉调处。若调处不下，即移请华官共同查明，秉公审理，各按国法科罪。"此与中美、中法之条约正同，惟章程究非条约耳。故《天津条约》，英人订立三款，以明定领事裁判之权。第十五款曰："英国属民相涉案件，不论人产，皆归英官查办。"第十六款曰："英人犯事，皆由英国惩办，中国人欺凌英人，皆由地方官自行惩办。"第十七款曰："凡英国人控告中国人事件，应先赴领事署投禀，领事官即当查明根由，先行劝息，使不成讼。中国人有赴领事官告英国人者，领事官亦应一体劝息。间有不能劝息者，即由中国地方官与英领事会同审办，公平讯断。"此三条既置英人犯事于中国法权以外，而中英人相涉案件，亦由领事官与地方官会同审理。然法庭何属，并无明确规定，于是英人自设法庭，而招地方官莅案陪席，后虽渐趋向于被告主义，即被告为某国人即由某国官审判，但以上海会审公廨例观之，则其权仍操诸领事也。此本为民事而设，而中文约章，似于刑事亦认之，可见订约时在事诸人，不仅不知属地主义，且亦不辨民法、刑法矣。领事既以属人而有裁判权，于是凡外人所居之地，所到之处，皆扩充而为治外法权。如上海之租界，原系外人之居留地，当太平天国之乱时，各处难民，群集上海，辄架小屋于隙地，污秽狼藉。清吏既无暇管理，而外人辄以其范围秩序为借口,自行处理。又以保卫上海故,英、法兵自动参战,更设防卫局以代警察之职,因此租界俨同外国,而“不轨之徒,干犯国纪,窜身夷馆,即属长城”。初仅上海一处为然,逐渐扩及于五口,及《天津条约》增开十六商埠,而此十六商埠亦皆有租界,各国租界均有其治外法权矣。英约第九款,英人准持照前往内地各处游历通商,或有不法情事,就近送交领事官惩办。是外人苟有领事护照,无论何处,均可游历通商,内地完全开放,外人到处自由,地方官不能干涉。中法《北京条约》,准许传教士在各省租买田地,建造自便,他国亦均沾其益;而传教士始遍于全国,到处建设教堂,则教堂亦等于租界也。教士既不受中国法律制裁,而教堂亦可袒庇教民,视为逋逃薮,此为以后教案发生之一因,实即领事裁判权扩张之结果也。又英、法约均有“兵船无论驰入何口,均应妥为照料”之语,兵船固无论矣,凡挂外国旗帜之商船,亦可享受治外法权,亚罗船事件之发生,终酿成英法联军之结果,可为证明。以此内江内河任听外人航行,其权力真可谓“无远弗届”。薛福成记胡林翼亲往安庆视师,策马登龙山,瞻眄形势,喜曰:“此处俯视安庆,如在釜底,贼虽强,不足平也。”既复驰至江滨,忽见二洋船鼓轮西上,迅如奔马,疾如飙风,林翼变色不语,勒马回营,中途呕血,几至坠马。林翼前已得疾,自是益笃,不数月卒于军中。盖太平必灭,林翼业有成算,及见洋人之势方炽,则膏肓之症,着手为难,虽欲不忧而不可得矣。阎敬铭向在林翼幕府,每与论及洋务,林翼辄摇手闭目神色不怡者久之,曰:“此非吾辈所能知也。”此与林则徐晚年论洋务云:“将来终为中国患者,岂俄罗斯乎?吾老矣,不及见矣。”同为老成谋国之深心,而洋人威势法权之扩张,殆为中国致命之患欤!

(三)关税协定之束缚

关于关税之协定,为我国丧失主权之尤著者,有此束缚,不特可制我国财政之死命,抑且置社会生产于绝地,故国货不能畅销,工业不能振兴,科学不能发达,皆由于关税之不能自主也。梁任公先生谓保护关税为防身之自卫刀,也被抢去,吾人之膏血,只有任其榨吸矣。关税协定虽始于《五口通商章程》,而《天津条约》始明载之,其一为修改税制之英约第二十六款、法约第二十七款，即值百抽五之规定也。其二为限制修改年限之英约第二十七款，与法国《通商章程善后条约》另款相等，均明定税制之修改以十年为期。此二项规定，虽十年可修改一次，实无异于半永久之协定，盖非届十年不能要求修改，非得缔约国之同意，亦不能自由修改也。若值百抽五之税率，仅与同时之波斯相等，尚不及埃及进口值百抽八，出口值百抽一，土耳其进口值百抽十一，出口值百抽一。外人蔑视我国之心理，尚堪问耶？其三为订明子口税率之英约第二十八款，法约虽无专条，然有利益均沾之第九款，其效力略等。此项规定，打破我国内关税制度，洋商贩运货物，无论进出口，只需完纳一正税与半额之子口税，即可通行无阻。在国货未入洋商手之先，洋货既入华商手之后，仍应完纳厘金。此种特殊免厘之优待，仅外人专享，中国商人反不能均沾。

按《南京条约》洋货贩运内地，仅中国商人有此权；自《天津条约》后，不仅洋商获是权，更得在内地贩运土货之权。由是洋货受子口税之保护，畅销内地，减杀国货之销场；洋商亦经营土货之贸易，而竞分内地商务之利益。我国工商业遂日趋于衰落矣。更有因子口税之协定，使海关制度上发生极重要之变化，即子口单之施行是也。子口单系海关验货征收子口税以后发给之单据，亦即证明某项洋货已纳子口税，而运入内地之凭证。此项税单虽于纳税时载明货物性质、数量、进口船名及送达地点等，然有效期间，并无限制。凡持有子口单之货物贩运内地，只须税局检验即放行，并手续费亦不征收，其办法固甚便利，惟仅入口洋货有之。商人之牟利者遂多以土货混入洋货，图免税厘，且有私买子口单自行填写，以免厘税者，种种弊端，因之而起，内地厘税为之减额矣。出口货子口税照约规定在路上首经之子口输交，是与进口具同样之手续。旋于通商章程中改为至末一口始纳子口税，因而又有土货三联单之制度，其弊前已言之，兹不赘。其四为协定免重征及再出口免税制度之英约第四十五款，法约第二十四款。此款为免重征所给之牌照，即使已纳税货物，可以移出入于其他口岸，而不再纳税之凭证也。进口货所给之存票，亦即使在本国不能销售之洋货，于再运出口国时，发还其所完之全部进口税也。此两种制度，均为外人谋商货可以随时择取销场，并于不易脱售时，可以载销他处，不致受纳税之损失,保护外商贸易之利益,可谓至矣。而中国之关税自主权,以此被外人侵夺殆尽。

(四) 海关行政权之被夺

我国关税自主权之丧失,就其大者言之,盖有三端:一曰关税协定,二曰外人掌握海关行政,三曰税款之保管。前者因条约之关系,主权丧失,尚有理由可言;后二者则以一时权宜之计,终久假不归,丧权辱国,莫此为甚!税款保管,事在鼎革之际,当俟后详,兹先述海关行政,此亦英法联军战役中我国所受影响之较大者也。先是洪杨之乱既起,英人乘当时用兵,无暇他顾,进谋攫取我海关行政权,上海英领事阿尔古(R. Alcock)指斥我海关行政腐败,谓官吏纳贿,商人舞弊,密输偷漏,既损税款收入,又妨碍正当商人营业,亟应整顿,向其公使陈述。公使以事关内政,未便干涉。咸丰三年刘丽川据上海,地方官吏,逃避一空,征税机关,亦陷停顿。上海遂成无税之自由港。阿尔古见有机可乘,遂与法、美二领事协商权宜办法,由领事代中国向外商征税,不缴现款,而代以期票,俟乱事平靖,再行结算。施行未久,外商群起反对,以各国商人方利用此无税时代,且三国领事之权力,仅能及于本国商人,而不能加于他国也。翌年美国领事首先脱离,此办法遂告终局,已收期票税项,仍发还原主。阿尔古乃劝中国在租界设征税机关,许以援助。咸丰四年正月(西一八五四年二月九日),海关监督苏松太道吴健彰于租界内设临时税关,开始征税。未几,英人复指临时税关行政腐败,争执多时,英船首先自由出入,不听税关之稽查,各国效之。是年六月五日(西一八五四年六月二十九日),英、美、法三领事组织关税管理委员会,而以任用外人代办为请。于是健彰不得已,与英领事阿尔古、美领事满霏(Murphy)、法领事爱顿(Edan)缔结关于上海海关组织之约,共计九条,其第一、第五两条,为引用外人之规定:

一、海关监督最困难事,为不能广罗诚实精明熟悉外国语言人员,以执行征税事务及履行条约。惟一补救此缺点之法,为引用外邦人才于海关,由道台选择任用,授与权柄,俾资改良一切。

一、外国委员如有勒索收贿怠职等情，一经查出，即由道台会同三国领事审理，以定去留。

约定即聘上海英副领事威妥玛（T. Wade）、法领事馆翻译斯密司（A. Smith）、美公使馆武官喀尔（L. Carr）襄办税务。威妥玛因驻华较久，熟习官场，且能操华语，伎俩为美、法委员所不及，渐次遂得独揽大权，厘定一切。中国海关行政无形中遂入于英人掌握矣。次年威妥玛回副领事任，领馆翻译李国泰（H. N. Lay）继之，美、法委员亦有更动，实权仍操英人手。咸丰八年《天津条约》既定，同年十月，复订《通商章程善后条约》，第十款有"现已议明划一办理"之语，于是上海海关制度，扩张而及于全国各口矣。又有"任凭总理大臣邀请外人帮办税务……毋庸外国官吏指荐干预"之语，因此三国委员代表之制度打破，而以聘佣制度代之，此盖英人欲独掌海关行政，恐法、美诸国之分权，故力争加入此条。表面上用人主权，完全在我，任凭邀请帮办，毋庸外官指荐干预，似是尊重我国；实际上英人已自信大权在握，所处地位，无颠陨之虞，乃借以排挤他国耳。咸丰九年关税委员会取消，两江总督何桂清任命李国泰为总税务司。其余各口，次第设立税务司，亦多以英人充任。全国海关行政，自是完全入于英人之势力范围矣。嗣李国泰因病请假回国，江海关税务司费子洛（G. H. Fitz Roy）及粤海关税务司赫德（Robert Hart）先后代之。赫德以熟悉中国政情，通华语，深得当道之信任，于海关行政，多所兴革，而任事亦最久。同治二年李国泰返华销假，因购置巡船，召英海军上校奥斯蓬（Captain Osborn R. M.）统率来华。总理各国事务衙门恭亲王奕䜣责其擅专，严加申饬，未几免职，以赫德继为总税务司。其时上海、广州、汕头、福州、宁波、镇江、九江、天津、厦门、汉口、台湾、淡水、琼州、宜昌、芜湖、温州、北海、龙州、蒙自、重庆，已有二十余海关矣。乃订定募用外人帮办税务章程二十七款，限制洋员职权极严。然外人服务海关者亦日见增多。又运动当道，奏请留税务司专办关务，迁总税务司署于北京，海关制度，亦大加改革焉。

(五) 利益均沾之专条

中国外交失败之最大原因,即为不明国际之状况,不知国权之属性,而尤误于怀柔远人,一例同视之观念。试观历次条约之订定,可以知之。当鸦片战争《南京条约》议定之先,英全权公使朴鼎查之意,以割让香港、自由通商二事为主要,将由中国任择其一。而我国全权大臣耆英、伊里布暨政府诸人,既不明国际形势,亦不谙外交之道,以为香港荒僻小岛,弃之不足惜,并视通商议税无关重要,乃只争北京不驻公使与赔款之多寡,彼此目光不同,英人遂于无意中巧获此主要之二事。《天津条约》数十款,皆英、法人所开列,丧失主权,莫此为甚。不闻清廷有何抗议,乃争其所不当争,让其所不当让,而犹欲于会议通商章程时,以免税代替北京驻使、长江通商等项,桂良至不敢提。及二次启衅,兵败谋和,一切苛条,皆能容受,惟断断于使臣之不得觐见,一若举全国土地主权之大端,亦不足当一身之轻重者,其眼光之小,私心之重,可胜叹哉!英、法与中国开战,战败而和,理固然也,而一国以兵力所取得之特权,他国亦共享之,或加益焉,此何说耶?其始也,清廷误于各国一视同仁之念,恩惠普施;其继也,则利益均沾,机会均等,列为专条矣。天津英约第五十四款后段有所规定曰:"他国今后别有润及之处,英国无不同获其美。"法约第九条则曰:"凡中国与各有约之国,会议整顿,或现或后,议定税则,关口税、吨税、过关税、出入口货税,一经施行办理,法国商人利益均沾,用昭平允。"第二十七款则又曰:"至税则与章程,现定与将来所定者,法国商民每处每时,悉照遵行,一如厚爱之国无异。"而第四十款又复综合声明曰:"中国将来如有特恩旷典,优免保佑,别国得之,大法国亦与焉。"一约之中,凡三致意,此即国际法上所谓最惠国条约者也。然最惠国条约有相互的与片面的二种,我国所与外人之最惠国条约,大半皆属片面的。自英法联军入侵以后,海防尽撤,真相毕露,条约上无形之主权丧失,与经济上有形之赔款损失,直无从估计。因之财力日竭,元气大伤,江海沿岸,重要港口,无不开放,而商务利益又泰半操诸英、法、美诸国。引起世界各国之垂涎,群起要求,援例通商,以次与德意志、丹麦、西班牙、比利时、意大利、瑞典、挪威、奥匈、日本、秘鲁、巴西、葡萄牙诸国缔约。其已订约者如美、俄,则随同英、法而修改,或予以最惠条款,或作为特殊协定,后此三十余年间,凡增中外条约六十余件。中国既成世界贸易之征逐场,利权大都外溢,而以不平等条约之重重束缚,尤使国势日趋于衰弱矣。

四十五　东北疆土之丧失

(一) 俄人经营黑龙江之野心

在英法联军战役中,影响于我国主权之丧失,已如上节所述,而尚有关系重大,惊动世人耳目者,即俄国乘机攘夺我东北疆土是也。自尼布楚媾和后,俄人谨守成约,不敢再谋窥伺,如是相安者百余年。乾隆中叶,俄帝加他邻二世野心复起,欲于黑龙江附近殖民,且事测量。清廷遣使诘责,告以将杜绝恰克图贸易,俄人遂终止。盖中俄通商,旧惟恰克图一处,乾隆间因细故而停止贸易者凡三次,俄人已损失不少,又俄方专意分割波兰,亦不暇东顾也。道光年间,俄放逐贵族流人于西伯利亚,于是俄国又渐注意于黑龙江之侵略。及鸦片战争,我国失败,欧美各国,群起通商,更予俄人以莫大之刺激。于是俄帝尼古拉斯一世传统的侵略中国之野心,跃跃欲动。道光二十七年(一八四七年九月六日),遂任命少壮军人木哩斐岳福(Muraviev)为东部西伯利亚总督,畀以经略全权。木哩斐岳福拟侵占黑龙江航路及江口附近各地,要求海军助力,乃由俄帝派海军中将尼伯尔斯克为贝加尔舰长,使当探险之任。木氏驻伊尔库次克一年,观察情势,见英人在中国沿海扩张商务,恰克图贸易渐衰落,遂以经营太平洋为不可缓。先是嘉庆八年,俄国商船驶至广东,为总督那彦成所屏。道光二十八年俄国商船又驶至上海,图互市,又为总督李星沅所却,皆据尼布楚、恰克图条约以拒之也。俄人因是深知西伯利亚东向无通航海口,于太平洋通商为不利,遂日思攘地于黑龙江。木氏以翌年五月,至鄂霍次克海港(Okhotsk)转向堪察加半岛,见彼得巴甫罗斯克(Petropavlovsk)形势甚佳,遂以为太平洋海军根据地。八月就归途遇尼伯尔斯克。尼氏以探险黑龙江口,深入鞑靼海峡,发见库页岛系脱离大陆之一岛,且海峡不结冰,又得入吃水十五呎之大船,由是以至太平洋,可不绕长期结冰之鄂霍次克海,于是黑龙江口之价值愈增,而俄人经营之志亦愈切。道光三十年,尼氏因不满彼得巴甫罗斯克之军港结冰,因自江口上溯,至中国之庙街,树俄国国旗,留军舰一艘守之,命名为尼古拉甫斯克(Nikolayevsk)。俄外务部慑于尼布楚之事,颇不以侵占中国之地为然,而尼哥拉斯一世支持之,竟有"国旗树立之地决不可下"之敕旨。然终恐中国之抗议也,乃假俄公米司之名,以建舍泊舰黑龙江,照会我国。清廷视为不关重要,竟不与争。

木氏见第一着已成功,乃积极扩充军备,编哥萨克、通古斯、木里雅诸族人为骑兵,编尼布楚附近农夫为步兵,成十二大队,每队千余人。咸丰二年,尼氏又占领德喀斯湾(Dekastri)、克基湖畔(Kiji),建马隆斯克塞(Maransk)及君士坦丁斯塞(Konslantinousk,库页岛西岸楠内河口之对岸,曰尼哥拉耶湾〔Nikolaya〕)皆在黑龙江南岸,于是自明朝即属我国之库页岛及鞑靼海峡、黑龙江下游之地,全为俄人所窃据矣。斯时,清廷方注意太平军之发展而不暇北顾,而俄国亦正以与土耳其构衅,引起英、法之干涉。木氏乘间归国,亟言东方形势及占领黑龙江之必要。咸丰三年,俄国行文中国,要求派员划界,以为尝试。实则黑龙江以北之地,早为俄人所侵占,并私移外兴安岭界碑矣。咸丰四年,俄因土耳其问题,与英法联军宣战,木氏乃假防御为名,定航行黑龙江之举。四月,行文中国,谓:"俄方与英、法、土诸国交战,为防御太平洋之俄国领土,由黑龙江通航运送兵士与食粮,须与贵国定议边界,请派大使会议。"五月十四日,木氏不待中国允许,即率兵二千余人,船八十五只,由石勒喀河出发,十八日入黑龙江,二十日过雅克萨城,二十八日,将达爱珲,遣使告署副都统胡逊布。胡即偕佐领西里布登船查询。木氏告以抄近运兵,不敢扰害地方,若不放行,殊非取和之道。胡逊布以防备力弱,未便遽起争端,默认通行,仅派员尾随侦探。六月二日,过松花江,五日达乌苏里河口,十二日抵马隆斯克塞。是为俄人第一次黑龙江之通航,乃"假途灭虢计"也。会清廷答书至,约于松花江会议定界。木氏以现有战争,请明年再会商。当时木氏寄信俄教士之在京者,向理藩院声称:"本大臣之往东海口岸也,虽由中国黑龙江地面行走,然一切兵事应用之项,俱系自备,并无丝毫扰害中国。且绝无出人不意,因而贪利之心。东海口岸,虽系本俄罗斯国界,而于中国亦实有关系也。本大臣此次用兵，不惟靖本国之界，亦实于中国有益。但愿中国同心相信，勿以兵过见疑。如中国将来有甚难之事，虽令本俄罗斯国帮助，亦无不可。”此种“伪装友好，借指责他人以掩饰其本身侵略”之政策，乃俄人一贯之狡计，直与欧洲野心家之对付非洲土酋相等。清廷非不知之，特为情势所迫，不得不入其彀中耳。

（二）划界谈判与黑龙江下游之占领

咸丰四年，英法联合舰队攻击彼得巴甫罗斯克，守兵苦战，却之。盖俄、土战争中，俄军屡败于英、法，既闻东方胜利之报，全国鼓舞。木氏经营黑龙江之声价顿高，俄帝即委以办理对中国一切事务。经库伦办事大臣德勒克多尔济奏闻，俄官并言：英夷惟利是图，所有英国情形，尽已访闻，初意原不止构怨于俄国，并欲与中国人寻衅。且在广东等处，帮助逆匪，协济火药，甚至欲间我两国之好。木哩斐岳福因预防英夷，将于一月内带兵前往东海防堵。德勒克多尔济请由理藩院行文阻止。理藩院乃给俄罗斯咨文曰：

> 为咨行事：大清国与贵国和好二百年来，友谊之道可谓久矣。凡两国差人之往来，均有定例，断难更改。此次贵国带领重兵，乘船欲赴东海，防堵英夷，系贵国有应办之事，自应由外海行走，似不可由我国黑龙江、吉林往来。惟大清国与贵国相交，一切事均应循照旧章方好，庶可两国有益，为此咨行。

以如此重大之事件，仅用“似不可”三字阻其由我黑龙江航行，抑何能戢俄人侵略之野心？咸丰五年四月，木氏率大小船只一百五十余艘，男女八千余人，陆续进发。黑龙江将军奕格奏称：“夷人性情诡诈，其言碍难凭信，请旨饬下理藩院行文该国，遵照旧制，仍由海外行驶。”黑龙江副都统富勒洪阿在吉尔堪亲见木氏面告，而木氏不顾也。径行抵马隆斯克，立大本营，自任海陆军指挥官，以尼伯尔斯克为参谋长，定黑龙江右岸四部落，左岸一部落为殖民地，“广盖房屋，设置炮位，显系有意侵占”。时中国所派会立界碑委员吉林协领富呢扬阿等三人追踪木氏至阔吞屯停船,俄人一见,放炮三十余声,并排列枪刀示威。八月十一日巳刻,富呢扬阿等至木氏船上,商量分界事宜。木氏以身受风寒,避入后舱。候至申刻,始由俄官二人持文书,当众口诵。称自黑龙江、松花江左岸,分与俄罗斯人占据,设卡守护。夏由水路行船,冬则冰上骑马,上下不断行走等语。富呢扬阿谓黑龙江、松花江俱系我国地界,何得分与俄人?十三日,始与木氏会晤。木氏称黑龙江有防御之必要,已经占领之诸地及海岸一带地方,应归俄国所有。富呢扬阿等谓:黑龙江左岸,原有奇林、鄂伦春、赫哲、库业、费雅喀诸部落,均系我朝进贡貂皮之人,业已居住年久。木氏声称:该部落居民,或收去,或仍在彼,应由大国酌量。富呢扬阿因谓:"当初自兴安领山梁至东海为界,山阳地面,为中国所属,山阴地面,为俄国所属,乌特河为公中之地。咸丰三年六月十六日,俄国枢密院划界文案,亦曾认黑龙江左岸为中国之领土也。"木氏仍要求将黑龙江、松花江左岸分给俄国。精奇里、西林迪、牛曼等河,虽属中国地面,惟道路难行,亦应分给俄国。防堵英船前来,于中国北方有益。因付文书携回。于是十一月二十六日由库伦办事大臣,吉林、黑龙江将军给俄国萨那特衙门咨文云:

> 查咸丰三年贵国咨行我理藩院文称:俄罗斯国与大清国边界,自格尔毕齐河起,东边流入山北之河,均属俄国地方,流入山南之河,均属大清国地方,早经决定。惟贵国立有界碑,本国并无界碑,是以敝国君饬令迅速立界,行文贵国委员商办等语。……尔国与我国毗连,二百年来,诸事均照旧制办理,和好有年。今尔国固毕尔那托尔(指木哩斐岳福之爵衔也)占据我国赫哲费雅哈历年居住地方若许,仍欲将黑龙江、松花江左岸分去,实非按照两国和好定例,持平办理之道!我国例制綦严,似此率更旧制,被占若许地方,我三省将军大臣,不敢擅专,亦不能以尔国无理之言,率行违例奏请,致获重咎革职,且与尔国无益。着行知贵衙门,转饬固毕尔那托尔按照从前衙门咨行公文,于早年所定地方,迅速立界,以免误越。若欲率更从前定准,二百年毫无事端,由来已久之交界,滥行分立界牌,有妨大皇帝朝贡多

人生计，则我三省将军大臣，断不能曲从，以致将来获咎。

木哩斐岳福知其妄求未可遽达，又恐俄帝亚历山大二世新立，对之不加信任，乃乘间回国，以黑龙江第三次航行委任大佐哥尔萨哥夫(Kolzakaf)。咸丰六年四月，哥氏率大小船只一百十艘、士卒一千六百六十人东航，于黑龙江北岸要地，设屯营四所，置兵守之。自经木氏以假道防英为借口，三次航行黑龙江，而北岸空旷之地遂全归俄国移民所占领矣。俄乃先于鄂霍次克海沿岸，及黑龙江口地方，设东海滨省。俨然自认为该国领土，以造出所谓“既成事实”。既而再与中国正式交涉，以强迫清廷之承认。于是有《爱珲条约》之订立。

(三)《爱珲条约》之迫订

咸丰七年，木哩斐岳福回伊尔库次克。其时英法联军方与中国开衅，俄政府乘英人之怂恿，派普提雅廷(Putiatine)为公使，与中国协议国境及通商事宜。普氏行抵恰克图，乞由蒙古晋京，清廷以各国使臣来京，皆系朝贡事宜，如欲会商事件，总在边界地方，若到京城，难于接待。普氏乃说木哩斐岳福占领爱珲，木氏不听。普乃向天津投书，言有要事相商。清廷因除乌特河分界事外，均无可商议，咨达俄国，令告知普氏，天津非向来行走之地，不允其进京。普氏乃由海道至广东，与英、法、美三国公使，联合北进，致书大学士裕诚，请中国派全权大臣至上海，与各国会议修改条约。清廷答以英、法、美三国交涉事，由两广总督办理，俄国交涉事由黑龙江将军办理。普提雅廷不得已，与三国公使至上海，以俟英法联军之动静。而木哩斐岳福乘我国内有太平军之乱，外有英法联军之祸，乃于黑龙江北岸，积极扩张殖民地，建筑营舍。清廷屡遣使诘责，并行文俄国，令将人船撤回，以敦和好。木氏以“俄公使在上海，一切可与协商”，权词答之。是年七月，普提雅廷复至天津，布政使钱忻和派人将理藩院回文付给，并告清廷已谕令黑龙江将军奕山在黑龙江等候会商。普提雅廷即回沪，咸丰八年三月随英、法、美三国军舰抵达天津，乃咨达清廷曰：

本使臣复至海口,系因京中有应办要事,欲见大皇帝、军机大臣。第一,请定两国疆围;第二,现在各国在中国通商,均获利益,俄国人亦欲沾取,来时亦请照办。以上两条,如不斥驳,大皇帝钦定,所有两国竞争之事,均可消弭。俄国所求俟得有消息,竭力剿灭英、佛两国,以期中国有益。欲代完米国未知事宜,因请钦定附去章程二条,分定疆界,均关紧要。现在先于空旷处所,遣人驻扎。且海岸早经外夷窥伺,即应分定。系因两国公地,不令外国夷人潜驻之意。仅海岸属为俄国,则外国之人,不致阑入满洲地方。俄国欲驻海岸,并非欺压,必与贵国相宜,自有报答。其培尔巴哈台焚烧货圈,抢去货物,计银已及二十万两,亦可不要。至黑龙江左岸居住之满洲人,如欲移居江右,需银十万两,俄国付给。再阅贵国兵法器械,均非外洋敌手,自应更张,俄国情愿助给器械,并派善于兵法之员前往,代为操练,庶可抵御外国无故之扰。

清廷对俄咨文,尚未答复,而木哩斐岳福在爱珲已与奕山定约划界矣。盖木氏先遣人告奕山曰:“总督以紧急归国,将过爱珲,贵国若以境界事宜,与总督商议,可就归途之便。但总督以急遽,亦不切望协商。”而奕山堕其术中,竟派员再四挽留,于是年四月初十日开始谈判,十五日,即议定《爱珲条约》三款:

大清国御前大臣黑龙江将军宗室奕山,与俄罗斯国东锡毕尔(东部西伯利亚)将军木哩斐岳福欲期两国永远和好,各属之人彼此有益,及防范外国,公同商定:

一、黑龙江、松花江左岸,自额尔古纳河至松花江海口,为俄国所属;右岸顺江至乌苏里江,为大清国所属。自乌苏里至海,所有地方毗连两国之间,为大清国、俄国同管之地。黑龙、松花、乌苏里各江,只许大清、俄国往来,别国船只,不许行走。黑龙江左岸,自精奇哩河至霍尔莫勒晋庄,原居满洲人等,仍令照常居住,归大清国官员管辖,不准俄国人等扰害。

一、两国所属之人,永相和好,乌苏里、黑龙江、松花江居住两国之人,准其彼此贸易。两岸商人,责成官员互相照看。

一、中、俄会同议定之条,永远遵行勿替,两国画押互换,照依此文缮写,晓谕两国交界上人等。(按《夷务始末》所载无此条,后俄使伊氏引证之,或奕山未奏报也。)

此约举黑龙江北岸之地全入于俄,于是《尼布楚条约》旧界,自额尔必齐河循大兴安岭以至于海者,为之一大变,而雍正五年所定乌特河(在朱格朱尔岭北,图古尔河入海处东)为两国中立地,更无论矣。特可异者,本约所谓松花江,盖指今混同江,即黑龙江下游自松花江口至黑龙江海口一段之河流言,统观条约,彰彰明甚。而俄国则强指满洲内地之松花江言,遂起后来无穷之交涉。《中国境界变迁大势考》曰:"按松花江在我黑龙江、吉林两省境内,北流入黑龙江,安得有海口?既以黑龙江为界,又安得以松花江并言,天下岂有两重之国界哉?满、蒙、俄、英、法各文,均但言黑龙江,无松花江三字,至下文叙行船一段,始以黑龙、松花、乌苏里三江并称。自汉文增出两松花江字,于是惹起后日无数之纷争,终以俄人有借口,无由取消松花江行船之约。盖当时我国实未尝有意许俄人以松花江航行之权,惟当事者不明认黑龙江与松花江,遂至为俄人所弄,至误会黑龙江会松花江后,迤东入海下游一段,亦为松花江,故有松花江行船之约耳。"此解甚是,而钱氏《中俄界约斠注》云:"以在外黑龙江为界,又允其于在内松花江行船,显分两事,不相牵涉,故后来历次辩论,欲挽回松花江行船,迄不能得。"以俄人故留之疑点,而强为之展赖,不知钱氏究何用心也。至所有毗连两国之间,为大清国、俄国同管之地二语,亦属不通,既已明定黑龙江为两国国界,则界线以南当然属中国,何所毗连两国之间乎?惟俄人已垂涎其地,而尚无理由以取之,故暂定为共管,至十年《北京条约》,始悍然割去耳。当时订约之情形,据奕山奏报云:

四月五日,由省抵黑龙江城,即据卡官报称:探得夷酋木哩斐岳福驾船下驶,大约初六日可到海兰泡。即令副都统吉拉明阿前往会晤。旋回述称,夷酋声言匆忙,欲往阔吞等处办理要事,不能在此耽搁。再四挽留,始定初十日(西历一八五八年五月二十二日)会见。嗣于初十日夷酋率领通事施沙木勒福(J. Shishnaref)并夷目数十人登岸进城,通事传说,前因防范英夷,伊国来往,由黑龙江行驶,左岸盖房,今年续有数百人船前来此屯兵,帮助防范英夷,均有裨益。(按克里米战争早结束,此仍以防范英夷为借口,俄人之计狡矣。)黑龙江一带,当初本系伊国地方,现在江左存居满洲屯户,均令迁移江右存居。如有需费,伊国共给。至于两国界址,自沙毕奈岭迤东额尔古纳河入黑龙江、乌苏里河、松花江至海,沿河各岸,半属中国,半属俄国。江内只准我两国人船行走,他国船只,不准往来。再俄国已经咨行中国理藩院嗣后各海口应一体通商,各派官员照管,黑龙江亦照此办理。我二人俱系将军之职,各奉主命前来,即可定准,对换印文,两国安静,各守边界等语。奴才答以两国分界,即以格尔必齐河、兴安岭为限,议定遵行,从无更改。今若伊等所议,断难迁就允准。至通商一节,黑龙江地方苦寒,并无出产,不能与外人交易,当及早将人众撤回,以全和好。该夷争执狡诈,理穷处辄以防堵为词,甚至诿为不知。纷纷议论,至暮未定而散。次日夷酋仍带原随前来,将清字夷文呈递开看,言语更加荒谬,婉言开导至再,该夷一味狡诈,自觉词穷,遽行告辞回船。……连日等候,逆酋推病未来。迨十四日午刻,木酋带夷目数人,忽到寓所,接阅夷文,并未删改,即向其正言议论。……议论未终,木酋勃然大怒,举止猖狂,向通事大声喧嚷,不知作何言语,将夷文收起,不辞而去。先是木酋未来之前,有夷船五只,夷人数百名,军械俱全,顺流而下,行数十里停泊。木酋来时,随有大船二只,夷人二三百名。枪炮军械俱全,泊于江之东岸,尚属安静。自木酋忿怒回船后,夜间瞭望夷船,火光明亮,枪炮声音不断。次日早间,副都统及大小官员来见,禀称:夜间施放枪炮,势在有意寻衅,倘一举动,必致难休。现在江东屯户,男女惊慌,进城哀恳设法护庇。倘有缓急,恐难兼顾等语。当饬协领等官密为抚谕江左屯户照常安居。一面派员前赴夷船,以问好为词,会见木酋,探其光景。该夷仍带倨傲之态，令通事向委员说……现今俄国之人在吉林地界阔吞、奇吉等处，屯居多年，岂有不知之理？彼处有俄国之兵，可保英夷不敢前来侵扰，黑龙江所居屯户，我能主掌不令迁移。你们将军既系奉令前来，岂不能定夺？……明系故意推诿。……我明日使通事写字前来，若可照办，即行对换画押，如若不能，我即捻（撵）江左屯户，不准存居等语。十五日，通事前来，呈递清字夷文，语虽含混取巧，较之前文，略觉简明。且字内已将江左屯户居处让出，此外本系空旷地面，现无居人。至松花江、乌苏里河等处，地属吉林，未敢酌准，但该夷业经占据阔吞、奇吉处所，字内又写乌苏里河至海，以为中国、俄国同管之地。现在剖辩分界，本不当迁就了事，第势处万难，若不从权酌办，换给文字，必致夷酋愤激，立启衅端，势难安抚，实于边疆大有关碍。是以不揣冒昧，暂安夷人豺狼之心，允其所请，换给画押文字，以纾眉急。该夷换字后，即将人众船只退去，于十六日返回海兰泡。

此为中国外交史上最可耻之文案，以数千里之疆土，被夷酋一怒而取去，而鸦片战争中号为靖逆将军之奕山，既在广州诓骗清廷曰英人求和，今又以空旷无人，谓暂安豺狼之心。甚矣，我国之无人也！

（四）《天津条约》与北京之谈判

当《爱珲条约》谈判之时，英法联军已陷大沽炮台，迫清廷订定《天津条约》矣。俄使普提雅廷乃援例以与桂良订《天津通商和好条约》，其最著条款，大要如下：

一、嗣后两国不必由萨那拉衙门及理藩院行文，由俄国外务大臣，径行大清之军机大臣，或特派之大学士。其两国中央政府与地方官之一切往来照会，俱按平等礼式。

一、除从前所定边疆陆路通商外，允俄国得由海路至上海、宁波、福州、厦门、广州、台湾、琼州七处通商。若别国再有在沿海增添口岸，准俄国一例照办。

一、俄国在中国海口通商处,得设领事官,又得派兵船停泊该处,以资保护。

一、通商处中、俄所属人若有事故,中国官员须与俄国领事或代理员会同办理(领事裁判权)。

一、准俄国人得由通商处进内地传教。

一、所有未定边界,由两国派员秉公查勘(此即指乌苏里以东之所谓共管地也)。

一、日后中国若有优待他国通商等事,俄国一律享有。

桂良不仅与订通商条约,举英、法历年之所要求者尽畀之,又将清廷承认《爱珲条约》之谕旨,抄送查照。至是俄人所得之利益,较之英、法三年战争中所成就者,直不可以道里计也。而俄人全凭巧取豪夺之手段,以获致此结果,中国当时之昧于大势,于利害轻重之间,全然无知,可想见矣。然俄人之野心,犹未已也。咸丰九年,俄国首派丕业罗福斯基(Perofski),继派伊格那提业福(Ignatiev)为驻北京公使,前往换约。俄使要求派员查勘乌苏里一带,以便"登之档册,绘为地图,立定凭据"。并提出补续和约稿六条,及详解。而我国之理藩院尚书肃顺,与刑部尚书瑞常被派与之折冲。二人皆具有魄力,能言善辩,不受俄使之虚声恫吓,乃由军机处复称:"中国与俄国自康熙年间,鸣炮誓天,以兴安岭为界,凡山南一带,尽属中国,山北属于俄国,所定甚为明晰。至黑龙江交界,应由黑龙江将军与贵使臣木哩斐岳福商办。其吉林所属之处,并不与俄国连属,亦不必议及立界通商。贵大臣所云恐有他国侵占,为我国防守起见,固属贵国美意,断非借此侵占我国地方。然若有别国占据,我国自有办法,今知贵国真心和好,无劳过虑!"肃顺、瑞常又给照会曰:"查前奉寄桂良等上谕内,所言已与俄国五口通商,黑龙江定约,诸事皆定等语,系指奕山将黑龙江空旷地方,借与贵国居住而言。并非将乌苏里江借给在内。其乌苏里江等处,系属吉林将军所管,本不与黑龙江地方连涉,并非奕山所管之地界。现在大皇帝正为查明奕山分界一事,办理糊涂,已将奕山革职,及承办之副都统吉拉明阿枷号河干。谅贵国亦已闻知。所以将奕山暂留本任,即系责成将分界之事办妥。至乌苏里江等处,奕山所奏,亦曾言明地属吉林,未敢酌准。贵使臣木哩斐岳福当日亦必知有此言,断不肯以未议定之地侵占也。”此初次答复俄使所提补续和约之言,其意在重申两国以兴安岭为界,奕山所定之约,乃将黑龙江空旷地方,暂借与俄人居住耳。盖当时清廷已知奕山所定之《爱珲条约》,损失太大,将奕山撤职,并将吉拉明阿枷号河干,显然有否认之意旨矣。伊氏又照会肃顺、瑞常谓:“二位大人云:将军奕山将彼处借与居住,而和约第一条内云:黑龙江、松花江左岸至海口,作为本国所属之地。第三条内云,会同议定之条,永遵勿替。此二意不相符合。……我国甘修和好,愿将和约含混之处,讲明补续,其中更以决定东界为要。不然焉能免侵占?二位大人,必推诿此事……全未理会,早年定立条约反悔,所许之处,亦不准行,以信义相交之道焉在?”俄使所谓定立条约反悔,肃顺、瑞常乃答复曰:

> 我大清国与贵国和好二百余年,今贵国大臣出此无理之言,形诸笔墨,殊多不合。岂是诚心和好之道?查康熙年间,我中国与贵国定界,贵国鸣炮誓天,以大兴安岭之阳为中国之地,山之阴为贵国之地,实两国疆界之定限也。今我大皇帝普爱众生,不忍贵国之民困窘,已将黑龙江空旷之地阔吞屯、奇吉地方,借与贵国流民居止,此我大皇帝待中外之民一体同仁至意也。贵国又欲在乌苏里河、绥芬等处游行立界,此地面乃系我国吉林之地,与贵国毫无毗连之处,贵大臣来文直言难免扰乱侵占,此等无理之言,先出于贵大臣之口,是情理之曲乃出之于贵国矣。……总之,绥芬、乌苏里等处,是断不能借之地,贵国不可纵人前往,亦不必言及立界。至已经许借之黑龙江左岸空阔地方阔吞屯、奇吉等处,及贵国遇有赴东海船只,准进黑河口,入松花江,往来入海行走。此事京中只能言其大概,我国已派该处将军等候贵大臣详细定议。

盖俄使先曾以“英、法毒狠,俄国友善”之宣传惯技,以恫吓诱惑清廷,谓“英、法往满洲地方东岸,兵船大船,来时甚易,中国海岸绵长,战法各国皆不能敌,惟本国能办此事。若中国先与本国咨文,将此东方属于本国,我国能保不论何国,永不准侵占此地。如此中国东界亦可平安。且须知我国欲占之地,系海岸空旷之处,于中国实无用处。本国官员到彼,并未见有中国管理此处之迹,我们业经占立数处”。清廷已答以“我国自有办法,无劳过虑”,而伊氏又以“焉能得免侵占”为词,故肃顺谓其为无理之言也。肃顺、瑞常回文,斩钉截铁,不谈东边画界之事,可谓理直气壮,而俄使犹以外国侵占为借口,欲肆诱惑之策,而肃顺措辞更强硬,并以乾隆年间,因俄人不讲理,中国曾停止互市三次。“贵大臣如始终不悟此理,必致使我国闭关罢市。即已经许借之黑龙江左岸空旷地方,亦不准再住,是贵国求多反少也。”伊氏自负为外交能手,素以了解亚洲人心理著名,欲以强词夺理相恐吓,初不料竟逢此对手。乃转向军机处告诉,要求中国改派人员交涉。而军机处亦答称:肃、瑞皆亲信大臣,据理直言,本处均已知悉。贵大臣必欲将所求之事,件件允准,方为和好,有是理乎?如是交涉半年余,毫无结果。咸丰十年四月一日,伊格那提业福乃遵本国命令,以最后通牒致军机处,求于三日内复知,毕竟愿否,因彼将于八日赴北塘登船也。军机处亦毫不示弱,咨复称:“查从前所借奇吉等地方,并非贵国应有之处,是以大皇帝念两国和好二百余年,方肯施恩准其借住。至乌苏里、绥芬地界,因该处军民人等,断不相让,屡次递呈,现已开垦,各谋生业,万不能让与他人。因恐贵国之人去到,该处人等不容,必致反伤和好。中国向来办事,皆以俯顺民情为要,是以碍难允准。”伊氏虽借词回国,实则前往上海、香港,极力怂恿英、法两国:“不必误听人言,二三其见,竟赴天津打仗,必须毁去大沽炮台,和议方能成就。”及英法联军抵大沽,伊氏亦乘船赶来,又寄信军机处,言:“英、法与中国有隙,愿善为说合。”但清廷早已侦悉其挑拨离间之伎俩,故以“天朝并无失信于二国,又何劳贵国替中国调处?”拒之。俄使大失望,乃转告法使葛罗由北塘进兵之便利,盖彼离京不久,于都门内外防守情形知之较详也。

(五)《北京续增条约》

英法联军陷据天津,俄使伊格那提业福遣通事明常往见直督恒福,有居间调处之意。并给军机处公文,要求回北京商办事件。军机处以俟英、法二国换约事毕,再行进京办理答之。英法联军入京,伊氏在通州,仍要求进京。恭亲王奕䜣恐该国或有别意,仍不令其进京。并谓"如果有意为中国不平,亦必在外代为调停,俟两国之兵退后,即可照常来京"云云。而行在上谕却谓:"俄酋既愿从中说合,不必拒绝,设能如其所言,于抚局不无裨益。"奕䜣乃给与照会,令其前往,并由瑞常、宝鋆、麟魁、成琦负责联络。实则伊氏买空卖空,彼进京时,英、法两国业已换约矣。故照复奕䜣,有"奈心实有余,惜时已甚晚"之语。而转以伊国未了之事为请。此据奕䜣奏折,及俄使来文言之甚明。旧说联军入京,恭王以年轻不敢出任和局,伊格那提业福谓礼部与俄国公使馆极近,联军决不生祸。因是奕䜣始允与英、法使臣相见,而俄乃挟调解之功,以索厚报于中国,是皆无根之言也。当时英、法以欧洲有事,又因严冬将至,急欲撤兵,故愿减赔款现银,俄使侦知之,以告崇厚,谓允给英、法银两,尚可酌减,并不久驻京,退至大沽等语。此为和议以后事,奕䜣谓其:"有意冒撞,颇有居功之意,心殊叵测。"(俄使称:"虽然,竭力挽图补救之事,显而易见。自和好之后,如肯俯听我计而行,其大有益之事愈多也。")可见奕䜣对俄人之居心与伎俩,已窥之稔矣。奈以"英、法两夷,敢于如此猖獗者,未必非俄酋为之怂恿。现虽和约已换,而夷兵未退,设或暗中挑衅,必致别生枝节。且该酋前次照复,有兵端不难屡兴之语,该夷地接蒙古,距北路较近。万一衅启边隅,尤属不易措手"(咸丰十年九月十五日奕䜣、桂良、文祥奏语)。乃令瑞常等前往商酌,速议办理。俄使因呈出和约十五款,经过十余日之折冲,始于十月初二日在俄罗斯南馆,由奕䜣率瑞常、宝鋆、麟魁、成琦等,与之画押盖印换约。此即所谓《北京续增条约》也。其重要之条款如下:

一、自乌苏里河口而南,上至兴凯湖,两国以乌苏里、松阿察二河作为交界。其二河东之地,属俄国;二河西之地属中国。自松阿察河之源,两国交界,逾兴凯湖直至白棱河;自白棱河口顺山岭至瑚布图河口;再由瑚布图河口顺珲春河及海,中间之岭至图们江口,其东皆属俄国,其西皆属中国。两国交界于图们江之会处,及该江口相距不过二十里(盖谓南境尽处,距图们江尚有二十里也。此二十里乃俄国与朝鲜交界处)。界东原居之中国人所占渔猎地,俄国均不得占,仍准中国人照常居住及渔猎。

一、西疆尚在未定之交界,此后应顺山岭大河之流,及中国常驻卡伦等处,及一千七百二十八年即雍正六年所立沙滨达巴哈之界牌末处起,往西直至斋桑淖尔湖,自此往西南顺天山之特穆尔图淖尔,南至浩罕边境为界。

一、由两国派员秉公查勘,设立界牌,东界查勘,在乌苏里河口会齐,于咸丰十一年三月内办理。西界查勘在塔尔巴哈台会齐,不限定日期。

一、交界各处准两国人民自由贸易,并不纳税。

一、俄商由恰克图到北京经过之库伦、张家口地方,亦准其零星贸易,许俄国于库伦设领事一人。

一、中国许开喀什噶尔,照伊犁、塔尔巴哈台试行贸易之例,一律办理。

一、俄国可以在通商之处,设立领事官,以便管理商人。中国在俄国京城或别处,亦可设立领事官。两国领事官及该地方官相交行文,俱照《天津条约》平行。倘有犯罪之人,各按本国法律治罪。

一、日后陆路通商事宜,设有不便,由东部西伯利亚总督与中国总务大臣酌商,仍依本约为准。至《天津条约》亦应照旧。

自爱珲、北京两订界约,始举黑龙江以北,乌苏里江以东地,悉割隶于俄。计我所割弃者,东西广及二十余经度,南北长及十余纬度,面积达数十万方里。俄人遂于其地建阿穆尔省、东海滨省。先是,木哩斐岳福既取黑龙江以北地,复锐意经营乌苏里江以东,屡往探测,因发现海参崴港与波斯得湾。海参崴为不冻港,乃将俄国太平洋海军根据地移至该港,实行占领。以故《爱珲条约》后,俄人仍屡向中国交涉勘定东边界限者,即欲攫取此沿海岸之土地也。至此目的既达,而木哩斐岳福十余年对中国侵略之抱负,悉告成功。不遗一矢,不折一兵,徒凭外交阴谋,口舌伎俩,获此大利,在俄国得之为殊遇,在我国失之为创闻。回顾尼布楚、恰克图订约时之国威,已成隔世之梦矣。当时马克斯、恩格斯在纽约《论坛报》讨论东方问题,曾言:“英法联军对华作战,竟像只是为了俄国的利益。俄国乘机向中国攫夺面积等于英、德两国的领土,同时还狡猾地出来充当衰弱的中国底保护者。俄国这一利用的结果,已使它由冰天雪地的西伯利亚进到温带。这样获得的战略阵地,对于亚洲之重要,正和波兰对于欧洲的重要一样。土耳其斯坦的占领,足以威胁印度,东三省的占领,足以威胁中国。有四万万五千万人口的中国,和印度,现时是亚洲有决定意义的国家。”此为马克斯对于世人之警告,彼认遏止俄国兼并计划实为世界最重要之事。却不料英、日帝国主义者以贪得之心,竟为沙俄、苏俄作虎伥,而俄人笑脸攻势、糖衣毒药之计售矣。顾咸丰时之外交,虽令人寒心,然奕䜣等尚知“俄夷居心狡诈”,“喜人怒兽”。不甘受其愚弄,惟处于无可奈何。乃至数十年以后,竟有以“伪装友好,借指责他人以掩饰其本身侵略”为真正亲善者,殆俗谚所谓“不觉死的鬼”,其智识更奕䜣等之不若矣。梁任公先生谓:“苏俄是帝国主义的结晶,是帝国主义的大魔王,对内只是专制,对外只是侵略。中国从前是沙皇梦想的汤沐邑,现在便是红旗底下得意的抛球场。国家资本主义的侵略压迫,还要比私人资本主义加十倍、百倍、千倍。首当其冲的,便是咱们中国。他们为他自己本国起见,自然把中国打得稀烂是他们的利益。傻子!爱国青年们,醒醒吧!”此为中国历史家三十六年前之警告,与近百年马克斯、恩格斯所论者,固皆不能醒世人之迷梦也。哀哉!

第十一章　捻乱之始末

四十六　捻匪及苗练之由来

（一）捻之起源

捻者捏也，乡人行傩逐疫，捏纸、燃脂为龙戏，谓之“拜捻”。不逞之徒，聚捏成队，明火执仗，公肆仇杀焚掠，俗呼为“捻子”。或曰山东游民相聚，有结幅，有拜捻，其后捻日益多，因以一聚一捻，或数人，或数十百人，白昼行劫，名曰定钉。始自山东之兖、沂、曹、济，蔓延于河南之南、汝、光、归，安徽之颍、亳、寿，江南之淮、徐、海，湖北之襄、枣、钟、随，皆各省之边区也。地瘠民贫，岁歉则横行，年丰则少靖。且有以朱染须号“红胡子”者，皆不免受白莲教之影响，借迷信隐语以相煽惑耳。康熙年间即有之，至嘉庆十九年以后始盛。是年十月，御史陶澍奏饬河南、安徽巡抚方受畴、胡克家，名捕捻首王妮子、李东山、马大振等，而卒未缉获。盖捻匪初起，无定制，无定名，亦无定地。东擒西窜，数月不能平一捻，而地方官已精疲力尽，供给艰难矣。因是惟有隐忍不言，颟顸了事，以图苟且之安。初，河南巡抚奏定豫捻结伙三人以上，比照回民例加等科罪，山东亦以结捻结幅之案，照人数多寡，定罪名轻重。其后安徽仿行之，然必曳刀会（教匪）方论斩枭，其仅结捻讹抢者，拟以斩绞发遣，是尚以普通盗匪论，犹未视为叛逆也。咸丰元年，太平军既起，清廷征滋蔓，尤重治盗。夏邑民诉捻劫，御史张澧瀚亦发南阳盗劫事，有诏诘责河南巡抚，并饬两江、湖广督抚搜缉。而安徽寿州、山东兰山之捻匪、幅匪，窜扰苏北、豫东、鲁南一带，皆骚然矣。二年秋，山东巡抚崇恩，河南巡抚陆应谷，各督兵剿捕，皆无效。咸丰三年，太平军破南京，分遣林凤祥、李开芳北伐，由凤阳、归德进围开封，皖、豫之交，捻匪蜂起。于是龚瞎子、邓大俊、李士林、刘疙瘩、刘元吉、任二皮等，遂乘势于宿、蒙、亳、寿一带，横行皖、苏、鲁、豫，督军者不能制。有奋勇剿之者辄败衄，故其势益昌。幼时尝闻故老言，捻匪如飞蝗，掠地攻城，风靡席卷，毫无纪律，其与长毛迥不同也。三年十月，捻袭蒙城雉河集（后设涡阳县）据之，遂以为聚集地。清廷命提督善禄屯永城，署巡抚周天爵驻徐、宿，以镇群捻。工部左侍郎吕贤基出治安徽团练，命佐理袁甲三（官给事中）督师进剿，直扑雉河集，擒其渠孙重伦，颇有斩获。群捻走桐城，及河南之开、归、汝、信，势复炽。桐捻有马逾千匹，开、归捻分二十余股，汝宁、信阳捻攻正阳，掠永城，破桐柏，杀知县潘树霖，围夏邑、沈丘。陆应谷自汝宁走保省城。未几，应谷去职，英桂为河南巡抚，以按察使牛鉴治军陈州。天爵卒于亳州，命袁甲三代领其军，专任剿捻。时捻合五十八股为一，势甚张。复命陕甘总督舒兴阿自陈州移皖北。是年李兆受（昭寿）起霍邱，掠商、固、光州，与皖捻相应。咸丰四年，英年遣兵追捕不得，兆受围商城，捻众益盛。安徽巡抚福济久攻庐州太平军不下，令民间筑圩寨自保，寨各置渠，率犄角相救助，于是寨长、圩长出入于兵捻之间，而悍练渐不可制矣。咸丰五年春，袁甲三已擢副都御史，以违例委调宿州牧，得罪落职。清廷益倚任英桂，屡促其进兵图捻。英桂借词防边，徘徊境上不敢进，虽严旨日催，弗顾也。提督武隆阿将兵屯亳州，总江苏、安徽、河南三省战守事宜，不能制捻，诏以英桂代统其军。是年八月，张乐行起蒙、亳，据雉河集，其凶悍狡黠冠群侪，始合诸捻而加以组织，分众为五旗：曰黄、白、红、黑、蓝。旗各有旗主、副旗主，以下曰捻头。张氏族众有乐行、敏行兄弟，宗禹、宗道、宗先兄弟，清、广、云兄弟，三彪、五孩兄弟，慎德、慎聪兄弟，为首者已十二人矣。其余旗主名繁不备录。自乐行起，而捻势始燎原，驰突数省，防军不能制矣。

（二）苗练之起与李兆受之投降

咸丰六年，英桂奉命督师后，增调江南大营提督郑魁士援宿州，仍以袁甲三领亳军为助，大征西北兵。八月，甲三自永城进军，攻乐行于雉河集,擒苏天幅,捻趋颍州,逼陈州,皖、豫官军夹屯,莫之御也。十一月,复东走徐州,皆大掠而还,仍据雉河集。七年春,捻走河南,围固始。予胜保副都统衔,帮办河南军务。英桂赴禹县驻防,而捻众掠舞阳、叶县、内乡、宜阳、嵩县,河南烽火相望。议以胜保北屯颍州,遏归德,陕西军防武关。而捻入商南,知县施作霖督勇练迎击,力战而死。李兆受破六安、霍邱,围寿州,又陷正阳,犯和、滁,自光、固、息、商西至商南,东西几三千里,皆被蹂躏。是年三月,胜保破张乐行于柳沟,五月,大捷于三河尖,乐行走霍邱,依兆受。七月胜保克霍邱,八月克正阳关,斩捻首魏蓝奇等。盖得袁甲三之助也。是时捻游骑北达直隶开州、东明,豫北被其患,京师戒严。咸丰八年春,捻围固始,破六安,胜保、甲三合力解其围,斩显天侯卜占魁。捻众倏出倏入,军疲于应。五月,安徽巡抚福济击退临淮捻众,协同甲三收复六安。其时捻众多受太平天国之封爵,与太平军桴鼓相应矣。江淮以北,到处皆捻。英桂病还,瑛棨代为豫抚。胜保、甲三,会衔奏言:"年来南军屡捷,逆焰就衰,而金陵未即克,皖北未肃清者,皆李兆受纠党二三万,横截官军,以助贼势,勾结北捻,以树贼援。今臣军适当下蔡寇捻之交,李兆受请进兵舒城,愿为内应。宿州以南群盗,经苗沛霖剿抚有效,臣袁甲三即可南下扼淮,合力攻贼。"于是胜保躬至清流关,兆受率其弟及头目十余人迎见,以家属在江南,请缓发。诏授胜保钦差大臣督办安徽军务,整军庐州。袁甲三督办三省剿匪事宜,专讨捻匪,进宿州。苗沛霖者,凤台诸生,健猾为闾里雄,以团练始用事,亦受节制,平怀远诸圩,淮南北始稍解严。是时李续宜方克九江,进兵舒、桐、庐州,太平军及捻党均震慑。九月,兆受为内应,进攻天长,克之,并献滁州。改名世忠,安置余众万余人,列为"豫胜营",不请饷,令捆盐自卖以给军。沛霖连营浍水,皆与胜保相结纳。张乐行方踞陈家庄,甲三击走之。分兵复丰县。未几蒙、亳诸捻入归德,窥周家口。甲三令子保恒偕总兵傅振邦驰援。周家口在商水北,濒小隐颍口,商驿通道也。捻大掠而去,北窜开封、单县、金乡,保恒、振邦集团勇追破之于太和李兴集,逐出河南境。甲三奏言:"兵分则势孤,合则势盛,捻匪踞里千余里,臣兵不过数千,不能制贼死命。请敕各督抚合力大举,为扫穴擒渠之计。"清廷以提督史荣春、总兵田在田防曹、兖;增设归德镇总兵,又遣总兵邱联恩屯鹿邑,朱连泰屯亳州。咸丰九年正月,甲三击张乐行于草沟,追至沱河,复击之双渡口,乐行泅水免。胜保与甲三意见不合,屡疏劾其持重失机,诏斥甲三督剿半载,但防徐、宿,不捣贼巢,日久无效,召回京入觐。诏以总兵傅振邦代之,副以蒙古副都统伊兴额,而统于胜保。

(三) 捻乱之扩大

咸丰九年春,捻首薛子元(太平天国封为答天豫,故宫《太平天国文书》有洪秀全亲笔诏一道,命往天浦省垣镇守。谓:"朕昨令弟排拨官兵五千,亲自统带,星速赶赴六合镇守。今朕复思:天浦省乃天京门户,弟有胆识,战守有方,足胜镇守之任。爰特诏弟,统军士赶赴天浦省垣。")以江浦投诚,与李世忠(世忠投降后,李秀成仍有书劝之,见《太平天国文书》)合攻浦口,破之。自此太平天国天京门户尽失。二月,捻自西华趋舞阳,破防军于舞北,邱联恩战死。先是,伊兴额破捻首夏白、任仲勉于浍河北岸,以兵防徐、宿,张乐行来攻,偕总兵傅振邦击走之。时诸捻蜂起,徐、宿百里内,宴然耕获不辍。捻首王广爱、梁振贵聚张七家楼,图北窜,伊兴额选精锐数百,疾驰掩入,擒广爱、振贵杀之。又招降王家墟捻党陈保元,斩李月。因病回徐州,胜保劾其不遵调度。寻率马队攻乔家庙酆家堰,擒捻首梁思柱、刘大渊。又偕总兵史荣春破捻赵家屯,涡河两岸肃清。既而捻首刘添祥由六安北犯,众号数万,伊兴额以孤军无援,退屯萧县。捻陷丰县,坐夺职。至是复起,佐傅振邦接统袁甲三所部兵,复职督办河南军事,乃率骑千三百人赴援,蹑捻商水,历沈丘、项城、太和,颇有斩获,被旨嘉奖。而胜保、傅振邦劾其不救舞阳,性情乖僻,奏报不实。诏夺头品顶戴,交胜保差遣,伊兴额遂谢病回徐州,距复起仅三月耳。以副都统关保代之。关保将骑兵千八百,隶袁甲三徐州营,先破捻首曹金斗、张宝全、张起、张添福、任乾等。又破张乐行于泗州草沟。捻首孙葵心聚党永城,诏勿令阑入山东,关保截击西路,逼之归巢。调副都统德楞额将天津海防军屯曹州。傅振邦、苗沛霖复攻下淝水南阪圩,沛霖积功至记名道员,加运使衔。世忠亦以保滁州,守来安,收全椒功,授参将。江、淮间号称肃清。胜保自移防盱眙。捻攻定远,安徽巡抚翁同书退走寿州,捻踞定远。九年四月诏起袁甲三以漕督屯防蒋坝,胜保移营五河,寻以母丧丁忧。(《清史稿·胜保传》云:"丁母忧,夺情留军,十年罢钦差大臣,命赴河南剿匪,御史林之望论劾,坐剿匪不力,降光禄寺卿。召回京。"而《袁甲三传》则云:"寻胜保以母忧归,命署钦差大臣,督办安徽军务,实授漕运总督。"是胜、袁之接替在九年、十年间也。)命甲三署钦差大臣督办安徽军务。甲三进攻临淮关,军南岸,断其粮道,降捻内应,斩关而入,生擒捻首顾大珑等,遂克之。时捻出归德自兰仪渡河,犯定陶、东明,复还颍州。于是诸将帅均以归巢为幸,腾章告捷,以内地为盗巢自此始,其后直省皆引为例焉。咸丰十年春,甲三进攻凤阳,邓正明以府城乞降,张元龙犹据县城,诱出诛之,杀三百余人。未匝月拔两城,诏嘉调度有方,赐黄马褂。命其子保恒赴军差遣。是时江北无统帅,叛将薛成良拥众剽掠,亟发舟师扼高宝诸湖,成良走依李世忠,甲三责以大义,即缚献成良,斩之以徇。令保恒合总兵张得胜、副都统花尚阿各军围定远。太平英王陈玉成来援,会合捻匪扑凤阳,据九华诸山,连营数十里。甲三合参将黄国瑞潜率锐卒四百,夜薄九华山,跃入垒,敌大乱,弃营走。苗沛霖以功补川北道加布政使衔,然不冠服,令其下称先生。所平圩辄置长,收其田租,缘道设关隘,垄断公私,涡河、浍、颍之间,跋扈自恣,甲三屡羁縻之,以牵制捻匪。李世忠已授提督,自滁以西,北属五河,皆其关镇,然势弱,沛霖视之蔑如也。胜保以都统改督河南军,关保副之;傅振邦督军徐、宿,田在田副之;德楞额督军山东,侍卫哈勒洪阿副之。袁甲三以钦差大臣专安徽军,翁同书及副都统穆腾阿副之。甲三屯怀远,患同书之懦,奏以湘军将李续宜由按察使补安徽巡抚,复奏用习沛霖者贾臻为布政使,张学醇为按察使,以为假湘军威,臻等游说,可驾驭沛霖。清廷悉依之。续宜不能来,臻至,遂署巡抚。甲三既复凤阳,张乐行、龚得树(瞎子)等由吴家墩袭破清江浦,杀淮海道吴葆晋、副将舒祥。漕运总督联英、河道总督庚长方置酒奏伎,仓卒走保淮安。清江浦为河漕聚会处,居室器用,踵事增华,各捻垂涎已久。言江苏形势者,以里下河为膏腴,以王家营为吭咽,至是人情大骇。诏夺联英、庚长官。乐行等复还皖北。而河南捻走巩、洛,山、陕大震。清廷召胜保北援，令府丞毛昶熙回河南为团练大臣，南汝光道员郑元善副之。兵事总成巡抚，属于关保，各省团练始重。时英法联军入犯大沽，天津师溃，诏胜保总勤王师，征及苗练。沛霖大喜，设高台聚众号哭，言夷变事，阴欲其下推戴，众相视默然。甲三亦请率兵入卫，诏以临淮为南北管钥，止勿行。及和议成，遂罢勤王师。而捻乘势入济宁，纵横鲁南，山东大乱，德楞额军败于峄县。于是乃命科尔沁郡王僧格林沁督师往剿，遣道员联捷防河，得专折奏事。盖清廷已知捻乱非癣疥之疾，因遣出其唯一亲信之大将矣。

四十七　僧格林沁之剿捻

（一）山东捻乱与苗沛霖之攻寿州

咸丰十年十一月，僧格林沁率万二千人至济宁，奏言："捻首张乐行、龚瞎子、孙葵心等各聚匪党无数，此外大小头目人数不少，每年数次出巢打粮，辄向无兵处所。迨官兵往剿，业经饱掠而归。所至抢掠赀财粮米，村舍烧为赤地，杀害老弱，裹胁少壮，不从逆亦无家可归，故出巢一次，即增添人数无算。此捻匪众多之情形也。匪巢四面一二百里外，村庄焚烧无存，井亦填塞，官兵裹粮带水，何能与之久持？一经撤退，匪踪紧蹑，往往因之失利。此各路官兵仅能堵御不能进剿之情形也。每次出巢，马步数十万，列队百余里，兵贼众寡悬殊，任其猖獗，无可如何。前此粤捻各树旗帜，近年彼此相通，联为一气。官兵在北，粤匪在南，捻匪居中，以为粤匪屏蔽，若厚集兵力，分股进剿，捻匪一经受创，粤匪蠢动，非竭力相助，即另图北犯以分我兵势。此剿捻不易之情形也。臣愿带马步六千，续调绿营旗兵共万二千人，请令傅振邦、德楞额二军，直攻老巢，荡平丑类。"诏以后劲为戒。是月进攻巨野，以援菏泽，会大雪，捻反乘之，遂大败还。关保以昏庸罢，河南军事专于毛昶熙。徐州士民，三奏请起用伊兴额，僧格林沁又疏荐，始敕办徐、宿团练。僧格林沁令诸州县各筑长围，以扞捻马步。傅振邦病免，田在田代之。咸丰十一年正月，僧格林沁遣军援菏泽，复败还。二月，捻自曹州趋郓城，渡汶，掠泰安南北。伊兴额旧部多不隶麾下,所将五百骑,未及训练,僧格林沁趣援。乃偕徐州总兵滕家胜、都司伏有俭等往。击捻东平、汶上,累捷,追至卧虎冈,风霾忽作,急退杨柳集,伏起,家胜马蹶,殁于阵。伊兴额、伏有俭挥百余骑冲入敌中,索之不得,突围出,从者仅十余人,捻围之数匝,力竭均死之。僧格林沁移屯汶上,捻遂围青州。诏责以勇往轻进。副都统穆腾阿病免,总兵成明代之,苗沛霖又叛攻寿州矣。先是,沛霖未得成勤王乘取之志,而淮北之太平军势强盛,沛霖及世忠屡败,则皆暗通捻及太平,阴持两端。十年十月,沛霖遣使征寿州练总集下蔡领旗。寿州练局斩其使。翁同书方居城中,为邑绅孙家泰、徐立壮所持,因奏沛霖跋扈状。会蒙城、宿州亦告官诛苗党,沛霖怒,聚众誓先取寿州。甲三兵弱不能问,惧大乱之不可弭也,颇咎同书,訾立壮及家泰。至是沛霖攻寿州,立壮等亦聚众御之。钦抚言苗事者,前后百疏,皆依违其间,不敢公言讨。日夜促湘军赴援,湘军实无意及之。因奏言胜保可制沛霖,而胜保在山东,招降捻首宋景诗,阳引沛霖自重,实亦不敢至也。淮南北乱已十年,太平军与捻练交乘,清廷忧勤无似,无暇多顾。同书等日张苗势,议论交讧,沛霖益横恣。同书知援绝粮且尽,因杀徐立壮、囚孙家泰以媚沛霖。沛霖遣练总从张学醇至正阳关,夺据之。学醇走寿州,将槛送家泰,家泰自杀。城中人忿惧,益死守。守百日,食绝,斗米至十万钱。是年九月,守城游击朱佩芬、都司林云锦、千总吉玉成、外委朱淮潮等开门以纳沛霖。沛霖入谒同书,请同书奏保其不叛。而实则通款于英王陈玉成,玉成奏天王,封为平北王。时捻在河南,纵掠连二十余县,西自南阳,南至汝宁,东界淮,北界河,莫定所向。巡抚严树森以豫军冗弱,思以湘军法齐之,与毛昶熙不相合。捻西及淅川,北侵大名,山东民团亦相聚拒抗官军,滕、峄一带骚然。僧格林沁敛兵保邹,并遣詹启纶募兵防清淮。山东巡抚谭廷襄出屯茌平。捻破曲周,掠威县,陷清河,杀知县陈大烈,浸浸及冀南矣。旋复掠登、莱诸县,山东最富庶之地,僧格林沁不能制,方南下沂、邳,进爵亲王,悉奏罢诸团练及防河大臣,委权督抚,以副都统遮克、登布巡河,大顺广道王榕副之。袁甲三极论捻事,颇咎僧格林沁骄愎懈军。僧格林沁屯单县,连破亳北诸庄圩。湘军扬言进攻颍、亳,于是群捻多合于太平军,游弋襄、洛,不复从事剽劫矣。

（二）同治初元捻之大势

载淳即位之初，两宫垂帘，尤注意倚重湘军。安庆既克，命彭玉麟为安徽巡抚，玉麟固辞，复授李续宜。而苗沛霖乘间略地胁众，号称十万，所属二百余圩，徒肆淫虐，无远略也。亳捻以张乐行为首，附之者有刘大老渊、二老渊、苏添福、王怀义、孙继先、李家英、赵浩然、杨兴太、苏立楞眼、李大个子、苏添祥、李五、孙四瞎子、龚耀、姜太林、孙四第、周化临、韩老万、张小明、程大老砍、二老砍、三老砍等。豫捻以陈大喜为首。山东则有长枪会首王广奇大小数十股，汝南亦蜂起，纵横数省，僧格林沁等皆疲于奔命，莫能制。山东，河南蒙、亳、徐、淮一带，千里萧条，郡邑残破，然自乐行受太平天国节制，封为沃王后，纪律稍佳矣。时与乐行相联络者，则西北走之扶王陈得才一军，而遵王赖文光辅之。得才事前已述之。文光为天后赖氏之族弟，年少英俊，从陈玉成转战安徽。玉成困庐州，命得才、文光略西北，取远势。文光渡淮，指淮水曰："吾知有渡淮之日而无转淮之期矣！"同治元年正月，得才军入陕，湘军将多隆阿进攻庐州，续宜命提督成大吉、总兵萧庆衍援颍州。时贾臻被围颍州，奏称沛霖非胜保莫制，诏促胜保援颍。大吉军进颍州，破张乐行于大桥集，颍州围解。沛霖惮湘军，以讨捻自赎，胜保以闻，且奏止湘军。四月，多隆阿大破陈玉成，遂克庐州，玉成走寿州，沛霖恐多隆阿进军，且欲明己不叛，遂诱擒玉成，送胜保颍州军中。胜保既妒湘军功，且欲养沛霖固兵柄，阴右之。沛霖又收颍上城以为功。李续宜既恶贾臻，胜保复奏臻功，语侵袁甲三。续宜因以和衷为词，置颍州于度外，虽诏屡促赴颍，亦迄不至。甲三因劾胜保诸不法事，已见第九章，而清廷不听，反以安徽、河南两巡抚帮办其军务。会陕西回乱炽，多隆阿援军阻隔，不能遽达。诏授胜保钦差大臣，督办陕西军务。甲三请疾去，清廷命续宜代为钦差大臣。续宜雅不欲居临淮，而安徽事大定，所部万余人，当戍淮南北。又先奏言："苗沛霖官至道员，公犯不韪，围抚臣于寿州，陷其城，屠其众。乃复诡言求抚，此岂足信？不过假称反正，号召近县，养成羽翼。若正彼叛逆之名，人人得而诛之。宽其党羽，使为我用，彼势孤终成擒耳。"清廷韪之。然虑发难以不胜为笑，假母丧固辞。多隆阿亦奉命赴陕。江北空虚，诏从续宜请，以唐训方为巡抚。甲三闻续宜去,遂亦称病笃,待训方至而行。临淮不复置帅,当是时中外达官相沮詟者,皆以抚安徽为靳。盖皖抚多不得善终也。是夏捻破宜阳,杀知县谢仁溥,西破永宁,别自内乡入商州,破镇安、孝义。固原提督孔广顺御之蓝田。捻与陈得才军合,破渭南,杀知县曹士鹤,东破华州,直走渑池,击败河南军。于是清廷命僧格林沁统辖山东、河南军,防直隶、山西,四省督抚提镇大员均受节制。

(三) 张乐行之被擒

同治元年闰八月,苗沛霖空寿州及正阳关,让湘军蒋凝学屯守。萧衍庆屯霍邱,成大吉、毛有铭屯颍州,营于三河尖,又分军屯固始。王载驷屯六安,皆李续宜部将也。袁甲三部军水陆马步二万余人,分屯五河、灵璧、凤阳、定远、怀远、蒙城,以张得胜、王才秀、朱淮森、徐鹍、宋庆等为将,又颇杂用练丁,率不任战守,仍依李世忠为助。唐训方虽起军中,旧部已散,仓卒召募,复遣防庐州。安徽四战地,农商逃亡,租税无所出,故至临淮者,辄贫弱为沛霖、世忠所轻。世忠所据地濒江,时与太平军抗争,沛霖自依胜保,益收颍南、北丁粮,阴结捻及太平军,首鼠两端,故无外患。胜保移陕西,腾章诋湘军,为沛霖请隶于僧格林沁。僧格林沁驻军山东,初亦恶沛霖,沛霖侦知外藩王子骄贵,寄耳目于左右,又自负忠勇,以湘军为邀功,因间之。果奏调沛霖,依以平捻。沛霖复惮行,阳言当赴陕助胜保,道路藉藉,以为苗练又反,沛霖实不能反。及胜保得罪逮问,沛霖乃自结于僧王矣。元年十月,颍寿、圩丁并杀湘军樵采者以挑衅,沛霖诉请撤楚师,僧格林沁犒苗练万金,征之从征。曾国藩知湘军力未足自固,因托以和、巢、含、舒空虚,撤寿州、正阳屯军,退守霍邱、舒城。廷议大骇,僧格林沁亦惭沮,更奏辩,然沛霖犹未敢起。时太平军势尚盛,由二浦进克含山、和、巢,说者疑李世忠与勾通,世忠自陈战功,且请饷。曾国藩与银二万五千两,米二千石。胜保既逮,多隆阿督办陕西军务,兼统其军。降捻宋景诗惧诛,至郃阳叛,渡河走山西、直隶,声言赴京为胜保诉冤。官军不敢遮遏,而张锡珠亦先以降捻叛莘、冠,渡漳河,犯大名,大顺广道秦聚奎战死。景诗欲还与锡珠合,以八百人行腹地,几二千里,所过无留行。诏两广总督刘长佑航海入津，山东巡抚谭廷襄、直隶总督文煜均以是发军台，以阎敬铭、刘长佑代之。盖自是北方督抚，亦引用湘军人物矣。遮克敦布发新疆，以成保代之。时山东教幅棍匪连结起于兖、曹，张乐行亦由丰县犯金乡、鱼台，势甚张。僧格林沁谓："捻匪老巢，多在宿州、蒙城、亳州境内，其北来每由归德之虞、永、夏，徐州之丰、沛、萧、砀，直入山东之曹、单、鱼台，或由宿、徐至韩庄、八闸。拟俟曹属肃清，移营单县，观皖捻动静，剿抚兼施。"乃招降会匪董智信、焦桂昌等诛之。又率马队追乐行趋河南，追击于杞县、许冈，大破之。复追至尉氏樊家楼，歼捻众无数。遂进攻商丘金楼寨，教首郝姚氏、金鸣亭、尤本立、常立身等皆死焉。前锋直抵亳州境。僧格林沁移驻夏邑，令恒龄等破捻首姜台凌于裕州博望驿。李城、赵浩然乘机扰永城，由砀山北犯，僧格林沁亲督战巨野，捻复东南窜。亳北白旗捻首李廷彦据邢大庄，僧格林沁攻之，廷彦诈降，诱出诛之，并攻孙老庄，斩捻首孙彩兰。亳东黑旗捻首宋喜沅因与苏添柏相仇杀，诸庄寨头目多归顺，亳北肃清。同治二年正月，马林桥、唐家寨、张家瓦房、孟家楼、童沟集先后剿平，著名捻首魏喜元、苏添才、赵浩然、李大个子、田现、李诚等或降或遁。张乐行见势败，思窜逸，会孙丑、刘二、杨二等由鹿邑西犯，令舒通额、苏克金等追之，战于魏桥，杀戮甚众。乐行欲由宿州趋徐州，为知州英翰所截，遂回雉河集。尹家沟、白龙庙与雉河集为犄角，二月，僧格林沁先下尹家沟，进攻雉河集。乐行知不敌，以数百人突围出，沿途被截击，溃散略尽。自随二十人奔西洋寨。捻首李勤邦投诚，诱擒乐行及其子张熹以献。（薛福成《庸庵笔记》云："西洋集圩主陈天保，故贼党也，甫于是日降官军，而洛行夕至。天保纳之，阴遣人驰报宿州署中。时西林宫保英翰署宿州知州，率壮丁二百人赴之。直至洛行卧所，方吸洋烟，英公呵之起曰：'汝非张乐行乎？'曰："然。"曰：'从我走！'乃并其甥侄数人皆擒以归，解送僧邸军前凌迟处死。僧邸保奖英公，朝廷颇嫌以赏薄，未数月擢知颍州府，两年间遂至安徽巡抚。"）自是老巢肃清，而捻乱仍未已也。乐行死，其从子总愚（原名宗禹）领其众与陈大喜合，号"小阎王"，捻势复盛。

(四) 苗沛霖之被杀

是时苗沛霖、李世忠因争盐战于洪泽湖,世忠遂尽锢西坝栈盐,塞高良涧以遏运舟。湘军冲涧以通运,唐训方恐生变,因奏其状。世忠既结怨沛霖,亦防湘军,率所部屯五河。同治二年二月,太平军破沿江诸屯,世忠留五河不能归,奏纳己官以赎胜保罪,诏夺官留军。又以江浦不守,请罢,诏仍留任,令坚守滁州、六合。沛霖因前罪褫职未复,颇怏怏,率众谒唐训方,请散练归农,训方示谕诸团圩。沛霖因潜断涡水,绝临淮、蒙城粮道。训方召集湘军,备堵御。僧格林沁已移军攻捻山东,克淄川。捻首刘德培遁大白山,擒斩之。乃移攻邹县白莲池。教首宋继明,屡降屡叛,拥众二万余,恃险抵抗。令总兵陈国瑞、郭宝昌猛攻,破其山寨。败窜红山,死守经月,粮尽欲遁。令舒通额等设伏岭下,陈国瑞于山北攻上,焚其寨。其窜山下者,伏起,并歼焉。而宋景诗、张锡珠南自临漳,北走邯郸,东掠广平、曲周,斜东至武邑、东光,南下从张秋渡河,官军追者皆若狂。长佑以总督重臣,将兵躬追之,曾不能相及,或卒相遇,辄为所冲突。朝议但责诸军捕讨,而马队自此羸困焉。山东捻北走,僧格林沁遣翼长苏克金败之平原,乃分五旗掠畿南,长佑自衡水进击,败之曲周,降其酋杨鹏岭,解散千人。沛霖复叛,僧格林沁犹请示羁縻,沛霖扬言僧王杀降捻姜台凌,不足为尽力,遂以三月袭据怀远,攻寿州,掠颍上,陷凤台,围按察使马新贻于蒙城。练党号称百万,然皆乌合,屯聚相持,无他长技。四月,命长佑兼直、鲁、豫三省边界剿匪事宜。时东昌匪巢林立,山东巡抚安坐省城不之问,长佑乃檄直隶臬司王榕吉往治之。蒋凝学、毛有铭援寿州,屯颍州不能进,下蔡外委邱维城夜开寿州城献沛霖,知州毛维翼死之。沛霖西窥霍邱,事闻,将帅自曾国藩以下罚降有差,命僧格林沁、都兴阿各以兵往讨。沛霖之围蒙城也,因南畏湘军之威,欲北趋中原,号召群捻,以蒙城扼其冲,故悉众攻之。训方檄马新贻还临淮,移英翰守蒙城,沛霖增垒夹淮,以断淮水,援军水师不得行,皆退保临淮。沛霖以官军破亡可翘足待,益自得。而捻首苏老梦、相盘等掠永、亳,程四老砍等侵固始。六月,刘长佑诛张锡珠于阵,责杨鹏岭等勒降捻缴械马归农。七月,长佑讨宋景诗于馆陶,以堂邑空虚,东抚不设备,奏饬阎敬铭移营东南期夹击,而自督军刘禾进,诱捻入伏,抄击败之。宋景诗走开州。八月,都兴阿自扬州遣总兵王万清援临淮,僧格林沁遣总兵陈国瑞将三千人援蒙城。国瑞骁锐自喜,至则频战破城北五圩,沛霖先为外壕自固,凭垒发炮,多所击伤。九月,国瑞乘雨越濠督战,死伤相积,卒不能入城。富明阿、李世忠各将所部由淮河两岸进。时蒙城守军五千,援军三倍之,诸圩民皆争背沛霖反正。十月,世忠平寿州东二十六圩,僧格林沁前军至蒙城,始合诸军攻其外壕。沛霖亲兵三千人相与谋曰:"吾侪本英王旧部也,苗逆诱杀吾王,后以威劫我,使为之用,是吾仇也,盍杀之,以复仇雪耻乎?"沛霖夜巡营,亲军二人自后刺之,斩其头送总兵王万清。万清秘之,诡以巡濠斫死上功,且殪二亲兵以灭口。(《清史稿·僧格林沁传》云:"沛霖昏夜越濠出窜,为其党刺杀。总兵王万清斩首以献。")沛霖死,其党瓦解。富明阿等遂入蒙城,旋收下蔡,悉捕诸苗及沛霖妻子。又擒捻首相盘、葛景元(西洋集)、葛小年、邹焕林、龚耀并诛之。程二老坎、李大个子、魏群儿等乞降。十一月,皖军宋庆挟苗景开收寿州,世忠部亦入寿州,争斗相杀。蒋凝学收颍上,毛有铭收正阳关。世忠还滁州,诸客军皆罢。训方循抚诸圩,收其兵械,奏移凤台治下蔡,于雉河集增立涡阳县城,将大有所治。而僧格林沁、富明阿先后劾其措置乖方,降官去。乔松林代为巡抚,淮甸无事,无所用湘军矣。

(五) 李世忠之遣归与舒保之战死

同治三年正月,李世忠移文总督,以所守六城,请派军接防,遣散水师,以炮船入官。其豫胜营宜罢,或调令随征,皆唯命。时僧格林沁奏请以世忠军攻江南,事下曾国藩。国藩奏言:"提督李世忠为众恶所归,咎有二端:一则心迹难测;一则专利扰民。臣于元年接统其军,犹虑其反复叵测,倒行逆施。厥后搜获寇中文书,言力攻二浦,始知李世忠实无通贼之事。及其身环甲胄,驰檄讨苗,若自知不为斯世所容,而借此以求表白者,寿州、下蔡其部将被执杀者三人。李世忠词气逊顺,无往年倔强之态,亦若自知祸谪将至,委婉以求苟全者。今既有助顺之功,诚不宜追究既往之事。至于调剿以资其力,臣愚窃以为不可。夫降将骄兵,力有余则必跋扈而不可制,力不足则徒坏法纪而反为我累,故借助于人者,行军之大忌也。淮上之往事,惟以官军见轻,而权势下移。今李世忠实弱于臣军,奈何欲倚之乎? 且僧格林沁尝调苗练矣,迄不应命,反激其变,非计之得也。臣当遵旨谕令李世忠遣散部众,交还城池,退出厘卡,停给饷盐,将其放还田里,保全末路,以宣朝廷之威德。”奏上而世忠已有此请。三月,世忠悉发已赀及余盐给其军三万余人,人各数万钱,多者数十万。又官欠饷盐五十万包,及修涡阳城助钱万万,修滁州学助钱五千万,滁州屯田牛种资本银七万,助总督军饷银二十五万九千。呈请回籍葬亲,有诏褒许,江北悉定。盖江、淮间自咸丰以来,地方有恶势力三,曰张捻,曰苗练,曰李营。自是皆肃清矣。捻自乐行死后,张总愚率余众西掠南阳、襄阳,大股与陈得才合扰楚豫边界,亦不复至淮南。僧格林沁自归德西追,南至随州应山,湖广总督官文出督军,会于京山,以护军统领舒保为前锋,遇捻德安西,搏战大破之,追奔入山谷间,骑步不续,捻回击之,力战死。舒保与多隆阿皆湖北名将,多隆阿坚毅,舒保纯实,湖北有事则驱之出,无事则夺其军,舒保未尝言功。每军所至,百姓焚香鸣爆竹迓之,惟恐其去。及其死,士民悲悼,诸军夺气,战事倚于僧军。而僧格林沁左右横恣,求见者先纳百金至四百金,视领军多少以为差。民有诉军淫掠者,僧格林沁蹙额曰:“若辈离家已久,且宜徙民避之!”湖北民大失望。三年九月,攻黄安、麻城至蕲水,大将石清吉阵亡,成大吉被困于蕲北,僧格林沁军麻城,官文出黄州,诏曾国藩援湖北,并征湘、淮名将刘连捷、刘铭传军。国藩奏言:“大帅三人,屯驻四百里内,恐群盗轻朝廷,请发军从官文,自驻安庆。”僧格林沁亦言湘、淮军皆不能战,奏止之。时陈得才由麻城趋罗田,与豫捻陈大喜、马融和合;赖文光由麻、黄趋黄安,与张总愚及亳捻任柱(太平天国封为鲁王)、牛洛红(太平封为荆王)、李允(太平封为卫王)合。飘忽震荡,官军不能御,而僧格林沁转战追逐,未尝与太平军合战,谓捻畏我,不足虑,至是捻与太平军合,其势顿异。及略广济还,再败马队将常星阿,僧格林沁狼狈走光山,寻走邓州。僧军之威名,扫地尽矣。

（六）僧格林沁之败死

僧格林沁与陈得才及捻党相持鄂、豫间，会湖北、安徽防战严，得才闻天京破后，欲往湖州、宁国谒幼主洪天贵不得，乃饮药自尽。豫捻陈大喜等亦消灭。于是太平军西北方面之势力顿失，惟遵王赖文光与捻合，则亦称之为捻矣。文光、总愚、任柱为三大首领，合攻南召、鲁山，西北走尉氏，入鄢陵。同治四年春，僧格林沁益锐意率轻骑追逐，既于光、黄、汝、邓之交，山谷沮洳，累中敌伏，丧其良将恒龄、舒通额、苏克文等，益愤，日夜逴一二百里，宿不入馆，衣不解带，席地寝，天未明，传爨毕，士皆橐糗粮，自手一鞭上马猋驰。同治四年二月，捻略中牟，侵黄河边。三月，捻入山东，突骑慓疾，数日，曹、单、定陶、菏泽、郓城、巨野锋火遍野。宋景诗率党二千趋堂邑，直边皆警。诏责僧格林沁纵贼北窜，命湖北巡抚吴昌寿率师赴豫，接替僧军，旋移河南巡抚。捻已至曲阜，南走滕、峄，复渡运东北走兰山，南走郯城，趋赣榆、青口，势将南下。清廷忧里下河，诏曾国藩、李鸿章备淮、扬防。四月，捻还走山东，自曹州北至濮、范，东至巨野、嘉祥，西至东明、定陶，蔓延数百里，河北大震。当是时，河南、安徽、山东诸省，既久罹捻祸，居人筑寨自卫，捻至无所掠，则大呼圩民输钱米，违且攻寨，民亦略输之，冀免祸。僧格林沁度捻粮匮，追愈疾，凡捻所至，数日而僧军至，或一日再接战，辄有斩杀，然莫能大创之。清廷怜其劳，谕令择平原休养士马，且诫其勿轻临敌。曾国藩亦言贤王不可久劳，宜假休息养锐气。而僧性忠勇，期旦夕灭捻，昼夜穷蹑。清军与捻均重趼羸饿，势且俱踣。捻扬言少宽即就抚，僧格林沁遣陈国瑞与约降。及张总愚遣使至，语未及半，促使斩之，遂复决裂。僧格林沁蹑至曹州，捻佯败，自汶上渡河，走郓城西北水套，聚马步十数万以待。僧督陈国瑞、郭宝昌、何建鳌等军三路合击于曹北高庄，败退入空堡。捻围之数重，且欲掘长围困之。清军粮草俱乏，部众多怨叛。逮夜，汹汹欲溃，诸将启僧格林沁突围出，不许，固请，许之。僧格林沁部分诸将，自与成保马队俱，使降者桂三率数百骑为先锋。僧格林沁饮酒醉上马，马踶逸不肯行，乃易以他马。时二鼓，天星昏黑，桂三有异志，既出堡，即反走突冲僧军，捻乘之。国瑞所领步队四千，复溃殆尽，国瑞仅以身免。余军与捻不相辨，长驱并驾于昏黑中，迟明见道旁小圩,遂收队入。建鳌、全顺阵亡,不知僧王所在。俄有捻首戴三眼花翎红顶扬扬过圩去,僧军望见哭曰:"吾王死矣!"急迹至麦塍中,见已遇害,身受八创,旁一僮同死。乃骑载其尸,告有司殓之,时四月二十四日也。《湘军志》云:"僧格林沁亲攻捻屯,军士疲怨,以王用法严,益惧且恨。捻拒战,诸军溃退,中军被围保荒庄。至夜,无所得食,僧率百余骑溃围,捻依林外设伏待之。短兵接,马被矛伤,惊逸,僧格林沁堕,被八创,死之。"事闻,清廷震悼,辍朝三日,京师惊疑,以为捻且北犯。急召曾国藩入卫,山东、河南巡抚,皆以是获严谴。僧格林沁蒙古科尔沁旗人,族父尚仁宗女,公主无出,宣宗见僧仪表非常,立为嗣,袭封郡王。太平军北伐,始佐惠亲王绵愉办京师团防,命率京兵出击,以获林凤祥、李开芳功,晋亲王。自此威名震于海内,清廷倚为长城。相传其孔武多力,一贩夫能负石狮反转,僧以两指捏钱数十文,令贩夫以鞫贯而负之,不得拔,及僧笑以钱与之,则十九成齑粉矣。所部骑兵最号劲旅,骁将舒通额、恒龄、苏克金均先殁。其将勇营者,陈国瑞、郭宝昌最有名。宝昌以不能救护主将,革职遣戍,国瑞以受伤免。曾国藩疏请陈、郭分统两翼,国瑞不应幸免,暂留处州镇,戴罪立功。国瑞湖北应城人,幼为太平军所虏,既降,为总兵黄开榜义子。隶袁甲三部下,慓悍不训,动辄犯法。吴棠总督漕运,索将于临淮,甲三以国瑞与之。始将七百人,渐增募至二三千人,僧王奉命剿捻,始隶麾下。僧王死,养病淮安,欲杀义子振邦,振邦走匿漕署,国瑞率兵索之,以头触门,仆于地。吴棠派人舁置古庙中看管,劾其病癫,褫职,押送回籍。既而醇王疏荐复起,颇染鸦片烟瘾,又好色,锐气已大不如前,而性情骄暴如故。倚恃邸眷,陵侮诸将,惟受曾国藩约束。既罢职居扬州,与李世忠过从游谯。世忠阳与为欢,而阴憾其尝截留饷盐,并诬杀其部将之攻下蔡圩者。乃率人擒之,解往南京,听国藩处置。国藩衡情剖断,世忠以擅执大员褫职,国瑞累次滋事,以都司降补,均交地方官严行管束。后复以主使詹启伦杀人案,发往黑龙江充当苦差。盖国瑞与世忠皆咸、同间一类之武夫也。苗沛霖则与宋景诗等耳,景诗纵横河北三省,及捻平,始变姓名曰许连升,逃亡至亳,为总兵牛师韩所擒,解赴京师磔之。

四十八　曾国藩之剿捻

（一）曾国藩、李鸿章平捻之方略

国藩本以忧惧治军，自幸平洪杨，克江宁，如初起兵时所望，力言湘军暮气不可复用，主用淮军。淮军旧部原在乡里团练，素为捻党所畏。国藩属鸿章暂留淮勇，以备中原剿捻。于是淮军仅裁老弱数千，其各营劲旅，尚存五万余人。清廷虽未有北征之命，而平捻之任，国藩、鸿章皆已豫及之矣。同治四年三月，捻由山东窜入赣榆、青口，岌岌有南下之势，鸿章准漕运总督吴棠及国藩咨调派总兵张树栅，遇缺题奏臬司张树声驰赴清江。提督刘铭传、周盛波由六安至徐、宿防剿。捻由邳、峄别股由沛回屯曹州，翌月，而僧格林沁败死。清廷命国藩为钦差大臣，着即领各军星夜出省督剿。鸿章署两江总督，理后方饷糈。且促国藩销假入觐，募旧部随同剿贼。五月，国藩奏言：

> 僧格林沁以督师重臣，猝尔捐躯，震远近之人心，长逆贼之凶焰，朝廷责臣讨贼至切且速。即山东官民，亦望臣星速北上。臣踌躇再四，有万难迅速者数端，请为我皇上缕晰陈之：查臣部金陵未撤之兵，仅存十六营，人人思归，此次闻有山东之行，皆不愿北征，劝谕三日，始定议：裁撤者十二营，北征者仅四营。又新勇两营，合三千人，作为随臣左右之亲兵。此外刘松山宁国一军，相距较近，见已飞檄往调，等候刘松山前来，如其部卒不愿北征，臣亦不复相强。当酌带楚军将弁，另募徐州勇丁，仿臣处之营制而约束之，存楚师之规模，开徐、兖之风气。李鸿章所部淮勇，已稍习于北方矣，然尚专食稻米，不惯麦面。若徐、兖间另出劲旅，则北路数省，到处相宜。臣鉴于金口兵叛之祸，不敢强楚勇以远征，见仅刘铭传、周盛波两军归臣调遣。淮军虽称劲旅，人数尚少，不敷分拨，不得已为此迂缓之谋，添谋徐方之士，约须三四个月，乃能训练成军。此其不能迅速者一也。捻匪积年掳掠，战马极多，此次蒙古马队溃散，恐亦为贼所得。见闻贼马多至

万余匹,驰骤平原,其锋甚锐。臣拟在徐州添练马队,派员前赴古北口一带,采买战马千匹,约计往返程途,至速亦须三月,加以训练,非再经两月,断难集事。若竟不佐以马队,而强驱步兵以当骑贼,虽有贲育之勇,亦将不战自靡。此其不能迅速者二也。扼贼北犯,惟黄河天险,最为可恃。防河之策,自为目前第一要义。臣上次折内即拟由河南、山东抚臣,另造三板战船,见在事机尤紧,直隶、齐、豫三省均须迅速造船,分列河间,以壮声势。吴棠所奏江南之船,于黄河水性不合,与臣前奏相符。所以斟酌船式,采办木料,招募水勇,应由该三省督抚悉心筹画,因地制宜。惟炮位一宗,北省较少,金陵存留尚多,臣拟拨炮三百尊,分济三省,派船解至济宁州,由该三省派船前来迎提。黄河水师办成,畿辅可永无捻匪之患。其事虽缓,其利甚大,然非有四五月工夫,难期就绪。此其不能迅速者三也。至刘铭传一军,不宜遽入直隶,宜剿贼于黄河以南……不特目下不宜渡黄,即将来事势稍定,亦不宜令河南之兵,兼顾河北。查河北仅有直隶一省,近年捻患尚少。河南有齐、豫、苏、皖四省,近年捻患极多。据臣愚见:直隶宜另筹防御之兵,但令分守河岸;齐、豫、苏、皖四省宜另筹追剿之师,不使驰援河北。盖楚勇、淮勇向系每日仅行四十里,黄河水少,万人渡河,动逾旬日,若令时而北渡,时而南渡,我则疲于奔命,贼则相去已远,殊为非策。此因行军不能迅速,遂不能兼顾直隶者其一端也。僧格林沁之忠勇绝伦,妇孺皆知,其统兵追贼,日行七八十里或百余里不等,行走太速,势不能自带米粮,埋锅造饭,行文州县,令其供支面饭,将士争先落后,饥饱不均,有连日不得一餐者。其队伍难整在此,其行军迅速亦在此。臣处行兵之例:每日扎营支帐,埋锅造饭,不向州县索米供应。略师古法,日行仅四十里,少或二三十里。李鸿章之淮勇,亦仿楚师之法,其步步稳妥在此,其行军迟钝亦在此。僧格林沁剿办此贼,一年以来,周历湖北、安徽、河南、江苏、山东五省,若他人接办此贼,断不能兼顾五省,不特不能至湖北,即齐、豫、苏、皖四省,亦不能处处兼顾。如以徐州为老营,则山东只能办兖、沂、曹、济四府州,而济、东、泰、临以北,力不逮矣。河南只能办归、陈两府,而开、许、南、汝以西，力不逮矣。江苏只能办淮、徐、海三府州，安徽只能办卢、凤、颍、泗四府州，余皆力不逮矣。此四省十三府州者，纵横千里，从古四战之场，历年捻匪出没之区，若以此责成督办之臣，而以其余责成四省之巡抚，则汛地各有专属，庶军务渐有归宿。此贼已成流寇，飘忽靡常，宜各练有定之兵，乃足制无定之贼。此因行军不能迅速，遂不能遍顾各省者，又其一端也。方今贤帅新殒，剧寇甚张，山东之望援，急于星火，而臣策战事，乃在半年以后；北路之最重，莫如畿辅，而臣策直隶，乃须另筹防兵。此皆骇人听闻之言，殆不免于物议纷腾，交章责备，然臣筹思累日，非专力于捻匪最熟之十三府州，不足以弭流寇之祸。

清廷谕曰："曾国藩统筹全局，不亟亟争旦夕之效，大臣谋国，算无遗策，自应如是。惟贼势方炽，近复抢渡运河，扰及兖境，若径由张秋一带渡河而北，畿辅不免震惊，直东军情日紧，南望实切殷忧。曾国藩仍当酌带亲兵，迅速起程，并饬刘铭传军由鱼台、滕县星速前进，力固北路之防。"鸿章以畿辅人心惶恐，宜先安定，乃奏遣潘鼎新军由海道至天津。并疏言："今欲图捻之策，非令直、东、豫、皖各省居民坚壁清野；非令官督民团，去邪扶正，认真办理，则贼得就地掳食掳人，增党为害，竟无底止。非令各省整练步队劲旅，扼要扎营，伺近邀击，则贼得任意往来，征调徒增疲乏，无裨实用；非令各将帅多练马队，则无力兜追，剿办殊难痛快。明末流寇、嘉庆教匪，正与捻逆相似，办法亦须参仿。请不责近效，而求远略，不骛虚谈，而求实济，庶缓急可恃，而残寇可渐灭矣。"盖前此清军之剿捻，惟事追蹑，劳而无功；间讲防堵，则弥缝一时。故无论为攻为守，非苟且姑息以养敌锋；即躁进无谋，以钝兵力，未尝能作全盘打算，立一定之方略也。因之劳师十五年而无所成，自国藩受事以后，始统筹全局，不亟亟旦夕之效，鸿章承赞斯策，遂定中原。明末孙传庭尝言："剿流寇当困之于必困之途，取之于垂死之日，如但一彼一此，争胜负于矢石之间，即胜亦无关于荡平。"后国藩画长围圈制之策，定四镇迎击之法，鸿章陈逼之不流、会师合剿之计，即所谓："蹙之于山深水复之处，弃地以诱其入，然后合各省之兵力,三四面围困之。”正师传庭之遗意也。

(二) 四镇扼击之策与湖团之由来

自僧格林沁败殁,张总愚、任柱、牛老毛、赖文光等方屯聚濮、范、郓、巨一带,蔓延开、东、长境内,清廷虑其渡河北犯,亟亟以调集援兵为事。比淮军至天津,而总愚等已休息南还。自城武趋永城、宿州,攻涡阳新治。围布政使英翰、皖军史念祖营。涡阳者,故雉河集,张乐行旧屯也,总愚谋复集淮北,故攻之。英翰轻骑出走,大征诸军,留念祖死守待援。国藩调黄翼升水师赴临淮;刘铭传、周盛波及河南将张曜(嵩武军)、宋庆(毅军)、安徽将张得胜(原袁甲三部)等赴援。时山东无事,侍卫克兴阿等率马队四百护僧王柩北行,所过士女焚香哭送者数十万人。自山东达京师,络绎千里,各处建祠私祭,遇忌日设斋醮如祀其祖祢焉。闰五月,国藩出屯临淮,始委员搜查圩寨,造良民、莠民册,择良者给执照为圩长,其枭黠不法者,悉按诛之,蒙、亳奸宄始知畏法,驯懦者亦得重见天日矣。六月,铭传、盛波进攻龙山、石弓山、张庄、王圩,大破捻党,张曜、宋庆攻破陈家团,进兵余楼,张得胜克高炉集,环逼雉河,念祖自围中冲击,捻粮罄溃奔,雉河解围。国藩以捻已成流寇,若匪流而兵亦与之俱流,则匪之资粮无限,而我之兵力有穷。乃定议以四省十三府州之地,设四镇重兵:

一、安徽	临淮关	湘军刘松山部驻防
二、江苏	徐州府	淮军张树声部驻防
三、河南	周家口	淮军刘铭传部驻防(兵力最厚,旋改游击) 淮军张树栅部驻防
四、山东	济宁州	淮军潘鼎新部驻防

四镇多储粮草子药,一省有急,三省往援,其援军之粮药,即取给所援之地。设转运局于清江,转输江、淮之饷以赡各军。另以鸿章弟昭庆训练马队一支为游击之师,并饬河南军屯巩、洛,湖北军屯随、枣。从前各军剿捻皆以追截为能事,自四镇之设,变尾追之局,为拦头之师,以有定之兵,

制无定之寇,自是办捻之局,始渐有纲纪矣。涡阳解围后,赖文光、李允走归德、陈州,张总愚走睢州,张曜等军自鹿邑、柘城蹑击败之,乃西趋汝、洛。刘长佑遣炮船西巡河壖,黄河之有水师自此始。七月,张总愚由南召、鲁山趋紫荆关,以窥湖北;赖文光等西走舞阳,将与总愚会合南下。八月,国藩移住徐州。张总愚等东走邓州,复西北走镇平。张曜迎击于黑龙集,大败之,遂走唐县。赖文光、任柱等走沈丘,刘铭传要击之,乃走项城越周家口,渡沙河而北,道西华入太康,铭传蹑之,至睢州,复大败之,乃回窜考城、曹县,盘踞定陶,窥青石关。青石关者,登、莱、青三郡要衢也,国藩恐其出青石关扰及鲁东,飞饬潘鼎新军扼守运河,调周盛波驻归德,张树珊驰援山东。九月,又增调新由闽回之淮军杨鼎勋部,由镇江赴宿迁,遮蔽清、淮。时张总愚围新野不克,遂犯南阳,豫防军不能战,清廷以总愚游弋宛境,虑阑入秦、晋,令李鸿章驰赴河、洛,顾山、陕门户。国藩念捻大股布菏泽、曹、定间,分掠铜山、济宁,势将渡运而东,四镇布置既定,兵势亦不能骤分。因言:"捻势东趋,河、洛现无可办之贼,臣所部楚师,除留刘松山剿捻外,余拟全撤。今所依以办贼者,如刘铭传、潘鼎新、张树栅、周盛波,皆淮军最劲之兵,所驻皆三省最要之地,李鸿章岂能撤臣布置已定之兵挟以西行?"鸿章亦洞陈利害,以为后路重要,兵难遽分,遂罢议。赖文光、任柱为淮军所败,悉南窜徐州,分布丰、沛、铜山境内,盘踞湖团。湖团者,咸丰四五年间,山东、曹州一带,黄河泛滥,难民唐守忠等迁徙铜、沛境内,占微山湖滩,因而结团者也。湖滩无主地,又膏腴,于是难民愈聚愈众,占地至百余里,聚众至万余人。当时在事官吏,不能驱逐回籍,暂与抚绥,因就东民占地,设局丈量,定为科则,使之纳粮充饷,耕种丰稔,渐臻富强。嗣铜、沛居民窥其利也,争之,在难民则以为全系湖荒,在铜、沛居民则以为霸占,遂致主客相仇。团民结捻自助,仇杀无已。又以风俗各殊,团民与徐民鸿沟相持,其地荒僻蛮悍,鲁莠民恒以是为逋逃薮。数十年来徐州一带匪氛不靖,说者颇以是为解。然唐守忠父子实以拒寇殉难,其始又不同也。故国藩驻徐州,极意调解,深恐良莠不分,玉石同烬,一度驱逐,旋复渐集。直至民国以后,团民受教育,始渐与徐人有交际之事,不至越境妄杀矣。

(三)徐、豫、楚之扰攘与运防

赖文光、任柱等既踞湖团,国藩命张树栅回军追剿,并令潘鼎新军越境夹击。树栅败捻于丰、鱼交界之谷亭。李昭庆带忠朴营会击之,捻又败于柳新庄、张谷山,遂逼入湖,西窜萧、砀,欲回蒙、亳,为清军所阻,又折丰县,遍布城南十余里,号称十万。潘鼎新以六营人由济宁驰至,大败之于陈家庄,捻窜鱼台。又与济宁留防军夹攻,追败之于丰北。赖文光、任柱遂西入豫,欲与张总愚合。同治四年十月,总愚犯枣阳、新野,为鄂军江长贵、姜玉顺所败,自裕州折走鲁山,窥嵩、洛,复折而东。闻任、赖被创西来,急引军由西华扶沟迎援。而赖文光、任柱于十一月围宁陵,周盛波自归德来攻,设伏黄河集,掩击败之。因趋扶沟,与总愚会合围攻。刘铭传驰抵宏济桥,遇捻前锋,追及城西,捻大队合围,裹中军尤密。铭传令军士皆结阵自固,枪不及不发,发必应枪而倒,击杀甚多。又以大炮轰击,捻骇而奔。当三年冬捻之由鄂东窜也,从未受大惩创,自四镇设而汛防有定,捻之流走者,处处投触网罗,遂不能逞其故智。加以淮军之严整,火器之精锐,捻已无可抵御。而国藩募马队,将率以游击,总愚等侦知之,遂聚襄、叶、舞阳,合谋窜湖北。时清廷诏以徐州偏东,催曾国藩赴周家口督师,国藩调张树栅进驻周家口,改刘铭传军与李昭庆军并为游击之师,令昭庆赴豫。罢遣吉林马军,盖僧格林沁旧部多吉、黑、蒙古骑兵,颇多扰民也。国藩以湖团奸民通捻,沛民与构难,相争杀,有一日不共戴天之势,正谋妥为处理,因下令驱逐团民回籍。或谓寇氛方炽,激之且尽变为捻,国藩遣刘松山引兵屯团中,团民皆携农器回山东,拨银五万,令原籍牧令抚恤之,徐境以安。乃设同知治其地。至同治五年正月,始进驻周家口。而去冬赖文光、牛洛红由豫向黄陂、孝感,张总愚向襄阳,已两路入鄂矣。湖北将成大吉屯麻城东南,部卒饷乏,烧营哗变,北应群捻,大吉逃而免。捻遂入黄安、孝、黄一带,屯踞五百余里。武昌戒严。国藩令铭传赴援。总愚众分掠新野、南阳,豫军宋庆部击却之,亦追入鄂。是月,湖北提督梁洪胜攻赖文光、任柱于黄冈之卫埠,战败死。诏曾国荃为湖北巡抚。曾国荃自克金陵,散武归农,养病湘乡,前已起为山西巡抚,未行,朝廷以鄂事棘,促募旧部赴镇。二月,刘铭传由光固、麻城绕前兜击,捻复分股北返,总愚犯正阳，与铭传及宋庆军鏖战南阳、新野间；文光柱等则由光州、阜阳回豫，三月，围扶沟，至朱仙镇。旋与总愚为国藩马队所追，俱回据山东郓城水套。旋扑运河，为守军所败，复窜河南。国藩移驻济宁，增调李昭庆、刘秉璋、杨鼎勋备游击。又以闽、粤太平军消灭，调鲍超万二千人北行，合之湘、淮诸军，所部逾八万矣。国荃汰湖北冗军，增湘军六千，以记名布政使彭毓橘、提督刘松山为大将统之。时捻骑数万，东奔西突，相去动三千里，官军常不之及。时山东、河南士民，习见僧格林沁战者，皆怪国藩以督师大臣，安居徐州，谤议盈路。国藩移济宁，四月奏言："徐州居四镇之中，东北则畿辅为天下根本。东南则江苏为臣军根本，东路既重，不得不借运河衣带之水，为流寇阻截之界。惟河浅汛长，千有余里，拟与直隶、山东增堤置栅，画地分防。"乃约阎敬铭同巡运河，刘长佑自张秋来会，定议自范县豆腐店以下并张秋东河隶山东防；豆腐店以上至东明长垣，隶直隶防。又于运河筑墙浚壕，北起安山、戴庙至沈家口，南讫八闸、宿迁至窑湾、成子河，分段设戍。是为守河防运之始。铭传、昭庆、盛波、鼎新等由豫、鲁分头截击，文光一股由苏之丰、砀延扰铜山、邳州、宿迁、睢宁，将逼伺清江。江苏臬司刘秉璋驻军宿迁，总兵杨鼎勋驻军台庄、韩庄，会同淮阳水师，力扼运河。国藩恐力单，飞调总兵刘士奇由东坝北援。捻扑泗州，旋由宿州窜永城东胡庄寨。而铭传败总愚一股于曹州境，复追蹑至丰县。国藩令西北、东南两方夹击，连败之于丰、沛、铜西。捻复窜扑运河，秉璋败之洋河集，遂以五月回窜徐州，刘松山军又败之。复东窜，旋回荆山桥。文光等复由永城败入萧、铜，将与总愚会合。铭军方驻徐州，铭传已赴济宁谒国藩，其部将唐殿魁等亟击捻于荆山桥，总愚由丰砀走虞城。文光为徐州驻军张诗日等及盛波追师所击，由宿州入怀远，渡涡河而南。捻两次图渡运河，迄未得逞，国藩守河防运之策，已大见功效，而捻又分向豫、皖矣。

（四）防军之更替与扼守沙河、贾鲁河之策

同治五年五月，国藩檄潘鼎新、周盛波两军为一路，刘松山、张诗日两军为一路，专剿张总愚一股。刘秉璋会同杨鼎勋为一路，专剿任柱、赖文光一股。刘铭传军驻徐州，李昭庆军防韩庄、济宁，替出刘秉璋、潘鼎新、

杨鼎勋三军为游兵,各军既替换有期,攻剿有定,劳逸相当,军事渐有起色矣。荆山桥之役,捻被大创,牛洛红一股,已不能与张总愚合并,周盛波大败之于永城。又追赖文光、任柱于怀远、凤台境内之平阿山。捻趋太和,刘秉璋、王永胜追之;总愚由虞城西去,潘鼎新、刘松山、张诗日追之,由宁陵、睢、陈,近周家口,牛洛红一股渡河复至。张树栅驻防周家口,迎击之,捻渡沙涡河,总愚自郾城,洛红自商水西窜,欲由信阳趋光固、六安。国藩以总愚等既渡沙河,任、赖亦渡淮河,并趋南路,因定议于沙河、贾鲁河设防扼守。周家口以下至槐店,扼沙河;调刘铭传、潘鼎新、张树栅三军守之。周家口以上至朱仙镇扼贾鲁河;由豫军守之。朱仙镇以北至汴梁省城,又北至黄河,挖濠守之,由李鹤章设防。槐店以下至正阳关,仍守沙河,以下即系淮河,由乔松年及水师皖军设防。层层布置,欲渐逼渐紧,逐捻于山多田少之处。刘秉璋、杨鼎勋、王永胜所统之淮军,刘松山、张诗日所统之湘军,分路游击,期一举而歼焉。论者谓自捻抢攘中原,皆驰逐于平旷之地,从前各军与之逐胜,以穷追为能事。然敌骑既多,且马匹粮食,皆掠于民,无所靳惜,奔窜尽马力,往往日夜行三四百里,马毙掠以易之。官军战马皆出采办,喂养有额,统帅请之于朝,营官领之于统帅,骑兵复领于营官,一兵只此一骑,以之为性命,战阵间兵惜马力,往往尾追不能及。前路复无防范,任其飘忽来往,是以捻虽屡败,终不能制其流窜,飘忽披猖,甚于明之流寇,与川、楚教匪。自坚壁清野、官督民团之议行,而捻势日穷;自扼河防守之策行,而捻踪日蹙。嗣是阻要隘,筑墙堡,一致功于河防,再致功于运防,卒以之合围殄灭,其机实由此启之。所谓大臣谋国,算无遗策;治事者必先有成竹在胸,始可逐步生效。以故国藩之布置,皆为后日平捻之基因。可见大帅之运谋,与鑿鍪积功者,固不可同日而语矣。而言者皆怪国藩安坐不驰逐,然回视胜保之招抚政策,僧格林沁之追击政策,一则养患,一则自蹶,足见朝野已无解兵之人,清室命运,不能不赖湘、淮军为之支撑也。

(五) 东、西二捻之分驰

同治五年六月,已调刘铭传等军防沙河,乃夏雨过多,水势盛涨,南阳、微山等湖,与运河连成一片,各路所修堤墙,自韩庄以下八闸,两岸较高,沙土质松,大雨之后,尽皆坍毁,自黄林庄以下百余里,两岸较低,堤身全被水淹。大水为数十年来所未有,积潦盈途,深过马腹,军中米粮子药,车载夫运,寸步难行,文报往来,亦多阻隔迟误。而秋稼被淹,民庐漂没,饥馑盈野,捻势因之益横。时任柱、赖文光一股,因为朱仙镇等处河水所阻,不能西渡,盘踞于太康、崔桥、杞县、五岔口等处,鼎新率师凫水进,大败之崔桥。文光等渡贾鲁河而西。诸军分理河防,添周盛波守沙河,军士复修溃堤,盛暑深淖,毫无怨色。刘松山、朱式云击捻于西华、上蔡,连败之。七月,捻踪至豫南,围南阳、尹寨,其势蔓延,所在饥民,裹胁日众。刘松山会宋庆夹击之,张总愚、牛洛红走郏县、禹州,而任柱、赖文光盘踞叶县、舞阳,以窥湖北。曾国荃出屯德安,檄鲍超自枣阳趣淅川、内乡防陕边,为西路;郭松林自随州出桐柏,屯唐河,防东路。国藩自济宁舟行道运河、微山湖入洪泽,浮淮、泗自临淮,患病,以雉河、亳州皆捻巢,迂道涡河,令章合才率亲军五百先导。国藩乘轻舸浮涡而上,至亳登陆,案淮南北民圩晓以顺逆,凡闭寨拒捻者,奏奖有差。八月,至陈州、周口驻营,上疏乞假。而捻众扰及长葛、洧川,图窜山东,以贾鲁河之堤防已固,计颇沮。于是张总愚、牛洛红、任柱、赖文光四股麕集于许、禹一带,窥汴梁防河堤墙新成,直冲而过,守军不能御,遂东趋曹州。盖国藩浚濠围限之策,河南巡抚迂之,未措意,故有此破防之事,时论者以长墙千数百里,功亏于一篑,颇咎李鹤年。铭传遥见火光渐迤西北,知豫军防地有警,即令马队截剿,至则捻已全股渡河矣。不旬日间,蔓延菏泽、曹县、郓城、巨野一带,乘虚疾走,欲渡运河。国藩急檄刘铭传、潘鼎新两军向曹、单追击,刘秉璋、杨鼎勋、张树栅三军回顾徐州,运河之防,仅东军及李昭庆分防,兵力甚单,而捻四股合并,飘急湍悍,于是运防河防同时皆警。国藩焦愤增疾,颇自陈衰状,请以李鸿章驻徐州,顾山东;曾国荃驻南阳,顾河南;自驻周家口扼其中,兼顾皖、豫。并请饬直隶、山东炮船巡黄河,屏蔽畿辅,旨皆报可。九月,铭、鼎两军追至郓北梁山,接战大胜。捻遂折回豫境。时捻犯巨野,东军王成谦、王正起却之。又猛攻运墙,三昼夜不克,既窥伺运河不得逞,乃图决黄河,断流徒涉,掘堤二十余丈,诸军急击之,捻大溃不得合。张总愚由中牟窜许、陕经灵宝、阌乡入秦,是为“西捻”。而赖文光、任柱复由豫回窜山东,是为“东捻”。前此张总愚、牛洛红常合为一股,任柱、赖文光常合为一股,两大股忽分忽合,自此遂分不复合。国藩督师年余,大小数十战,捻势实因此而衰。然厄守黄、运,长围圈制之策,不为世人所谅,国藩亦早已料及,因受命于败军之际,情势危急,义不容辞,遂强起就任,率淮军以赴前敌,其意欲虚席以待李鸿章之成功,盖已久矣。五年十一月,国藩既屡为言路所劾,念权位不可久处,益有忧谗畏讥之心,请开缺留营,诏俟病痊入觐,以李鸿章暂代督师。鸿章谦让,改命国藩回两江总督本任。国藩四上书恳辞,清廷温旨慰勉之。诏令李鸿章为钦差大臣,代国藩负剿捻之全责。

四十九　李鸿章之剿捻

(一) 李鸿章之受命与东捻之图鄂

鸿章接署钦差大臣,疏陈方略曰:“军情利钝之由,其枢纽不在贼之难办,而在粮饷军火之接济。剿捻全军,专恃两江之饷,若经理不得其人,全局或有震撼,朝廷须善为区处。至捻匪久成流寇,马步悬殊,我停一日,贼走已数百里,曾国藩有鉴于此,始设四镇,旋议厄守运河、沙河,使地势收窄,较易兜剿。惟贾鲁河、沙河地段太长,人力难齐,为今之计,自应用谋设间,徐图制贼。或蹙之于山深水复之处,弃地以诱其入,然后各省之军合力三四面围困之。或阴扼其饥疲裹胁之众,使其内乱残杀,否则投降免死,给资遣回,以解散其穷蹙致死之心。”疏入,清廷命鸿章专办剿匪事宜,促国藩回任。先是,捻首任柱、赖文光徘徊黑冈,掘荥泽坝二十余丈,冀引黄河灌汴梁,河南炮船会宋庆兵击走之,乃自中牟一昼夜行三百里,至曹县,夜扑袁口东南,突开河圩墙,皆阻东军不得过,遂由安山、戴庙扰长沟。刘铭传军追及曹州,潘鼎新军败之嘉祥,铭军又败之巨野,追抵金乡,文光等复窥淮、徐、运河。李鸿章调王永胜“开字营”进扎双沟,刘士奇“奇字营”进扎旧邳州。又添水师分扼运河上下,徐防益密。张树栅亦奉命与鼎、铭两军会合追击,驰逐金乡、鱼台、丰县间。鸿章密令逼捻入湖团,就势歼之,旋入复出,窜曹州定陶,铭、鼎、树三军疾驰夹攻,大败之。任柱、文光南走,树珊复追及曹县,生擒长发数百人,天将十余名,文光仅率数十骑遁去。盖自是文光所率之太平军旧部略尽矣。一月之中,交战凡二十次,无可喘息,遂逃窜入豫,为诸军紧蹑,由光固走信阳,曾国荃出屯德安之武胜关,遣军迎击,捻折走罗山回光固,安徽巡抚英翰截之,又向麻城、宋埠。掠黄冈之新州、仓子埠,国荃遣谭仁芳败之孝感。捻陷云梦、应城,突攻德安,遣郭松林破走之。应城、云梦皆复。又败之皂河。鸿章檄刘铭传、刘秉璋自周家口进固始、商城,与周盛波、张树栅分道入鄂,欲令会合鄂师,设法兜截,或趁地势以图聚歼。并调李昭庆、王永胜二军进汝宁、信阳,以备回窜夹击。任柱、文光见清军云集,由孝感一带进踞钟祥之臼口,旋趋德安。张树栅、周盛波由应城分向德安前进。树栅至新家闸,见捻屯杨家河东岸,遂率二百人过河穷追,文光见其有乘胜轻敌之意,分股抄其后路,回军冲击,树栅陷重围中,不得出,鏖战至夜,杀伤相当,亲兵伤亡殆尽,马立积尸中不能行,树栅下马力战而死。树栅安徽合肥人,咸丰三年,与兄树声练乡兵自卫,淮军之兴,自张氏始。捻附太平军扰皖北,独合肥西乡以团练筑堡差安。时出境从剿贼,已擢都司。同治元年,从李鸿章赴上海,与兄合统"树字营"。树栅治军精强,所向有功,以提督记名,任右江镇总兵。树声以谋胜,树栅以勇胜,同治四年,树声任徐海道,树栅遂专领其军。转战东、豫,所部在淮军中人数最少,然临敌勇敢,驭下有恩,能以少击众。鸿章尝戒以不可恃勇轻敌,乃卒以身殉。谥勇烈。树字营全军,拒敌未败,其弟树屏分领之,回驻周家口。时郭松林率新募湘军,败捻于德安、皂河、杨泽,追至臼口,深入中伏。捻生得之,以伤足委于道,逢旧部俘者,负逃以免,以创重假归,其弟芳钫战死。独沈鸿宾五营苦守获全,捻势复张。及刘铭传军至,会周盛波、刘秉璋二军进击,败之下沙港。捻又欲回窜河南矣。

(二) 尹隆河之役

同治六年正月,任柱、赖文光自下沙港之败,欲循襄河上犯,为清军抄击,乃折回安陆府京山属之尹隆河。铭传由宜城驰抵下洋港,鲍超霆军由樊城进至臼口,铭传与函约次日辰刻分道前进,东西夹击。十五日,铭军先至尹隆河,望见捻扎对岸,遂留五营护辎重于后,率十五营过河前进。捻乘势来薄,忽不战退。铭军追至五六里,柱等以骑兵蹑其后,铭军不知虚实,亟分军回顾辎重,尚未得渡,捻悉众回扑。铭传分三路迎敌:刘盛藻居左,唐殿魁居右,铭传自督中军。任柱攻左军,牛洛红攻右军,赖文光攻中军,鏖战良久,盛藻先不支,铭传令副将李锡增往援,左军已退过河。锡增深入敌中,中枪死。任柱并攻中军,铭传且战且退。右军被围,唐殿魁及营官田履安、吴维章皆死之,军士殁者六百余人。铭传过河,会霆军大至,隔河而阵,捻骑如潮涌,鲍超以劈山炮还击,马多踣,相持至黄昏,捻渐不支,超麾众压之,捻披靡,马步自相蹂,死者万人。超乘胜渡河,追逐十余里。铭传亦回军猛攻,尽夺所失骡马。捻由臼口北逸,超追杀五昼夜,俘斩甚众。铭传咎超失期,并自请参处。事闻,清廷以铭传进退失机,其误由于鲍超未照约会分路进剿,二人均不得辞咎。姑念铭传果敢有素,鲍超屡获大胜,过不掩功,免其议处,惟道员刘盛藻督队不力,拔去花翎。或曰:是役也,鲍超约铭传与庚午日辰刻进军夹击。铭传召诸将谋曰:"度我军之力,可以破贼,若会合霆军而获捷,霆军必居首功,人且谓我因人成事。不如先一时出师,俟剪此寇使彼来观,亦当服我铭军之能战也。"乃于卯刻秣马蓐食,由下洋港逼尹隆河。刘盛藻先遇贼骑,不能支,败退渡河。任、赖合攻中军甚急,惟右军击退牛洛红,来援中军,中军亦败退矣。群贼萃于右军,殿魁等力战死之。铭军崩溃,适霆军以辰刻践期而至,势如风雨,张两翼以蹴敌,酣战良久,呼声震十余里,大败贼众。生擒老贼八千有奇,杀贼万余,夺获骡马五千余匹,救援铭传等于重围之中,夺还铭军所失洋枪四百杆,号衣数千件,一切辎重军械及铭传之红顶花翎,俱于次日送还刘营。超晤铭传,强自抑,无几微德色。铭传内惭,不可以言,虑为霆军所笑,谋之主文案者,具报霆军约黎明,未能应时会师,铭军孤进,初获小胜,忽后路惊传有贼,队伍稍动,不知实霆军也。我军抽五营过河,还保辎重,贼瞰暇来扑,以致大败。我军奋与相持,会合霆军迎击,遂获全胜。鸿章右铭传,据以入告。盖归咎他营,归功本营,固咸、同间用兵以来数十年之积习,不独铭军为然。超为湘军名将,与淮军新贵比肩为总统,意稍轻之，刘谓超勇而无谋，顾威名出己上，尤邑邑不怡。湘、淮军虽同一源，而藩篱已早分矣。军机大臣汪元方于将之贤否，事之曲直，不能体察，亟言鲍超虚张战功，言尽不雠，以愆期贻误，又惊动铭军，若科以失机与掩饰之罪，鲍超可斩也。同列均以为疑，乃拟严旨责之。时超方追捻于直河，于丰乐河，于襄河边，杀敌甚多，解散胁从及拔出难民数万，縶任柱、赖文光、李允之妻，追至枣阳、唐县界。自念破强敌，救铭军出险，功高，冀获褒奖，忽奉严饬，方悟铭军之归咎，而鸿章、元方之颠倒黑白也。又以曾国荃奏报误谓铭军所剿者为任柱，霆军所剿者为赖文光，是时任强赖弱，故霆军胜而铭军败。其言与超奏颇牴牾，超愤郁成疾，遂请罢归调理。曾国藩驰书慰解，檄召总兵娄云庆接统霆军。朝旨五六慰勉，并令俟病愈复留剿东捻，暂缓入关。曾国荃、李鸿章亦奏称其功高，函牍相继劝其力疾援鄂。超称病笃，所部三十营分别留散，自此无霆军焉。（薛福成《书霆军铭军尹隆河之役》云："浙江提督鲍超总统霆军二十二营，合万六千人，直隶提督刘铭传总统铭军二十营，合万人。……曾公乃为奏请解浙江提督，随撤霆军十八营，留四营改为'霆峻军'，随同淮军剿贼。曾公稔知鲍公与淮将不能相下，若不令归休，恐遂一病不起。鲍公既归，则霆军未必能得力，傥竟檄令西征，则金口之变，前鉴不远。环顾大局，兼权统筹，不能不如是措注也。鲍公养疴家居，十年不出。铭军虽败，恤死抚伤，简率补伍，峙粮谷械，休养半年而后用之。盖古之将帅，必倚所习用之军以集事，不自今日始矣。然余遇铭军将士及随从刘公之幕友，皆云：尹隆河之战，一败涂地，总统营官与幕僚等俱脱冠服坐地待死。霆军拯救之功，实不可忘。议者于是叹刘公始终不肯让人，其气盛不挠，固不可及，而以怨报德为已甚也。"）

（三）西捻之入陕与东捻之扰鄂

先是张总愚等自五年九月走许州，至襄城，鲍超自裕州迎击，捻已走汝、陕。超至鲁山，捻由宜阳、永宁，乘夜狂奔，超自汝、洛紧蹑之，捻道阌乡、太裕口绕潼关入陕西商州，犯华阴。十月自华阴走朝邑，窥渡黄河，陈湜水师却之。适泾州勇溃，甘回又犯宁州，陕西大扰。巡抚刘蓉飞书乞援。鲍超奔驰千里,未及战,回军南阳。刘廷璋、杨鼎勋已至陕州,回军新郑。清廷以陕西危急,促鲍超入关。捻至华阴,陕军大挫,大股趋灞桥,西安戒严。鲍超及淮军诸将皆不乐西征,惟刘松山之老湘营方剿捻南阳、新野间,国藩急檄之援陕。松山投袂即行,毅然自任,其后削平秦陇,讨定西域,所成大矣!十二月,总愚自临潼走新丰,陕军阻于雪,捻径犯西安。诸军蹑之灞桥,捻突以马队包抄,三十余营皆溃,湘军将萧德扬战死,遂围省城。时刘蓉已罢巡抚,乔松年代之,飞章告急。清廷命李鸿章率霆军往,鲍超不赴,鸿章亦以秦地瘠苦,有刘松山一军追蹑,已不致令其蔓延,而豫中四达之区,非先肃清东捻不可。同治六年正月因改调左宗棠补陕甘总督,督军讨西捻。适湖广总督官文坐事罢,其钦差大臣关防,存于武昌,宗棠自福建道汉口,因以授之。初宗棠佐骆秉章幕,以樊燮落职被控,下官文鞫讯,簿责甚急。至是九年,而取代其位,世尤叹为殊遇云。授李鸿章湖广总督,李瀚章调补江苏巡抚,鸿章未到任前,着瀚章署理。松山至陕,击捻于西安雨花寨,编修张锡嵘率百余骑遇伏死之。二月,松山大破总愚众,捻西走陕中,事详下节。时东捻自入鄂后裹胁益众,往来飘忽不常,各军跟追,未得扼制,是以其势愈炽。初由京山、安陆图渡襄河,欲循商、洛入秦,继思假道襄、樊入秦,与总愚、西捻会合。淮军、霆军扼之不得过,故于尹隆河一战后,更道由安陆扰桐柏、信阳,东犯罗山、光山。刘秉璋、周盛波进军京山,李昭庆、王永胜、董凤高由光、商进兵,杨鼎勋由周口店驰往光州,各军渐逼,遂折返麻城,鄂、皖之境复骚动。再由广济、黄梅窜近皖边,秉璋、盛波由英山驰至太湖,邀击之,捻西走蕲水。湖北湘军将彭毓橘方平江宁有大功,闻捻至,自黄州进击,轻骑觇敌,裨将提督罗朝云、邓泰福、王仕益、陈致祥,总兵彭光友、罗兴祥皆从。或有谏毓橘宜持重,不听,至麒麟凹(《淮军平捻记》谓在六神港,《湘军志》谓在溪潭,兹从《清史稿》本传及《国朝先正事略》),捻大至,遂前搏战,捻抄攻之。大军初不知其遇捻,又营官半出,无继,陷重围中,与别将道员葛承霖均战死。湘军以久胜之余,轻于犯险,致为敌乘,时论惜之。曾国荃部下大将,惟毓橘与郭松林,松林从鸿章赴上海后,已列淮军系统,自上年臼口之败,假归尚未复起。及毓橘死,新军尽潜。国荃初奏言宜引捻入腹地,蹴而歼之,其言不售，郁郁复病。三月，刘松山攻西捻于鄜，破之。左宗棠以湖北事亟，留屯德安，请缓赴陕，诏俟援鄂军至，仍即入关。东捻任柱、赖文光复屯臼口、尹隆河。四月，东北出应山，达信阳，刘铭传正休屯信阳整军，周盛波自北攻之，捻返走，总兵刘启福见一骑被黄鞍，越涧追之，捻步从者矛中启福额，负创，驰逐益急，逾山七重，中枪死。俘者言：黄鞍者，遵王赖文光也。捻南走孝感，刘秉璋、杨鼎勋连战不利，刘铭传复出黄安、黄陂，败之紫屏。捻还走安陆，游弋于云梦、应城、臼口、天门间。值天旱，河水尽涸，官军惫甚，捻亦饥疲，故霆军将宋国永遇于随州西，袭破其馆，斩馘数百。捻北走枣阳、新野，由南阳至邓州，苦乏食，破民寨捆载新麦，铭传追败之。五月一日犯唐县，周盛波等又败之，捻折而北，过许州西北窜洧川、尉氏、中牟一带，为潘鼎新邀击，复由朱仙镇略及陈留、兰封、考城。初八日又入山东曹州境，日夜驰数百里，势如飙发，遂犯定陶、武城、巨野。时淮军全师赴湖北，及捻北走，各军皆落后，惟铭军尚能跟追至郑州、开封。数月以来，无日不追奔逐北，军士冒暑力驰，亦疲不可用矣。

（四）运河之防溃与蹙捻胶莱之计划

初曾国藩之督师也，因湘、淮军素鲜骑队，不能制敌冲突，乃议于东省之运河东岸，豫省之贾鲁河、沙河西岸，沿堤兴筑长墙以圈制之。豫省长墙，已于五年八月间为捻所冲破，而运堤则屹然仍存。捻屡攻未破，山东赖以完固。其分汛则济宁以北，省防军守之，台庄以南，湘、淮各军守之。其济宁、台庄之间，则以湘军水师、淮军陆师补其阙。鸿章接任督师，遵守不改。东捻南走鄂中，距运防已远，戍卒多懈。山东军所守，自黄河以南，申家口、戴庙至济宁、石佛寺、赵村，不及二百里，会天旱水涸，人马可行。同治六年五月十二日，任柱以郓城梁山寨有土匪勾引，装旗起事，即于是日由梁山直犯戴庙，东师不守。捻冲过运河，毁长墙，烧东军统领王心安等营，收其军实。杀东阿知县周毓南，进犯泰安。时刘铭传、潘鼎新二军驰抵单县，相距仅一日程。自国藩创制以来，运防未尝溃，于是时议大哗。李鸿章由周家口移归德，鼎新驰往济宁，由兖州、曲阜向泰安，铭传亦赴济宁。鸿章恐其乘虚回窜，急檄各军厄防济宁、淮、徐一带。时捻分两股，一股扰宁阳,一股扰莱芜,其势渐向青州,欲趋登莱。铭传、鼎新因建倒守运防,进厄胶莱,蹙之海隅,制敌奔窜之议。时刘长佑、英翰皆言趋贼海隅,可收聚歼之效。旨下曾国藩等筹办。六月,鸿章飞檄刘铭传由济宁向泰安、莱芜,径趋青州,为中路;潘鼎新由潍县、昌邑赴莱州,为北路;又派徐州镇总兵董凤高等由郯城、兰山进莒州,为南路:三路兜截,以期逼入登、莱,会合东军,相机扼堵。旋具疏陈方略,言贼窜登、莱,我军即于胶莱咽喉设法兜逼,使北不至窜入畿疆,南不得蔓延徐、海,局势自较紧凑。奏入,允之。鸿章乃由归德抵济宁。时运河之防,济宁以北,有河南宋庆、张曜两军,周盛波、刘秉璋两军,济宁以南,有杨鼎勋军扎至南阳湖,李昭庆军扎至韩庄、八闸一带。安徽巡抚英翰所派诸军分防宿迁以上,居中策应。各军皆兴筑堤墙,昼夜工作。清廷以防剿机宜,间不容发,令鸿章驰赴前敌,就近调度。鸿章因疏陈方略曰:

自来流贼最难追剿,而流贼之速,尤莫如今日之捻逆。中原平旷,万骑冲突,无可限制,日辄百数十里,或二百里。无论我军步队笨滞,力不相及;即使见贼接仗,而此截彼窜,横行侧出,贼路不穷,我力必有时而穷。迨日久追逐疲惫,为贼所乘,往往一蹶不振。自剿捻以来,十数年如一辙。虽追贼神速,如僧格林沁尚且不能成功,臣等自问万不能及。故欲灭此贼,计惟有兜围之一法。臣曾屡奏及之。曾国藩始思变计,初议四镇之设,继议沙河、贾鲁河之守。本年春间,左宗棠、曾国荃又拟为白口之围,皆欲逼之不流,蹙之渐紧也。自臣受事抵豫,贼已入鄂,各军与贼转战鄂、豫,数月迄无机势可乘,惟有严檄诸军,往来蹑击。迨贼由豫窜东,臣思东省运防,屡经贼扑,向称可恃,遂急布厄曹、单、丰、砀旧河堤,欲困之黄、运之间,以为得地。乃不数日而贼已渡运,臣由归德驰赴济宁,与刘铭传等函商,不得已复为蹙贼登、莱之计。先借各省兵力协守运河西堤,以图圈制,而遏回窜。续奉六月初五日寄谕,抄发刘长佑、英翰等原折,皆言之甚切,与臣所部署,均属相符。是目前办贼,舍此更无良策。臣更量衡利害之轻重,与其驰逐终年,流毒江、皖、东、豫、楚各省,不如弃一隅以诱之;

与其往复运东济、泰、兖、沂、青及苏之徐、淮、海，各属均受其害，不如专弃登、莱以扼之。胶莱河之守不密，则登、莱无可扼；运河之守不密，则胶莱仍不足恃。贼踪已向胶东，事势至此，机会可图，但求万全，不争一日。故臣立意，必运堤与胶莱河两防，均已布定，乃可抽兵进剿，庶打一仗是一仗，灭一贼少一贼，贼智自困，兵力不疲。明知此计至愚至拙，亦且至难，然不若此，更不足以制贼。叠经缄商丁宝桢属其勿遽穷追，反驱出境，既兵力未集，而迫之过紧，使之窥破机关，转虞脱逸。并告以蹙之一字，宜求实济，勿尚虚功。恭读六月初四日上谕，令丁宝桢宜妥筹兼顾，杜贼回窜，不可专事尾追，致贼蔓延，尤服圣明之洞照。臣惟日夜图维，先固守局，而后进兵，此臣筹办之大致也。

鸿章所奏剿捻必用圈制政策，仍沿用曾国藩所制定者，同时又得各省督抚及前方将领之赞成。因布置两道防线，第一道为胶莱河，第二道为运河。胶莱河长约三百里，以每营防守三里，须百营之兵，至少亦须八十营。刘铭传等三路之师，步队只四十六营。又调豫军宋庆十二营、淮军王永胜开字十营。丁宝桢东军三十一营，只允以十一营相助。李瀚章、曾国荃派提督谭仁芳、总兵刘维桢率一万二千人；刘长佑派臬司张树声率总兵余承恩等四五千人，前来助守。运河防守，仍由张曜、周盛波、刘秉璋、杨鼎勋、李昭庆等军负责。宿迁、桃源运堤，则调王钟华、李洪达水师三营，及浙兵五千人守之。立意已定，层层布置，东捻之灭，即此一贯政策之效果也。

（五）潍河之防溃与扼运政策之坚持

同治六年六月，东捻由莱阳北趋招远、黄县，全向海澨，设守胶莱之议乃益坚。胶莱河者，元至元十九年所开之新河，通漕运以避海道成山之险者也。首尾通海，袤二百八十余里，形势足可防守。惟莱州海仓口（胶莱河之北口，南口曰麻湾）以外，有沙滩七八十里，不能筑墙，由新河迤西三十里，有潍河，拟沙滩不守，而从平地筑墙至潍河东岸，复就潍河筑墙，以濒于海。鸿章令刘铭传、董凤高、潘鼎新诸军守新河中段，并派队游弋。

以南段约八十里,及潍河至海之五六十里属之山东省军。东军三十一营万六千人,鸿章欲尽征之。山东巡抚丁宝桢一意驱捻出境,颇不谓然,重违鸿章意,以十一营七千人与之。鸿章调防运军赴胶莱,他军防运。时捻已深入海曲,咸谓成功可指日待,独国藩忧其难恃,贻书鸿章,力主倒守运河。河墙方竣,任柱等闻清军扼胶莱,疾驶回窜。七月,由即墨扑麻湾,宝桢督东军击却之。捻由平度循河而北,往来窥伺,知胶莱河二百余里,守御严密,无懈可乘。谍知潍河为东军王成谦、王心安所驻守,而尤以心安所守海口一段,营垒初成,河墙未筑,乃悉众由海神庙以北海滩,扑度潍河,心安营溃。成谦不敢救。鼎新、铭传等得信紧蹑,捻由潍县、昌乐、安邱南去,浸浸有南犯沂、莒、海、沭之意矣。鸿章设防胶莱之策,排群议,方朝令,尤与宝桢意见不合。山东军本防南头,鼎新强移之北,及败,委罪王心安,诏斩以徇。宝桢争之,腾章相诋。诏宥心安和解之,而切责鸿章。时圈制之议,已一溃夷门,再溃运河,三溃潍河,天下膏唇拭舌之士,莫不以防河为戏论,朋言兴难,蜚谤屡起。清廷疑运防亦不可守,屡寄谕询问,鸿章复疏坚持之,略曰:

从前议守运河,原恐胶莱之防仓卒难成,画远圈以厄归路。所集皖、豫、鄂各军,皆以守本境者,移守外户,能守固有裨大局,既不可守,克日回援,计固两便。而臣军全系步队,迎剿数省,奔逐数年,攻效毫无,精力实甚疲惫。无论贼窜何处,责望悉归于微臣,军士必苦相驱迫,劳怨不支,势且溃决,臣日夜忧之。诸将稍怀忠义者,皆力劝就地圈贼,使其窜地较狭,追剿较近,我得借屯守以更番休息,贼或限方隅而渐有穷期。以是曾国藩创守沙河、贾鲁河与运东,臣又议守胶莱河与运西,皆万不得已,相机势而为之,非谓遂有把握也。

自去岁豫军疏于汴南,今则齐军一疏于戴庙,再疏于潍西,人力不齐,前功尽弃。胶莱河防三百余里,尚不可靠,沿运千里,调兵数省,敢自谓可恃乎?然反复筹思,贼正急欲出运,万一力堵不住,亦胜负之偶然,若先撤运防,是示贼以弱也。守运各军,早夜修防,尚无疲倦,较穷年追逐者,劳逸饥饱略殊,忽令不守,军心能无惶惑?运河东南北三面贼氛，来往窜扰，官军分路兜逐，地方必受蹂躏。然不过数府州之地，驱过运西，则数省流毒无穷。同是疆土，同是赤子，亦未便歧视也！今使罢运防而另有制贼之法，臣必速罢；若更无可制贼，似不若得守且守，能战即战，尽人力以待事机。如因地段窎远疏漏，致贼逸出，或冬令水涸冰冻，虑生他变，再行相机变通办理。贼无常势，兵无定形，以臣才力、兵力竭蹶之状，办此流贼，尤不敢悬拟成局。容随时察度贼情，会商曾国藩及各督抚妥慎筹夺。

时鸿章方抵济南，而胶莱失守之报至，因立饬刘铭传、周盛波诸军追蹑拦剿，亲督刘秉璋等进驻山东、江苏交界沿运之台庄，居中调度，回顾运防。董凤高追捻及莒州，大败之。八月，任柱等乃间道逾沭河走日照、赣榆境内，循海而南。铭传军尾追至，捻折向西北，走郯城，又窜沭阳，攻县城。铭军至围立解，遂西走宿迁，图扑运河。经皖军及漕督张之万防兵分堵，未得逞，由邳州北走。之万上言皖将牛师韩、姚广武战功，请增募马步五千人。英翰亦言：宿迁之战，未见淮军，劾鸿章观望。丁宝桢屡疏相诋，诏责鸿章忌刻纵贼。鸿章疏辩云："英翰远在颍郡，系念运防，派程文炳出境助剿，臣与该抚交好有年，何至稍存忌刻，纵贼观望，为此悖义昧良之举？至丁宝桢以潍河前事，谓臣徇私诿咎，倒置是非，仰蒙圣明详切训诫，臣敢不懔遵？臣与丁宝桢本无嫌怨，自夏间贼入东后，彼即欲逐贼出境，固责任地方之常情，惟臣专办剿捻，必思所以制贼之方，扼胶莱为上策，次则蹙之运河以东，无论能否办到，势固不能不办。臣拟出三大支为合力兜剿之计，但捻逆人马众多，不能不稍待时日。"于是鸿章忧悴致疾，国藩贻书慰勉之。不数月，而大功告成矣。

（六）任柱、赖文光之死

同治六年九月，任柱等由邳州、郯城东窜海州，刘铭传、潘鼎新两军合进，大败之房山，锋锐殆尽。鼎新追至阿湖，又大败之，死亡枕藉。自胶莱以后，捻众之损失，以此役为甚焉。时铭、鼎两军逐捻而行，疲劳至甚，鸿章令铭传休军于潍上一带。另合马步二十营，组织武毅军，起提督郭松林为统将。任柱自阿湖之败,由邳、郯境内,昼夜奔驰,西北向红山、兰陵,入峄县山中。遇马队兜剿,遂由滕县窥伺济宁、南阳湖边。鸿章檄守军严防,自率亲军回济宁。捻由兖州向宁阳,又东走泰安,折向东南。鸿章饬董凤高移驻台庄,周盛波移驻韩庄八闸。刘铭传留老病休营,酌带精锐截剿。十月,曾国荃乞病,以郭柏荫为湖北巡抚。捻由沂水窜及青州、长山,突犯章邱,旋于齐东县马庄等处河套,抢船欲渡黄河,为守舰所阻,悉回青州。时淮军游击之师,已有鼎、铭及武毅三军分道并进,铭军方由沂水绕出穆陵关,捻掠粮潍县,因急攻其大营于松树山,任柱、文光分路拒战,不胜,遂走安邱,由高密一路南窜,精悍殆尽,势已大衰,业成强势之末,不旬日而任柱被击死矣。时铭传追蹑至日照、赣榆,任柱裹创决战,设伏城东,铭传知其谋,两路并进,遇之城西。捻殊死斗,淮军以洋枪排击,忽黄雾四塞,捻党有在安邱投降者潘贵升,言于哨官邓长安,效捻旗帜,突前击柱,中其腰胁。飞马大呼曰:"任柱中枪毙矣。"捻众见之,遂大奔。柱原名化邦,亳州人,为捻渠魁,将骑得法,飘忽善战,十余年往来数省,太平天国封为鲁王。及死,东捻遂以赖文光为首矣。文光瘗任柱尸,誓众为复仇。会潘鼎新军蹑至海州上庄镇,文光先以马队致师,而潜分两翼横袭清师。清军枪炮如雨,捻死亡枕藉,而至者犹如风卷。清军前阵动,将溃,鼎新呼噪奋入,捻势稍却。旋复回击,清军败退,鼎新挥军更斗,始败之,杀捻首任金保,降者五百人。十一月,文光沿海趋日照、诸城,盘旋于寿光、昌邑、潍县之交,时窥青、济、黄河,欲沿海掳粮,且避兵,而刘铭传、潘鼎新、郭松林三军大集,屡战屡败。铭传于安堌,松林于杞城邀击,捻被创甚,束手归命者,约以万计。文光东下胶州,西突青、潍,由新城折寿光,背水死战于巨弥河,皆败绩,党众溃死略尽,几不能整队。遂潜由诸城、日照、赣榆南奔。十二月,抢渡沭阳城南六塘河,由清江过淮安,李昭庆、刘秉璋、黄翼升及铭、鼎、武毅三军先后驰至。追至淮城,分路搜截,文光循宝应、邵伯下扬州,知事已不济,下檄扬州防将统带华字营即在选道吴毓兰,历诋诸将而以毓兰为优,使得已以为功,乘夜投毓兰营。军中传诵其檄,言至深痛。群将秘其事,使毓兰谬上捷,言大风雨中阵俘之云。以上为《湘军水陆战纪》所载。其实文光在一鸦片烟窟,狂吸酣睡,淮扬水师之伙夫擒献之。

与毓兰无关也。倪在田《扬州御寇录》云："赖文光者，粤之猾贼也。后比于任柱，大掠诸省。及捻众尽，文光独以千骑入高良涧，遂历高邮东北汜水诸处，坏所道梁，戒其下，无杀掠，将袭扬州，至仙女庙，杀把总孔昭熊，夺掠四出。人知是贼，扬州守吏闻之，亟闭门。盐运使李元华按城谍，且说毓兰使击贼，立裒缗钱五百以犒之。哨者又言贼无火器，乃出。文光已走瓦窑铺。毓兰军欲还，淮扬水师将廖福宾独力进，遇诸湾头，水陆四合，遂大获，斩首数百。文光匿草舍，伙卒就缚之。"注又云："此舢板舟中司爨者，称伙卒。舟中校卒闻捻贼溃，各出掠。使卒守船炮，久不至，卒亦思掠登岸，遇老妇曰：有贼匿吾舍吸鸦片，旁无一人。卒径缚之，及审知其为文光也，则大喜过望，亟举而献之，亦无殊赏。"有见者谓文光体肥硕，以二马架之行，犹时呼将绳索放松一点。文光既被执，多为诗句，然俚甚。兹录其供词如下：

盖闻英雄易称，忠良难得，亘古一理，今岂不然！忆余生长粤西，得伴我主天王圣驾，于清道光庚戌年秋，倡义金田，定鼎金陵，今已有十八载矣。但其中军国成败，事机得失，形势转移，予之学浅才疏，万难尽述。惟有略书数语，以表余之衷肠耳。忆予于太平天国壬子二年，始沐国恩，职司文务，任居朝班。于丙辰六年，值国家多故之际，正君臣尝胆之时，是以弃文而就武，奉命出师江右，招军以期后用。荷蒙主恩广大，赏罚由余所出，遇事先行后奏，其任不为不重矣。丁巳七年秋，诏命回朝，以顾畿辅。戊午八年春，我主圣明，用臣不疑，且知余志向，故命往攻江北，协同成天安陈玉成佐理战守事宜，永固京都门户。受命之下，兢业自矢，诚恐有负委任之重，安敢妄怨有司之不从？且忠言逆耳，良药苦口，诚哉是言也！于辛酉十一年秋，安省失守，斯时余有谏议云：当兹安省既失，务宜北连张、苗，以顾京左，须出奇兵，进取荆、襄之地，不出半年，兵多将广之时，可图恢复皖省，俾京门巩固，此为上策。奈英王等畏曾国藩如神明，视楚军为熊虎，是以不从予议。遂率师度庐，请命自守，复行奏加封余为遵王，遵命与扶王、启王等远征，广招兵马，早复皖省等情。此乃英王自取祸亡累国之根也。又有忠王李秀成者,绝不知几,违君命而妄攻上海,不惟攻之不克,且失外国和约之大义,败国亡家,生死皆由此举。至辛酉岁底,予偕扶王、启王勉强遵照,由庐度淮,那时予知有渡淮之日,终无转淮之期,是以过五关,越秦岭,抵中原,出潼关。于壬戌十二年冬,由郧阳自进抵汉中,一路滔滔,攻无不克,战无不胜。于甲子十四年春,由汉中而还师东征,图解京都重困,未果,以致京都失守,人心离散。其时江北所剩,无所依归者数万,皆是蒙、亳之众。其头目任化邦、牛宏升、张宗禹、李蕴泰等誓同生死,万苦不辞,请予领带,一致报效等情。此乃僧帅好戮无仁之所致也。诚可谓行一不义杀一不辜,如此思之,真千古不易之良言也!予视此情状,君辱国亡家败之后,不得已勉强从事,竭尽人臣之忱,而听天命。不料独立此间数载,战无不捷,踏雪披霜,以期复都于指日。孰意李鸿章者,智足谋多,兵精而将广,且能仰体圣化,是以人人沾溉仁风不已。予维材微识浅,久知独立难持,孤军难久,是以于丙寅十六年秋,特命梁王张宗禹、幼沃王张禹爵、怀王邱远才前过甘、陕,往连回众,以为犄角之势。当兹大势自此,无奈天数有定,夫复何言!古之君子,国败家亡,君辱臣死,大义昭然,今予军心自乱,实天败于予,予何惜哉?惟一死以报邦家,以全臣节。惟祈鉴核,早为裁夺是荷!

文光供词,言简意赅,文字亦较李秀成为通顺。其归咎陈玉成、李秀成之无远谋,致天国败亡,亦不无理由,惟为君亲讳,不愿议及天王耳。从此供词中,可知任柱原名化邦,牛洛红原名宏升,李允原名蕴泰,张总愚原名宗禹。不知清官书何以为之改名耶?太平天国封张乐行(官书作洛行或洛型)沃王,其子禹爵即为幼沃王。总愚封梁王。但太平朝另有梁王凌国钧,在丹阳破时,被杀。可见太平封号至滥,或者总愚之封,乃由文光所保,秀全批准而已。文光被俘后,余众走六合、天长、盱眙,薙发而散。东捻平。魏王李允、洛红子牛喜子等均诣李世忠营降。诏杀文光于扬州,并李允等穷蹙乞降,皆骈诛之。赏加鸿章一骑都尉,刘铭传三等轻车都尉,郭松林、杨鼎勋骑都尉世职。潘鼎新头品顶戴,吴毓兰以道员记名。

鸿章自以大功已就,诸统将皆乞假归,因条陈善后,言安插降众,裁撤营勇,难遽就绪。又上言:

昔周公东征,零雨缺斯,播诸风诗,久役思归,固常人之情。臣军各统领营官,从征年久,东南肃清后,即求假归。比因中原多故,未便遽允,旋调剿捻,驰逐数省,转战终年,日行百里,忍饥耐寒,忧谗畏讥,多人生未历之苦境,与各省兵将贼来则追,败去则息者,劳逸迥异。臣去年冬至徐州,刘铭传谆称疲惫已甚,欲速了此贼,以求开缺归农。今春以来,周盛波、刘秉璋、潘鼎新皆迭请开缺,臣以此捻未灭,义无可辞。郭松林八月来营,即约以贼平归农,杨鼎勋体弱多病,更难久支。今幸获成功,将士劳苦极矣,用马不竭马之力,用人不竭人之力,似应留其有余,仍备异日驰驱。即臣自咸丰三年正月从军,今已十五年矣,无岁不亲戎马,苦身焦思,时惧陨越,年未五十,精力就衰,实难久忝重任。俟遣撤稍有端绪,应再恳恩准将钦差大臣关防,专员赍京呈销。

五十 西捻之平定

(一) 西捻之入直与坚壁清野策

自同治五年九月,张总愚奉命入陕,联络回民,国藩派刘松山一军蹑之。总愚南窥汉中,北图同、朝,乘机趋西安,巡抚刘蓉战败。六年二月,松山力战解围。总愚由户县西走盩厔,因渡渭至扶、岐,松山追之,无战不捷,迭克堡寨百余。三月,既破银渠、金渠,又大败之于郿,军势颇振。总愚合回众由武功东趋蒲城,走朝、同一带,山西臬司陈湜严守禹门以上,豫军马德昭扎阌乡、老河口,河水正涨,无可飞渡。四月,左宗棠奉命督师,各军声势更壮。五月,松山又败捻户县,总愚众由盩厔横出,奔驰渭河南北,往来杜、户之交,窥晋未遂,回豫不能,谋始渐辑。夏秋之间,河南巡抚李鹤年移军杞县,甘肃臬司刘典取道商洛入秦,湖北巡抚曾国荃檄提督姜玉顺扼荆子关。总愚率众趋三原、泾阳,返走蒲城,渡泾,攻咸阳,游骑及于醴泉、泉州。宗棠由潼关进军，驻西安。总愚遂东趣富平、蒲城、白水，北犯中部洛川及鄜州。宗棠增派提督高连升屯三水，刘厚基屯延安，松山与郭宝昌追蹑。十月，总愚围甘泉，刘厚基战不利，别部捻、回攻耀州，刘典自宜君进同官，败退。捻复扰进华州，鹤年檄马德明与姜玉顺联络声势。总愚遂急趋北向，破安塞、延川、绥德，犯米脂。十一月，刘松山、郭宝昌蹑至清涧，复绥德。捻复南返宜川，逾山至壶口，乘冰渡河。时山西巡抚赵长龄委河防于陈湜，湜闻捻在绥德，注意防葭州，又自以为无患，乃东至省城，离防所数百里，闻报愕眙。总愚已破吉州及乡宁。湜驰至赵城，堕马不能进。陕西巡抚乔松年遂劾湜专河防，三年糜饷巨万，敢于要挟，及所部淫掠状。山西士民亦诉长龄，俱得罪免。平、浦并警，豫军马德昭渡河援守运城。总愚已由绛州、曲沃、垣曲，杀垣曲知县王国宝，窜近豫疆。十二月，过邵原关趣济源，循河至原武，浸有内犯畿辅之势。诏促李鸿章督刘铭传诸军内援。铭传请假三月，期尚未满，不赴。淮军疲病思归，皆无斗志。鸿章乃檄调周盛波、周盛传、潘鼎新与善庆、温德勒、克西马队由东阿进发。杨鼎勋、郭松林继进。并疏陈办流寇以坚壁清野为上策，大略言：

嘉庆初年，川、楚教匪办理十数年，卒赖此以收功。即任、赖捻股流窜中原数省，畏圩寨甚于畏兵，豫东淮北民风强悍，被害已久，遂渐添筑圩寨，深沟高垒，到处与城池相等。是以捻逆一过即走，不能久停肆扰。近年惟湖北、陕西被扰最甚，以素无圩寨，筹办不及，贼得盘旋饱掠，其势愈张。直、晋向无捻患，民气尤为朴懦，未能筑寨自守。张总愚本极狡猾，又系穷寇，南有黄河之阻，必致纵横驰突，无处不流，百姓惊徙蹂躏，讵有已时？徒深浩叹！

且畿疆河北，平原旷野，古称四战之地，无险可守。办流贼与办守城踞寨之贼，情形迥异，流贼专于避兵，守此则窜彼，迎左则趋右，交臂旋失，情势使然，非尽兵将之不力也。闻该逆自窜陕西北山后，渡黄入晋，沿途掳获骡马愈众，步贼多改为骑。我军骑少步多，即骑兵每人不过一马，追逐病毙，既已无马，视贼匪每人可二三骑，随地掳添，情形则又迥异。自古办贼必以彼此强弱饥饱为定衡，贼未必强于官军，但彼马多而我马少，自有不相及之势；彼可随地掳粮，我须随地购粮，贼常饱而兵常饿，又有不能及之理。今欲绝贼粮，断贼马，惟有苦劝严谕直隶、山西河北绅民，赶紧坚筑圩寨，一有警信，收粮草牲畜老弱丁壮于内，既自固其身家，兼以制贼死命。及今为之，亡羊补牢，尚未甚晚。若待深受荼毒，再议补筑，经费更难措筹。如果十里一寨，贼至无所掠食，其技渐穷，或可克期扑灭。

鸿章所陈严谕人民筑寨自固之法，即坚壁清野策也。此为向来制流寇之要诀，故不能不采用之。同治七年正月，总愚由磁州、广平直犯顺德、鸡泽、平乡、巨鹿、隆平各处，畿南震动，直省戒严。清廷屡以淮军赴援不力，严旨切责。鸿章乃奏述将士疲惫不堪，及军队开动之状，而自带小队先由东阿渡河。河南军将张曜、宋庆等方至汤阴，陕西军将刘松山、郭宝昌等由晋追蹑，先至清苑。诏责鸿章、李鹤年、左宗棠及直隶总督官文均夺职，丁宝桢率军先至河间，有诏嘉奖。京师五城团防神机营，发兵屯涿、易，命恭亲王奕䜣巡防。捻已过定州，至保定，知京师有备，西掠满城、易州，禁军误以官兵为捻骑，始议设侦探。安徽巡抚英翰请率师入援，捻已南陷祁州，杀知州胡源东，破饶阳。山东军将王心安军至，捻走安平，以捷闻。时淮军将潘鼎新、善庆部已相继渡河北进，由德州、阜城西趋饶阳，移扼保定，鼎新言于献县见山东败军焉。是心安之饰报，抑鼎新之嫌语？盖莫能明矣。侍郎李鸿藻请派亲王为大将军，左、李为参赞。诏以左宗棠总前敌战事，遣陈国瑞别募一军为副将。命恭亲王奕䜣节制各路统兵大臣及各督抚。鸿章复议大军云集东北，捻势将南趋，可就怀庆、卫辉之间，北阻太行，南逼黄河，设法圈制。二月，宗棠至保定，鸿章至德州，郭松林、杨鼎勋亦相继北上。清廷虑捻逼津南，令鸿章进防天津、河间，鸿章以河间有丁宝桢所部之王心安、杨飞雄、莫组绅三军，情形较松，两军并扎，致多拥杂，当拣劲旅随地兜剿。诏仍严催，乃进驻景州。盖当时北方各省劲兵，均已萃集于直隶矣。

(二) 畿辅之侵扰与防运之议

其时刘松山由陕、晋追捻至直,败之于献县商家林,捻走深州、博野,松山与郭宝昌又败之,捻走安平。遇郭松林军,纳降数百人,捻走深泽,松林追至饶阳,刘松山、郭宝昌与张曜、宋庆各以师来会。淮军、陕军、豫军分路兜击,有遥围之势。总愚率众游弋深县、衡水,突击郭宝昌军,战败,丧其酋张和尚、张五儿,因西走正定,未至,复掠深泽、安平、饶阳,东达献县,东北至肃宁,又西至晋州,皆为清军所截。乃偷渡滹沱河,由赵州趋巨鹿,七年三月向磁州南窜,复入河南之临漳,渡漳水,由卫辉、新乡一带,西走获嘉、修武,趋原武、阳武,伐木为矛,以补充军实。清军既集河北,颇多掠商民居市,直人患之,相约格杀,日有狠斗。戎服乘马者十余人犹不敢径行,枉死者不可胜计。官军纪律之败坏,盖已养成风气矣。鸿章移住大名,以兵力单,奏调潘鼎新、善庆各队南下。诏促诸军为一鼓歼灭之计。总愚侦清军追逐出直,复回延津而北,由滑县东北向,扰及直隶开州。郭松林先至滑西,折濬县绕截之,刘松山、郭宝昌、宋庆、张曜均尾至,鸿章亦抵开州。总愚又回延津、封邱,大破陕军,宝昌被两创,提督周盈瑞战死。鸿章请两路入直,左宗棠由彰德为西路;自驻开州为东路。总愚由延津东北抵滑,郭松林、杨鼎勋、潘鼎新、善庆等皆至滑,方会议就卫河以东,黄河以西,扼其窜路,而捻众大股突至,诸军迎战失利,提督陈振邦中矛死。左宗棠亲督喜昌、马德顺等击捻于滑,败之。总愚由濬县、内黄渡卫河,马队紧蹑,鸿章复饬周盛传、吴长庆由开州进击,总愚自内黄走山东莘县,趣东昌。会沧州匪高岩集盐枭、马贼数千人降总愚,引为前导,遂由李海务渡运东向。鸿章飞檄郭松林诸军沿运南向兜截,而自由开州赴东昌。四月,宗棠率刘松山、张曜、宋庆由德州进景州,鸿章虑各军追急,捻折回南扰,致诸军奔命不遑,转瞬落后,乃函商安徽巡抚英翰督军北进,并建防守黄、运蹙之海东之议。惟运河自天津至张秋黄河口,计一千二百里,约须十余万人,方可分布。宗棠谓局势疏廓,难于有成。诏促鸿章迅督诸军赴吴桥一带扼驻。总愚已由茌平、高唐平原、陵县、吴桥走东光,将渡运河,迫追军,改走南皮,由南皮、沧州、静海至天津,松林、鼎新等疾驰拦截,驻天津城外,总愚伐木结簰屯杨柳青。诏英翰急赴东昌。奕䜣奏饬诸师限一月平捻。鸿章力主防运之议，欲趁东海南河以聚歼之，先必扼西北运河，联筑长墙，方可绝其出路。乃驰檄各统将，相度地势，妥筹万全。而总愚由盐山、庆云南走海丰，至武定、商河，由禹城、茌平回犯高唐。已蹈林凤祥、李开芳所处之绝地，潘鼎新、郭松林追之南下，过沧州。沧州南有捷地坝者，在运河东岸，当减河口，以时启闭蓄泄济运者也。减河自捷地坝至海滨牧猪港计百余里，横亘东西，水涨足限敌骑北窜之路。会漳、卫暴涨，运河陡长，松林等即开捷地坝导运水入减河，并饬地方官就河北集练筑墙。鸿章令松林驶赴东昌扼剿，留鼎新、鼎勋防守减河。未几减河长墙告成，而津南始无骚扰之患矣。李鸿章、丁宝桢、英翰会东昌，议分段防运：一、自东昌以南，至张秋河口，淮军郭松林、吴长庆守之；二、自东昌以北至临清，皖军、东军分守之；三、直隶境内，直军守之。均克期筑墙，又挑浚张、临间运河，引黄入运，调湘军丁长春驶入德州。于是运河圈制之策成，而捻之命运将终矣。

（三）围圈政策之成功

同治七年四月，张总愚掠平原、高唐，走清平、博平，窥渡运河，值黄水入运，折而东南，淮军、东军筑堤墙成，左宗棠至盐山，以防军足恃，还驻吴桥。鸿章视察减河防，复挑浚下游淤滩数十里，捻回扑未成，北窜路绝。闰四月，鸿章回德州，令周盛波、周盛传赴陵县截击，刘松山、张曜、宋庆各军亦追至，总愚知围已合，欲引清军至海隅，疾窜西北扑运抢渡。盛波等谍知其谋，乃改由宁津向吴桥。总愚过海丰，果折而西行，沿途党众纷纷出降。高老步等率数百人降于松山，周老凤降于张曜。总愚令其众各带门板绳索，向东光、下口一带，抢扑运河。松山与水师丁长春夹击走之。捻至连镇、吴桥，闻左宗棠驻守，南走陵县，盛波、盛传追之，遂走平原、茌平、高唐。清廷以平捻限满，增命都兴阿管神机营为钦差大臣，列名在左、李上，侍郎崇厚副之，统春寿马队并张曜、宋庆等军。陈国瑞奉诏防陕西，不俟命，径领军东行，请讨捻自效。有兵万二千，亦隶都兴阿。捻走武定，掠海丰，陈国瑞追击败之。五月，宗棠令刘松山息兵东光，甫数日，捻骑已进海丰，松山及郭运昌、郭喜昌自盐山横出截之，捻不及阵，狂走沧州。张曜、宋庆自乐陵夹击,大败之,捻奔陵县、临邑。鸿章先以运河日涸,未可深恃,欲趁黄水盛涨,缩地圈围,以运防为外围,而就恩县、夏津、高唐之马颊河,截长补短,筑墙西北,划为里圈。饬郭松林、潘鼎新、周盛波由临邑挑筑,属之马颊河,空出临邑南至济阳黄河滨,将及百里,诱捻回窜西南一隅,再行围蹙。至是张曜、宋庆追至临邑,捻知有异,不肯深入,甫窜济阳,即折趋东北。鸿章知计不售,乃遣诸军兜剿,张曜、宋庆趋武定,郭松林、潘鼎新、王心安厄堤墙,周盛波驻吴桥、宁津。捻由海丰窜滨州,遇张曜军败之,乃走杨信。郭松林、王心安至乐陵,捻自杨信还奔海丰,郭松林、唐仁廉、春寿追击,乃出宁津、吴桥间,西南驰百五十里,至德州。左宗棠自连镇亲督军追之,与郭松林马步相继,捻不得喘息。周盛波、盛传复迎头拦击,阵斩总愚侄张三彪。是役诸军追剿历十六昼夜,斩馘无数,捻益不支。又因陵县、临邑长墙添筑,窜地日蹙,盘旋海丰、庆云之交,为各军所迫,日夕无停趾。六月,捻由德平、商河、乐陵、杨信、武定过徒骇河至滨州,攻李子镇。时各乡村镇均奉命设立堡寨,然第能守,无敢击者。李子镇民以捻衰也,放炮击之,故捻怒攻寨。俄郭松林追至,捻皇遽走抵夏家桥,潘鼎新亦追至。因合军疾追四十里,至商河,盛暑炎蒸,暂就树林休息。次日大雨,捻踞沙河,松林、鼎新乘雨袭击,大破之,俘斩四千。张总愚率黑旗兵冲阵,中枪落马,数十骑翼之而逃,走宁津西南。松山令军士避淖而行,追至吴桥,俘斩二千,群捻多降。值大雨连旬,黄河伏汛陡长,国藩所遣水师提督黄翼升、总兵欧阳利见、记名提督姚广武各率所部炮船由张秋乘涨进口,驶入德州,运防益固。而总愚往来徒骇、马颊之间,南不能逾河,西不能越运,北不能突破捷地减河。穷蹙甚矣。

(四) 张总愚之败死

初捻之北蹂定州也,诏刘铭传北援,铭传拥兵滩上不至。鸿章旋准其请假回南,养病三月。朝命屡饬鸿章催其北来皆不赴。是年四月,淮军颇不得势,运河圈制之策方成,鸿章念非铭传无可图功者,属鸿胪卿朱学勤奏召之。温旨敦促启行。曾国藩亦手书戒之曰:“少帅之于阁下,实人间罕逢之知己，虽罕虎之于子产，仲谋之于公瑾，不是过也。阁下纵有抑郁未伸之抱，未可怨及少帅，《诗》所谓‘不及有怒’者也。贵部若不渡黄北征，终恐少帅声名减损。且铭军久驻潍上，终非了局。尚希内断于心，及早转圜，无任感盼！”情词恳切，铭传得书投袂起，至德州谒鸿章，闻各军大捷，不肯攘功，力辞兵事。鸿章仍令率旧部赴前敌。七年六月，潘鼎新逼捻于黄河沿之老海洼败之，又逼入玉林镇鸿福寺，其地在河曲，四面皆水，鼎新奋击，捻众死者坑沟皆满，总愚率死党践尸渡水逸。至桑园，折北图窜运河，至高家渡，凫水抢渡，为水师徐道奎轰击，各军渐至。捻酋张九临等纷纷乞降，涣散几二千人。总愚党羽殆尽，仰天痛哭。其兄张宗道、侄张正江等挟之向德平。郭松林、潘鼎新、陈国瑞、张德胜等追师集商河。总愚狂奔，过平原、高唐，鼎新疾驰一百二十里，冒雨追及。乃向博平、清平一带，图扑运防。时东昌、临清、张秋间，河水深及丈余，马颊河为黄水灌入，亦盈堤岸，捻不得越。鸿章檄刘铭传带生力军与松林会师陵县，再会高唐。总愚乃骤犯李海务、周家店、七级等处河墙，凫水竞渡，守军丁寿昌、刘克仁等却之。鼎新由东昌迎击，及之沙河，总愚败退至茌平境之广平镇，诸军恐其东窜，遂会议圈制于徒骇、黄、运之间。铭传由桃桥守至南镇，松林由桃桥守至博平，袁保恒、张曜、宋庆由博平守至东昌，诸军合围。铭传、松林两军马队五六千，纵横击逐，又值雨水泛滥，伏汛盛涨，河汊纷歧，水溜泥泞，乡民多结寨自保。捻奔走无路，掳粮日难，总愚子葵儿、兄宗道、弟宗先、姪正江及捻酋程二老砍、程四老砍、邱麻子、马老三、樊大等皆战死。总愚仅率数十骑北遁。清军追急迸散，至徒骇河滨，所剩八骑耳。总愚自以举事未成，悲呼涕泣，下马与八人诀，遂投水死。追至，六人皆死。余众由马队搜捕，一律肃清，西捻平。驰驿上闻，诏李鸿章协办大学士，与左宗棠并晋太子太保，丁宝桢、英翰赏太子少保，刘铭传以新至收成功，晋一等男，余给奖有差。刘松山首先赴义，力战破敌，劳苦功高，而赏不及爵。左宗棠奏称：“臣尝私论曾国藩素称知人，晚得刘松山，尤征卓识。松山由皖、豫转战各省，国藩尝足其军食，俾一心办贼，无忧缺乏。用能保垂危之秦，救不支之晋，速卫畿辅，以步当马，为天下先。此次巨股荡平，平心而言，何尝非刘松山之力？臣以此服国藩知人之明，谋国之忠，实非臣所能及。仰恳天恩宣示中外,以为疆臣有用人之责者劝。"清廷不之省。说者谓宗棠之公言,非阿所好也。然鸿章不恤群言,力持国藩原定圈制清野之策,卒至收效。故当时民谚曰:"黄龙千里(长墙也),杨柳一色(列帜也),我有墙堡,无虞群贼!"此淮军所以能独擅首功欤?若谓黄水陡长,河神见水师舟中,有助顺之功,请敕封金龙四大王。亦见得天时之助,可为平捻一佳话矣。

第十二章　回乱之勘定

五十一　云南回教徒之变

（一）滇回之来源及起事

自太平军发难以来，中国本部，内乱迭起，其影响乃及于边地。边民瞰统治力之衰，辄思离叛，如咸丰五年至同治十二年间，云南回教徒之变，即其最著者也。云南回民之起源，或言移于唐代，或言移于元代，事实皆不可考。惟教中人传说，当唐睿宗、德宗时，云南大乱，巴格达特（即八吉打）教王发土耳其（突厥）兵三千人以助战，及乱平，其徒因与中国兵相处久，不愿回国，遂定居于此。又言元灭大理，移色目人入云南。盖回教徒之杂居内地，始于唐而盛于元，则固无疑矣。回民与土著风习不相合，政府不能普大同主义而混合之，地方有司又不能持法律之平，遇仇杀事件，或作左右袒，往往以细故致大变。比变出，则苟求息事，循例剿抚，未为根本解决之计，乱源未清，乘间趣发。当咸、同时，西南、西北回变继起，皆由于是。初，云南汉回屡构衅，道光时，林则徐为总督，曾讯保山汉回哄杀案，有"只分良莠，不分汉回"之语，借此稍安。回民杜文秀入都控告匪棍刘书等挟嫌借端，诬控从逆，致被搜杀抢掠，则徐抚而遣之，并资为耳目。而滇民觊觎永昌回族腴田，勾结奸胥，蒙禀地方官吏，将所有回民，一律驱逐徼外。回人失其故业，常联络苗夷，沿边滋扰，以逞报复。咸丰初年，因普洱府属之他郎厅及南安州属石洋厂，汉回争矿，临安汉民黄殿魁等遂纠众四出，屠杀回人。于是武定、楚雄、广通、罗川、禄丰等处回民多被杀，回民纠众抗争，到处骚然。省吏不能持平处理，反以回民谋叛，欲剪除之。

六年四月,昆阳武举马凌汉(三新)率千余人至省城,击败殿魁等于城东二十里之小板桥,回至清真寺,巡抚舒兴阿及布政使青盛出格杀无论之示。官兵团练,纷起搜杀回民,男女老幼死者数千人,凌汉等均格毙。三日始封刀,所余才四五十人耳。五月,建水、西庄汉团,拥入城中,屠戮回民,境内大乱。于是马如龙乃据建水之回龙村以叛。马金保、蓝平贵起于姚州,杜文秀起于蒙化。文秀者,本居永昌,为回中之累族,机警多智,潜匿于蒙化之围埂。围埂之回民万余人,推为渠帅,进攻大理府城。时提督文祥方围攻姚州,大理无备,文秀入据之。自称总统兵马大元帅,拟于王者,号平南国。咸丰六年九月,文祥克姚州,回众皆赴大理,与文秀合,欲图永昌。滇东回以马名魁(武进士)最凶悍,连破广西州(今沪西县)、邱北、平彝等县,焚杀尤惨。大理绅民,赴省请剿,舒兴阿信任门丁陈喜,与巡捕施嘉瑞表里为奸,不予准理,致回势愈张。而马世德据临安、通海间之土城,马和、马贵据澂江府,连下呈贡、普宁、宜良、江川等县,将迫省城。事上闻,清廷谕云贵总督恒春迅筹扫灭,寻召舒兴阿赴京,以桑春荣代为云南巡抚。咸丰七年六月,回氛几遍三迤,如龙合溦江徐元吉等推马德新为领袖,集众数万,逼近省城。恒春堵御计穷,惧甚,夜与其妻博禹特氏在署自缢死。清廷调川督吴振棫为云贵总督,命选川兵三千携饷五万驰往,调前山东巡抚张亮基帮办军务。振棫先驻宣威,进次曲靖,疏言:

先剿后抚,势顺而易,不待智者而知,兵盛饷足,必应如是。前督臣林则徐剿永昌回匪,兵练万余,本省有饷可筹,弥渡获胜,匪旋受抚,其地只迤西一隅中之一隅。此次匪遍三迤,情形迥不相同。非数千之兵、十余万之饷所能蒇事。如率意径行,徒损国威,于事无补。臣初到滇,于汉回两无嫌怨,惟凭借兵威,结以恩信,有所申诉,处以公平。省城为根本重地,省回解散,此外渐次筹办;其负隅抗拒者,仍当力剿,匪势渐孤,较易得手。否则不自量度,而急乘之,更无转圜地步,祸更烈矣。见在兵无可调,饷无可筹,宵旰忧劳,事非一省。臣为云南一省计,并当为天下全局计,岂容再为贻误,致令征调无休,故未言剿先言抚,有万不得已之苦衷,虽成败利钝,难以逆料,舍此亦别无良策也。

振棫既主抚,乃归咎于滇绅在籍侍郎黄琮,及御史窦垿等散帖告示,倡议灭回,致回民疑忌。又团练縻饷逼剿,妄杀邀功。诏褫黄琮、窦垿职,许回民悔悟自新,汉民借团练肆行杀掠者,以军法从事。于是振棫遣迤东道汪之旭赴省城,晓谕汉回,解释猜嫌,分画所居街道,拨抵难民遗产。八年二月,抚局粗定,入驻省城。时亮基已授云南巡抚,调湖南臬司徐之铭为云南按察史。振棫奏称,屯集城外之回民二万余人,咸已解散,地方肃清,实则回人因亮基驻军曲靖,累破霑益、宣威等处悍回,阳许受抚,由掌教马德新(复初)出具永不滋事甘结,振棫保德新四品顶戴。而实欲使亮基入城以困之。自是滇事愈不可为矣。

(二) 马如龙之受抚

时振棫受制回人,亮基入省后,亦颇为回人监视,不能自主。十一月,廷议以振棫畏葸,命解任,亮基代之,而擢之铭为巡抚。之铭贪纵险狠,与亮基不相能,时煽构其间。是年三月,如龙约昆阳回首杨振鹏夹击附近各营,团练死者千余人。又围建水,振棫等恐败抚局,皆不敢问。九年六月,如龙破阿迷州,十年四月,袭楚雄。文秀以提督褚克昌进剿屡捷,势孤危,乃乞援于如龙。克昌腹背受敌,遂败死。文秀授如龙官职,如龙不肯为其下,不受,乃与文秀将蔡春发约,楚雄以上归西回,东回围攻省城,事定后,再会师外征,扫除满清。十年秋(马观政《滇垣十四年大祸记》作"十一年三月",此据《清史稿》),如龙(本名现)合徐元吉(旋战死)率各属回民假名求抚,住城外江右馆。亮基约之铭同诣抚谕。之铭阴嗾已散团丁拥至督署阻挠,谕之不可,杀通海知县雷焱于门。之铭又逼杀招抚委员绅士马椿龄、孙钧。亮基为所挟持,不敢入告,以病乞罢。十月,调贵州巡抚刘源灏为云贵总督,源灏久不至,亮基径去。十一年至湖北,乃疏陈滇事,劾之铭不法。会布政使邓尔恒(邓廷桢子)升任陕西巡抚。之铭以尔恒意主剿回,又虑入觐发其罪,阴使副将何有保害之以灭口。尔恒行至曲靖,宿于府署,有保使其党史荣、戴玉堂伪为盗戕之,掠其行橐。有保索所劫物,不得,执拷二人,玉堂潜逸,纠党攻杀有保。之铭为回人利用,亦遂挟回以自固,凡新任督抚入滇者,之铭皆阴嗾回人软禁之,或暗杀,源灏遂逗留不敢进,且称病乞休。是年七月,召源灏还京,以安徽巡抚福济调升云贵总督,福济亦不抵任。十一月,以畏葸取巧褫职,起前代湖南巡抚潘铎署云贵总督。张亮基回京言:邓尔恒被戕,疑徐之铭指使何有保所为;既而给事中高延祜亦奏劾之铭贪淫荒谬,及练党纵恣。谕潘铎查办。旋以亮基督办云南军务,铎、亮基先后取道四川,与骆秉章商借川军入滇,四川以兵事未定,无以济之。同治元年,澂、昆回人马起等,率众进逼省城,署提督林自清临阵宣示皇仁,许以首先倡议来归者,立予优保官阶。署澂江知府岑毓英亲带兵练,赴省援应,途遇各回,就便劝导。该回等弃戈投地,哭诉回汉构衅,实因前官办理不善所致。岑毓英允为到省代陈,回民等欣然自散。适武生马如龙驰赴省城,约林自清出城面诉。林自清遂于二月初一日、初三日两次单骑出城相见。马如龙自称:"系从前殉难九江镇总兵马济美之侄,世受皇恩,情愿解散,招抚回夷,各安生业。"岑毓英于二月初七日抵省,马如龙约与相见,仍申前请,岑毓英许之。马如龙遂亲赴各垒,劝导解散。此徐之铭奏述马如龙投诚之经过也。对于如龙据地自雄,并三次围攻省垣,均讳而不言。故《清史稿·马如龙传》亦仅有:"如龙三世效忠,愿反正,毓英单骑往谕,如龙益心折,与盟南门外,悉反侵地。朝旨破格授如龙总兵,杨振鹏等分署六营武职。"寥寥数语而已。惟《清史稿》仍记:"如龙以武生起澂江,自立为伪帅,据有新兴、昆阳、晋宁、呈贡、嵩明、罗次、易门、富民,入寇省垣,势骎盛。同治元年,巡抚徐之铭复主抚议,林自清临阵宣播朝威,招之归款。"似较之铭奏语差强耳。而朱炳册所作之《马公云峰传》亦言:"大乱既起,临安各州县回族,遂纷纷逃赴建水之回龙村,举公主持军事以自卫。汉回相仇杀,祸乱日滋。公念长此不解,两族将有同尽之忧,遂与父老筹商,诣省纳款。公从兄青云首先赞成其谋,因统众到省,呈白衷曲,请洗去叛名,创和汉安回之议。附省各州县回族闻公之来,群起影附,署滇督徐公之铭据情入告。"皆谓如龙自动请款,颇与事实相左。按《婆兮事略》云:"如龙幼习弓马,膂力过人,有睥睨全世之慨。年十八,应童子试,府院皆第一。尝同村人往石羊办厂,所在结纳英雄,抚弱抑强,远近无不敬服。"《他郎南安争矿肇乱记》云:"咸丰初年,他郎、石羊矿事起,汉回迭相屠杀。四年冬,回民马老十、马学裕等,复被建水汉民李经文、周铁嘴等所逐，乃奔回龙村，求援于马如龙。如龙闻回民之被杀，乃愤然曰：‘人而不能扶弱抑强，拨乱御侮，非丈夫也！’因纠众数百人，败李经文等，复夺石羊厂。旋惧南安知州崔绍中责问，乃于咸丰五年正月，填塞矿硐，并将所掳财物，捆载离厂。”及省城灭回事作，如龙遂据数县，称“三迤大元帅”。可见云南回变之起，以如龙发难最先，称号亦较杜文秀为早，其檄文有云：“盖闻尧、舜之世，殃民者诛，汤、武之朝，不仁者代。……本局职居子弟，志在父兄，伤同类之无辜，痛先人之罹难。卧薪尝胆，志切报吴；乞食吹箫，意不忘楚。请司民之命，兴仁义之师。旌旗举处，神鬼皆惊；车马临时，山河震动。爰此檄文，遍告同志，只分良莠，何分回汉？受其殃者，莫存观望；被其害者，志切同仇。至于义闻宣昭，共歼魁首，大兵所向，罔治胁从。倘能捆献元凶，尤当加厚优奖；若再互相比党，势必祸延炎冈。”（见《新兴河西纪闻》）传檄远近，兴师报仇，大有替天行道、吊民伐罪之意义，固不类杜文秀之宫殿门联有“天生英雄，扭转中原世界；地出豪杰，夺回胡儿乾坤”，及“按三尺剑以开基，重见汉高世业；着一戎衣而戡乱，依然周武功勋”之帝王思想，如洪秀全所为者，故徐之铭予以“总兵”职衔，如龙即踌躇满志矣。然招抚之经过，亦颇有曲折。据马负图（龙）《私记》所述：先由士绅十余人议和，杨振鹏等来贞庆观（如龙驻地），将公事商议停妥进城，林提台、徐抚台宾客款待，情谊殷勤。马云峰（如龙字）言：“马龙你今天不容我进城，是你爱我之好意，但进城之十多人，恐怕着你害死了。”图言：“有你在外，不惟不致受害，犹恐恭维不到，只管放心，勿庸疑虑！”转瞬间，马佐、马锡恩等十多人到，将所商议之事禀明。隔日，马龙又往议，与徐之铭畅谈至日落，始定议。之铭用官轿送回。（同治元年）二月初一日，两位大人（指徐之铭、林自清）差官摆全副职事，送札子、印信、顶翎、朝珠、蟒袍、补褂、靴帽。一路之上，笙箫鼓乐，吹吹打打，送来贞庆观，委马云峰署理临元镇总兵篆务。请马云峰来南城楼上相会，商议公事毕，由三四牌坊、长春坊出大东门踅回，男妇老幼填街塞巷，观之如堵。派昆明县将封得登仕街施应贵大公馆一所，打扫洁净，由阖城之大绅耆接进坐镇。初四日，两位大人与马镇台心气相合，肝胆相照，结为金兰昆仲，人虽异姓，义胜同胞。可见招降

马如龙,乃系徐之铭忧惧省城势危,不惜委曲以求全也。张涛《滇乱纪略》云:

> 如龙议和,遣毓英往说之。毓英亲诣如龙营,从者不十人。信宿饮食,谈笑自如,如龙颇敬重之。……壬戌二月,如龙率党入城,要求百端,之铭无不应。檄如龙署临元镇,奏赐回掌教马复初(德新)二品伯克,其党杨振鹏署中协,余均授官有差。如龙兼用大元帅衔,伪印大如斗,与镇印并列。回党占据民房,取民女。一时民间争相嫁娶,不复成婚嫁之礼。街市不敢售猪肉,一时无赖争投回教,俗称为"假回子"。之铭奉承如龙无所不至,纪纲扫地矣。

回民因如龙之受抚而势焰大张,汉争投回,颇似清初入关时之"投旗"。清廷怀疑如龙纳款之诚意,谓之铭铺张战功,声名狼藉,令甫经投诚未有官职之回人,署理镇将,势将不可复制。昏庸谬妄,罪不胜诛。着潘铎、张亮基迅速赴任,将徐之铭、马如龙等分别撤任,听候查办。潘铎抵昆明,始了解当时情况,奏称:"马如龙求抚出于诚意,之铭办理抚局,所保全者甚大。"虽张亮基有"之铭心术谲诈,潘铎骤与亲近,难保不堕其术中"之言,而清廷乃一反其疑虑为信任,诏移亮基署贵州巡抚,滇事专责铎及之铭,盖羁縻之也。林自清原为亮基旧部,以如龙就抚,擅率部兵入川投亮基求效用。清廷令亮基抚谕解散(自清调贵州,后为巡抚曾璧光所劾罢,戕兴义县令,率所部万人扰川境。同治八年璧光密遣提督陈希祚擒斩之)。之铭虑亮基不利于己,假如龙等声言拒之,并请铎及亮基撤去兵练。然不及数月,而铎竟为叛回戕害矣。

(三) 潘铎之遇害

潘秉性忠正,诏屡敦促,命赴贵州按事,遂由黔入滇。仅仆从数人,在途或以危词相怵,不之顾。同治元年九月,抵任,治邓有恒被戕之狱。何有保已前死,捕凶犯史荣、戴正堂诛之。欲因势利导,徐图补救,亟称岑毓英鲠直有战功,加以阅历,乃有用之材。毓英广西西林人,诸生,治团练击土匪,以功叙县丞。咸丰六年,滇回变起,始率勇赴云南助剿。九年,权宜良县事,十年擢同知,署澂江知府。以招抚马如龙,之铭奏加按察使衔,摄布政使。其于滇事,有明确之认识,亦颇引以为己任,故潘铎信任之。毓英知非利用如龙,不足以安回众,然如龙之党,骄横不法,乃阳与友善而阴图之。说铎遣如龙攻梁士美,密饬士美坚守,复暗调昭通镇总兵杨盛宗以助之,使其自相角逐,而坐收渔人之利。《滇乱纪略》记其事曰:

> 潘铎到滇后,见马如龙仍称大元帅,其党尤骄横不法,且与杜文秀声息相通,官贼并处,军务无下手处。深思远虑,欲作先清内患之计。因询诸马如龙曰:"剿贼应自何路始?"如龙与临安府城之梁士美有隙,请先除之。铎知士美守临安保境,非叛也。欲除如龙,遂诈许之。如龙率众往攻,铎密敕士美固守弗与战,又密征调昭通镇总兵杨盛宗速赴临安,与士美夹击如龙。拟俟盛宗至省,先诛城内回党,扫清根本重地。……如龙既率众赴临,省城首匪无多,仅有回掌教马复初(德新)、署中协杨振鹏等数十人,并各回匪眷属,本易图也。奈盛宗路远,一时未集。之铭知其谋,以为已与回和,誓不相害,今反而行之,无以对回众,遂密泄于马复初(德新)。复初惧,星夜调署寻霑营参将马荣,率党五千,假称赴临安救援。(同治二年)正月初八日入城,马荣住五华书院,其党分踞城隍庙、翊灵寺、荩忠寺等处。

此记潘铎欲削弱如龙之势力,故假手于梁士美等以图之,而召杨盛宗来省以制马德新,计为之铭所泄,故德新调马荣以自卫。是否可信,尚待考证。《清史稿·潘铎传》云:"回人掌教马德新,之铭所谄事,初见铎,貌为恭顺,后渐跋扈。武职多越级用翎顶,之铭所擅赏,铎面斥之。元新营参将梁士美乃临安土豪,不与回教联和,马如龙誓欲剿灭,铎不可,强出师,与岑毓英同败归。欲添调兵练,铎复阻之。回绅田庆余议设公局,通省粮赋税厘,悉归之。文武职官,亦由公举。铎以非政体,斥止。由是马如龙等皆不悦。马荣者,回酋杜文秀之党,之铭檄署武定营参将。二年正月,荣忽率二千人至省城踞五华书院。铎令出,迁延三日,乃亲往谕遣,荣抗恣不听,其所部回练,遽攒刺,铎临殒骂不绝口。云南知府黄培林、昆明县翟怡曾同被害,荣遂纵兵大掠,官衙民居悉遍。惟岑毓英勒兵守藩署,之铭遁往潜匿。越两日,毓英始殓铎尸。回众拥马德新为总督。马如龙在临安闻警驰至,马荣已率众携所掠去。如龙杀匪数十人,及附乱者百余。谓马德新不当为总督,取关防授之铭兼署之。之铭以巡抚让如龙,如龙不受,遂令署提督,一切拱手听之。”而回人马观政《滇垣十四年大祸记》所述又不同,记略曰:

> 十七日,毓英诣昭灵观,见马荣曰:“满祚将终,洪王(指洪秀全)领有十余省,而公等又得云南,岂非天意耶?我虽清吏,然皆幕燕釜鱼,公等若不我害,能为公等勷办笔墨,运筹帷幄。”荣曰:“恐尔诈耳!”岑曰:“吾素知贵教尊重天经,凡盟誓皆捧天经作证,今吾以沐浴而来,愿凭天经以为誓。”荣许之。置天经于庭,岑捧经叩头,誓毕而言曰:“今大事已定,可立老把爸(指马德新)为平南王,速通使杜元帅为一气。”荣曰:“王可称乎?”曰:“可,若暂不称王,俟大元帅到省再决。今人人自危,可请老把爸护理总督,以安人心。”荣遂与毓英亲至老把爹第,跪而请之。老把爹不从,面斥其非。十八日,岑令回汉男妇年迈者六十余人,手捧鲜花,赴老把爹前哀求。毓英入请,言未尽,而健有力者即将老把爹扶入轿内,毓英、马荣傍侍,肩往督署,时老把爹甫礼拜毕,首缠白巾,尚未脱也。

马安礼所作《滇南回回总掌教马公墓志》亦言:“同治二年,马荣袭省,潘文毅公遇害,省中文武百官缩首畏死,无能为计。时提督马云峰奉命征讨在外,省中逆寇纵横,官贼杂处。公以宿德盛名,为各教所推服,官吏士民请公主持省事。公谓巡抚徐公、藩司岑公云:‘公等误矣,余安能以洁白之身,而处危疑之地?’坚持不从。无如滇中士民纷纷促起曰:‘事急矣,公不挺身援拔,省城遂为贼有,民遭鱼肉,奈何?’公不得已,乃出抚强寇,保安弱民,密征马军门星夜回省,剿除逆寇。”以上两说,均出自回人,对德新则推崇备至,对毓英则诸多诋毁。德新召马荣事,讳而不言,反以自署总督，非出本意，乃士民所胁迫。实则若非马荣拥戴，德新讵敢出抚强寇哉？故《滇乱纪略》云："复初（德新）陈执事，乘八人舆，首挽布帕，入督署，红示曰：'钦赐二品伯克滇南总掌教护理云贵总督马，为上任事：本护督部堂择于癸亥年正月十八日到任视事。'示末亦只书癸亥年，不用朝廷年号，真叛逆也。毓英短衣战靴，红顶花翎，往谒复初，复初喜。毓英密驰蜡丸书，责如龙以大义，趣令回援。如龙得书，痛哭誓师，必欲除贼。如龙之忠，毓英有以激励之也。"可知马德新自署总督后，毓英始往见之，所谓士民促起，皆非实录，如龙回省，谓马德新不当为总督，即将关防持交之铭。如龙回省，乃毓英激励之，《清史稿·岑毓英传》云："毓英率所部粤勇一千，与弟毓贤守藩署，之铭微服诣毓英，司道皆集，分兵守东南门。密召马如龙入援。如龙至，诛乱党，马荣逃走南宁，合马联升踞曲靖八属。诏嘉毓英守城功，擢道员。"《马如龙传》亦言："是时临安独挠抚局，如龙怒，率师鼓行而南，战失利。署临元参将梁士美夺其旗鼓。如龙被创仆，左右负以奔。总督潘铎严檄其撤兵。如龙阻于士美军，弗能达。明年，马荣据省城，潘铎被害，如龙闻警，即致书士美，约共释私仇，雪公愤，士美许诺。期相见临安城下，如龙贻士美洋枪，士美亦选劲旅助如龙。如龙乃星夜旋军，与毓英共击之，斩马士麐、马有才于阵。荣宵遁。"综合诸书记载，可知毓英守护藩署，兵力微弱，不过数百人；如龙得书入援，夹击马荣，荣始遁逃。如龙受毓英激劝，态度即大异于前，《滇乱纪略》谓其"下令毁大元帅印，去伪衔，禁止人呼为元帅，反邪归正自此始"。盖由是而如龙始怀忠义之心，滇省回变，解铃系铃，实以如龙与毓英二人为枢纽也。

（四）滇东之平定

潘铎殉难，主办团练剿回之在籍侍郎黄琮等亦为所杀。清廷以劳崇光为云贵总督，贾洪诏为巡抚。之铭褫职，听候治罪，而洪诏借病规避，不赴任，又命林鸿年为巡抚，鸿年亦逗留川境不行，仅风闻奏报而已。是以徐之铭借口无人接替，仍署事如故。同治四年，始病死，清廷莫能治也。劳崇光因贵州有苗匪及石达开余党之乱，不能即赴滇，仅遥领治事。滇事赖毓英及如龙主持。文秀兵陷武定，如龙遣参将马青云驰援，守备夏毓秀先登克之。连复十余城,文秀闻而忌之,致书马德新,痛斥如龙自殊同教。如龙亦遍驰书迤西回民,历数文秀狂悖,及德新不谙大义,劝勿为所惑。德新挟之铭为傀儡,申割地构和议,派武进士田余庆往招抚杜文秀,许以大理、永昌、丽江三府封之。文秀因出示,谓马复初已允分给迤西之地矣。如龙力止之,事遂寝。如龙攻克寻甸,擒马荣解省伏诛,割荣尸祭铎。毓英与参将冯世兴合师攻曲靖,回惧,愿执马联升以献,乞贷死。如龙驰至军前,力为请命,许之。迤东悉平。回乱之大者,惟迤西之杜文秀矣。先是毓英于省垣既定,统师西征,迭复富民、安宁、罗次、高明、禄丰、武定、陆劝、广通、陆凉、南安各城,及黑、元、永三盐井。又克楚雄、大姚、赵州、宾州、邓川、浪穹、鹤庆,分道进规大理上下关。以东路请援急,留副将李维述守楚雄。所克诸城多复陷。毓英驻军曲靖,护省城运道。同治四年,如龙已署提督,又围攻江川,经梁士美往援获胜。诏嘉临安官绅,并筹银数万两接济之。因谕曰:“马如龙既称归诚向化,何以舍杜文秀不讨,而日与临安士民为仇,其居心殊不可问!林鸿年与劳崇光等务当随时访察,妥筹办理。滇省迤东现已肃清,而当檄饬诸军进规大理。以目前时势而论,亟须督抚大吏,前赴滇中督办,指受机宜,使各军有所禀承,事权既归划一,始可迅蒇全功,如但委之岑毓英、马如龙等,非但诸军无所统一,且恐成尾大不掉之势。劳崇光身任云贵总督,责无旁贷,即着克期赴滇,严饬梁士美、马如龙等蠲除私忿,联络进取,一以剿除杜逆为事。”同治五年正月,劳崇光至滇,毓英谒诸平彝,具陈军情贼势,请崇光坐镇省垣,渐收旁落之权,以维根本。用兵则先东后西,庶免牵制,而收全功。崇光深然之。疏请以如龙专办西路,图大理,而毓英督剿猪拱箐、海马姑等处之叛苗,得旨报可。同治六年,毓英擢布政使,先攻克镇雄州城,斩回酋李开甲、漆维新,遂进攻猪拱箐。猪拱箐隶贵州威宁州,与海马姑相犄角,山溪阻深,去镇雄不百里。苗酋陶三春、陶新春分据之。海马姑依红岩尖山,山壁立陡绝,大河带其前,鸟道一线,攀援而登。一夫扼险,万夫莫进,敌中呼为“铁桶江山”。猪拱箐地界川、滇、黔三省之交,八山环合,三面崭然,惟青松梁一面,为往来之径。绝顶孤峰,势凌霄汉,三泉下注,汇山麓为河,敌人分据山险,山下沃壤曰吴家屯,广七十余里,敌粮资焉。屯有间道,可达海马姑,外有二龙关、大丫口、小丫口三隘,坚垒密布,出掠退守,操纵自如。惟大溜口一隘,径路险僻。毓英令部将张保和、林守怀领二千人夜由大溜小径,抄出二龙关后,掩袭吴家屯,自督三千人攻二龙关。黎明,敌倾巢出拒,战方酣,忽闻关后炮声震天,敌惊回救,两军夹击,三隘皆下,遂夺吴家屯,斩获无算。海马姑敌众来援,毓英要击于中途,大破之,皆溃走。又令部将蔡标、刘重庆分军围剿海马姑,亦克其红岩尖山,敌援断,遂逼猪拱箐。阵斩苗目杨大仁等五十余,苗凿千余斤巨石,实硝磺松脂,引火于蒂,自岭坠下。又驱牛马冲突,损毁二十余营。毓英亲搏战,斩悍酋,敌始却,退营山半。毓英令于营前掘深坑,敌用石来攻,石尽落坑中,军士无所伤。敌计穷,坚守不出。其党多倮人,倮俗连袂蹈歌,毓英令倮人之从军者,遍山环歌,讽以解散。敌中闻歌而逸者万余人。倮目大红袍来降。毓英得敌虚实,选敢死士二千人,填濠以进,连破本城二重,直捣其巢,敌殊死斗,毓英身先士卒,纵火掩杀。斩馘二万,生擒其大元帅陶新春等。拔出男妇四万余人。乘胜合攻海马姑,伏兵山前后,进毁敌垒三十余,以喷筒环烧,擒陶三春及悍酋二百余人,皆斩之。尽平其垒,三省边境肃清,川督骆秉章闻捷,使犒师,检点敌尸,筑为“京观”。是役也,谈两军战状者皆咋舌。先是苗逆叠扰滇、黔及川,三省会剿久无功,毓英尝上书骆秉章,谓其权不一则军不用命,愿率滇军独任,期四百二十日复其巢。自进兵至是仅逾四日耳。诏加毓英头品顶戴。时同治六年七月也。而崇光已先以病卒,诏嘉其沉毅有为,历官两广、云、贵,皆不备艰险,地方日有起色,谥文毅。命张凯嵩为云贵总督,时徐之铭已早死,林鸿年以未赴任夺职,授湘军将刘岳昭为云南巡抚。七年春,张凯嵩以规避革职,擢刘岳昭为云贵总督,岑毓英为云南巡抚,其时杜文秀之势焰仍张,然督抚得人,征剿始有术矣。

(五) 岑毓英剿回之计划

先是,马如龙图西路,以杨振鹏攻宾川,副将李惟述攻镇南、昭通,总兵杨盛宗取永北,署腾越镇田仲兴攻蒙化,护普洱镇李锦文攻威远,并受如龙节制。六年如龙军次禄、丰,适大理回入前场关,遣总兵合国安、副将杨先芝大破之。振鹏性阴骜,不甘为如龙下,至是,闻劳崇光卒,叛志遂决,国安、先芝亦怀二心,日与文秀使者往还,军心解体。无何,楚雄、大姚相继告警,如龙驻定远,军数夜惊,群将或拥兵观望,或临阵先奔,或竟为敌充向导,如龙知势已去,乃称疾还省。自是文秀始轻如龙矣,乃倾力东犯,连下二十余城,省垣戒严。毓英方自猪拱箐凯旋,至曲靖,整顿士马,闻警先遣弟毓宝往助如龙。同治七年二月,兼程援省,扬言师出陆凉,而取道宜良、七甸,沿途破大小石坝、小板桥、古庭庵、金马寺数十垒。进驻大树营,联络省城,策应各路。如龙以回练不足恃,乃专依汉兵守城,斥私财三万金、米三千石济军。晨夜登陴守。初振鹏之叛也,约国安等为内应,国安谋刺如龙,事觉,诱诛之。先芝等颇自危,会如龙出大西门击敌,战方酣,先芝等遂倒戈,回刃如龙,几不免,亟驰入,益兵守御。于是马世德、马文照、马葵相继叛去,逼南城,据江右馆。适惟述、马忠援师至,劝其与毓英协力,如龙然之,踵军门上谒,深悔群回卖己,颇忸怩不安。毓英推诚慰勉,约共竭力灭敌。如龙感奋,而大局始有转机矣。敌乘新营未定,尽力攻扑,血战数日,卒以计击却之。杨振鹏由昆阳夜渡昆明湖,袭省城。同知岑毓宝败之九甲,蹙诸水滨,夺其船,斩溺甚多,振鹏被创遁。时文秀所派大司寇李芳园等围攻杨林,杨林当省东驿道,附官军之背,毓英疾击之,纵火焚其木垒。密授诸将策,破敌连营碉楼,鼻受枪伤,督攻益急,卒解其围。回军省城,破石虎关,生擒回大将军李洪勋等歼之。敌势稍蹙。三月,授巡抚,时附省敌垒犹繁,深沟重壕,间以碉楼炮台,皆锢若金铁,阻若阱擭,牢坚不可撼动。援敌飙至豕突,震荡不可当,清军尽锐力攻,死伤相继,而卒无如何,诸将苦之。马天顺据寻甸,与文秀相应,总督刘岳昭初至滇,由马龙进剿,屡失利,敌势复炽。毓英以文秀窃居迤西十三载,根深蒂固,未易殄灭,且回众狡悍,骤难与力搏,非旁出以挠之,势不可戢也。乃征兵筹饷,通盘筹划,议上章程八条:

一、议定兵勇数目以备战守也。查杜逆窃踞西南,纵横各数千里,若止由一路进剿,逆等并力抗拒,恐难成功。必一路由迤南进牵其威、缅、云、蒙之贼,一路由三姚、永北进,断其鹤丽、邓浪之援,大军由楚雄直捣中坚，使该逆面面受敌，庶易得手。但该逆增垒设险，防守甚严，克复一城，动须数月。既克之后，不乘胜进攻，则坐失机会；不稍资休息，又恐师老变生。臣拟三路进兵，须选勇六万，分为两班，更番战守，既无停兵之时，亦免老师之患。

一、兵勇无须外募也。查用兵必因地利，他省兵勇，人地不习，目前则多报销，事后则易聚难散，不如团集本地乡勇，事半功倍。见在滇省兵勇乡团，已调集八万有零，而其中未尽得力，拟俟附省逆垒肃清，即认真裁汰，选定精锐六万，以本省兵勇，剿本省之贼，庶地利贼情熟悉，攻剿易于得手。

一、拟易勇为兵以复旧制而肃军政也。滇省勇丁，除臣旧部粤勇千余人，及新到投效把总周平楚所带粤勇千名外，余皆本省兵与各厂砂丁。或因地方失陷，不能归营回籍，或借厂务废弛，停工失业，悉赖当勇糊口。既习战斗，即不复耐耕作，实有易聚难散之势。思所以善其后，莫如易勇为兵。查滇省绿营，额设马步兵三万七千数百名，承平日久，训练多疏，将不知兵，兵不知战，仓卒有事，则募勇以代兵，饷糈支绌，即不能不后兵而先勇。于是兵丁愈困，营务益弛，有改业贸易者，有入营为勇者，通省营兵，所存不及什一。臣拟即此六万人中，先选其尤为奋勇者，补足各营兵额，庶该勇等既有常业，自有恒心，责以成功，收效必速矣。

一、拟定团练乡勇章程以均民力也。滇省近年用兵，多借乡勇之力。臣现拟用兵勇六万，内除拟补营兵约三万五六千名外，其余二万四五千名，拟按州县之大小，定征调之多寡，共编乡勇四十营，得勇二万四千数百名（每营六百一十四人），亦分两班随征。其饷银仍由各地方筹捐，饬照臣营旧章发给（一营每月支饷银四百二十两，米一百八十四石二斗）。不许格外多派。粮米军火等项，由官筹发，不过两年内外，迤西肃清，即可裁撤归农。

一、军实宜筹备也。滇省兵勇，向于饷银之外，每名月支米三斗，现拟用兵六万，每年共需米二十余万石，为数甚巨。历年皆按成熟田亩，酌抽厘谷约十分取其一二，资助军食，与川之津贴，黔之义谷,名异实同。今拟仍照旧章抽收,并将可征地丁抽粮,全数改征粮米,如不敷用,再筹价采买接济。一俟军务肃清,分别裁止。

一、兵饷宜划定也。滇省绿营官兵俸饷,有闰之年,需银七十万两零,无闰需银六十四万数千两,除由本省盐课地丁动拨外,各省每年协济四十余万。见在办理军务,功伤赏恤,军火旗帜之用数实倍之。臣营勇丁,每名月饷,不过给银数钱。见既易勇为兵,则饷银较勇粮稍厚,即或筹饷维艰,每月先给半饷,俟帑裕再补。加以赏需军火各费,每月约共需银八万两,盐课、厘金、茶税外,每月所短,不过三四万两,应由外省协拨。较之向例协饷,有减无增。若发全饷,每月须由外省协拨二万两,所增亦属不多。如何酌发,恭候圣裁。

一、请改拨邻省协饷以济急需也。各省协滇军饷,如浙江、广东、江西等省,距滇较远,往返经年,缓难济急。何如改拨京饷,另由川楚等省,应解京饷项下,改拨济滇。在京并无窒碍,而于滇饷近便良多。谊切唇齿,必能力筹顾持也。

一、拟选任镇将以资得力也。选用镇将,宜不拘资格,不惜情面,凡有能将三千兵以上,当一面之才者,虽有名位尚卑,亦宜委署要职,借资得力。倘谋勇平常,仅止熟习营务,即系实缺人员,亦宜另予差遣,勿使幸位。滇省共有总兵六员,副将六员,见定三路进兵,拟即以一镇一协,专办一路军务,仍令两班更换。其参游以下等官,亦按班随征,庶得实在人材,亦可借资激励。

疏入,下部如所议行。八年二月,回司衡杨荣复由嵩明、寻甸率悍党陷杨林、长坡,长驱大进,复分股据小偏桥、十里铺、羊芳凹、牛街、兴福寺,省城大震。毓英亲督诸军,分路攻战兼旬,夺回小偏桥等处,复夺萧家山,又败之鹦鹉山,尽克省东敌垒百余座。知府岑毓宝亦攻克团山、杨林等处。而西北两面及江右馆等处敌尚坚守。毓英遣副将杨玉科、总兵李维述等,率劲旅直捣迤西,为釜底抽薪之计。又檄腾越义兵刻期并进,侧击旁攻,首尾相应,回始兼顾不遑,次第奔溃。于是副将张保和等克富民、昆阳(前督标副将杨振鹏,坐视潘铎被害不救,徐之铭檄权鹤丽镇总兵,叛降杜文秀守昆阳，马如龙督军进攻未下，毓英遣保和至。先克外围，始复州城。振鹏出走，如龙捕治之），毓宝及总兵马忠等克呈贡、晋宁、澂江、易门、禄丰，及丰明、安宁、邵甸、桃园、海口各城镇；杨玉科等克武定、禄丰、元谋、罗次、定远、大姚及白盐井；李维述等克广通、楚雄、南安，并黑琅、元水各盐井；凡进逼省城之悍酋剧股，擒斩殆尽。八月，省围遂解。

（六）东、南两迤之先定

先是，刘岳昭驻军曲靖，自七年督师进攻寻甸，屡破附近敌垒，收复果马。旋以杜文秀遣军往援，回众大至，围攻果马，各营皆陷，诏革职留任。盖岳昭转战川、黔多年，至滇后，以毓英所部最强，素尚意气，乃开诚专任，调发进止悉听之，其旧部多遣去。而澂江回众投诚者，亦于八年春袭据府城复叛。毓英自请议处，降二级留任。既而岳昭解马龙州围。其从弟道员岳昣固守数月，练兵得三千人，会攻寻甸，破七星桥，总兵全祖凯又连克各要隘，回首马天顺及嵩明回大司寇李芳园求抚，遂复其城。岳昣（道员）请昭还曲靖以固根本。降回犹怀反侧，岳昣率三十人入城，示以坦白，人心始定。次日毓英兵亦至，皆服其胆略云。毓英既解省围，议分军三路：自与岳昭、马如龙（已授云南提督）各当其一。九年二月，中路克弥度、宾川及红厓、马街各回垒；北路收复丽江、剑川；南路攻克缅宁厅城。五月，毓英等克复威远，威远为普洱府属，久为回首马标占据，屡攻未下，毓英令诸军会同土练，分道进攻，力战年余，始将厅城克复，并破四垒厓一带据点，南路肃清。总兵杨玉科同时裹创力战，克复姚州，三姚全境俱平。而马如龙督军攻新兴，亦连破王枕山、灰窑及附城诸垒，遂复州城。进军河西，攻小东沟，杀叛将合国治。时毓英已移军攻澂江，澂江南有抚山湖，以形胜闻。毓英围其郛，分命李维述、杨玉科等下永北、鹤庆、镇南、穹浪、邓川规大理北路，张保和等克上坝、下坝及竹园（弥勒县属）回垒及澂江附近各地。竹园者，介开化、广南、临安三府间，为迤南之要冲，由广西安南入滇必经之孔道也。毓英围澂江一年，除九年七月监临文武闱乡试（自咸丰五年停科，至是始奏请举行）留毓宝督剿外，盖无时不在前线。十年二月，地雷发，克其城，并拔江那、竹围等处。竹围回众放火全体自焚而死。四月,杨玉科攻克宾居各坚垒,云龙州回首赵炳南以城降。毓英又疏言:"云南前事之误,在于东南未定,遽议西征,致屡次丧师失地。见通筹全局,必须扫荡东南两迤,然后全军西上,无后顾之忧。"清廷谕曰"滇省东南一带未拔贼巢,均距省城甚近,自应先行剿除,以去肘腋之患。岑毓英亲赴迤南督剿,可谓勇于任事。即着激励各营,分投扫荡,迅拔各巢,肃清东南一路。"是年十一月,毓英督部将何秀林、张保和等分道进军,临安府属之馆驿、婆兮、田心、日者乡各回垒,皆次第殄灭。于是清军已克三十二城,其仍为文秀所据者,大理、永昌、顺宁三府,蒙化、腾越二厅及永平等四县而已。东南两迤悉平,官军乃得专力于西路大理矣。其时马如龙因督战数受伤,清廷嘉其奋勇异常,赏给药物玉玩,命加意调养。而岳昭委事毓英,一切军务由毓英主持,退然若无与者,和衷并济,始克成功。《清史稿》论曰:"刘岳昭治滇,能屈己以听岑毓英,毓英与滇事相终始,跋扈霸才,竟成勘定伟绩,信乎识时之杰,能自树立者已。"可谓确论也。

(七) 大理与迤西之全平

开化镇总兵杨玉科奉命规大理北路,以十年春克宾川。初永昌之陷也,玉科为回将马双元所得,见其人可用,劝之降,与订交,属异时得志相援手,纵之归。至是约为内应,遂克之。玉科署提督,攻大理小关。回酋诈降,设座礼拜寺,约玉科往,比入心动,命移座,动如故,命再移。有间地雷发,得不死。玉科怒,手刃四人,双元锐身护之出,竟复其地。回司衡杨荣率悍党万人攻宾川,玉科驰救立解。移师攻下永昌,遂趋漾濞。漾濞大理后路险隘也。文秀百计援救,玉科卒以十一年三月破之。四月,复云南县城,而李维述亦拔永平。云南、永平二邑,密迩大理,迤西回恃为犄角,今先后克之,大理无屏蔽矣。五月,玉科复赵州,遂长驱大理。大理东临洱海,西倚苍山,自文秀置为都城,窃号称尊,拟于王者,内筑土垣,包禁城于中。玉科分其军为四:一逾苍山抄敌后;一渡普洱海出敌前;一攻北路之上关;一攻南路之下关。玉科自攻下关克之,北路亦同日拔上关。时李维述方攻蒙化挫衄,玉科急率精兵千人赴援,大败回众,复蒙化厅城。返攻大理,大理城坚且厚,又恃腾越、顺宁互为援应,得久持。十一月,岑毓英遵旨西征,抵大理,督将士先断敌援,直薄城下。掘隧道,以地雷轰塌城垣数十丈,玉科冒险先入,诸将继进,夺东南两门。回犹死守西北门及土城,官军昼夜以开花炮环攻之,守陴回兵多死。遂破土城,直抵莲花池。文秀率死党万余出战,相持十余日,死伤过半,退入内城,乃以其子女分寄大司衡杨荣、大经略蔡廷栋家,而自与妻妾服毒自尽。未即死,廷栋舁其尸以献,气息仅属,割其首解送省城。廷栋佯出降,阴埋地雷于行馆。毓英限其众三日呈缴军械,尽徙出城。荣等请期半年,毓英阳许之,密饬玉科选死士二百人率同知太和县谭席珍入城,登府中炮楼大呼,兵士争血战。毓英度玉科已达,隐卒乘夜梯登,内外夹击,巷战数日,杀回将军、参军三百余人,余众夺门走。获文秀子女杜宗扬、赓扬、成扬,及大冢宰马仲山并杨荣、蔡廷栋等百三十人,分别处死。于是大理肃清,自文秀据此,已十八年矣。总兵段瑞梅、蔡标分攻顺宁、云州不能拔,清廷命玉科督办,乃率所部并力攻之。未至顺宁,城内敌兵先出,分扑大小中山各营,清师鏖战十日,连破碉楼三十二。玉科绕攻锡腊以牵制之。瑞梅复将桥头山等处敌营木垒碉堡八十余座划削无遗,拔凤、虎二山,直逼城下。玉科由锡腊回师合围,与瑞梅分攻各门,节节扫荡,同治十二年二月克之。遂进围云州,合蔡标兵力战月余,亦破之。五月,毓英督诸将进攻腾越,提督和耀曾攻克大、小猛统,乌士寨及马家村各坚堡,因令李维述、段瑞梅诸军环攻,遂克之。云南全省肃清,加毓英太子少保,晋一等轻车都尉。而省城掌教马德新(复初),屡降屡叛,为回主谋,后窜匿新兴,于十三年五月,为总兵马忠缉获,伏诛。刘岳昭、岑毓英合疏奏平杜经过曰:“杜逆倡乱,历十八载,攻陷五十三城,西及四川会理,东及贵州兴义。伪造禁城,规僭王制,与东南巨寇,并驾一时,官军四次西征:咸丰六年提臣文祥调川军助剿,克红崖,围宾居,而东西各回围省,退兵还援,则弥渡、云县失矣。九年提臣褚克昌克鹦鹉关、云南驿,而馆驿、澂江回众攻陷广通、楚雄、镇南以袭其后,则褚克昌之全军覆没矣。同治二年臣毓英在署藩司任内,连拔景东、镇元、永北、楚雄、广通、定远,进规镇南,而马连升、马荣率沾益、寻甸之众,占扰曲靖、马龙、平彝,撤兵回顾,而大理之役,遂不果矣。六年提臣马如龙甫至定远,前军失利,而合国安、杨振鹏等内外勾结,连失定远、楚雄以次二十城,则省围几莫解矣。皆由东南党援未除,则迤西寇氛益炽,故先从各路征剿,克曲靖而东隅固,解省围而内患清,复澂江而内地宁,平临安而南徼定,内顾无忧,远图易举,臣等所以先事东南而后事迤西者,职是故也。"所述甚为简明,回乱始末,可就此疏知其大略。刘岳昭后以入觐迁延,为御史李廷箫所劾,部议褫职。岑毓英署云贵总督,光绪二年丁母忧,解任归里。而武弁苏开先乘毓英入觐时率兵变,与王道士合兵。王道士有幻术,自言能御枪炮,徒党至万人,胁从尤众。先踞盏达土司地,愚民多信其教。及开先叛,互相犄角,而顺宁、云州之土豪,又复响应,永昌降人亦戕官据城。于是迤西大扰。代总督刘长佑檄杨玉科进兵,越一年而事平。云南回变,虽地域较小于太平,而时间之绵延过之。刘岳昭以湘军部将获此功,其实皆岑毓英一手所经营,马如龙受抚,为最大关键,若回众统一,则毓英亦难成事也。如龙于滇乱平后,调湖南提督,光绪四年,以创发乞归。湘、滇合流,堪称佳话。而如龙之脱回扶清,亦犹张国樑、李世忠云。

五十二 附贵州之苗变

(一) 台拱之苗变

方云南不靖时,贵州苗、回教徒,亦纷起扰乱。陶三春、陶新春等据威宁之猪拱箐、海马姑等处,既为岑毓英所平定;而贵州铜仁、台拱诸苗乱起经年,教匪应之,迭陷黔东府县,众至数万人,出掠镇筸、沅晃、靖州、会同、黔阳间。川、楚边境骚然,边防之师无宁岁,縻费逾千万皆无功。苗首张秀眉(《清史稿·席宝田传》作"秀肩",误)等恃险负隅,其众强者以台拱、清江生苗,九股河黑苗为之冠,镇远、施秉、黄平、青平所属之苗次之。坚巢巨寨,率罗列清水南北岸之间。而教匪尤出没为之援应,有白号、黄号、红号之目,皆太平军余众,率假天主名,诱苗侵掠以为利。贵州布政使兆琛,偕总兵周洪印率师往攻,积岁无功。李元度围荆竹园,亦久不下。湖南巡抚李瀚章、刘崐先后劾罢之。贵东素倚湖南援师,自太平天国平,议大举剿苗。乃奏起记名布政使席宝田募万人前往。六年十月,宝田军次沅州,以荆竹园为教匪巢薮,议先攻之。荆竹园者,天险四塞,堡寨栉比,官军十余岁无能至垒下。十一月,宝田进军石阡,遂薄荆竹园,因北面平夷可掩入,作二垒进逼。七年元旦进攻,部将黄元果先登,诸将肉薄垒下,一日平十八寨,遂克之。斩其首领萧桂盛、何玉堂。其旁三十六郡相继攻下。二月,还军铜仁,屡破教匪,以四月溯沅水西行,克颇洞、德明、台笠。于是四十八寨之苗,悉聚保寨头。寨头为苗疆门户,诸苗孥贿资粮所萃。宝田进攻,斩苗酋桂金保。张秀眉乃令黄平麻、哈青平苗数道出援,皆力战走之,遂克寨头。乘胜攻下旁近十余寨。五月,遣部将龚继昌攻克天柱及江口屯,斩苗首陈大六。会丁母忧,回籍(湖南安东)治丧,提督荣维善暂领其军。寻诏夺情,趣赴军。是时军已渐深入,炎暑瘴盛,军士疾疫过半,而援师逾万,悉依饷湖南,或不时至,军中大困。苗亦病饿死者数千人,赖以休息。十月,始议进规台拱。宝田以为"台拱苗最强,右清江而左镇远,为之犄角:台拱下而后苗事可言,不取两城,无以制台拱;不悉平寨头前路苗寨,断其援道,无以取两城。"于是先徇清江路,扬言进兵,而以轻兵缒万山袭其后,传锋而詟之,清江北岸寨悉定。遂移军略南岸,以规镇远。八年正月,克平数十寨,寨头达镇远百里苗寨荡焉。苗首九太白、潘老冒等皆遁走,遂攻镇远克之,复拔施秉城。二月渡沅水进攻清江,清江大寨二:曰公鹅屯,曰董敖屯,自昔负固。雍正中,总督鄂尔泰督大军二万,围攻数月,仅克公鹅屯,董敖卒不能下,抚之而还。宝田至,揽其形势,孤峰矗立,绝因依,无可伺击,乃麾军薄而登。苗从峰颠转石下击,声隆隆震山谷,清军死伤相积。荣维善骁捷冠一军,猱升以登,遂拔董敖,还攻公鹅,又破之,清江厅城复。宝田乃遣维善率六千人往会别将按察使黄润昌、道员邓子垣军,疏通驿路。至黄飘山,地狭峻,人行顶趾相接,遇伏,黄、邓败没,军覆。先是,润昌促维善会师,维善以军久疲,请休士裹粮,润昌所领乃宝田奏增之万人,新成军,欲速战,维善不得已,率师先发。度黄飘山,苗凭山桀石,维善挥将士疾行出险。润昌军误以为陷伏,争道相挤,苗乘之,军大溃,自相践而下。维善闻润昌等战死,乃大愤怒,率亲兵二百人入求其尸,袒衣持刀。战良久,苗围之数匝。乃退保一山,苗来益众,急起溃围出,反攻山间苗寨破之,得其饭以果腹。复出纵击,终不得脱,苗列炬夜守之,三昼一夜,二百人皆战死。维善被擒,苗以炽炭铁釜,加其首曰

"戴火红顶"。维善骂不绝声而死。苗氛复炽,湖南大震。

(二)苗疆之平定与制苗策

同治八年三月,秀眉乘虚攻巴冶,宝田驰至破之。秀眉走保稿米。宝田念稿米群苗所窟,破稿米则敌势益落,因暗行五十里袭之,苗殊死战。宝田以裨将徐启瑞战不力,斩以徇,将士奋死陷阵,苗大败,秀眉弃稿米遁。六月克廖洞、冰洞。九月克施秉,烧粮十万石。十月部将龚继昌克抱岩九寨,复遣黔军苏元春破苗于天柱,击走苗酋张臭迷(疑音同张秀眉,似是一人,而《清史稿》分作"秀肩"与"臭迷",恐误矣)等,分军守镇远、施秉。时以宝田军苦战年余,尚未深入,议罢其军。刘崐仍主专任,复增兵万人,分三路进。九年三月,会攻施洞,拔之。连下班鸠、白洗、瓮版。苗地日蹙,四川援军已进至黄飘山,宝田与约会师岩门。四月,克岩门,进军叫乌,川军亦克瓮谷陇,与宝田军旗哨相望。会川军议饷龃龉,移军去。而白洗、瓮谷苗复聚,清平、重安皆陷,宝田分军破走之。以台拱旦夕不可下,而前拔出降苗万户,垦土给耕,宜及时抚定。又以台拱苗寨数百,"革苗"最大,议暂留备要害,休士卒,以为攻取之资。十月,乃督军进攻革苗,先取其旁寨,夜薄之,皆溃。革苗破,纵火烧左右诸寨略尽,遂薄台拱城下,苗弃城走。台拱既克,苗悉聚九股河,而丹江、凯里厅为其根据地。九股黑苗者,自杨应龙以来,频拒官军,皆以深阻约降而退,官军未尝入其境。宝田转战而前,分军迭破余寨,苗日益困。鸡沟苗、丹江苗请归化,遂次第攻降苗寨二百余。是冬总兵刘士奇亦攻克都匀府城。都匀为苗人金干二所据,至是始复。同治十年三月,宝田平丹江,遂驱入凯里,拔其城,乘胜悉收二百余旁寨。苗遁保雷公山。由是沅水南北岸乾隆中所设之六厅城皆克复矣。五月,军薄雷公山,其旁寨数十亦险绝,宝田锐意击灭之,暑雨淫毒,亲执桴鼓督战,植立竟日,破斩三万级,张秀眉逃而免。燔其庐舍,剿洗一空。还军施洞口,宝田感瘴病风痹,九月犹不瘳,乃乞归,以提督龚继昌、苏元春、唐本有、道员谢兰阶分统其军。进止机宜,仍禀命于宝田。十一年三路进兵,凯北以北悉定。合攻乌雅坡,诸酋皆在,以长围困之,迭战,斩九大白、岩大五于阵。先后降者数万。四月,擒张秀眉、杨大

六、金大五等,槛送长沙,伏诛。苗疆悉平。同时回众之占据兴义及新城者,久为滇黔两省边患,总督刘岳昭遣将吴奇忠等会黔军攻之,亦将义兴府城克复。十二年正月,黔回遂肃清。诏赏贵州巡抚曾璧光官衔世职。仅晋宝田骑都尉(原以擒幼天王功予云骑尉世职)。而刘岳昭、刘崐不与焉。初,宝田之黔也,计苗寨如布棋,苗悉狡悍,长于守险,欲试行“雕剿法”,恐无效。自清江北岸之役,荣维善约束所部,疾趋山谷间,悬军回绕,奋立奇功,于是始决行之。后维善死,复督龚继昌、苏元春、唐本有等继之,卒以平苗。“雕剿”者,悬军深入,饥因敌粮,夜宿敌垒,行不持营,居不依城,军不时出,出不时反,昔岳钟琪、张广泗所以制苗夷也。宝田于苗,尤穷殚其能,犯瘴疠,践冰雪,缒幽穿岨,攀度箐壑,寻逐于猿鸟俱绝之径,争万死,卒攻不备,往往破灭。或分军夜取城寨,衔枚暗趋,手扪而前,指与指相错,始知我师合。军士咳则伏地上,以指掘土,令声入地中,其艰如此。用兵五年,拓地千余里,破寨千余,歼苗十万。而经理降苗,防患未然尤有法。宝田尝曰:“苗人之叛服无常,非独其野性然也。风俗之不一,政教之不及,相激相荡,因而生心耳。雍正间,苗已大定矣(指改土归流事而言),然苗之薙发者,十之二三。益以言语不通,嗜欲不同,汉民既目为异类,苗亦自居于别种,苗疆所由多故也。欲苗不为乱,必使言语嗜欲同于编氓,而要由责令薙发,形貌既同,言语嗜欲,即渐更化,数十百年之间,民苗大驯,混同教俗,生计或不给,营贩四出,无所疑阻,则叛盗息矣。”其言与雍正间鄂尔泰之改土归流,嘉庆间傅鼐之普施教育,同有深意。为清代治苗事者之能手云。

五十三　陕、甘回教徒之变

(一) 陕回之举事

陕、甘两省之回教徒,统称之曰“东干”。其部族移徙,纪载不详,大约在唐平安史乱后,至明而繁衍滋盛,汉人奉教者亦多。《征西纪略》曰:“回自唐平安史乱后,留兵驻陕。相传教祖曰阿丹,生于天方之野。当隋开皇中,有穆罕默德者,创为清真教,其著曰《天经》(即《可兰经》),众皆奉之。杂居中国千数百年,生息蕃庶,称汉人曰大教,自曰小教,习向绝殊,往往龃龉,相仇杀,视为固然者久矣。”顺治五年,回人米剌印、丁国栋据兰州起事,奉明延长王为主,进薄陕西。清廷命固山贝子屯齐为平西大将军,同固山额真宗室韩岱讨平之。至中叶而又有石峰堡之变,事详中卷。自乾隆间敉平以来,相安无事者亘八十余年。陕西巡抚毕沅在《查禁新教苛扰激变疏》中,述陕回之状况曰:“陕属回民,较他省为多,而西安及所属之长安、渭南、临潼、高陵、咸阳,及同州府属之大荔、华州,汉中府属南郑等州县,回民聚堡而居,户口更为稠密。西安省城,回民不下数千家,城中礼拜寺七座,其最大者系唐时建立。各寺俱有传经掌教之人称为阿洪,不相统属。从前长安回民械斗案件颇多,究因地方有司管教不善所致。非存心姑息,遇事宽纵;即因其回民,有意从严。遂致私图报复,互相仇杀。此后如实有随同新教,或别立邪教,即当严绝根株;倘不过寻常念经礼拜,即不必另立科条,致滋扰累。”清廷诏令各省遵行,盖承认回教为正当宗教,而不以邪教视之也。及云南回变起,杜文秀据大理称尊建号,不数年间,其影响遂波及于陕、甘。当同治元年春三月,川党蓝大顺等北入陕,犯汉中,破洋县、佛平厅,而太平天国扶王陈得才、遵王赖文光等,又率捻首张乐行、姜太凌之众二十余万众入陕西,关中大扰,回民蠢蠢欲动。时陕兵多赴援外省,巡抚瑛棨令副都统乌兰都等领八百兵进讨,败于三兆。前江西巡抚张芾奉督办团练之命,与巡抚议招回兵六百余助城守。先是河南巡抚严树森招陕西荔、渭、泾阳地方之回民六百人,编为义勇兵,使守开封防捻。后树森调湖北,回兵解散,使归乡里,故张芾征募之也。团绅训导赵权中亦说渭南之回目马世贤、马四元等率回勇四百防战。得才等旋出武关,攻南阳,而回勇先已闻风溃散,沿途剽掠。有回勇道经华州,强伐汉民家竹,被戕二人。附近回民纠众为二人者复仇。于是回汉之间,遂生猜龃。汉哄逐,回携眷走渭南,诡言汉民将尽歼回族,假以煽众。会耀州汉民谋火回村,学正孙教曾劝止,而回自焚村庄,以诬汉民,由是民众大哗。四月,汉回又交哄于临潼,瑛棨巽懦不能决,汉民愤杀回民过当。时回民巨堡曰阁王村,曰羌白镇,属同州;曰仓渡镇,属渭南。回人赫明堂、任五等遂以其党举兵。任五者,本云南回,事败逃陕,潜匿于仓渡镇,比见回汉相争,以为有机可乘,乃阴制旗帜于清真寺,联合溃散诸回兵,各回皆听命焉。八女井汉民团万人备之,为土豪李树德解散。越数日,回屠八女井,并火之,树德走免。回执杀赵权中及绅民五百余人,袭据渭南。时陕疆方困于粤、捻,及闻回变,省中文武惊惶不知所措。五月,劝导回汉息争,渭河南北,由团练大臣张芾任之;同州各属,由臬司刘鸿恩任之。瑛棨谓芾大臣,有乡望,谕之宜可解。芾慨然率数骑往历高陵至临潼之油坊,譬喻百端,回民无降意。翌日,仓渡镇回目十余人来谒,芾抚之曰:"汝等皆良回也,肇乱者惟任五,余惟首犯是问,胁从罔治。"不料任五即杂诸回目中,闻言大愤,纠党拥芾至仓渡,恐其惑众,百端折辱,芾不屈,据地大骂不绝口,任五怒,支解芾以死。临潼知县缪树本同日遇害。时同治元年五月十三日也。当芾之办团也,颇信任渭南回勇,赵权中谓可利用一时,而实不足信,切谏之,弗听,至是回勇果叛,权中、芾皆首先殉难焉。回攻同州,知府朱元庆城守九昼夜。回连陷高陵、华州、华阴,围西安。时省城守军陕西提督孔广顺,甘肃提督马德昭,陕安镇阎丕敏,而德昭号敢战。六月,屡战失利,官军夺气。清廷诏钦差大臣胜保及直隶提督成明赴陕西。七月,成明击回渭南,败退朝邑,回遂围泾阳,犯三原,攻咸阳,扑凤翔。八月,胜保军入潼关,会提督雷正绾解西安围,诏胜保专督陕西军,雷正绾以陕西提督副之。闰八月,会破回于咸阳。九月,正绾留咸阳,裨将成禄援泾阳,而胜保还西安,遣将偕将军穆腾阿援同州。方胜军未赴同州时,回以计绐潼关协副将哈连升,拥至王阁村,夺其营垒军械,扑朝邑,攻澄城,犯郃阳。至是胜军亦困城下,运道梗塞,其部众多半降捻,且缺额,不敢出战,粮垂尽,势几殆矣。十一月,胜保逮治,授多隆阿为钦差大臣,仍督办陕西军务。多隆阿入潼关,回方围同州,多击其背,一战破之,解其围。胜保被逮之夕,忽闻炮声隆隆,彻夜不绝,次日黎明,人报灞桥克复,回垒皆扫平矣。即胜四十余日所不能攻克者也。多隆阿以湘军名将带兵入陕,回民倡乱九阅月,而受创自此始。

(二) 甘回之初起及陕回略定

甘肃接壤新疆,自来回汉杂居,动相仇杀。及陕西乱,遣党煽结,于是河州回络绎赴之,掳掠财物,比归,多为汉民劫夺,忿而相攻。时总督熙麟驻庆阳,而恩麟驻兰州,护总督印,狃和养乱,回益张甚。会陕回为多军所败,窜清水、华亭,甘军不能抵御,于是甘回群起响应。同治二年正月,平凉回陷固原,杀平庆泾道万金镛,围平凉城。熙麟征讨无功。诏瑛棨援凤翔,奏遣副将王梦麟,三月丧师还。复诏马德昭,又以留护省城奏闻。清廷怒瑛棨拥兵自卫,革职遣戍,令四川藩司刘蓉巡抚陕西,督前遣援陕川将萧庆高、何胜必等万三千人先援汉中。多隆阿扼回于洛河之南,其地林木丛杂,袤斜百余里,古称沙苑。多以滚营法逼敌而垒,连破羌白镇王阁村来华、孝义、仓渡诸回堡,冯翊悉平。五月,师次交河口,多命副都统穆图善、陶茂林分军跨渭为营,以骁将朱希广、赵既发辅之。希广与既发素相善,欲并营于北岸,当敌冲。多隆阿方病未能督战,戒以坚壁耐守,慎勿轻出。回日遣兵辱骂,二将不能堪,遂背令出战,果中敌计,遇伏而死。多隆阿闻信,力疾乘肩舆以后队二千人往援,大破之,克交口、十三村诸堡,翦灭殆尽。寻又破南岸马乌什、东沙河诸回寨,旬日间连克高陵、泾阳县城,及塔儿寨、永乐店,咸阳之渭城湾、苏家沟、马家堡、白起营各回堡六十余处,纵横二百余里,横尸遍野,马不能行。于是京兆亦定,陕西回民,争走甘肃。时甘肃西宁、花寺回民,勾结撒纳番人(即抱罕羌人)攻扑丹噶尔厅城,戎循一带骚然。而平凉被围已数月,至八月,回用地雷轰破。复攻泾州。九月,南路回马彦龙、马占鳌陷狄道、河州;马桂源、马本源起于西宁,逐总兵知府,办事大臣不能制。十月,北路回陷宁夏灵州。先是,宁夏道侯登云知宁夏回变,编保甲联团练以备之,将军庆瑞偏信回目,劾罢登云,散团防,缴枪矛,汉民皆投械而泣。及城陷,回杀登云,屠汉民,距庆瑞营数里,庆佯弗闻。回知其怯无能为,骤梯登庆垒,搜括财物以归,而将军无如何也。诏切责之,发直隶兵二千赴援。山东巡抚阎敬铭闻变遣千人援宁夏,而陕、甘正署两督,徒坐视张文报而已。宁夏自古称形胜之地,回首马化龙(一名"朝清",官书作"化漋")据灵州之金积堡,招集亡命尤多。马化龙者,甘回新教渠魁也。新教创始于乾隆年间马明心,嘉庆间,有穆阿浑者,与化龙父耀邦复以新教相授受,穆临死,以其所常服之白帽红衣赐化龙,遂代行掌教之事,而其焰始张,自称总大阿浑(或作訇洪)。

招聚徒党，时作讹谣，无不奇验，愚回奉之若雷电鬼神，莫敢有异。其踞金积堡，居秦、汉两渠间，黄流分酾，阻水自固。宁、灵回众，奉以为首。其后马文禄又起肃州，占据嘉峪关，自称兵马大元帅，各地以次变乱，甘肃遂无完土矣。多隆阿遣雷正绾援甘肃，令陶茂林等转战而前，解凤翔围，进攻白吉原等处回垒，悉平之。曹克忠亦破回邠州，于是关辅大略肃清。同治三年，多隆阿欲度陇剿甘回，会川党蓝大顺据盩厔，因拟先扫荡汉南，以清后路，遂移师围之，久不能拔。清廷以多隆阿驱剿陕回，如风扫箨，用兵神速，何以顿兵小城，师久无功？严旨诘责。多亦自耻为小寇所困，亲督诸将力攻，遂拔盩厔，而多隆阿亦以伤重卒于军。前已述之。四月，刘蓉已定汉中，晋省受印，诏专督陕西军，而以前遣援甘军将雷正绾率陶茂林、曹克忠讨甘回。寻命西安将军都兴阿督办甘省军务，雷正绾副之。五月熙麟以病免，诏杨岳斌为陕甘总督，盖当时各省大吏，几无不为湘军人物所取代矣。

（三）杨岳斌、刘蓉之剿回

时雷正绾、陶茂林进攻平凉，克之。抚回张保隆亦计收盐关、固原。同治三年八月，正绾、茂林两军攻回于秦安、莲花城，陷伏败还，回复陷盐关、固原。十月，雷正绾、曹克忠会克莲花城，克忠复盐关进秦州，茂林复金县，进兰州。十二月，回陷灵台，杀知县祝宾赐，雷正绾攻复之。同治四年正月克固原，因推锋前进，屡摧坚敌，破平回堡甚众。五月，攻金积堡，雷正绾军屯惠安堡，曹克忠军屯强家沙湾，距金积均十余里。六月，屡战失利，朝旨革去帮办。方两军之深入也，转运不给，粮饷缺乏，至煮草根、桑皮为食。奸回闻之，诈以面相饷，杂皮硝石灰其中，食之立病。且渠水咸涩，于是人马踣毙相望。而雷军兵弁皆携眷属，部曲不齐，回乘之，遂大败，曹军因之亦败，雷军退预望城，曹军退盐茶厅，诏贳其罪。初清廷忧甘回，而诸将皆非任事才，特命杨岳斌以提督总督陕甘，岳斌起水军，扫清长江，自被诏西征，锐意灭敌。是年六月莅任，而陶茂林军五营溃安定。茂林又丁艰，诏善抚未溃诸营，而相继溃者不绝，部下仅四营守城自保。其溃勇十余营东窜，刘蓉征诸军分扼宝鸡、凤翔等处，擒斩千余人，收抚五千有余,计哗变后五月始大定,而雷正绾军又溃。时正绾部将胡士贵、雷恒等因师挫饷缺,遂哗变。在固原杀掠,围逼泾州,与回民赫明堂等之众合并。正绾自刎不殊,涕泣开导,百计抚循,不能止也。刘蓉遣军扼隘,散其胁从,诛士贵。正绾亦缚送雷恒置之法。恒,正绾弟也,因正绾失职(指革去帮办),心怀怨望,遂煽乱。事变初起,谣诼纷淆,诏斥刘蓉张皇妄奏,许正绾专折奏事以慰之,所部招集增募,仅三千人,退固原,固原陷,退平凉。弁兵借口无饷,奸掠烧杀,而溃勇窜扰东路,自隆靖至省六七百里,居民日夕数惊,仓皇奔徙,文报梗塞,诸回乘之,自兰州至西安,烽火不绝。杨岳斌新平靖远,率军旋省,乃拨饷济雷军,而令部将李助发、杨明海分驻金县、静宁、隆德,疏通驿路。陶茂林以兵溃罢职,曹克忠授甘肃提督。会编修蔡寿祺劾恭亲王奕䜣,牵及刘蓉,指为夤缘,诏诘蓉令自陈。蓉复奏伉直,谓寿祺挟嫌构陷。又为侍读学士陈廷经所劾,诏降调革任。岳斌疏言陕西士民为诉枉乞留,仍署巡抚。十二月,以奉天马贼猖獗,革将军恩合职,调都兴阿代之,命宁夏将军穆图善督办甘肃军务。是月,宁夏回民投诚,遂将府城收复,宁夏回民将城池圩卡撤空,各堡回民,俱移往纳家闸。都兴阿入城时,复将回目诛戮,并纵兵抢杀,为穆图善所奏,都兴阿亦自认错误,奉旨交部议处。同治五年正月,杨岳斌出巡诸军,二月抵庆阳,六月曹克忠抚定洮州降回,与岳斌咨商进止机宜,三月而有兰州督标之变。初岳斌以督标废弛,裁汰归并,短衣草履,月六会操,标兵狃于偷安,且怨总督给粮厚楚勇而薄标兵,群相指目。时甘境荒芜,回窥总督外出,截阻运道,于是省中粮斤易银四钱余,标兵愈困。王占鳌首先约十八人沥血饮酒谋变,以索饷为辞。回民马文、马魁怂恿之,逆谋既定,是夜后营倡乱,前左中营响应,皆集东门外。马文开城引入协署,席光斗以后营守备率众刺伤中军副将罗宏裕、参将王金楷、游击李玉安,进围督署。天未明,署门未启,藩、臬、道、府、县皆至,方支吾间,右营突由西门登城,遂逾墙排门入,于是搜督、协两署,委员、幕僚、亲兵、随丁皆杀之,剽掠远近,杀伤士民。岳斌居庆阳,闻变恚愤不食。官弁劝赴泾州,乃约刘蓉来会议。而庄浪、靖远、环庆、隆靖之回又蜂起。先是,曹克忠议曰:“兰州四面皆贼,无粮可守,为今之计,宜姑置为缓图。专用兵东北,杜平、固出窜之路,通庆、泾馈饷之途。”刘蓉伟其策，奏入，诏许之。四月，岳斌令曹克忠晋省抚定叛兵。时刘蓉赴约，途中闻陕回崔三、穆三由庆阳东犯陇州，乃留驻乾州，征诸军将萧德扬等连破之。五月，还西安，岳斌亦还兰州。兰州自督标变后，粮价昂数倍，饥民至杀人而食，携持子女投黄河死者，不绝于途，而倡乱各兵多遁匿北山，留伍者半罢弱。岳斌痛楚勇之被祸也，诛戮稍众，颇及无辜，曹克忠遂告病回籍。七月，岳斌复出驻静宁，时陇州回趋华亭。八月，甘、陕军会攻华亭，陕回不战遁，分掠隆德、静宁、固原、平凉，窜踞董志原，原隶安化宁州镇，北通灵州，南达陕疆，地平饶沃，可耕可牧，回谋据为老巢也。雷正绾等军攻之，数不利，回围庆阳。遣党纵横四出，而饥民土匪又蜂起。民匪者，皆汉民也。自回仇杀汉民，官军复苛派民粮，民不能堪。于是安化聚众数万，抢劫公行。高万镒、董福祥为之首。蹂躏甘省之合水、宁州、正宁，陕省之鄜州、中部、宜君、甘泉、三水、安塞、定边、保安、肤施，陕军将杨得胜等师久无功，而各路叛兵溃勇皆附之。陕北新起土匪复应之，众号数十万，势张甚。九月，岳斌自兰州陈情乞养，诏慰谕之。岳斌本湘军水师名将，及甘、陕糜烂，奉疆圻之命，疏调各省援兵，无一至者，仅率杨明海、彭汉楚新募之数千人，扫荡而前，未清后路，先入兰州。又因兵荒耕作久废，馈运道塞，库空如洗。疏请协饷，仅川、陕稍有接济，而河、狄之回扰于南，平、固之回扰于东，宁、灵之回扰于北，凉、肃之回扰于西，几于剿不胜剿，防不胜防。岳斌以株守省城，则饥军终成坐困，若出省督剿，则根本时虞动摇。益以兵变时闻，民匪蜂起，稍稍补救，竭力撑持，在任二年，未奏实效。同治六年春，疏陈病剧。清廷以东南已靖，调左宗棠为陕甘总督，未到任前，以穆图善署理。十月，西捻犯陕，陕军溃于灞桥，刘蓉亦革职放归。初蓉起幕僚，任封疆，为政察吏爱民，及其去，陕民叹息讴思焉。

（四）左宗棠剿平之方略

同治六年正月，清廷命左宗棠为钦差大臣督办陕甘军务，以刘典为帮办。宗棠疏陈方略曰：

臣维西北战事,利在戎马;东南战事,利在舟楫。观东南事机之顺,在炮船练成以后,可知西北事机之转,亦必待车营、马队练成以后也。春秋时晋侯乘郑之小驷以御秦,为秦所败,是南马不能当西马之证;汉李陵提荆湖步卒五千,转战北庭,为匈奴所败,是步队不能当马队之证。见在捻回猖獗,官军往剿多年,尚未蒇事,于是急图扫荡,固我疆宇,非讲求步队、马队不为功;而欲善步队、马队之用,又非讲求步队、马队之利不可。臣谨就愚陋之见,为我皇上敬陈之:捻回之患,在平原旷野本骑之利,官军以步队当之,鲜不被其轻轶矣。于是而图制贼之长,宜用车营助步队,遏其突骑,固也;然车营、步队足以遏突骑,守虽有余,以之抄截追剿,战尚不足。则练马队为急。以马力言之,西产不如北产之健;以马队言之,西北不若东北之雄。祖宗隆兴东北,平定中原,中叶以来,平准、回,靖朔漠,神武震烁,跨越古今。敬绎列圣方略官书,窃以为欲平方今之患,非追法先世遗烈,其道末由也。回马多西产,捻马多略北产零骑,故捻之战悍于回。所幸者,捻、回之马,虽多至数万骑,然均用之野战,非如官军队伍钤束之不可撼;捻、回诸逆,人各一心,非如官军节制赏罚之不可乱;捻、回马上多用长矛,非如官军枪械火器之不可敌。诚于时购北口良马,得其人练习而节制之,庶制胜有其具,贼不足平。且可借阅历以造就人才,为国家固根本垂久远之计。……又臣由鄂入秦,先剿陕逆,此时臣军步队,仅止三千余,马队尚未习练,双轮独轮车式,尚未动工制造,所拟以制贼者,步队、马队、车营皆无以应手,仓卒就戎,必贻后悔,臣不敢不慎也。方今所患者捻匪、回逆耳。以地形论,中原为重,关、陇为轻;以平贼论,剿捻宜急,剿回宜缓;以用兵次第论,欲靖西陲,必先清腹地。臣军入甘,应先分两大枝,由东路廓清各路,分别剿抚,俟大局勘定,然后入驻省城,方合机局。是故进兵陕西,必先清关外之贼;进兵甘肃,必先清陕西之贼;驻兵兰州,必先清各路之贼。然后饷路常通,师行无阻。至于进止久速,随机赴势,伏乞假臣便宜,宽其岁月,俾得从容规画,以要其成。

谋定后动，此用兵之要义，曾、胡、左、李之出征，无一不事先有全盘规画，其成功宜矣。若多隆阿、杨岳斌乃至僧格林沁等，则但凭胆气之豪，轻进图功，岂能成事哉？是年春，宗棠取道武昌，提兵一万二千人由潼关入秦。刘典以三品京卿副之，自紫荆关入；高连升以甘肃提督率八营自蜀河口入。时东捻任柱等扰河南、山东，西捻张总愚等据陕西，而陕、甘回数十起，众至百万，横行腹地，两省几无完土。宗棠接统陕、甘军，部署诸营，不令捻、回合势。因以提督刘松山老湘营九千人（曾国藩先遣援陕者），总兵郭宝昌、刘厚基各领三千人，是为剿捻之师。提督高连升三千人，帮办刘典五千人，川军将黄鼎三千人，是为剿回之师。总兵杨和贵、周金品三千余人屯凤翔，总兵周绍廉二千余人屯宜君，郎中吴士迈千余人防渭。复以亲兵三千余人，水师千人，黑龙江马队千人，分布华州、华阴、潼关、渭南、临潼间，是为兼讨捻、回之师。于是诸军所向克捷。尤以炮车制贼马，马队当步敌；捻倏见炮车，皆不战狂奔。宗棠定计先捻后回，张总愚既屡败于延州，复南自宜川逾山至壶口乘浮桥渡河扰山西，宗棠遣刘松山诸军渡河追蹑。清廷诏宗棠亲往督师，宗棠遂自率五千人东追捻入直隶。以刘典代督陕甘军，旋署陕西巡抚。自宗棠去后，刘厚基克鄜州，高连升破回宜君，傅先宗克狄道，魏光焘要回白水，与连升合追，及诸曹村，又设伏毙二千余人。刘倬云破回三水，金顺破回绥德，雷正绾破回灵台。当是时陕回、甘回土匪，以陇中纵横陕疆，屯陕诸军将，回独惮黄鼎，见其旗帜，辄却避，而别军战报转多云。刘典殚诚竭虑，剿抚兼施，陕回虽略靖，而甘回荡平，不能不有待于宗棠也。

（五）宗棠之三路平回策

同治七年六月西捻平，宗棠入觐，清廷询西陲师期，宗棠奏以五年平陕甘之乱。乃率师还陕，十月至西安。檄刘松山由茅津北渡入山西，乘冰桥赴陕。时甘肃土匪董福祥据灵州之花马池，势张甚，东犯绥德，窥榆林，署宁夏将军全顺迎击破之。松山至绥德，诇匪巢散布大小理川间，分兵攻之，破其巢以百数，遂渡榆林，至靖边，屯安定，又屡败之，败匪尽窜镇靖堡。堡为董福祥老巢，其眷属则踞靖边县城。十二月，松山抵镇靖，福祥之父董世有惶恐乞降,旋福祥亦降,收其众十余万人。榆延北境正当河套迤南,古用兵之地,自陕甘回民倡乱,人民相与团结,以与回抗,丧败之余,流为盗贼,浸假失业,无赖之徒,及饥军溃卒附之,又勾结甘回,遂致戕官扰城,成为土匪。自镇靖受抚,官军遂得专剿叛回矣。同治八年正月,董志原回众移徙金积堡,雷正绾会黄鼎追败之。董志原地居秦陇要膂,今因粮绝弃去,泾州、庆阳所属肃清。先是宗棠奏言:“甘肃之民,初困于贼,继困于兵,民不能安,逃无可入,请用赵充国金城屯田策,以安难民,济军食。”至是于泾阳设账局,招流亡,垦荒地,给牛种,兵屯民屯,交错其中,且战且耕,自后宁、灵、河湟平,其屯垦账恤视此。前后数载,民复其业,军资其粮,而关陇以定。故论陕甘功,屯垦为最。乃未几,而高连升、刘松山所部先后哗变。先是楚军之西征也,地残破,粮价昂贵,又南人不谙面食,既而饷日绌,面食亦不饱,黠者因煽为乱。同治八年二月,连升所部果军,屯宜君县,有亲兵丁玉龙者,原匪首,有令急捕之,乃聚党先发,其下总兵唐毕贤、副将邓玉魁、杨玉魁三营同时叛,出不意,夜犯大营,连升及部将多被戕。嗣经他军邀截,五日而事定,捕丁玉龙斩之。松山所部十营,留驻绥德者,久劳未息,自曾国藩奏调剿捻,转战皖、苏、豫、陕、晋、直、鲁七省,劳苦功高,而封赏不及。在军十余年,因募勇一回乡里(湖南湘乡),聘妇二十年未娶。捻平,妇家待于洛阳,成礼旬日即行。湘军不习北方水土,皆不愿北征。尤以西北瘠苦,诸将皆观望,鲍超霆军之哗变,雷正绾(多隆阿部)、陶茂林(湖南长沙人)诸军之溃散,皆以此故。独松山投袂而起,毅然远征,以转运军火糇粮,部曲散布千有余里,军食既缺,控制维艰。有谢永青、唐太春,哥老会党人也。会党原以反清为志,乃乘机煽动驻绥部队袭踞州城。松山闻变,还军清涧。其溃勇初惑浮言,洎闻总统至,则大喜反正。缚谢永青至清涧诛之,计变起十二日而事定。松山自请重处,革职留任。时宗棠已定三路平回之策:

一、北路　刘松山由绥德取道花马池,直捣金积堡。

二、南路　周开锡(道员)由陕西讨巩昌、河狄之回。

三、中路　宗棠与刘典督诸军尽驱陕回入甘,以图聚歼。

宗棠移大营进乾州,破回堡数百,斩馘数万。八年四月陕西平,进兵甘肃。魏光焘、周绍廉、刘端冕出合水、宁州、正宁向环庆;雷正绾、黄鼎由董志原、泾州趋镇原、崇信、华亭、固原;李耀南、吴士迈由陇州、宝鸡趋秦州。宗棠率亲兵马步四千,道永寿、邠州、长武以赴泾。六月,至泾州,受总督印。令马德顺屯灵台之上良、百里镇,策应南北。又开账恤,集流亡,劝民种秋粮,兵燹遗黎,栩栩有生意矣。于是诸路皆捷,兰州道通。

(六) 金积堡之荡平

是时穆图善狃抚议,群回旋服旋叛。八年八月,刘松山北路军越花马池进灵州,破陕回郭家桥,进屯下桥,以逼吴忠堡。堡距金积仅三十里,马化龙畏逼,且窥灵州虚,遣党据之,杀知州钟兰、前署知州尹泗。湘军后路遂断。绥远将军以刘松山滥杀激变上闻,穆图善亦疏言马化龙宜抚不宜剿,刘松山进逼吴忠堡,即为滥杀无辜,激其走险,恐难收拾。朝议颇疑松山。而马化龙反侧难信,屡代陕回乞降,佯缴马械,阴实资之,并暗嗾其党决秦渠水以阻官军。并调援回数万助战,陕西回酋白彦虎等,遂亦由黑城入金积,屡攻官军,松山奋击,大败之。九月,松山疏通运道,大举稳进。十月,克复灵州,连铲五十余寨,始屯守焉。左宗棠先后表暴松山功,署宁夏将军金顺亦言之,始复绥德兵变所夺官。是为北路河南之师。化龙又哀词乞降。曾传理以道员奉檄抚辑北路甘回,陕回不自安,皆西窜,白彦虎、李经举、崔三、禹得彦等谋由长流水、打拉城出会宁、安定,南趋河州,黄鼎、马德顺闻之,冒雪驰赴盐茶厅截堵,马德顺战殁刘家井,黄鼎破之打拉城,截回为两;前队从会宁窜河州;后队折还金积堡。十月,雷正绾、周兰亭、简敬临、张福齐先后由峡口进屯秦渠内外,以规金积。是为北路峡口之师。先是董志原回人窜金积堡,甘回虑其扰害,导之分窜河东,蹂躏蒙古七旗,由鄂尔多斯入乌拉特,趋阿拉善牙帐,焚磴口王府民居,围定远营。适河南军将提督张曜奉檄在甘,率师驰援,要击于察汉绰尔,大破之,又破之红柳树。是年九月,与全顺会师沙金托海,鼓行而西。时宁夏回复叛,邀击于城外,大破之,诏屯宁夏,兼顾阿拉善旗。是为北路河北之师。十一月宗棠移驻平凉,松山破吴忠堡,简敬临战死。马化龙复遣党破定边花马池,断湘军转运。初湘军转运分二道:一自山西道花定;一自河西道叶升堡,均达灵州。至是花定之道既梗,杂食青稞膏粱,南人皆腹病结涩,始采粮后套各旗,由金顺转输。松山围攻金积堡,破其附近各寨,马化龙诡谲反复,屡代陕回乞抚,松山令缴马械,则以朽枪羸马应,而昼夜修垒浚濠如不及。同治九年正月,松山进攻马五寨,自督军士举薪烧寨门,飞炮中左乳,落马,军士负入破屋。诸将皆奔至环泣,松山叱令整队速攻,勿乱行列。诸将奋怒,立俘马五,平其寨。松山创甚,顾诸将曰:"吾伤重不复生,汝等杀贼报国,吾死无憾矣。"(《清史稿·松山传》作"我受国恩,未报即死,毋遽归我尸,当为厉鬼杀贼"。)遂卒,年三十有八。事闻,赠太子少保,谥忠壮。松山为将,以胆勇自雄,转战数省,常首先陷阵,自入灵州,荡平堡寨五十,回巢九十余,策马当前,躬冒锋镝,及死,闻者莫不悲悼。甘肃州郡皆祀之,虽天山南北诸地,皆震其威名焉。宗棠称其治兵严,不尚苛察,临财廉,不苟取,行师御敌,得古人"静如山动如水"之义。居心仁厚而条理秩如,语及时局艰危,辄义形于色,不复知有身家性命。松山之为人可知矣。宗棠檄其兄子锦棠代统其军。贻书有坚守退屯之语,锦棠以为不力战,则灵州不保,必齐致死,而后其军可全,乃秘其书。时化龙已遣众出惠安堡,分由宁州、正宁入陕西之三水,于是韩城、郃阳、高陵、泾阳、醴泉、乾州、同官、扶风、永寿、延安、鄜州、绥德皆有回踪,陕西复告警。清廷恐宗棠所留兵不敷分剿,命李鸿章先赴陕西,督办援剿事宜。二月,回经陕军击败,折回甘肃,复趋陕疆,刘典遣将击走之,陕西肃清。典以母老(近八十岁)请开缺回籍养亲,允之,命蒋志章代。六月,鸿章抵西安,旋以天津教案调赴畿辅,十月遣刘铭传代,不久亦因病乞归。宗棠破平回寨,东自吴忠堡至灵州,凡四百五十余;西自洪乐堡至峡口,凡一百二十余。九年十一月,遂克金积堡。初自刘松山战死,马化龙乘湘军新失大将,遣党四出,冀牵动围师,屡却官军,并陷峡口,于是雷正绾、周兰亭、徐文秀、张福齐四军粮路皆断,同时溃退。又结河狄回窜渭源,窥巩昌。刘锦棠英锐饶将略,轻财爱人,得军士心,提督黄万友资格深,能以法绳下,两将和衷协谋,皆以灭敌自任。上下辑睦,卒收成功。化龙决秦渠灌湘军,湘军筑长堤拒之,会风涛大作,冲啮堤岸,势汹涌,军士列桩护堤,昼夜囊土巡防，堵塞决坏，越三日，风水稍息，敌不得逞。回之断花定粮路也，湘军势不支，回又筑三垒欲阻叶升堡运道，刘锦棠破之，购壮士，馘敌首数千，枭示数里，回大震恐，不敢复扰叶升堡。既而蒙古运至，花定饷道亦通，军威复振。七月，遂破蔡家桥。桥跨秦渠，外障水，内筑卡，马化龙前所为阻湘军者也。于是湘军反决渠灌回营，回亦修堤堵之。宗棠复檄雷正绾、黄鼎、徐文卫由中卫进攻峡口，拔之，复攻洪乐堡，不下。八月，黄万友卒于军，锦棠克东关，与金运昌进逼金积堡。堡周围九里有余，高四丈，厚称是，炮轰不塌。乃合雷正绾等军为长围困之。陕回千余突围出，追歼之，回计大窘。九月，马化龙率其子马耀邦献洪乐堡乞抚。金积城外堡寨计五百七十余所，蟠据百里，至是仅五寨未破，粮且尽，城中煮草秸麦根杂牛皮死尸为食。河州回分二队突出，东西分扰，忽南忽北，冀牵制围师，而终莫能至。锦棠又屡败其出犯之众，金积益困。化龙自以外援已绝，无可为计，亲诣锦棠营请罪，锦棠派弁守之。令其子缴马械，毁堡垣，余众皆降，分别安插。诛化龙父子及首领九十余。剖化龙心以祭松山之灵。初化龙受穆阿浑之衣钵，徒众归其管束，穆之裔孙穆三、穆四、穆五，皆为新教阿浑，自京师、天津及吉、黑之宽城子，山西之包头，湖北之汉口，均有新教徒，化龙自托神灵，群回尤尊信之。比就俘，其党见者犹长跽，既死，徙其徒党于平凉、固原。宗棠奏言："西陲之不靖，于今九年，关陇诸回，视金积为向背，今金积破，回势瓦解矣。"翌年三月，河北军金顺、张曜攻克纳家闸，宁夏一带肃清。

（七）河州及西宁之平定

同治十年正月，马化龙既伏诛，北路略定，而南路复有黑头勇之变。黑头勇者，初剿回时募自河、狄、泯、洮者也。各路叛兵溃勇皆附丽其中，一人充勇，合家随之，人无确数，皆桀骜亡命，不遵纪律。历任督师以其尚能战也，曲意附循之，以故益纵恣公行。始而劫夺，继而攻钞。是月，袭踞岷州，统将范铭遁去，其众益乱。周开锡、杨世俊、傅先宗、刘名灯、张聘珍会师岷州，叛众就抚，因分别诛遣之。河州回窥清军方剿黑头勇，乘间出扰会宁、通渭、清水、秦州、秦安、阶州、成县。二月，复扑两当、秦州、宁远、伏羌、徽礼、通渭、会宁。清廷诏宗棠进攻河州。宗棠奏以转运未齐,新粮未熟,而洮河湍急,与黄河无异,乱后,舟梁刻难措办。且盐、固东西两山余匪,及甘南一带游氛,均应趁此料理,以免后顾之忧。四月,知州洪维善灭绺匪李奎等于阶州;总兵周家良收匪目海富儿于成县。五月,周开锡卒,令陈湜筹南路军事。六月,黄鼎、雷正绾、周绍濂等屡歼盐、固匪目,刘锦棠扶松山柩归葬,以萧章开权统湘军。由是北路军事竣。七月,宗棠由平凉移驻静宁,进规河州。而陕回白彦虎等陷小南川汉堡踞之,分掠西宁。肃州降回亦溃叛东下,甘、凉戒严。诏宗棠分兵剿办。八月,宗棠移安定,先下洮东之康家崖,作岩崖阻洮河,秋涨方盛,不克成桥。会傅先宗、杨世俊由狄道渡洮,九月连克险阨。河州回乘夜以皮船渡洮,东截清军饷。宗棠以徐文秀屯康家崖,刘名灯屯柳林沟,防回薄东岸,而令王德榜率师渡洮。十月,傅先宗破黑山头,遂与王德榜、徐文秀、杨世俊会破三甲集、甘坪、大贝坪。十一月,破董家坪、董家山,乃议以徐文秀屯三甲集,刘名灯移康家崖,保后路,而诸将进捣大东乡。时陕回已窜西宁,河州回酋马占鳌踞大东乡之太子寺,环营掘长壕,凭山依水,护以卡堡。十二月,傅先宗、杨世俊攻之,马占鳌南至塌马池,北抵黑山,修垒掘壕,联络数十里。并夺党山铺,断清军粮路。军中宰骡马为粮。时陈湜屯三甲集,征徐文秀、刘名灯助之,会克新路坡、党山铺。除夕,回乘清军宴飨,夜筑三垒隔断大军,前后不得相顾。同治十一年正月,傅先宗攻新坡,中枪卒,杨世俊退屯高家集。徐文秀赴援党山铺,回大至,营官田大胜等遽弃垒先遁,文秀死之。宗棠调湘、楚军十一营,整队复进。二月而占鳌请降。陈湜呈缴马械,迁徙客回,安辑土回,并留兵驻防,河州平。同时西宁回目马永福亦投诚。三月,循化撒纳番人就抚。循化厅、洮州厅、岷州三属旧为番族所居,史称抱罕羌人者也。番众僧俗,各隶于土司,自回乱以来,番众据险自守,与回人频年战斗,伤亡颇多。至是因土司杨元,就抚于清军。七月宗棠进驻兰州省城。奏调宋庆军由神木赴甘助剿,以张曜军屯金积堡。会刘锦棠新募湘勇到甘,遂饬进规西宁。命陶生林、金庆元、戴宏胜马步军赴援肃州。锦棠至西宁,以土客各回,犹怀观望,乃榜谕甘回安堵,专讨陕回。率部将马福祥、李双梁等趋大小峡口,与回酋禹得彦、崔三大战破之。进击白彦虎于高家堡,烧其垒。时西宁回酋马桂源已就抚,自为署西宁知府。马桂源者,循化厅回也。以援例捐同知,当西宁回变,青海大臣玉通不能制,计以马桂源权循化同知,旋署西宁知府,其兄马本源权游击兼护镇篆。马朵三充回目,欲恃以通汉回,解斗争。马朵三性阴险,知玉通驽下,借抚议以愚官,挟官以钤制汉民,凌虐残杀。汉民诉之玉通,玉通无如何也。及湘军攻大小峡,马桂源、本源以同豫逆谋,不自安,宣言迎劳官军,而潜率回兵出城与土回、陕回谋乱,两日不返。汉民习知其诈,乘机闭城拒之,请西宁道郭襄之主守事。桂源果结禹得彦、崔三、白彦虎等围西宁,扑李双梁营。锦棠率马福祥等连击败之。令诸军依山设伏,筑炮台,置开花车轮大炮以待,回匿不出。九月,锦棠觇回势盛,抽队赴平戎驿造桥渡湟,通威远堡粮路,日与回战湟南北,擒斩无算。十月,郭襄之遣使缒城告粮匮,马桂源亦请退兵就抚。锦棠督攻益急,舁大炮至北山颠,测准回营,发炮弹六十余,墙垒皆坍,回逃匿沟内。锦棠麾军蹑之,破北山卡垒殆尽。马桂源、马本源夜走东川,纵火焚庄寨,由撒拉遁巴燕戎格,西宁解严。郭襄之率男妇三万余人,望城罗拜,迎刘锦棠入城,欢声动天地。是役也,锦棠以十八营扼攻九十里,大小五十余战,往往夜不撤队,露立冰天雪窖中。奏闻,优诏嘉奖。十二月,陕回、土回皆就抚,大通诸回堡亦乞款,崔三叩营求降。其西宁城回随马本源等出窜者,锦棠遣马永福往招之,逃归复业者三千余人,后至者络绎于道。同治十二年正月,遂克大通,俘回酋马寿磔于市,汉民脔割之。马寿者,以大营都司倡乱,戕兵民三千余人者也。河东、西庄堡尽缴马械,献逆党。锦棠迁城回于河东西,迁汉堡难民于城,城外回堡,亦量与汉民更易。禹得彦等皆望风归附,惟白彦虎率残党向肃州。马桂源闻大通克,又窜札巴什城。无何,官军克巴燕戎格,遣降回诱札巴什缚马桂源、马本源、马宝、麻海、乙什等三十余人,骈诛之,于是西宁平定。

(八) 肃州及回乱之全平

先是肃州回之将变也,兵备道恒龄谋诛之,知州陈墉持不可。同治四年春,乱作,墉尚以合家保回,出城抚谕,回因俘之,而夺其仪仗,明烛呵道入城,纵火杀官吏,恒龄死之。肃州镇成瑞方酣睡,醒则火及内房,左右皆回,乃跳城出,声言调兵,脱身以遁。回渠魁马四曰忠良者,河州籍也。初甘州提督索文以己回人,募回为猎勇,欲以防番,而马四充赤金峡猎目,其党皆以善枪名。肃回之乱,马四实诱之,而自据嘉峪关,请攻肃回自赎,成瑞、陈墉许之。马四乃尽招猎勇入肃城,乱稍定,瑞、墉益亲信马四,欲倚之以制回。因诡言忠良伏诛,而改其名曰马文禄,擢镇标都司,领城守。马四既得志,招降纳叛,为渭南、金积、河州、西宁各回逋逃薮,先后屠杀汉民数万。墉居回中两载,以招抚为回所绐,羞怍死,年七十余矣。西路军将黎献、成禄、黄楚澄前后攻肃州,黎献败绩,楚澄战死,成禄师久无功,独杨占鳌权提督,王仁和镇凉洲,颇号能战云。同治十年五月,俄人据伊犁,诏成禄自肃州援新疆,而以肃州回委左宗棠拨兵进剿。宗棠方规河州,乃遣徐占彪十二营行。十一年二月,徐占彪抵肃州,数战皆捷。三月,以计诱马四,破之乱鼓墩,枪殪其马,马四堕而走免。左宗棠奏劾成禄不愿出关,转多方以误徐占彪,蓄养戏班,广置姬妾,以边方为安乐之窝。适成禄有定期出关之奏,诏促之行,参款免议。四月,马四以唇齿说新疆求援,五月新疆回入肃州助守。西宁陕回扰甘凉以应。六月,马四为妖阵扑营,徐占彪击却之。八月占彪请益师,宗棠乃以楚军将陶生林等五营赴之,金顺马队亦至。十二年三月,白彦虎自峡口之败,由永安趋肃州,盘踞塔尔湾。肃州回出城接应,占彪等合击败之,白彦虎屡战不得逞,且料肃城必破,四月遁关外,依喀什噶尔汗雅克布白克。五月,宋庆军至,肃州长围始合。闰六月,官军克东关,徐占彪负重创不能军。占彪自入肃州大小百数十战,蹋平城外坚堡百余座。合围后,日夜以炮轰城,城峻且坚,回民随坍随补。又濠深数丈,酒泉水注之,冬夏不涸,巡防甚密。清军掘隧道,回辄塞断之。八月,宗堂亲至肃州督战,锦棠亦自西宁、甘州率师助剿。方湘军之定西宁也,宗棠因案苛责锦棠,锦棠有辞倔强不服,宗棠颇不能平,故肃州久不下,未尝调锦棠。锦棠自至,宗棠大喜,因夸湘军,以励诸将。锦棠以猛攻多损精锐(杨世俊即因督攻战死),议增修濠垒以困之,又令降回马福寿等驰城下,呼马四等告曰:“死期将至,善自为谋!”马四震湘军威名,且意陕回决不给己,越四日,遂出城就抚,亲诣宗棠军前,泥首乞命。

因命先缴马械，次造土客各回清册，听候安置。其籍隶甘州者，出东门，由宋庆点验；籍隶关外沙州者出北门，由金顺点验；籍隶西宁、河州、循化、陕西者，出南门，由刘锦棠、徐占彪点验。各军预于废垒，分男女安置，拔出汉民一千一百余人。提回酋马文禄并党魁八人磔之，诸军又分屠客回一千五百七十三人。夜入城纵火，屠土回五千四百余人；肃州回众几尽歼，所余者仅老弱妇女而已。时同治十二年九月也。甘、陕回乱悉定。综其乱期，较云南为短，而地方糜烂则过之。宗棠以功授协办大学士，金顺、穆图善、宋庆、张曜等恩赏有差。追论松山功，并授二等子。计自陕回起事，清廷屡派大军征讨，而势焰日炽，迨左宗棠移师西征，东南之兵与饷，全力注之。且鉴于历任覆辙，不急争兰州，力顾后路，节节扫荡，至是而奏肃清，适符入觐五年蒇事之对。当是时部拨官军协饷，各省关欠解至二千数百万两，海内空虚，军需阙乏，不得已用襄办军务刘典减饷之议。试行于后路诸军，旧欠各饷，十给其七。至有统将因迫缴截旷而投河以死者，节省百数十万。然军乃不怨左宗棠，而咨嗟致憾于刘典也。或曰刘典善总核，借以立威；或曰非也，典盖深心忧国，且悯宗棠耄年督师，力为其难，故毅然以减饷自任，代宗棠受怨云。于此有二事足附述者，即清代兵饷与回族人口之问题是也。清制：绿营马兵月饷二两，步兵一两五钱，守兵一两。皆月支米三斗。据岑毓英议上章程八条，可知饷额虽有，业已十不存一。而兵丁月能获得之饷银，不过数钱。盖太平天国起事后，各省征调频繁，绿营兵已随江南、北大营之崩溃而大半解体矣。继起作战之部队，如湘军、淮军，及各省新募军队，如川军、鄂军、滇军、东军、豫军、陕军等，皆私人征募之练勇，既无确饷，亦乏定额，政府不负责任，均由地方官津贴，或领军者劝捐。曾国藩初起，即赖湖南巡抚骆秉章帮饷，实则左宗棠在幕府主持之。其后出省远征，兵员渐多，湘省财力有限，赖湖北之胡林翼接济，湖北不足，赖江西、安徽，而两省大吏皆故扼之。咸丰十年以前，纪律不齐，军事屡挫，盖皆由于饷绌之故。自国藩督两江，始无缺饷之虑，乃可以大行其志。何以各省能有款供给湘军？此不得不归功于钱江所发明之厘金制度。然而陕、甘二省，厘金至少，绝不能养剿回之大军，地方贫苦，又使兵士无所掠食，所以兵变时闻。江南大营第二次之崩溃，即由于江、浙协饷,以事变无出,官兵索饷,和春虽日坐营门,亦不能劝阻其不散也。何况西北?故雷正绾、陶茂林、杨岳斌乃至刘松山之军队,皆有兵变之事。左宗棠至西北,虽有曾国藩在江南为之筹饷,但仍感不足,是以有屯田之策,有减饷之议,屯田不仅可以济军食,亦可以安插难民。减饷三成,则欠解虽多而支出较少,始可勉强维持,不至溃决,是左氏之成功,有赖于刘典为之经营者大矣。兵士出生入死,每月所得不过一两,岂能禁其不扰民乎?曾国藩定月饷四两,盖深知整饬军纪之要件,必须使士兵能得温饱,太平天国之军纪较佳,亦由于公产制公开掳掠也。淮军纪律何以不如湘军?即因李鸿章不能按月发饷也,由此而递演为新军,为北洋军,求其不扰民者,殊未多觏。此研究清末兵制所不可不知者也。其次回民在中国究有若干?日本人所著之《清朝全史》,估计一千二三百万,殊不正确。民国十五年,北京回教研究会发表统计数字,为最多九八三〇〇〇〇口,最少四七二七〇〇〇口,甘肃省最多三百五十万,最少二百万,新疆最多二百四十万,最少一百万。云南最多三十万,最少十万。江苏、河南皆在二十五万左右。河北在五十万至一百万之间。山东与东北各一二十万,其余诸省则数千以至数万。若以此数字推之,在咸、同间吾国回族人口,大约不超出五百万。而以西北、云南为最多,故回乱亦见于云南与陕、甘也。自经此乱,云南以回民反正者较多,故人口未甚减,而陕西回民,则被逼迁居于甘肃、新疆,是以民国后仅有二万六千至五万人口矣。

第十三章　同治中兴时代

五十四　中兴之政局

（一）同治中兴之意义

吾国历史上称中兴者：如夏少康之一成一旅，周宣王之兴衰拨乱，汉光武之覆灭新朝，皆与同治之中兴不类。唐肃宗赖郭、李以平定安史之乱，亦号中兴，而吐蕃、回纥并起，驯致宦官持权于内，藩镇跋扈于外，唐室自此多故。清穆宗赖曾、胡、左、李以平定太平天国，亦颇假借外力，而英、法伺间构兵，美、俄乘机胁和，遂至疆臣权重，阉寺弄柄，国运凌夷，再传而亡。其事颇相类矣，而犹有不同者。载淳在位十三年，亲政只二祀，优游恬戏不暇，何知政治？德宗亲政，虽锐意有为，然为时不及百日，即身被幽禁，既无始皇之雄才，复乏神宗之善任，优柔巽懦，宜乎不能如肃宗干父之蛊，以劫迁上皇矣。是则清末五十年主持朝政者，惟宫廷间一老妇人耳。两宫垂帘听政，而慈安太后务益韬晦，谦让未遑，事无巨细，皆待慈禧太后裁决，因悉以权委之，颓然若无与者。赞之者谓为垂拱而治，实则位虽尊而年较幼，德虽盛而才较绌，西宫机警果断，又锐于任事。当文宗之在位也，各省章奏，时时省览，国家大事，多所参决。对于载垣、端华、肃顺之向用，早有不两立之势，所谓"辛酉政变"者，固不待奕詝之崩而已开始矣。吴可读日记《罔极篇》云：

> 庚申七月，传夷人已到海口，所有内外一切章奏，概不发抄，以致讹言四起，人心惶惑，然犹未移徙也。时皇上方病，闻警拟狩北方。

懿贵妃与僧王不可,且谓洋人必不得入京。……二十五日,城中哄传夷人已到通州,定于二十七日攻城,居民纷纷迁徙矣。二十七日,我军拿到夷目巴夏里等九人,禁刑部监,于是京中鼎沸,圣驾有出巡之说,朝内大臣具折奏留,俱留中不发。八月初七日,我军与夷兵战于齐化门外,我军马队在前,且均系蒙古兵马,并未打过仗,一闻夷人枪炮,一齐跑回,将步队冲散,自相践踏,我兵遂溃。夷人逼进城边。先是亲王及御前诸公,屡劝圣驾出巡,圣意颇以为然。但格于二三老成,并在朝交章劝止,故有并无出巡之旨。且明降谕旨,有能杀贼立功、立见赏赐等语,故人人皆以为出巡之举,已中止矣。初八日早,闻齐化门接仗失利之报,圣驾仓皇北巡,随行王公大臣皆狼狈莫可名状,若有数十万夷兵在后追及者。然其实此时夷人尚远,园中毫无警报,不知如何如此举动!当皇上之将行也,贵妃力阻,言:皇上在京,可以镇慑一切,圣驾若行,则宗庙无主,恐为夷人残毁。昔周室东迁,天子蒙尘,永为后世之羞。今若遽弃京城而去,辱莫甚焉。……街上荒乱,无人往来……尽移徙外出。……城门口几拥挤不能行矣。二十三日出门,见街上人三五一群,俱作耳语。午后忽西北火光烛天而起,哄传夷人已扑海淀、圆明园一带矣。我兵数十万竟无一人敢当者,夷兵不过三百马队耳,如入无人之境,真是怪事!九月初二日,夷人进安定门,大臣将巴夏里等以礼送回夷营,方至营而热河急诏至,命恭亲王尽杀之,以示不屈之意。懿贵妃既主持杀洋人于前,则此次之诏,或亦贵妃之意也。……是时夷人所添十六条,无一不从者,当事者惟求其退兵,无一敢驳回,于是夷人大笑中国太无人矣。呜呼!尚忍言哉?尚忍言哉?懿贵妃闻恭王与洋人和,深以为耻,劝帝再开衅端,会帝病危,不愿离热河,于是复仇之议遂寝矣。

可读所谓亲王及御前大臣,即指载垣、端华、肃顺,慈禧太后之主战,自始即与彼等意见不合。载垣等虑其以子贵为皇太后,不利于大臣抚政,日说帝以钩弋故事,奕詝亦厌西后之弄权,召怡王福晋保育皇子,欲幽废之。会帝病革,而事不果行。慈禧乃外结奕䜣,内握国玺,运用其智慧,以与赞襄政务八大臣作政治之斗争，而卒获胜利，则其人已非一平常妇人矣。奕䜣之主张垂帘也，本欲假太后听政之名，自己行居摄之实，慈禧初亦依畀之如左右手，授以议政王号，特示优异。然不过利用之以当外交之冲，系臣民之望而已，洎历练稍久，国政朝章，渐皆熟习，遂不惜以微故罢黜之。至于外臣，则不能不利用湘、淮军人物，待以殊遇，优予笼络，俾尽心于王事。此其才实驾乎载垣、端华、肃顺、奕䜣诸人之上，若徒拥虚名之载淳、载湉更无论矣。顾此时列强与中国环而相见者，若英、法、俄、美、德、奥之属，不仅以兵力商务凌踔我国，其宗教文明，又足掀神州学术之基础，使呈亘古未有之变局，岂若吐蕃入寇，李俶幸陕，回纥内犯，单骑退师者哉？盖国威不竞，已非唐之肃、代以后可比矣。而应付此变局者，虽以奕䜣、文祥在内，曾、左、李等在外，勉强维持，渐有起色，然固无如专权纵欲之女主何也。换言之，即奕䜣、曾、李辈对国际有认识，对政治有兴革，亦不免受制于一宫廷骄矜之寡妇，不得大行其志。而此寡妇者，乃上承祖宗家法，旗门规矩，旁受宦寺及亲族之包围，其才其智，对驾驭群臣则有余，对政治建设则不足。且以当时环境，顽固守旧者占绝大多数，权位至亲若醇王，德高望重如倭仁，皆头脑冬烘，不谙大计，又何攸责怪于未受教育之妇人以斡旋气运耶？是则所谓中兴之业者，察其意义，不过在削平十余年之太平、捻、回诸乱，使内部趋于安定而已。而军事、政治、社会，不惟不能改良，反日趋于窳败。以故同治不能比迹于开国，而中兴亦无显著之殊勋，此其效盖可睹矣。

（二）大难方夷后之敬慎问题

太平天国之起也，捻、回会党，亦纷起扰乱，十八省几无一完土，清室命运，不绝如线。文宗悯宗社之将覆，慨左右之无人，忧心焦思，寄情文酒，设非有肃顺等敢言自任，谋议庙堂，曾、胡等超次得用，委权阃外，则清之为清，未可知已。相传文宗之将终也，遗命有能克复南京者爵以郡王。及同治三年六月，金陵捷报至，仅封曾国藩一等侯、曾国荃一等伯。说者谓清廷虑湘军尾大不掉，终有跋扈难制之患，殊不知大难方夷，早已置文宗伤时离乱之怀于不顾矣。故当时廷臣进言者，咸以持盈保泰为谏，如侍

郎吴廷栋疏云:

> 治乱决于敬肆,敬肆根于喜惧。从古功成志满,人主喜心一生,而骄心已伏。奄寺即有乘此喜而贡其谄媚矣;左右即有因此喜而肆其蒙蔽矣;容悦之臣即有迎此喜而工其谀佞矣;屏逐之奸即有窥此喜而巧其夤缘矣。谄媚贡则柄暗窃,蒙蔽肆则柄下移,谀佞工则主志惑,夤缘巧则宵小升。于是受蛊惑,塞聪明,恶忠谏,远老成,从前戒惧之心,一喜败之;后此侈肆之行,一喜开之。方且矜予知,乐莫违,一人肆于上,群小煽于下,流毒苍生,贻祸社稷,皆由一念之由喜而骄已。军兴以来,十余省亿万生灵,惨遭烽火,大兵所过,又被诛夷。皇上体上天好生之心,必有哀矜而不忍喜者矣。使万几之余,或有一念之肆,虽纶音告戒,而臣下第奉为具文,积习相沿,徒为粉饰,将仍安于怠玩侈纵矣。夫上行下必效,内治则外安,其道莫大于敬,其机必始于惧。惧天道无常,则不敢恃天;惧民情可畏,则不敢玩民;惧柄暗窃则谄媚必斥,惧权下移则蒙蔽必祛,惧邪易侵则夤缘必绝:凡此皆本于一心之敬。盖惧在敬之始,敬在惧之实,一人恪恭于上,盈廷交儆于下。群帅知惧,必协力以扫余氛;大吏知惧,必尽心以图善后。而宵旰勤劳,更与二三大臣开诚布公,集思广益,庶至诚无息,久道化成。

清廷未尝不嘉纳之,乃谕曰:“吴廷栋奏金陵告捷,尤宜益加敬慎一折,剀切敷陈,深得杜渐防微之意。朝廷宵旰焦劳,无日不以奠民生、培国脉为念。中外臣工,亦当体朝廷兢惕之心,各矢忠赤,实力筹画,务策万全,以期海隅乂安,闾阎乐业,有厚望焉。吴廷栋折着交弘政殿,用资省览。”又谕曰:“江南省城克复,东南渐期底定。自古君臣,安不忘危,治不忘乱,不得以捷书遄至,因而晏安为怀;总期上下交儆,共济时艰,慎始图终,无荒无怠,以巩丕基,而跻上治。”此皆官样文章,借以儆内外臣工而已。及捻乱肃清,而张绪楷又疏曰:

逆氛削平，捷音迭告，惟是愉快之来，加以警省；庆幸之至，倍切提撕。又况秦、陇未息烽烟，滇、黔尚烦征讨，边境方殷，河患又起。所有移师转饷，捍患救灾，与夫招徕抚绥一切善后各事宜，其有待于经营筹划上廑圣虑者，曷其有极！伏愿皇上保泰持盈，烛微览远，已治而犹若未治，已安而犹若未安。忆烽镝之惨遭，生灵荼毒，则怵然矜；念疮痍之未复，触目颠连，则恻然悯。虑府库之空虚，练军筹饷，度支已竭，益殷然于惜物产而除浮华；思闾阎之凋敝，抽厘劝捐，取给无遗，愈憬然于节财用而崇质朴。一人笃恭于上，百工承流于下：宰臣则益勤襄赞，不以世治而稍懈荩忱；疆臣则益矢靖共，不以功成而妄矜武略；枢臣则综理愈劳，不敢以时已恬熙，而废弛渐起；谏臣则箴规日进，不敢以意安承顺，而缄默为高。并请饬下大学士倭仁等尽心启沃，及时讲学，勿泥章句，勿事呫哔，综其大而略其细，遗其粗而撷其精。举凡切于时势而为当务之急者，日讲明而切究之，庶盛衰之故，治乱之由，得失之机，了于指掌。聿见圣德日新，圣功日懋，以迄于亿万年有道之长也。

此问题既一再为臣下所敷陈，则两太后果能忧勤惕励，亲贤远佞，去奢崇俭，持以恒久，而不生喜心骄心否耶？观以后之事实，则可以知其殊有未然矣。

（三）恭亲王奕䜣之惩儆

恭亲王奕䜣者，道光帝之第六子也。自号鉴园主人，为孝静成皇后所出。宣宗大渐，遗命封为恭亲王。盖奕䜣性质开明，临事敏决，能力亦颇富强，惟自幼学养不足，举趾高骄，命之曰“恭”，涵意实极深远，因知子莫若父，宣宗特以此为诫也。咸丰二年四月分府，仍在内廷行走。三年九月，署领侍卫内大臣，办理巡防。十月，命在军机大臣上行走。四年迭授都统右宗正宗令。五年七月，以办理孝静皇后丧仪疏略，罢军机大臣及诸职任，仍在上书房读书。乃因力争其母升祔故，为文宗所不乐耳。七年，复授都统。九年，加授内大臣。十年文宗北狩，命留守京师，特授钦差便宜行事全权大臣,办理和局。十二月,设总理各国通商事务衙门,命管理之。十一年七月,载淳嗣位,免宴见行叩拜礼。旋赴热河叩谒梓宫。方是时文宗升遐,载垣等赞襄政务,两宫越在数百里外,又当英法联军内犯京师播荡之后,内忧外患,一时交作,所恃以支持危局者,厥惟奕䜣一人。两宫与之合谋,始得夺取政权,遂依之如左右手焉。事定而后,两宫感激颇深,加号议政王,赐食亲王双俸,复授军机大臣,兼任宗令,管宗人府、银库,免奏事书名。旋命管神机营事务,以其女为固伦公主。当时京中因辅政方诛,党见纷歧,英法虽已退兵,而总理各国事务衙门,非熟于外交者,不敢轻于委任。和议之成,由奕䜣主持之,因深得外国人之信任。故慈禧不得不重用恭王,悉听其口齿以为从违。盖因垂帘伊始,朝政尚未熟习,特借以维系内外人心耳。恭王集宫廷大小事务于一身,虽不若顺治初之摄政王位尊权重,然每日商白公事者环侍于军机处门前,耳目声势,亦煊赫于一时。王于各省事件,多委权督抚,其能特达者不加遥制,时人所谓"深宫忧劳于上,将帅效命于外,而一二臣主持于中,有请必行,不关吏议"者,盖近之矣。同治之初,内外相维,于恭王之豁达,多致褒美焉。倘奕䜣能懔功高震主之古训,以多尔衮为前车之鉴,稍自敛抑,从其父诫,固可期事功之渐集,享荣华于久远,不料恭王竟未注意及此,言语行动,诸多不检,甚或恃功自矜,遇事流于专横,此其黠慧如慈禧者所能堪乎?慈禧敬重奕䜣,恩礼有加,非出由衷之诚,特不过利用之而已。既久而经验已熟,人望渐孚,自欲集大权于己身,乃窥其隙以惩抑之,亦势所必至者也。同治三年秋,通政使王拯曾宛曲微言以古人谨慎之意进恭王,四年初,御史丁浩又讽以勿骄盈、勿揽权、勿徇私,王终不悟。其府邸以费用繁重,收入颇不敷用,乃用福晋父桂良言,以提门包如常例,于是贿赂公行,财货猥积,流言传闻,福晋亦患之,但不能止矣。时当军务未竣,用度撙节之际,王兼领总管内务府,近侍舆台所属,讨取无厌,不遂所欲者,怨谤顿兴,于是苛啬贪冒之议起焉。又因管理各衙门,于缺分黜陟,不能不主持其间,鉴别举措,或戚旧之贤,偶加拔擢,则徇资而不得与选之庸才,反谓王操选政,有所徇私矣。同治四年三月初四日,编修蔡寿祺乃上疏劾恭王揽权、纳贿、徇私、骄盈。其疏曰:

夫议政王为诸臣表率，实中外臣民所仰望而待治者也。若军务粒定，吏治修明，则中外莫不颂议政王之功。设未尽美尽善，则舆论断不能为议政王恕。即如上月御史丁浩奏请恐惧修省一折，已蒙谕令内外大小臣工共深祇惧，仰见皇太后、皇上时懔几微，虚怀纳谏，虽古君臣交相儆惕，何以加兹！臣查该御史所奏，内有勿贪墨、勿揽权、勿徇私数语，细加紬绎，似为议政王而言。夫以议政王之剪去三凶，厥功甚伟，又以懿亲而荷重任，谅不敢改操易节，上负朝廷。乃臣自去年来京，每闻外间物议，多有疑及议政王者。夫用舍朝廷之大权，总宜名实相符，勿令是非颠倒，近来竟有贪庸误事因挟重资而内膺重任者，有聚敛殃民因善夤缘而外任封疆者。至各省监司出缺，往往用军营骤进之人，而夙昔谙练军务通达吏治之员，反皆弃置不用。臣民疑虑，则以为议政王之贪墨。自金陵克复后，票拟谕旨，多有大功告成字样，现在各省逆氛尚炽，军务何尝告竣？而以一省城之肃清，附近疆臣咸膺懋赏，户兵诸部胥被褒荣，居功不疑，群相粉饰。臣民猜疑，则以为议政王之骄盈。御史之设，原许风闻言事，近日台谏偶有参劾，票拟谕旨，多令其明白回奏，似足杜塞言路。矧如彭端毓、吕序程、金钧、华祝三、裘德俊等，俱以京察一等放云、贵、甘肃府道，朝廷为地择人，臣下何敢论缺之安危，地之远近？然部曹每得善地，谏臣均放边疆，虽会逢其适，而事若有心。至截取一途，部曹每多用繁，御史则多改简，以故谏官人人自危，怵近年部院各馆差使，保举每多过分，因利害而缄口。臣僚疑惧，则以为议政王之揽权。总理通商衙门保奏更优，并有“各衙不得援以为例”之语。臣僚疑惑，则以为议政王之徇私。此皆外间物议，此议政王岂竟如斯？而直道在人，断非无因而至！纵议政王公平廉洁，而人言不息，安知不有私人假借权势致招物议者乎？此风传播，封疆大吏群相效尤，是以贪墨、骄盈、揽权、徇私之弊，更不胜枚举矣。倘议政王避嫌惧谤，曲为瞻徇，已非臣子忠君爱国之忱，若稍易初心，故为颠倒，更属欺君误国，宜乎天象示儆，阴阳不和。臣愚以为议政王若于此时引为己过，归政朝廷，退居藩邸，请别择懿亲议政，多任老成，参赞密勿，方可保全名位，永荷天麻。即以为圣主冲龄,军务未竣,不敢自耽安逸,则当虚己省过,实力奉公,于外间物议数端,有则改之,无则加勉。时时接见外廷,虚衷采访,愿闻过失,以期共济时艰,匡弼政事,庶几天和可召,物议可弭,为朝廷致无疆之福,即为一己全不朽之名。臣所以不避斧钺,痛切言之者,为朝廷,实亦为议政王也。……臣素性愚昧,罔识利害,谨冒死披沥血忱,不胜战栗惶悚之至!

相传是日恭王进见,慈禧曰:“有人劾汝!”示以折,王不谢,固问何人?慈禧言蔡寿祺。王失声曰:“蔡寿祺非好人。”欲逮问之。两宫怒甚,即召见大学士周祖培、瑞常,吏部尚书朱凤标,户部侍郎吴廷栋,刑部侍郎王发柱,内阁学士桑春荣、殷兆镛等,垂泪谕诸臣:王植党擅政,渐不能堪,欲重治其罪。诸臣莫敢对。太后复屡谕:“诸臣当念先帝,无畏王!王罪不可逭,宜速议!”周祖培顿首曰:“此惟两宫乾断,非臣等所敢知!”太后曰:“若然,何用汝曹为?他日皇帝长成,汝等独无咎乎?”祖培因又曰:“此事须有实据,容臣等退后详察以闻,并请与大学士倭仁共治之!”太后始命退,诸臣均流汗沾衣。而外间亦藉藉,皆言有异常处分矣。初六日,倭仁、周祖培等会于内阁,并召蔡寿祺同至内阁追供,供内惟指出薛焕、刘蓉二人,并称均系风闻。倭等以原折“贪墨”、“骄盈”、“揽权”、“徇私”各款,虽不能指出实据,恐未必尽出无因。况贪墨本属暧昧,非外人所能得见,至骄盈、揽权、徇私,必于召对办事时流露端倪,难逃圣明洞鉴。乃奏:“黜陟大权,操之自上,应如何将恭亲王裁减事权以示保全懿亲之处,恭候宸断!”翌日覆奏上,慈禧太后已先手书一诏以待矣。诏曰:

谕在廷王大臣等同看:朕奉两宫皇太后懿旨:本月初五日,据蔡寿祺奏:恭亲王办事徇情贪墨骄盈揽权,多招物议种种情形等弊(六字润后删),嗣此重情(似此劣情)何以能办公事!查办虽无实据,是(事)出有因,究属暧昧,知事(润后删此二事)难以悬揣。恭亲王从议政以来(后改之初,尚属勤慎,迨后),妄自尊大,诸多狂敖(傲),以(倚)仗爵高权重,目无君上,看(视)朕冲龄,诸多挟致(制),往往谙始(暗使)离间,不可细问。每日召见,趾高气扬,言语之间,许多取巧,满口中胡谈乱道(七字改妄陈),嗣(凡)此情形,以后何以能办国事(二句删)?若不即(及)早宣示,朕归(亲)政之时,何以能(能字删)用人行正(政)?嗣(凡)此种种(二字删)重大情形,姑免深究,方知(正是)朕宽大之恩。恭亲王着毋庸在军机处议政,革去一切差使,不准干预公事,方是(以示)朕保全之至意,特谕。

此即所谓"别字连篇之手诏"也。慈禧召见倭仁、周祖培等,示以朱谕,并云:"诏旨中多有别字及辞句不通者,汝等为润饰之。"祖培因请添入"议政之初,尚属勤慎"八字。太后令此诏即下内阁速行之,不必由军机。谕中并责令文祥等办理总理衙门各事宜,以后召见,派惇亲王奕誴、醇郡王奕譞、钟郡王奕詥、孚郡王奕譓等四人轮流带领。自是枢廷突失重臣,一切政务均现脱节,惇亲王奕誴乃请交王公大臣集议,而始有转机矣。

(四) 恭亲王之复入枢廷

同治四年三月初八日,即奕䜣被罢斥之次日,惇亲王奕誴上疏言:"自古帝王举措一秉至公,进一人而用之无贰,退一人而亦必有确据,方行摈斥。今恭亲王自议政以来,办理事务,未闻有昭著劣迹,惟召对时语言词气之间,诸多不检,究非臣民所共见共闻。而被参各款,查办又无实据,若遽行罢斥,窃恐传闻中外议论纷然,于用人行政,似有关系,殊非浅鲜,臣愚昧之见,请皇太后、皇上恩施格外,饬下王公大臣集议请旨施行。"奕誴虽出嗣老惇王绵恺,实系宣宗第五子,与文宗、恭王为兄弟,以其地位发言,当更有力量。故是日太后遂召见孚郡王奕譓(宣宗第九子)及军机大臣文祥等三人,令传谕王公大臣翰詹科道,于内阁会议,以惇王疏及蔡寿祺原疏并发视。是日都中盛传天怒已回,眷顾未替,宫中且多言恭王将复辅政矣。初九日,太后先召见倭仁、周祖培、瑞常、万青、黎基溥、吴廷栋、王发桂等,谕曰:"恭王狂肆已甚,必不可复用,即如载龄人才,岂任尚书者乎?而王必予之。惇王今为疏争,前年在热河言恭王欲反者,非惇王耶?汝曹为我平治之!"倭仁等奉谕后,至内阁与六部九卿等会议,述太后之言。而军机大臣文祥亦述昨日面奉皇太后懿旨云:“恭亲王于召见时一切过失,恐误正事,因蔡寿祺折,不能不降旨示惩。惇亲王折,亦不能不交议,均无成见,总以国事为重。朝廷用舍,一秉大公,从谏如流,固所不吝。君等固谓国家非王不治,但与外廷共议之,合疏请复任王,我听许焉可也!”此旨意与倭仁等所述大相径庭,文祥述毕,吴廷栋争之甚力,倭仁亦以为不可。此二日押班领见者均钟郡王奕詥,乃各引钟王为证。王言:“固皆闻之!”诸臣相顾愕然,无所适从,纷纭不已,遂不成议而散,定十四日再议。慈禧对诸臣谕旨两歧,适足以见其内心之矛盾,李慈铭《越缦堂日记》曾有推测太后意向之语云:“窃揣两宫之意,衔隙相王,已非一日,退不复用,中旨决然。徒以枢臣比留,亲藩疏请,骤易执政,既恐危中外之心;屡黜宗臣,又虑解天潢之体。攻讦出自庶僚,参治未明罪状,劫于启请,惭于更改,欲借大臣以镇众议。且王夙主和约,颇得夷情,万一戎狄生心,乘端要劫,朝无可依,事实难图。故屡集诸臣审求廷辩,冀得公忠之佐,以绝二三之疑。”其言可谓中肯。盖恭王之罢黜,乃基于召对时语言词气之间,诸多不检,特借蔡疏以发耳。慈禧有必欲去之之心,故自撰谕旨,但以亲王疏陈,大臣谏议,又怵于外交之必需奕䜣维持,故又踌躇莫定,遂有两歧之言也。究竟奕䜣在召对时有何不检之处,使慈禧下此决心耶?宫廷之间,传闻异词,或谓:王每日内廷上值,辄立谈移晷,宫监进茗,两宫必曰:“给六爷茶。”一日召对颇久,王立案前,举瓯将饮,忽悟此御茶,仍还置原处,两宫哂焉,盖是日偶忘命茶也。或谓:垂帘听政时,太后坐于大殿,座前以黄丝帘障之。召见人员,皆不能见。凡召见人员,奕䜣常先带领,诸臣如有失仪,两宫皆可窥见。无论若何大员,非总管太监传旨,不能径入也。奕䜣自以亲贵有功,有不俟传旨而骤入者。又群臣奏对,每由慈禧问答。一日太后言毕,奕䜣佯作未闻,请太后重述,太后觉其违慢。后有垂询,每又抗声致答,太后尤嫌其骄傲。而奕䜣于内外诸事,往往不取太后意旨,辄自专擅,慈禧亦以其为国之重臣,不宜轻于移动,时欲以越职侵权告诫之,令其明白国体,不可僭越。然既启猜疑,颇难启齿,又恐听者未必入耳,双方暌隔,意见早生矣。或谓:奕䜣奏对时,忽不自检而起立。清制大臣皆跪奏,所以备非常也。奕䜣之起立,实出于无心，而太后则疑其有不利于两宫之举动，即大呼求助，侍卫乃引奕䜣下。上说皆宫闱秘辛，无从征实，但以慈禧手诏而论，恐趾高气扬，诸多狂傲，暗事离间，不可细问，殆即奕䜣之罪状欤？故奕誴以"语言词气之不检，究非臣民所共见共闻"二语为之解脱，而慈禧所欲加诸奕䜣之罪名，即不免动摇矣。屡集诸臣，审求廷辩，正欲借以转圜，以达其惩戒之作用，此慈禧对诸臣故作两歧之言之真因也。

十三日，醇郡王奕譞自东陵赶回北京，急上疏言："恭亲王感荷深恩，事烦任重，其勉图报效之心，为我臣民所共见。至其往往有失检点，乃小节之亏，似非敢有心骄傲。若因此遽尔罢斥，不免骇人听闻，于行政用人，殊有关系。"奕譞为慈禧之妹婿，平时最所亲信，其言较奕誴更觉有力，对慈禧之影响可知矣。十四日，王大臣等复会议于内阁，或云：家庭之事，人所难争；或云：恭亲王屡招物议，岂尽子虚？难膺重任；或云：事无确据，应许自新，废弃可惜；或云：涣号已颁，不宜朝令暮改；或云：从谏如流，益足彰圣人之无我；议论纷纭。而倭仁自以亲受太后手诏，出疏稿示人，并以为醇王等疏，可勿置议。是真愦愦者也。因上疏曰："伏思黜陟为朝廷大权，恭亲王维持大局，懋著勤劳，叠奉恩纶，酬庸锡爵，今因不自检束，革去一切差使，恭亲王从此儆惧，深自敛抑，未必不复蒙恩眷。以后如何施恩之处，圣心自有权衡，臣等不敢置议。"仍系模棱两可。于是诸王公宗室由肃亲王隆懃领衔草上一疏曰："恭亲王受恩深重，勉图报效之心，为盈廷所共见。诚如醇郡王所言，倘蒙恩施逾格，令其改过自新，以观后效。恭亲王自当益加敛抑，仰副裁成。臣等亦以醇郡王所言，深合用人行政之道。至于王拯、孙翼谋虽各抒己见，其以恭亲王为尚可录用之人，似无异议。"所谓王拯（通政使）、孙翼谋（御史）陈奏之件，实则当时单衔奏谏者，尚不只王、孙二人，内阁学士殷兆镛、潘祖荫，给事中谭钟麟、广成，御史洗斌、学士王维珍等，亦皆有折上陈。尤以谭、广疏云"若庙廊之上先启猜嫌，根本之间未能和协，骇中外之观听，增宵旰之忧劳，于大局实有关系"数语颇动听。慈禧盖英明者，其惩儆之目的既达，又何乐而不容纳众议乎？于是十六日乃明发谕旨曰：

恭亲王谊属至亲,职兼辅弼,在诸王中倚任最隆,恩眷极渥。特因其信任亲戚,不能破除情面,平日于内廷召对,多有不检之处,朝廷杜渐防微,若复隐忍含容,恐因小节之不慎,致误军国重事,所关实非浅鲜。且历观史册所载,往往亲贵重臣,有因遇事优容,不加责备,卒至骄盈矜夸,鲜克有终者,可为前鉴!日前将恭亲王过失,严旨宣示,原冀其经此次惩儆之后,自必痛自敛抑,不至再蹈愆尤;此正小惩大诫,曲为保全之意。如果稍有猜嫌,则惇亲王等折均可留中,又何必交廷臣会议耶?兹览王公大学士等所奏,佥以恭亲王咎虽自取,尚可录用,与朝廷之意,正相吻合。见既明白宣示,恭亲王着即加恩仍在内廷行走,并仍管总理各国事务衙门事务。此后惟当益矢勤慎,力图报称,用副训诲成全至意!

此诏在表面上恭亲王复蒙录用,业已采纳王公大臣之意见,在实际上则将其议政王军机大臣之实权革去,已不能入枢廷与闻机密矣。可见慈禧坚强之决心,并未因舆论与大局之关系而有所转移,特以此为玩弄政治之手段,欲震慑廷臣,独揽大权耳。其操纵之术,殊非昏愦如倭仁辈所能喻也。醇王不慊于倭仁之希旨取容,乃于十八日复借口上谕内廷王大臣同看之手诏,竟无得瞻宸翰者,特上疏劾之,谓其不谙国体,任性妄为,公论具在,责有攸归。事虽为倭仁而发,亦实有讽谏之意,盖以太后自作不通之诏,径行内阁,有失尊严;而军机处亦查询蔡寿祺原折系三月初四日呈递,手诏谓为初五日,是否另有一折?即希咨送本处,此又明与内阁斗法矣。慈禧自知其密中之误,当然留中不报。然不及一月,而又颁谕旨曰:

本日(四月十四日)恭亲王因谢恩召见,伏地痛哭,无以自容。当经面加训诫,该王深自引咎,颇知愧悔,衷怀良用恻然。自垂帘以来,特简恭亲王在军机处议政已历数年,受恩既渥,委任亦专,其与朝廷休戚相关,自非在廷诸臣可比。特因位高速谤,稍不自检,即蹈愆尤,所期望于该王者甚厚,斯责备该王者不得不严。今恭亲王既能领悟此意，改过自新，朝廷于内外臣工用舍进退，本皆廓然大公，毫无成见。况恭亲王为亲信重臣，才堪佐理，朝廷相待，岂肯初终易辙，转令其自耽安逸耶？恭亲王着仍在军机大臣上行走，无庸复议政名目，以示裁抑！其勿忘此日愧悔之心，益矢靖共，力图报称，仍不得意存疑畏，稍涉推诿，以副厚望！

是恭王仍被命入枢廷矣，然已无议政王之尊称，名位固已较前大为减低，此虽王年少不学，暗于大体，辜父兄（咸丰帝亦曾诫以仪节未娴）之殷望，遭寡嫂之疑忌，然亦慈禧欲集权而暴露其毒辣之手段也。是年九月，因咸丰帝奉安定陵，奕䜣襄办大事，尽敬尽诚，有条有理，又以事无巨细，愈加宣畏小心。因谕："三月初七日所降谕旨，原因其小节之疏，恐蹈愆尤之渐，期望既厚，责备不得不严。业于三月十六、四月十四等日，将办理始末，明白宣示，谅天下共见共闻。惟虑传之久远，后人不知原始，莫定是非，转为白圭之玷，殊无以释群疑而彰忠悃。所有三月初七日谕旨，着勿庸编入起居注，以示眷念勋劳，保全令名至意。"盖恭王以盈满为惧，固辞优奖，并请将长女之固伦公主撤去，改封荣寿公主。彼此皆以伪相处，非出诚心。故不久遂有安德海被诛之事，恭王与两宫间之关系，更趋于微妙矣。

（五）太监安德海之伏诛

宦官之祸，无代蔑有，明之亡即由于阉寺弄权。盖此辈以小忠小信邀主知，及得宠任，则结党营私，渐干政柄，其势既成，虽欲去而不能矣。吾国自秦汉以来，贵族之制既去，每丁大丧，主少国疑，在朝皆羁旅之臣，无可信托者，不能不听于母后。而母后又向来不接廷臣，不能不听于己之兄弟或旧所奔走嬖御之人，而外戚宦官之局，亦因之而起。清人入关，惩于前朝之祸，世祖制寺人不过四品，不许擅出皇城职司以外。又特立铁牌于宫内，严禁宦官干政。二百年来，奉为家法。至慈禧太后以女主当国，又适际大难方平，所谓喜心一生，奄寺即有乘此喜以贡其谄媚者，其事遂与晚清五十年之命运相终始，此固非立法者所及料也。初慈禧之在热河也，颇受制于赞襄政务王大臣，宫廷皆其耳目。慈禧结侍卫荣禄保护之，而与荣禄通消息者,则赖内监安德海。慈禧密召恭王,亦由安德海冒死行数百里,抵京传递。慈禧倚为心腹,资以为助。垂帘以后,安恃宠从中渔利,每投太后所好,导之娱乐,为之造戏园。太后尝着戏装游于西苑,所至安必随之。同治三年御史贾铎奏称:道路纷传,内务府有太监演戏,将库存进贡缎匹,裁作戏衣,每演一日,赏费几至千金。皇太后励精图治,勤求上理,现值逆氛滋扰,生灵涂炭之时,方将宵旰不遑,何暇演戏为乐?军民解望,所关匪浅,请密饬速行禁止。慈禧得奏,谕言:

上年七月,因皇帝将次释服,文宗显皇帝梓宫尚未奉安,曾特降谕旨,将一切应行庆典,酌议停止。所有升平署岁时照例供奉,俟山陵奉安后,候旨遵行,并将咸丰十年所传之民籍人等永远裁革。原以皇帝冲龄践阼,必宜绝戏愉之渐,戒奢侈之萌。乃本日据贾铎奏称风闻太监演戏之事,览奏实堪诧异!方今各省军务未平,百姓疮痍满目,库帑支绌,国用不充,先皇帝山陵未安,梓宫在殡,兴言及此,隐痛实殷!又何至有如该御史折内所称情事?况库存银缎,有数可稽,非奏准不能擅动,兹事可断其必无!惟深宫耳目难周,外间传闻,必非无因,难保无不肖太监人等,假名在外招摇,亦不可不防其渐。着总管内务府大臣等严密稽查,如果实有其事,即着从严究办;毋得稍有瞻徇,致干咎戾。皇帝典学之余,务当亲近正人,讲求治道,傥或左右近习,怂为娱耳悦目之事,冒贡非为,所系实非浅鲜!并着该大臣等随时查察,责成总管太监认真严禁所属。嗣后各处太监,如有似此肆意妄行,在外倚势招摇等事,并着步军统领衙门一体拿办。若总管内务府大臣等不加查察,别经发觉,必将严加惩处,其各凛遵毋忽!此旨并着敬事房、内务府各录一通,敬谨存记。钦此。

此种冠冕堂皇之谕旨,全属掩饰之词。对于慈禧与幼帝之游嬉,太监安德海之不法,曾未减毫末也。谕中所谓皇帝典学之余,倘或左右近习怂为娱耳悦目之事者,即世传幼帝日与小太监相嬉戏,且有彩服习唱须生之事也。盖帝之师傅为李鸿藻,平素主张宋学,以性理讲章教授六岁之幼儿,规行矩步,岂童心好弄之同治帝所能接受者哉?于是日与小太监接近,而此辈即导之以声色犬马之乐矣。时德海思用事,颇嫉恭王为两宫倚任,因以谗去其议政权。翌年,御史又有以宦官为言者,意指德海。慈禧批答嘉许,历述太监之害,谓本朝列祖列宗,垂戒至严,不独不许干政,并不许其乘间进言,纪纲明肃,前代太监乱政之事,已成历史之陈迹。是真所谓"悦而不绎,从而不改"者已。德海既怙势,朝士日奔走其门,声势煊赫。山东巡抚丁宝桢尝叹谓幕宾曰:"今两宫垂帘,朝政清明,内外大臣,各职其职,中兴之隆,轶唐迈宋。惟太监安德海稍稍用事。往岁恭亲王去议政权,颇为所中,近日士大夫渐有凑其门者。吾闻其将往江南,必过山东境,过则执而杀之,以其罪状奏闻如何?"幕宾赞曰:"审如是,不世之业也,其难如平一剧寇,功尤高。然布置欲豫,审机欲密欲断,否则,不惟贾祸,亦恐转益其焰,而贻天下患。"宝桢额之。同治八年七月,安德海果出都,过德州,知州赵新即用夹单密禀宝桢(夹单非例行公事,不存卷,盖新虑德海知之,反撄其祸也)宝桢饬东昌府程绳武追之,绳武躬簦屧,驰骑烈日中,踵其后三日不敢动。复檄总兵王正起发兵追之,及泰安,围而守之,送至济南。德海犹大言曰:"我奉皇太后命,赴苏州采办龙袍,汝等自速戾耳。"官吏詟焉。时宝桢已具疏奏闻,朝旨未下,廷议不可知,欲先论杀之,虽获严谴无憾。泰安知县何毓福长跪力谏,请少待之。慈禧太后聆而惶骇,莫知所为,慈安太后乃召军机大臣及内务府大臣议之。皆言祖制太监不得出都门,擅出者死无赦,请就地诛之,谕旨留中二日未下。醇亲王复争之,始宣布。谕曰:

> 丁宝桢奏太监在外招摇煽惑一折。据德州知州蔡新禀称:七月间有安姓太监,乘坐太平船二只,声势炫赫,自称奉旨差遣,织办龙衣,船上有日形三足乌旗一面,船旁有龙凤旗帜,带有男女多人,并有女乐,品竹调丝,两岸观者如堵。又称本月二十一日,系该太监生辰,中设龙衣,男女罗拜。该州正在访拿间,船已扬帆南下。该抚已饬东昌、济宁各府州饬属跟踪追捕等语。览奏深堪诧异!该太监擅自远出,并有种种不法情事,若不从严惩办,何以肃宫禁而儆效尤?着马

> 新贻、张之万、丁日昌、丁宝桢迅速派委干员,于所属地方,将六品蓝翎安姓太监严密查拿,令随从人等指证确实,毋庸审讯,即行就地正法,不准任其狡饰。如该太监闻风折回直境,即着曾国藩一体严拿正法。傥有疏纵,惟该督抚等是问!其随从人员,有迹近匪类者,并着严拿分别惩办,毋庸再行请旨。将此由六百里各密谕知之。

宝桢遂以八月丙午夜弃德海于市,随从死者二十余人(丁宝桢《办理私逃太监随从人等折》,有提讯陈玉祥等六十八名语)。藉其辎重,得骏马三十余匹,黄金一千一百五十两,元宝十七个,珠玉珍宝称是,皆输内务府。德海既诛,天下交口称颂。李鸿章阅邸抄,矍然起,传示幕客曰:"稚璜成名矣。"曾国藩语薛福成曰:"吾目疾已数月,闻是事积翳为之一开,稚璜豪杰士也。"稚璜者,宝桢字也。宝桢贵州平远人,咸丰三年进士,居遵义,以私财募军平乱。十年除岳州府,越岁调长沙。同治二年擢山东按察使。又明年迁布政使。巡抚阎敬铭乞休,举以自代,遂拜山东巡抚。平东、西捻,转战功最盛,数获褒嘉,加太子少保。光绪二年调四川总督,十一年卒,谥文毅。《清史稿》谓其政尚威猛,尤励清操,丧归,僚属集赙,始克成行云。

(六)圆明园修复之议

清宫中祖制严,兴居有时,饮食服御有常度,帝者恒苦之。乃借秋狝木兰为名,时幸热河。林清事变后,以热河离京远,渐罕幸,遂常至圆明园。自新正郊礼毕,移居园宫,冬至大祀前夕始还大内,一岁中除夏幸热河避暑外,园居几逾三分之二。盖视大内为举行典礼之所,事毕即行,无所留恋也。自康熙崩于畅春园,雍正、道光崩于圆明园,嘉庆、咸丰崩于热河,仅乾隆帝于嘉庆三年冬还宫,四年新正初四崩于大内,所谓"寿终正寝"者,只一人而已。满清诸帝之于圆明、畅春等园庭,皆有晏居终老之概,其不乐长街永巷之宫廷单调生活,可想见矣。自英法联军入京,英人以泄愤故,举火焚毁圆明诸园,并三山之清漪、静明、静宜,亦罹浩劫,于是满清五世百余年所经营之"万园之园"(西洋传教士所称),悉付诸无情之火，不仅中国朝野引为奇耻大辱，即世界人士亦为之叹惜憎恨焉。咸丰帝于热河得报，愤恚至于咯血，及其崩，以“御赏”、“同道堂”小印代朱笔，盖即有勾践“不敢忘”之深意。以帝之出狩，即在同道堂早餐后仓皇北走也。痛音容之永渺，伤御园之一炬，“谁实为之？”“孰令致之？”“能一日忘此仇耻哉！”同治之初，宫廷之意念如此，朝野亦无敢建言兴复御园者。盖军书旁午，饷糈浩繁，司农仰屋兴嗟，焉有余款以应此不急之务？及捻、回之乱既平，国内军事告竣，幼主亦日渐长大，典学有成，两宫决心撤帘，乃先于同治十一年八月，册立阿鲁特氏为皇后，举行大婚。初两宫为帝择婚，东后属意户部尚书崇绮女，而西后欲婚凤秀之女，令帝自决。帝竟择东后所拟定者，选凤秀女为慧妃。西后不悦，大婚之夕，皇后奏对颇称旨，命背诵唐诗，无一字误，益宠幸。而西后诫之曰：“凤秀之女，屈为慧妃，宜加眷遇。皇后年少，不娴宫中礼节，勿常往其宫，致妨政务。”且使内监监视之。时帝后新婚，爱情正挚，竟为其母严谕所中断，自是遂不入皇后宫，亦不幸慧妃，独居乾清宫，由内侍导之微行。因与奕䜣子贝勒载澂与新派侍读王庆祺善，娼寮酒馆，无不有其踪迹。同治十二年正月帝亲政，乃下兴修园庭之朱谕，其文曰：

> 朕念两宫皇太后垂帘听政十一年来，朝乾夕惕，倍极勤劳，励精以综万几，虚怀以纳舆论，圣德聪明，光被四表，遂致海宇升平之盛世。自本年正月二十六日朕亲理朝政以来，无日不以感戴慈恩为念。朕尝观养心殿书籍之中，有世宗宪皇帝御制《圆明园四十景诗集》一部，因念及圆明园本为列祖列宗临事驻跸听政之地，自御极以来，未奉两宫皇太后在园居住，于心实有未安，日以回复旧制为念。但现当库款支绌之时，若遽照旧修理，动用部储之款，诚恐不敷。朕再四思维，惟有将安佑宫供奉列圣圣容之所，及两宫皇太后所居之殿，并朕驻跸听政之处，择要兴修，其余游观之所，概不修复。即着王公以下京外大小官员量力报效捐修，着总管内务府于收捐后，随时请奖，并着该大臣等核实办理，庶可上娱两宫皇太后之圣心，下可尽朕心之微忱也。特谕。

先是同治七年八月,有满御史德泰者,奏请修理园庭,并代递内务府库守贵祥所拟筹款章程,请于京外各地方按亩按户按村鳞次收捐。恭亲王以侈端将启,请旨切责德泰丧心病狂,着即革职,贵祥发给黑龙江披甲人为奴。时有知其事者,谓由安德海授意云。盖内务府堂司各官,均以营造为生财之道,欲从中得利。而安德海之授意,亦必窥慈禧之意旨者,惟当时朝士清议之力量,犹可压服小人之企图耳。然慈禧奢华铺张之意念早动,于安德海赴苏织办龙衣时,已可征之。江南、苏州两织造为帝大婚织办彩绸,竟值二百余万两。备办仪物,费至千万,结彩宫门,至十余万。每年内务府额定经费六十万两外,常向户部要索增添,每次辄在三四十万两以上。帝亲政以后,虽有核实撙节,不得借支之谕,实则皆饰词也。修园之议,借口娱亲,实亦有厌其母干涉政治,生活少受管束之意,故户部侍郎桂清力陈不可,即遭严斥免职。又遣人至四代承办园工之雷思起(所谓样子雷者也)家索取三园全图,计划先建殿宇三分之二,乃犹曰"择要兴修",岂非欺人之谈?谕下十日,即行兴工拆除,克期修造,务期速成,恭亲王首先报效工银二万两。盖帝欲于同治十三年内完成,以备庆祝慈禧太后四十万寿大典也。十月初一日,御史沈淮疏请缓修。帝大怒,乃宣淮入见,严词诮让。淮不为动,但称淀园之毁,非由天灾,今时事艰难,仇人在国,即库藏充溢,亦不当遽议兴修。皇上谓为两宫颐养起见,但臣恐园工落成,太后入居其中,反愀然不乐。旋同台游百川亦袖疏力争,帝益怒,乃下谕曰:

自古人君之发号施令,措行政事,不可自恃一己之识,必当以群僚适中共议,可行则行,不可则止,此求事理合宜之意也。至于为人子者,欲尽娱志承欢之孝,非他务可比也。既非他务之可比,则必当竭力以效其忱。岂可托其空言而止耶?夫朝廷设言官之意,本为达人君之耳目,不可不言也,至欲尽孝思之意,非言官可阻谏也。且沈淮奏请缓修圆明园之时,业有旨宣示中外,使咸知朕心欲承慈欢之意矣。何该御史又请缓修?且言俟天时人事相度咸宜之时,再行修理。朕观该御史所奏之意,不过欲使人知已尽言官之责,徒沽其名耳。安有体朕孝思之意哉？纵使朕纳其言即行停止，亦不过咸称朕为纳谏之君而已。是朕欲尽孝思之意岂不托诸空言耶？即如该御史所言，俟天时人事相度咸宜之时再行修理，果及天时人事相度咸宜之时再兴此工，又必谓不可。又言西山一带，时有外国人游骋其间，岂京师各城内外，即无外国人往来乎？以朕观之，京师各城内外之外国人，较之圆明园犹为附近也，该御史即恐外国人生瞻就之心，今岁夏令当洋人求觐之时，汝何不奏请止其觐见乎？朕思该御史所陈之言，不过欺朕冲龄，实属妄奏。该御史既为言官，并未闻有关系国计民生之论，乃先阻朕尽孝之心，该御史天良安在？着将该御史游百川即行革职，为满、汉各御史所儆戒。俟后再有奏请暂缓者，朕自有惩办。特谕。

时交涉日棘，库无储蓄，而谏言不行。同治十三年正月十九日，各处工程正式开工，慈禧与帝皆亲自操笔绘图，指示房式机密烫样，并时命驾周视各地，盘桓竟日。盖载淳自以为第一大事，已置一切政务于不顾矣。六月初七日，翰林院侍讲学士李文田上请停园工封奏，首言今有三大害：一民穷已极；二伏莽遍天下；三国家要害尽为西夷盘踞。且谓："焚圆明园之巴夏礼等，其人尚存，昔焚之而不惧，安能禁其后之不复为？常人之家，或被盗劫，尤必固其门墙，慎其管钥，未有更出其财物，以夸富于盗贼之前者！此皆内务府诸臣及左右宵人，荧惑圣听，导皇上以朘削穷民为自利之计。彼内务府诸人岂知顾天下大局？僭皇上之威，肆行朘削。皇上亦思所剥克者固皇上之民，所败坏者固皇上之天下！使自来为人君者日朘削其民而无他患，则唐、宋、元、明将至今存，大清又何以有天下乎？皇上亦知圆明园之所以兴乎？其时高宗西北拓地数万里，俄罗斯、英吉利、日本诸国皆远震天威，屈服隐匿，又物力丰盛，府库山积，所有园工，悉取之内帑，而民不知，故天下皆乐园之成。今俄罗斯诸夷出没何地乎？国帑所积何在乎？百姓皆乐赴园工乎？圣明在上，此皆不待思而决者矣。"其言切直，而帝终不省。及李光昭之骗局揭穿，内务府之搜括俱穷，事实上乃不得不停止矣。李光昭者，广东市井无赖子也。自称购存川、鄂木植甚夥，上呈内务府请报捐。载淳赏光昭道员，任为圆明园工程监督，命往各省采办木植。光昭借为护符，得游历川、楚、江、浙诸产木之区，勒索肥己，四出招摇。因入山采木，工本过重，乃南走香港，向法商订购洋木，胆敢以圆明园李监督代大清皇帝与商人阿多富庵忌立约。以五万余元之木植，诳报银三十万两。且以交割不清，与商人构讼，经法领事照会津海关道，请将贵国钦使李光昭及园工木植一并扣留，勿使逃逸。直隶总督李鸿章据以上闻，谓其贻笑取侮。御史陈彝亦疏劾之。奉旨交部议处，内务府前后任大臣崇纶、明善、春佑、贵宝及笔帖式成麟等，均因此革职，光昭拟斩监候。七月二十七日，遂下诏停止园工，改修三海。盖闽、浙、川、楚各省大吏均不愿朘民脂以供不急之务，坚请免办，且以民心涣散等词入告。而内务府所捐十余万两，只能清理旧址，圈转围墙而已。若日动千工，苟完苟美，则非千万莫办也。

（七）同治帝之荒淫与恶疾

载淳亲政之时，行年十八，血气方刚，发育早熟。且幼习戏曲，粉墨登场，于儿女痴态，眉目传情，久有会心。皇后阿鲁特氏端庄贞静，帝甚爱之，闺房之乐，应与顺治帝等耳。乃慈禧限制其婚姻生活，不使常到后宫，又强其移爱慧妃，慧妃轻佻，为同治帝所不喜，因此独居乾清宫，日与小太监嬉戏游宴，致养成放荡之习。又因师傅李鸿藻以道学伪装，压抑此天真纯洁之幼苗，对读书更不感兴趣，故功课常荒。翁同龢《日记》有云：

同治十年正月廿五日：看折时精神极散漫，虽竭力鼓舞，终倦于思索，讲习仍嬉笑。

二月二十日：晨读极涩，总振作不起，不过对付时刻而已，多嬉笑，直是无可如何！

三月十六日：嬉笑意气皆全，功课如此，至难着手。

七月廿四日：精神不聚，读不顺，兰孙（李鸿藻）颇有声色。

九月十三日：上近日神思不属，每讲论如未闻，故进益更少。

可见载淳之典学，徒具形式，而鸿藻颇有声色，两宫监督过严，其结果更使帝“语言蹇吃，诗亦无成诵者”。“论文多别字”，“读折不成句”，“讲《左传》则不了了”，“背《大学》皆不能熟”。屡经太后面责，迄无所改。亲政以后，惟我独尊，更表现其桀骜不驯之个性，而太监在东华门内开设烟馆，藏垢纳污，导引男女，供帝取乐，甚至小偷亦溷迹其间，门禁之不严，可想见矣。其初与载澂作狭邪游，既而又与侍读王庆祺比昵，庆祺以春宫春药进，二人有时同卧起，如汉哀、董贤故事。于是李鸿藻上书谏曰：

窃上年正月二十五日蒙皇太后召见王大臣等于养心殿，训以知无不言，臣既有所见，曷敢安于缄默？伏思皇上亲政以来，一年有余矣，刻下之要务，不可不亟讲求者，仍不外读书、勤政二端，敢为我皇上敬陈之：前数年皇帝日御弘德殿读书，心志专一，经史记诵甚熟，读书看折，孜孜讨究，论诗楷法日见精进。近则工夫间断，每月书房不过数次，且时刻匆促，更难有所裨益，不几有读书之名，无读书之实乎？夫学问与政事相为表里，于学问多一分讲求，即于政事增一分识见，二者不可偏废也。伏愿我皇上遵皇太后懿旨，每日办事之后，仍到书房认真讨论，取从前已读已讲之书，逐日温习，以思其理；未读未讲之书，从容考究，以扩其识。诗论必求其精通，字画必求其端整，沉心静气，涵养圣德，久而久之，自受益无穷矣。皇上亲政之初，凡仰蒙召对者，莫不谓天亶聪明，清问周至，钦佩同深，气象为之一振。迩来各部院值日诸臣，未蒙召见，人心又渐懈矣。咸丰年间，文宗显皇帝每日召见多至八九起，少亦四五起，诚以中外利弊，非博采旁咨，无以得其详细也。若每见不过一二人，每人泛问三数语，则人才之贤否，政事之得失，何由深悉乎？夫臣下之趋向，视朝廷为转移，皇上办事早，则诸臣莫敢不早；皇上办事细，则诸臣莫敢不细；不如是则相率偷安苟且塞责，其流弊有不可胜言者。伏愿我皇上仰法祖宗定制，辨色视朝，虚心听言，实事求是。于披览章奏之际，必求明所以然，则事理无不贯通矣。而又勤求治理，屏无益之游观，轸念时艰，停无名之兴作，则圣功日懋，圣治日隆，庶无负皇太后谆谆训诫之至意。

此疏以读书为立言之本,实则意在最后“屏无益之游观,停无名之兴作”二语,盖所以谏其微行,讽其园工也。载淳于十三年园工进行之际,刻意督修,驰心外务,既不循例召见朝臣,对章奏亦率以“依议知道了”批复。有双请待核者以此,有必明降谕旨者亦以此。以致各衙门无所适从,敷衍、蒙蔽、专擅、推诿,不一而足,政多阙失,威信扫地,帝皆不之顾也。慈安太后既侦悉此情,以告恭王,恭王欲置其子于死地,特圈禁之。乃上奏曰:

> 文宗寅绍丕基,适值广西发逆之变,蔓延天下,继之捻匪猖狂,寇氛四起,筹兵筹饷,圣虑焦劳,用人行政,自强不息。当饷项万难筹措之时,尚不忍加派百姓,圣体违和,犹复日理万机,勤政爱民,维持危局之难如此。我皇上冲龄践阼,诸王大臣吁请两宫皇太后垂帘听政,十一年中,慈怀忧勤,宵衣旰食,内外协力,共济时艰,贼氛次第削平,天下甫定。当此兵燹之余,人心思治久矣,薄海臣民,无不仰望皇上亲政,共享升平,以成中兴之治。乃自同治十二年皇上躬亲大政以来,内外臣工感发兴起,共相砥砺,今甫经一载有余,渐有懈弛情形,推原其故,总由视朝太晏,工作太烦,谏诤建白,未蒙讨论施行,度支告匮,犹复传用不已,以是鲠直者志气沮丧;庸懦者尸位保荣,颓靡之风,日甚一日。值此西陲未靖,外侮方殷,乃以因循不振处之,诚恐弊不胜举,害不胜言矣。臣等日侍左右,见闻所及,不敢缄默不言,兹将关系最重者,撮其大要,胪列于后,至其中不能尽达之意,臣等详细面陈,愿皇上虚衷采纳焉。

疏中罗举“畏天命、遵祖制、慎言动、纳谏章、勤学问、重库款”凡六事,其要则在诫帝与太监等以嬉戏为乐,借看工程,恣意游观,人言不可不畏也。七月十八日,经再三固请始召见。载淳阅疏未数行,便曰:“我停工何如? 尔等尚有何饶舌?”恭王云:“臣等所奏尚多,不止停工一事。容臣宣诵!”遂将折中所陈逐条讲读,反复指陈。帝大怒曰:“此位让尔何如?”文祥闻之,伏地一恸,喘息几绝,乃先命扶出。醇王继复泣谏,至“微行”一条，坚问何从传闻？醇王指实时地，乃怫然语塞。最后言园工一事，未能遽止，为承太后欢，当请命太后也。可知慈禧亦热心园工者，非仅载淳一人矣。二十七日，帝召醇王，适赴南苑验炮，遂召恭王，询微行一事闻自何人？恭王以“臣子载澂”对，帝更怒。二十九日辰上朝，谕以恭亲王无人臣礼，当重处，遂朱笔革去一切差使，降为不入八分享国公，交宗人府严议。王大臣等顿首固请，帝不顾而起。午刻复召见王大臣，诟责恭王、醇王，两王叩头申辩不已。翁同龢进曰：“今日事须有归宿，请圣意先定，诸臣始得承旨。”帝曰：“待十年或二十年，四海平定，库项充裕，园工可许再举乎？”诸臣皆对曰：“如天之福，彼时必当兴修。”遂定停止园工，酌量修理三海。晚发朱谕一道交文祥，有“恭亲王诸事跋扈，离间母子，欺朕年幼，奸弊百出，目无君上，天良何在？着革去一切差使，降为庶人，交宗人府严行管束”等语。文祥等不奉旨，再三请见。三十日，又颁朱谕云：“朕自去岁正月二十六日亲政以来，每逢召对恭亲王时，语言之间，诸多失仪，着加恩改为革去亲王世袭罔替，降为郡王，仍在军机大臣上行走，并载澂革去贝勒郡王衔，以示惩儆。”有其母必有其子，载淳殆仍袭那拉氏之故智欤？且不但降恭王爵，又于八月朔颁朱谕尽革惇王、恭王、醇王、钟王（？）、景寿、奕劻、文祥、宝鋆、沈桂芬、李鸿藻十人职，谓“朋比谋为不轨”，将召六部尚侍内阁学士等宣谕之。

两宫太后闻讯大骇，急御弘德殿，垂涕慰谕恭王曰：“十年以来，无恭王何以有今日？皇帝少未更事，昨谕着即撤销。”即日明发上谕复恭王及载澂爵职。由此举动观之，载淳不仅少不更事，是直以大政为儿戏矣。经两次激烈廷争，乃犹任性妄为，丝毫不改，且加甚焉，传梨园入内供奉，因微行致马惊逸，不及三月，竟一病不起。其病初谓受凉，嗣云发疹，十一月初一日，始定为天花。实则乃淫创耳。太后不知恶疾，强以天花治之，愈治愈重。项腹皆脓溃，“漫腥一片，视之可骇”，“遗泄赤浊，便秘痉挛”，“牙断糜黑，口气作臭”。十二月初五日，六脉俱脱，瞑目而逝。上尊谥曰毅皇帝，庙号穆宗。光绪元年二月，皇后阿鲁特氏亦殉焉。五月，御史潘敦俨奏称：“后崩在穆宗升遐百日内，道路传闻，或称悲伤致疾，或云绝粒賈生，奇节不彰，何以慰在天之灵？何以副兆民之望？”慈禧以其言无据，斥为谬妄夺官。盖久遭慈禧虐待,不堪忍受痛苦,又以慈禧不为穆宗立后,因怨而死也。帝死后八日,御史陈彝劾王庆祺劣迹,在河南考官,微服冶游,汴省人多知之。街谈巷议,无据之词,未敢渎陈,要亦其素行不孚之明证。奉懿旨革职永不叙用。时人为之语曰:“宏德殿,宣德楼,德业无疆,且喜词人工词曲;进春方,献春册,春光有限,可怜天子出天花!”盖王擅昆曲,与帝初会于酒肆宣德楼,因得幸,擢至侍郎,兼宏德殿行走。载淳仅十九岁,行乐不过一二年,故言春光有限也。《清史稿》赞帝至勤、至仁、至明,而惜其寿之短。实而按之,载淳虽西后所生,然对于东后之情感尤挚,足见天性浑厚,有成人之度,每临大祀,容色甚庄,爱后薄妃,似非轻佻之主,此外尚有二嫔,以四女奉一人,何尚不能满足而使之放荡如此?其因则由于宫廷教育太差,慈禧又限制其婚姻生活,故不免流于反动,一切皆出常轨。那拉氏之对待亲生子且然,无怪后日又以同样之手段,对待光绪帝。其狠毒似武曌,而治术则不逮,其当国效文后,而德行则远逊,奕䜣既无摄政之权,载淳尤鲜福临之遇,命曰同治,实肇衰亡。甚矣,女主之祸国,殆未有如清末之酷烈者也。故世传那拉氏为叶赫复仇,或本于天道好还之推理欤?

五十五 江南减赋与总督被刺

(一) 苏、松浮粮之减额

自南北朝时,中原避地者,多依南土,而江南始辟;宋室南迁,声明文物存焉,而江南始盛;至明世岁漕江南四百万石,而姑苏居其半。于是苏州财富之名甲天下,国家依为外府,而习见习闻者,遂真以苏州土田为不竭之仓,而莫知两税相沿之所自。宋初均定税数,苏州土田只作中下两等,中田一亩,夏税钱四文,秋米八升。下田一亩,钱三文,米七升四合。宋斛一斗抵清七升,是苏赋每亩只五升余也。元定苏州赋额,夏税丝二万二千四百斤,秋粮八十八万二千一百石,轻赍钞二千一百锭,以苏田十万顷计之,亩亦未尝及九升。自元末张士诚据吴,加至百万,则亩几一斗矣。明洪武攻张士诚,苏城坚守不下,久而始克。洪武怒,令取诸豪族租佃簿历付有司,如数定税。于是苏州赋额遂加至二百七十余万,夏税杂徭不计。重额田直每亩至五六斗者。建文即位,下诏均租,亩不得过一斗。永乐入,复革之,仍洪武之旧。四世而吴民大困,流亡日多,积逋至七百九十余万,督使相继,终不能完。宣德五年江南巡抚周忱,与知府况钟委曲奏减七十余万石,除夏税农桑丝绢外,定赋二百三万八千三百二十三石,至清仍之,犹亩征三斗四升。是苏州税额,比宋则七倍,比元犹四倍也。加以耗赠,又多三成,比宋虽云七倍,实则十倍;比元虽云四倍,实则六倍。凡产粳稻之处,上田丰岁每亩皆不过一石而止,而所定赋额,轻重迥异。如常、镇二府与苏接壤,常之赋额,上田不过一斗五六,镇额尤轻,而苏则一倍于常,二倍于镇。淮安一府,田与苏埒,秋粮不过十六万六千余石,是每亩只征一升五合,而苏赋乃二十倍于淮。湖广通省米豆芝麻共二百三万六千之数,而苏州一府,乃与之埒。是苏一州七县之地,当楚十五府十九州一百十县之粮矣。岂天下之平哉?其起因诚如建文二年诏所云:"苏、松准私租起税,特以惩一时之顽民耳。"而后世相沿不改,殊足异耳。清代以轻徭薄税相号召,而历任巡抚如韩世琦、马祐、慕天颜、汤斌,科道如施维翰、孟雄飞、严沆、任辰旦等皆曾特疏请减,康熙元年亦有"明洪武以后,因有仇怨,或一处钱粮征收甚重,或一处不许牛耕,教人自耕,此等情形,尔部详议察奏"之旨。然终未果行,苏民累困者数百年。至同治二年李鸿章驻师上海,目击吴民流离颠苦之状,博访周咨,谓宜及时减赋,乃可以维系人心,挽回大局。时苏、常尚在太平军手中,鸿章即与曾国藩连衔上疏曰:

> 今天下不平不均者,莫如苏、松、太浮赋。上溯之,比元多三倍,比宋多七倍;旁证之,比常州多三倍,比镇江多四五倍,比他省更多一二十倍不等。以肥硗而论,则江苏一熟,不若湖广、江西之再熟;以宽窄而论,则二百四十步为亩,有绌无赢,不如他省或以三百六十步、五百四十步为亩,而赋额独重,则由于沿袭前代官田租额也。自明以来行五百年不改,终明之世,无征至八九分者。国朝康熙十三年,前抚臣慕天颜疏有曰:"无一官曾经征足,无一县可以全完,无一岁偶能

及额。”……连欠准折,有名无实而已。……至道光癸未大水,元气顿耗,商利减而农利随之,于是民渐自富而之贫。迨癸巳以后,始无岁不荒,无县不缓,以国家蠲缓旷典,遂为年例。……诚以赋重民穷,有不能支持之势,部臣职在守法,自宜一切不问,坚持不减之名;疆臣职在安民,实因万不得已,为此暗减之术。始行之者为前督臣陶澍,前抚臣林则徐,皆一代名臣。……咸丰辛亥以后十年,得正额之四成而已。自粤逆窜陷苏、常,焚灼杀掠之惨,远接宋建炎四年金兀术故事,盖七百三十年无此大劫。臣鸿章亲历各州县,向时著名市镇,全成焦土。孔道左右,蹂躏尤甚。……凡田一年不耕,便为荒田,今已三年矣,各厅县册报抛荒者居三分之二,虽穷乡僻壤,亦复人烟寥落。间于颓垣断井之旁,遇有居民,无不鹄面鸠形,奄奄待毙,伤心惨目之状,实非郑侠《流民图》可比。已复之松、太如此,未复之苏、常可知,而欲责以重赋,责以数倍他处之重赋,向来暴敛横征之吏,所谓敲骨吸髓者,至此而亦无骨可敲,无髓可吸。斯即据情吁请全行蠲免四五年,在皇上如天之心,必蒙俞允。惟是天庾正供,停运三年,军情浩繁,度支仰屋,其何以济?臣等所不敢出此也。……臣等蒿目时艰,悉心筹划,上体宵旰忧民之切,下维军国待用之殷,于万难偏重之中,求两不相防之道,似宜用以与为取,以损为益之一法,比较历来征收各数,酌近十年之通,改定赋额,不许挪垫,于虚额则大减,于实征则无减。臣等今日之办法,所谓以与为取,以损为益者,方将借减之名,为足赋之实。所以能照完善之时定额者,其机括全在减赋二字之中也。……伏愿皇太后、皇上俯念苏、松各属为十八省未有之重赋,非他处被陷州县可比,又为七百年未有之大难,非历年被歉例案可比,去无益之虚额,求有着之实征,下延亿万垂尽之生,上继累朝未竟之志,民生幸甚,国计幸甚!

疏上,会大理卿潘祖荫,御史丁寿昌相继上陈,并及杭、嘉、湖三府,清廷特宣减赋恩诏,而以各疏下所司户部议。苏、松、太减三之一,常、镇减十之一,杭、嘉、湖如之,奉旨依议。诏下,江、浙百姓,欢声雷动。五百年民困一旦以苏，自是奠定三吴，肃清两浙，兵燹残黎，得以休养生息焉。又自军兴以来，东南加捐，全系厘卡，若附加于田赋之中者则甚少，即有，其为期亦甚暂。惟咸丰十年冬，僧格林沁赴山东剿捻，因给曹、单堤防团丁口粮，奏请于本省按亩捐资，每亩制钱二十文。同治元年御史陈廷经奏请停止各省亩捐，僧格林沁以河防紧要，请将曹、济、兖、沂各府州属分别办理。同治三年，山东巡抚阎敬铭以捻匪渐平，亩捐无补军需，奏请停止，得旨允许。此可见清廷于敉平二十余年之大乱，除厘金外，并未增加农民之负担也。

（二）张文祥刺马案

清末暗杀之风甚盛，其端实发于同治九年之张文祥一案。张文祥者，河南汝阳县人，初为捻首，欲投诚无隙可乘，会阵擒前署合肥知县马新贻（山东菏泽人），遂引其同党曹二虎、石锦标与新贻深相结纳，拜为兄弟，告以素愿。新贻为介于大府，大府乃檄马选降众设山字二营，令马统带，张、曹、石皆为哨官。至同治四年，新贻洊升至安徽布政使，山字营解散，张、曹、石皆随马之任，各得委差，甚相得也。无何曹眷属至，马见曹妻艳之，竟诱与通。时以短差委曹，使外出，留曹妻宿署中。文祥知之，以告曹，因劝曹弃之，欲与同逝。曹遂以妻赠新贻以全交。马抚慰之，待之有加，曹仍安居也。张屡促其去，不能决，忽一日，马檄曹赴寿春请领军火，而阴令寿春镇总兵徐鹑借军法诛之，诬为通捻。张跌足大恸，谓石曰："此仇必报！"石沉吟不答。张厉声又曰："尔非朋友，我一人任之可也。"遂以精钢制匕首二，用毒药淬之，欲伺隙以刺马。马历任浙江巡抚，闽、浙总督，七年七月，调两江总督，张暗中辄随之，未有间也。会九年七月二十七日为月课武职之期，马亲临校场阅射，毕，步行由箭道回署，将入便门，忽有一递呈呼冤者，文祥乘此突出刺之，入马左胁。马见张忍痛言曰："是尔耶？"遂倒地。舁回内室，握曹妇手不释，越日而死，妇亦自缢。从者缚张，付首县熬审，文祥原原本本，和盘托出。首县不敢录供通详，乃商之布政使梅启照，梅令改供浙江海盗，挟仇报复，张不肯。是时人情汹汹，清廷调曾国藩还督两江，命漕督张之万就近查办。之万不敢问，托故回任。复遣刑部尚书郑敦谨,张供如前。郑以事涉暧昧,不便上闻,故矫为狱词,称文祥以盗匪余孽,挟仇戕害大臣,比照谋反叛逆,磔之于市。子长福并坐斩。新贻得优恤,赐谥端敏。是案传闻异词,官牍及《庸庵笔记》所载,皆谓文祥以押当贸利颇通海盗,新贻为浙抚时,擒斩海盗颇众,复禁当业,文祥贫无赖,乃思为海盗报仇。或曰新贻微时,与文祥故为贫贱交,伙党实繁有徒,及贵,不相收恤。有诣江宁干谒者,新贻始署其人为督辕亲兵,徐坐以他罪诛之,而阴纳其妻,文祥愤焉,故有是事。又或曰文祥妻罗氏,前为吴炳燮诱逃,控诉未允审理,遂怀必报之心。然观文祥之举动,奋不顾死,千里间关,候伺两年,非深仇不至此也。《在野迩言》论文祥锐身而报知己,义过豫让;戎马中而杀卿相,勇过专诸;彭未行而知必败(按王书以曹二虎为彭姓),智兼曹沫;刻意诛马,历三四次事成而后已,其行又胜于荆轲。呜呼!游侠之衰久矣,史公叙《刺客列传》,谓自曹沫至荆轲五人,立意较然,不欺其志,名垂后世,岂妄也哉,若文祥者,可不谓之豪杰士乎?

〔附记〕 刺马案异辞甚多,不胜甄录,本文系择其可信者书之,大致与张相文《南园丛稿·张文祥传》略同。而李孟符《春冰室野乘》云:"张文祥刺杀马新贻一案,当时问官含糊了事,以故事后异论蜂起,大抵皆谓马新贻渔色负友,张文祥为友复仇,近人且以其事演成新剧,几于铁案不可移矣。然以蒙所闻,则有大异者。张初在发逆军中,为李侍贤裨将,金陵既下,侍贤南窜闽、广,数为官军所败。文祥知其必亡,阴怀反正之心。会有山东人徐姓者,仕为武职,被贼掠去,适与文祥同营,二人遂深相结纳,谋同逃,誓富贵勿相忘。未几竟得脱,时马已官浙抚矣。徐与同乡,故相识,遂留其幕下为材官。而张则辗转至宁波开小押当自给。一日,张至杭访徐,徐留与饮,酒酣,徐忽慨然曰:'窃钩者诛,窃国者侯,古人信不吾欺!以堂堂节帅之尊,而竟甘心外向,曾无人发其覆者。而吾侪小人,不幸被掳,伺便自脱,官府犹以贼党疑之,或竟求生得死。天下不公之事,孰有甚于是者?'张异其言,固询之。徐乃言:旬月前,抚帅得一无名书,发视之,新疆回部某叛王之伪诏也。伪诏略云:现大兵已定新疆,不日入关东下,所有江、浙一带征讨事宜,委卿便宜料理云云。马故回人,得书即为手疏以报,略言:大兵果定中原,则东南数省,悉臣一人之责。张闻言大愤,拍案叫曰:'此等逆臣,吾必手刃之以泄愤!'已而马下令禁私开押店,盘利害民,而张肆遂被封,益落魄无俚,杀马之志益决。未几,马已擢任江督,张适以事诣金陵,遂谋行刺。是日马未晓已出阅操,归署时甫黎明。张潜伏箭道门侧以俟。会有一山东人,漂泊白下,求马资助者。舆甫入门,其人即拦舆递呈,马探半身出接呈。张狙出进刃,刃从胁下入,本向上,张又力绞之,使下向,迨刃抽出,已卷作螺旋形矣,其用力之猛如此。马既饮刃,即大呼谓左右曰:'扎着了。'南人不明北语,误扎为找,故疑二人本相识,因以有复仇之说也。马死时,家有两妾,皆四十许,盖从马已二十余年矣。张既被获,群拥之入署,两司集讯之。张据地趺坐,抑使跽,卒不肯。但问上坐者何官?曰藩臬两司也。笑叱曰:'两司那配问我?请将军来,我始肯言耳。'有顷将军至,讯其何以行刺?则曰:请先饬制台家属,一律出署,再遣兵围其内宅,我方肯说。将军以语不伦斥之。则曰:若是吾终不肯言矣。穷诘之,终不吐一语。不得已,乃屏左右,诱使吐实,始以徐语告。且曰公不信,第遣人往搜其秘箧,苟不得伪诏者,吾甘伏反坐之罪。问官闻此,咸大皇惑。不欲兴大狱,故矫为狱词,而亟磔张于市。实则终无确供也。莫子偲先生之弟某,于时署江宁府,亲睹其事云。"按此说亦颇有可能,是文祥又兼为爱国志士矣。上海梨园编有《刺马传》全本,皖抚英翰亟函上海道徐宗瀛出示禁止。乔某诗云:"群公章奏分明在,不及歌场独写真。"故世多以马为渔色负友云。

五十六　中兴之外交——教案

(一) 教案之起因

初利玛窦奉耶稣会之命,来中国传教,汤若望等继承其业,明廷使当司天之任。明鼎革,若望归命新朝,世祖颇优礼之,命掌钦天监,尊为通玄教师。自治历之外,凡外交通译及测量制图事,悉以此辈任之。并许设堂京师,自由传教。故康熙年间,天主教极盛一时,全国信徒,不下数十万。后因教令不准中国信徒拜祀祖先,引起清廷不满,而神父穆经远又参与胤禩等夺嫡之争,雍、乾以降,屡诏严禁,其势渐微。自鸦片战争失败,与外人订通商条约,道光二十五年,法人请弛华民传教之禁,部议允行。教士来者益众。咸丰八年,《天津条约》始定宗教之传习地方官皆一体保护。法政府本为天主教护法,凡教士有交涉事件,率由法公使若领事支持之。因此教徒恃洋人为护符,欺侮良民,胁制官吏,而教案以起矣。咸丰十一年总理各国通商事务衙门奏曰:

天主教在康熙年间原准奉行,嗣以究系外洋之教,非中国所应有,遂行禁止。八年议定和约,复准开禁。虽其教以劝人行善为本,其名尚正,然恐日久弊生,借端滋事。是以臣等前与法国公使商定,发给传教士谕单内,载明不准丝毫干预公私事件等语,以防其渐。近年以来,各省教民,尚未闻有作奸犯科之事,惟前据法国公使哥士耆(Kleczkowski)来函称:有山西教民段振会,因租种荒地,业主议欲加增租钱,该教民不愿加租,自定交纳钱粮数目,请为代求总理衙门,行文山西巡抚转饬照办等语。查各省地丁钱粮,自有定额,岂容该教民擅自定数?今段振会辄敢悬定,显系恃教妄为。推其弊之所极,则霸地抗粮,其势亦将不免。又据山西巡抚来文,内称有传教士梁多明、副安常每以民间琐事,前来干预,致奉教与不奉教之人讦讼不休。且擅定条约,不准奉教人摊派演戏酬神钱文,并有止出无异端之钱等语。查演戏酬神,乡社常规,例所不禁。乃该教士等令奉教者概不摊派(同治元年三月初六日,总理衙门据法使布尔布隆请,已行文各省,凡习教之人,除正项差徭外,其余祈神演戏赛会等费,即可免其摊派)。且斥不奉教者为异端,是显分奉教与不奉教者为两类。其奉教者必因此依恃教众,欺侮良民。而不奉教者亦必因此轻视教民,不肯相干。为地方官者又或以甫定和约,惟恐滋生事端,遂一切以迁就了事。则奉教者之计愈得,而不奉教者之心愈不能甘。若不明降谕旨,俾地方官有所遵循,则办理轻重,不得其宜,势不激而生事不止。应请旨饬下各省督抚于凡交涉天主堂事件,预须谆饬地方官查明根由,斟酌事势,持平办理。如果循规蹈矩,谨遵条约,不可因习教而有所苛求;傥或依恃教民,作奸犯科,至有霸地抗租,欺侮良民等事,定照例加等治罪,亦不能因习教而稍从宽宥,如此庶奉教者知所儆惧,不奉教无所猜疑,可期彼此相安,永无嫌隙。

同治元年十二月,江西巡抚沈葆桢附呈密访问答云:

问:你们纷纷议论,都说要与法国传教士拼命何故?

答云:他们要夺我们本地公建的育婴堂,又要我们赔他许多银子,且叫"从教的"来占我们铺面田地,又说有兵船来挟制我们。我们让他一步,他总是进一步,以后总不能安生,如何不与他拼命?

问:譬如真有兵船来,难道你们真与他打仗么?

答云:目下受"从教的"欺凌也是死,将来他"从教的"党羽多了,夺了城池也是死。

又同治四年十月,署贵州巡抚张亮基奏云:

伏思臣抵黔以来,有鉴于田兴恕前车之覆,每于胡缚理(法国主教)等酬酢往来,事事致敬尽礼,凡其请托之件,臣未尝不降心以从。不但兴义抚回事,臣并未独持异议,即如署兴义府知府孙清彦本系能吏,为回所忌,胡缚理受回之愚,屡次怂恿督臣撤换,臣俱委曲迁就。嗣胡缚理出示谕令各属办团,仅于示尾添驻督臣与臣同阅字样,臣亦不与之较。惟署普安厅同知钱壎督率绅团,数年苦战,收复厅境,并将全境夷匪教匪悉数剪除,士民甚为爱戴。胡缚理因该厅百姓不肯入教,指为钱壎所使,坚请撤换。臣因钱壎之去留,关系厅属之安危,总未允其所请,由此结怨。……上年镇宁州仲夷勾匪滋扰,经补用知府毕大钧带练剿办,胡缚理因此种仲夷亦有入教者,遂为此影响之词。其偏袒教民,颠倒是非,类此者指不胜屈。如上年冬间,贵定县民黄丙扬偕妻庭氏,搭死李老大婴孩,旋即投入天主教内。李老大邀约同寨十余人赴黄丙扬家理论,黄丙扬声称:身已入教,告官亦不怕。李老大不依,正在吵闹,黄丙扬之妻手执铁锄,向李老大乱打,黄丙扬亦上前助殴。同去之十余人,各抱不平,将黄丙扬夫妇杀毙。黄姓尸亲,自知理屈,恐犯众怒,并未告发。胡缚理出头代诉,置凶犯李老大等于不问,而专归罪于李老大房主不肯入教之罗国华,屡嘱督臣严饬……拿解。……比年以来,胡缚理趾高气扬,官绅望而生畏,每遇牵涉教务,有转喉触讳之嫌。因而不肖之徒,无不恃入教为护符,以遂其任性妄为之计。故怨毒入人者深,而教士教民之被抢被杀,层见叠出。

至同治九年,曾国藩因办理天津教案,密疏陈滋事之由曰:

自中外通商以来,各国皆相安无事,惟法国以传教一事,屡滋事端。即各教流传,如佛、道、回等教,民间皆安之若素,虽西人之耶稣教,亦未尝多事。惟天主教屡滋事端,非偏有爱憎也,良由法人之天主教,但求从教之众多,不问教民之善否,其收入也太滥,故从教者良民甚少,莠民居多。词讼之无理者,教民则抗不遵断;赋役之应出者,教民每抗不奉公。……凡教中犯案,教士不问是非,曲庇教民,领事亦不问是非,曲庇教士。遇有民教斗争,平民恒屈,教民恒胜;教民势焰愈横,平民愤郁愈甚。郁极必发,则聚众而群思一逞。以臣所闻,酉阳贵州教案,皆百姓积不能平所致。虽和约所载,中国人犯罪由中国官治以中国之法,而一为教民,遂若非中国之民也者。庸懦之吏,既皆莫敢谁何;贤能之吏,一治教民,则往往获咎以去。……谁敢与教民较量?……臣愚以为中国欲长全和局,外国欲久传此教,则条约不能不酌增。拟请议定此后天主仁慈各堂,皆归地方官管辖。……教民与平民争讼,教士不得干预扛帮,……所谓有关大局者此也。

综上四疏，则知教案发生之原因，盖由于教士、教民之依赖法国人势力，欺压平民，胁制官吏，自视身份特殊，即欲操纵地方行政。一若入教者即非中国之人，传教士胥有治外法权。平民愤郁，则聚众而群思一逞也。北京订约，不及一年，而山西即有自定租粮之事；方届五年，而偏僻省份，即有强迫撤官之事。南北各省，普遍如斯，郁极必发，势使然耳。志刚《出使日记》同治七年十二月十二日在巴黎与法人谈：教士传言中国残害子女供猪狗嚼啮，亦太无良矣！教士在中国，诱人习教。招聚地方无赖之徒，倚势行强，名为劝人为善，实则代人扛讼、抗债、霸产，欺压善良，侮慢官府，甚至结深仇、犯众怒。激而为杀烧拆毁。而教士则拼性命以博中国数十万之赔偿。夫教士以异国之人而扰中国，固中国之自疏，何至借端造谣，而反欺哄本国人，以剥削桑梓之脂膏耶？西国事事精求，独不能解教士之用心行事，而亦甘受其弄，何也？类此纪载，指不胜屈，孰谓神父教民之恶，尚不至此乎？同治间之教案，虽到处蜂起，而尚未溃决，至义和团之变，则一发而不可收拾矣。

（二）江、楚、川、黔之教案

初咸丰五年，水师统领彭玉麟率兵勇毁江西望江楼下教堂，以其地为龙王庙，时天津新议未行，法人及传教之士，不敢阻也。八年，广西西林知县张鸣凤将法国传教之马神父，论法处死，法人以为口实，与英国合师入犯，因褫鸣凤职，并将缘由载入邸报。北京和议成，法人请于续增第六款，准照道光年间例颁谕各省，许天主教会合讲道，租买土地，建造自便；并将前禁天主教时撤为公廨之教堂、坟茔、田土等发还。于是法人前赴总理衙门，请给护照，游历各省。一时华人之从教者，恃外洋为护符，借以凌虐军民，胁制官吏，而江、楚之难遂作。时教士游行各省，将至湖南，长沙、湘潭一带传教之奸民，相与夸耀其事，以为吐气扬眉，重见天日。楚之绅士，闻而恶之，乃撰为公檄，痛诋该教不敬祖宗，不分男女，有畀屋居住者火之，有容留诡寄者执之，有习其教者宗族不齿，子弟永远不准应试。大略谓其借宣讲为名，裸淫妇女；设女婴之会，采取红丸，其他种种奸恶，描写尽致。流传入江西，江西巨绅大集于豫章书院，将楚南公檄，鸠资付梓，一日夜印数万张,遍揭通衢。法教士罗安当方持照在南昌传教,请诘主者。藩司李桓护抚篆,以"五日京兆"答之。巡抚沈葆桢旋莅任,亦不为直。会值南昌会试之期,各属生童云集,士论哗然,当夜突有多人拥至筷子巷及袁家井教堂,立时拆去,并将习教之义和酒店、合太盐店捣毁。城外五里庙巷之旧天主堂及坐船一只,亦同时被毁。时同治元年二月十七八两日也。罗安当逃九江,转轮至沪,由总领事控诉于法国驻京公使,法公使向总理衙门提出交涉,欲索抚州城外之丁家山与九江西门外之琵琶亭及附近空地,以备建造房屋之用,交罗安当承管,并赔偿损失七万两。沈葆桢议以五千两给之。罗安当复至江省,泊舟滕王阁下,见河干竖一大旗,禁止入城,随有人抛击砖石,飞中其舟,始解缆下浔,稍稍敛戢。卒以一万七千两与琵琶亭空地议结完案。同时湖南长沙、湘潭等县,亦拆毁教堂、驱逐教士。事发,各知县皆被劾革职,勒限赔修,并严缉倡首之人。此江楚教案之大略也(详情可参看夏燮《中西纪事》,盖夏为江抚所派办理外事之委员也)。郭嵩焘熟悉外情,曾致书曾国藩言:"国家办理夷务二十余年,大抵始以欺谩而终反受其凌践,其原坐不知事理。天下藉藉,相为气愤,皆出南宋后议论。历汉、唐千余年以及南宋事实,无能一加考究,此其蔽也。传曰:惟礼可以已乱。奈何自处于无礼以长乱而助之披猖乎?至于寇乱之生,由一二奸顽煽诱,愚民无知,相聚以逞,遂至不可禁制。所欲拆毁教堂者,无知之儒生耳。其附和以逞,则愚民乘势,钞掠为利。数聚则气嚣,气嚣则法废,造意不同而其致乱一也。君子不屑循愚民之请以干誉,故法常伸而民气以肃。欲以此意告之幼丹(沈葆桢)中丞,视其举国如醒,非疏贱之言所能发其覆也。中堂辖有全吴,措置有未善,他日上烦调处,恐徒损威重而终无善法以相折服。夷人之与中国交涉者,一曰商,一曰教,一曰兵:三者相倚以行而各异其用。罗马教主地属法兰西,凡行教者皆法兰西人也。其人甚卑微,无足齿数,然至屈抑其教,必求以兵胁之。兵不得商人之助其费,不敢擅发也。既发兵则教与商俱退听焉。故夷人之兵亦不易发,酝酿之久,激起一逞,必出兵费求和而后已,世人惛惛,不加察耳。……江西发端已误,势难转旋,要使幼丹中丞通知夷人之情与约束吾民之法,轻重缓急,洞然于心,庶不至激成事端,以增国家之忧。"嵩焘之见解,可谓超越恒流,愚民无知,而士大夫从而煽之,终致启衅召侮。但作持平主张,而士大夫与外国教士皆不满意,此曾国藩以后办理教案所遇之困难也。下目再详。是年教士文乃耳至贵州,开州民向于上元节前祭赛龙灯,以祈年谷,岁以为常。夹沙龙地方团民,强逼文乃耳等随同祭赛,不从,团众各抱不平,将文乃耳等捆绑欲杀。团首周国章禀请开州知州戴鹿芝亲往弹压,遂将文乃耳等一并带回州署候讯。团众即拥至州署,逼官立时正法。戴鹿芝见众情汹汹,恐致激变;又因贼氛未靖,防范正资团力,若拂舆情,转形棘手;不得已将文乃耳等处死,团众始散。法公使哥士耆哗于朝,提出要求十二款,除议恤赔偿外,并将巡抚韩超革职永不叙用;提督田兴恕、道员赵维三、知州戴鹿芝谓为杀害主员,应拿问到京,押赴市曹处斩。总理衙门以田兴恕等系大臣,爰议贵之条,无此定法,准按西林知县例,革职永不叙用。遂褫兴恕职,交川督查办。哥士耆复叙法人助剿太平之功,谓议贵不当行于法国人,坚执抵命之说。议久不决,会哥士耆回国,新公使柏尔德密至京,允照中国法律拟结。四年,发兴恕往新疆效力,十二年,始释归。而胡缚理又至贵州胁持大吏,操纵地方,趾高气扬,官绅望而生畏,以致身已入教,官亦不怕之奸民,可以任性妄为矣。教士、教民之被抢、被杀,层见叠出,记不胜记,前举巡抚张亮基之奏疏,可见一斑。至四川酉阳等处,殴毙教士玛弼乐、李国两案,皆惩犯偿银;而奸掳焚杀之首恶教民王学鼎、张添兴等虽已议罪,终不到案。其司铎覃辅臣纠众杀毙团民赵永林二百余名,地方不能查办,人民愈加激忿,仇教之士,遂纷然以起。其中影响最大者,则为天津教案。

(三) 天津教案(上)

同治九年四月,天津奸民张拴、郭拐以妖术迷拐人口,为知府张光藻、知县刘杰擒获伏诛。桃花口民团复获迷拐李所之武兰珍送县,供称受迷药于教民王三。于是民间喧传天主教堂遣人迷拐幼孩,挖眼剖心,作点银和药之用。又以义冢内尸骸暴露者皆教堂所弃,人情汹汹。五月二十三日,三口通商大臣崇厚及天津道周家勋等往会法国领事丰大业(Henri-Victor Fontanier),带武兰珍赴堂指勘所历地方房屋,兰珍语多支离,与原供不符。谳弗能定。崇厚遂回署。适士民观者麕集,偶与教堂人违言,砖石相抛击,崇厚遣人弹压无效。丰大业素轻崇,即亲赴崇处,责崇宽纵,横向崇开放手枪以恫吓之,崇避入内。时民众聚益众,益怒益哗,知府张光藻、知县刘杰均出城弹压,众稍敛戢。杰至东关浮桥,适与丰值,丰突以手枪击杰,伤杰从人。士民见者万眥皆裂,万口齐腾,谓领事无状若斯,曷共殛之!潮涌坌集,白梃如雨。丰大业登时倒毙。遂鸣锣集众,乘势焚毁河楼教堂等数处,拆毁东门外仁慈堂,杀伤教民及贞女数十人,又误杀俄国商人三名,毁英、美讲堂各一所。府县即出谕禁止,暮乃稍定。崇厚上疏自请议,并请饬大员来津查办。时直隶总督曾国藩方在病假,清廷以此案关系紧要,着即驰赴天津,与崇厚会商办理。国藩力疾启行。有劝以在病假期内,暂可不出,养其威望,待稍定再行者。国藩虑事久靡盬,锐意遄征,并作遗书诫二子,以外情凶悍,津民浮嚣,恐致激成大变,邂逅及难也。幕宾为言往津应稍设兵卫,引古者诸侯相见兵卫不撤之意。乃叠接总理衙门来函,极言保全和局,万勿带有兵勇,使彼生疑,遂仅从员弁数十人北上。盖总署翼翼以大局决裂为虑,得报后即婉言于法国公使罗淑亚(Comte de Rochechouart),嘱令保全和局,勿调兵船来津,许杀启衅之百姓,许惩办天津不力保教堂之官员,失者照赔,毁者照建。罗淑亚称案关重大,不能专主,须待本国政府训令。总署以罗平时暴躁异常,此次反若不甚着急,似有定谋,恐成不测。益疑惧不知所为。翻译官德微几亚(Gabriel Devéria)声称:有四件重情:最要者系毁国旗,其次伤毙职官,三杀伤多人,四焚毁教堂,看中国如何办理。总署大臣因请各国公使调处,各公使谓先特简大员,亲赍国书,驰赴法国道歉,先尽友谊。因派崇厚为钦差大臣,出使法国。国藩抵任邱,函致崇厚,先将俄国误伤之三人,及英、美两国之讲堂,速为料理,不与法国并议,盖恐法人联络四国,协以谋我,则更难于应付矣。六月初十日,国藩抵天津。津旧有水火会,皆诸侠少,矜尚义气,不畏强御。咸丰初,太平军北犯,津郡士民,倡团击退之,畿辅赖以保全。自西洋通商,教民时时相讧,当事者委曲求全,或未能得人之谅解。津人怨民气之不伸也,冀国藩至力反所为,甫下车,咸来进策;或欲借津人义愤之众,驱除洋人;或欲联俄、英之交,专攻法国;或欲劾崇厚以伸士民之气;或欲调兵勇以为应敌之师。国藩以粤、捻方平,西陲未靖,海内凋瘵,方资休息,未可遽肇边衅。又接总署函,有鉴于旋战旋和之失,宜一意保全和局,遂示谕士民,宣布朝廷怀柔外国息事安民之意,故初致崇厚之书,有以诚待人,与人共事,福则同享,祸则同受,此事总期与阁下和衷共济语。及放告投诉数百人,讯及挖眼剖心,皆无事实,惟拐匪案拿到教堂之王三、安三等,皆市井无赖,供词反复狡展。国藩令缓讯以为洋人转圜之地。崇厚朝夕诣国藩行辕,刺刺不休,国藩以崇久习洋务,推心待之。总理衙门照会法公使来津与国藩面议。罗淑亚至津,要国藩以四事:曰赔修教堂,曰埋葬丰大业,曰查办地方官,曰惩究凶手。旋又照会府县有意挑衅,请将张光藻、刘杰及提督陈国瑞抵命。国藩拒之。陈国瑞者,士民称为"陈大帅",前焚教堂之日,崇厚遣人拆浮桥以阻民,值陈过桥,令将浮桥搭上,民咸乐陈之相助,故亦为法人所憾。崇厚日以罗言述于国藩,盛称法兰西国大兵多,罗使所言必须一一依允,方与和局无碍。国藩将信将疑。又言罗使深恶内地人民诬其教民迷拐幼孩,挖眼剖心诸语,必为请旨昭雪,并饬下直省各督抚传令通知,则和局便有把握。国藩遂与崇厚会奏言:

逐细研讯教民迷拐人口一节,王三虽经供认授药与武兰珍,然尚时供时翻,亦无教堂主使之确据。至仁慈堂查出男女一百五十余名,逐一讯供,均称习教之人,其家送至堂中豢养,并无被拐情事。至挖眼剖心,则全系谣传,毫无实据。臣国藩初入津郡,百姓拦舆递禀数百余人,亲加推问,无一能指实者。询之天津城内外,亦无一遗失幼孩控告有案者。惟此等谣传,不特天津有之,即昔年之湖南、江西,近年之扬州、天门,及本省之大名、广平,皆有檄文揭帖。或称教堂拐骗人口,或称教堂挖眼剖心,或称教堂诱污妇女。厥后各处案虽议结,总未将檄文揭帖之虚实剖辨明白。此次详查挖眼剖心一条,竟无确据。外间纷纷言有眼盈坛,亦无其事。盖杀孩坏尸,采生配药,野番凶恶之族尚不肯为,英、法各国乃著名大邦,岂肯为此残忍之行?以理决之,必无是事。况眼珠若至盈坛,则堂内必有千百无数无目之人,何无一人见在?即云残害,其尸具又将何归?天主教本系劝人为善,圣祖仁皇帝时久经允行,倘戕害民生,若是之惨,岂能容于康熙之世?即仁慈堂之设,其初意亦与育婴堂、养济院略同,专以收恤穷民为主,每年所费银两甚巨,彼以仁慈为名,而反受残酷之谤,宜洋人之忿忿不平也。至津民之所以积疑生愤者,则亦有故。盖见外国之堂终年扃闭,过于秘密,外人莫能窥测底蕴。教堂、仁慈堂皆有地窖,系从他处募工修造者。臣等亲履被烧堂址细加查勘,其为地窖,不过隔去潮湿,庋置煤炭,非有他用。而津民未尽目睹,但闻地窖深邃,各幼孩幽闭其中,又不经本地匠人之手,其致疑一也。中国人民有至仁慈堂治病者,往往被留不令复出,即如前任江西进贤知县魏席珍之女贺魏氏,带女入堂治病,久而不返。其父至婉劝回家,坚不肯归。因认为有药迷丧本心。其致疑二也。仁慈堂收留无依子女,虽乞丐、穷民及疾病将死者,亦皆收入。彼教有施洗之说,施洗者,其人已死,教主以水沃其额,而封其目,谓可升天堂也。百姓见其收及将死之人,闻其亲洗新尸之眼,已堪诧异。又由他处车船致送来津者,动辄数十百人,但见其入而不见其出,不明何故,其致疑三也。堂中院落既多,或念经,或读书,或佣工,或医病,分类而处。有子在前院而母在后院;母在仁慈堂而子在河楼教堂,往往经年不一相见,其致疑四也。加以本年四五月间有拐匪用药迷人之事,适于是时堂内死人过多,其掩埋又多以夜;或有两尸三尸共一棺者。五月初六日,河东义冢为狗所发者,一棺二尸。天津镇中营游击左宝贵等曾经目睹。死人皆由内先腐,此独由外先腐,胸腹皆烂,肠肚外露,由是浮言大起,其致疑五也。平日熟闻各处檄文揭帖之言,信为确据,而又积此五疑于中,各怀恚恨。迨至拐匪牵涉教堂,从冢洞见胸腹,而众怒已不可遏。迨至府县赴堂查讯王三,丰领事对官放枪,而众怒尤不可遏。是以万口哗噪,同时并举,猝成巨变。其浮嚣固属可恶,而其积疑则非一朝一夕之故矣。今既查明根原,惟有仰恳皇上明降谕旨,通饬各省,俾知从前檄文揭帖,所称教民挖眼剖心,戕害生民之说,多属虚诬,布告天下,咸使闻知。一以雪洋人之耻,一以解士民之惑。并请将津人致疑之端

> 宣示一二。天津风气刚劲，人多好义，其仅止随声附和者，尚不失为义愤所激，自当一切置之不问。其行凶首要各犯，及乘机抢夺之徒，自当捕获严惩，以儆将来。

又另片奏请将知府张光藻、知县刘杰革职下部治罪，均奉旨照准。津人初不知国藩顾全大局之本意，及见立意与崇厚分谤，不奖士民义愤，遂以怨崇厚者怨国藩。劾疏甫上，见者谓国藩亦偏护洋人，妄参良吏，京内外訾议纷加。而五可疑之奏，经内阁删去，未见发钞，故怨声尤訇作。在朝之顽固党复大事掊击，呼为卖国贼。白简纷纭，举国欲杀。旅京湖广会馆，且将国藩所书扁额，拔除摧烧之。国藩深自悔恨，致书总理衙门，有"内惭神明，外愧清议，聚九州铁不能铸此错"之语，惟自引咎而已。

(四) 天津教案(下)

罗淑亚谓国藩庇护三官，又窥其左右无兵卫(实则国藩已调保定铭军三千人扎静海，由署道丁寿昌统带，又令张秋全队九千人由刘盛藻统带拔赴沧州一带防御。并致函李鸿章统率所部由秦入燕)随以文照会云："奉政府之命，倘中外交涉，事理不合，即听海军将官便宜行事。"崇厚力主府县议抵，又乘势言法兵强炮利，不许即将发难。国藩稍稍却之。乃漫应曰："彼以我无备而畏死乎？我已密调队伍若干，粮饷若干，我兵久经行阵，不惮战也；我年逾花甲，不惧死也。"崇厚默然退。乃驰奏法国势将决裂，曾国藩病势甚重，请由京另派重臣来津办理。国藩见罗淑亚要求罔餍，不复信崇厚言，乃复奏："现在焚毁各处，已委员兴修，王三、安三该使坚索，已经释放，查拿凶犯，已饬新任道府拿获九名，拷讯党羽。惟罗淑亚欲将府县及陈国瑞三人议抵，实难再允所求。府县本无大过，送交刑部，已属情轻法重。至陈国瑞不在事中，仍复曲循所请，饬令来京备质。彼若不拟构衅，则我断不能允者当可徐徐自转；彼若立意决裂，虽百请百从，仍难保其无事。外国论强弱，不论是非，若中国无备则势焰张，有备和议或稍易定。据臣愚见，彼动以兵船恐喝，现有淮军万人驻防张秋，拟调至静海一带，以壮声威。大沽、北塘两海口炮台，拟派人防守，以杜窥伺。臣于洋务,素未研求。昨二十一日(六月)眩晕之病,又复举发,连日心气耗散,精神不能支持,目光愈蒙。二十六日,崇厚亲见臣昏晕呕吐,左右扶入卧内,不能强起陪客。该大臣已有由京另派重臣来津之奏。臣自咸丰三年带兵,早矢效命疆场之志。今兹事虽急,病虽深,而此志坚实,毫无顾畏。平日颇知持正理而畏清议,亦不肯因外国要挟,尽变常度。朝廷接崇厚之奏,是否已派重臣前来,应否再派李鸿章东来,伏候圣裁!时事虽极艰难,谋画必须断决。道光庚子以后办理夷务,失在朝和夕战,无一定之至计。津案因愚民一旦愤激,致成大变,初非臣僚有意挑衅,倘即从此动兵,则今年即能幸胜,明年彼必复来;天津即可支持,沿海势难尽备。朝廷昭示大信,不开兵端,此实天下生民之福。虽李鸿章兵力稍强,然以视外国之穷年累世专讲战事者,尚属不逮。以后仍当坚持一心,曲全邻好。惟万不得已而设备,乃取以善全和局。兵端决不可自我而开,以为保民之道;时时设备,以为立国之本。二者不可偏废。"又曰:"自古以来,局外之议论,不谅局中之艰难,一唱百和,亦足以荧众听而挠大计,卒之事势决裂,国家受无穷之累,而局外不与其祸,反得力持清议之名,臣每读书至此,不禁痛哭流涕!"诏嘉纳之。时士论嚣浮,局外之议,一唱百和,莫不悲愤填胸。而醇亲王顽固保守,陈国瑞即由其支持者,因之朝端益以国藩为攻讦之对象。清廷曲循其意,谓洋人诡谲性成,得步进步,若事事遂其所求,将来何所底止?是欲弭衅而仍不免启衅也。令国藩和局固宜保全,民心尤不可失,当体察人情向背,通筹全局,使民心允服,始能中外相安。迨此谕闻而人心乃稍定矣。又以国藩抱恙甚剧,照料难周,调江苏巡抚丁日昌赴津帮办。但丁日昌航海前来,须在旬日以外,先派兵部尚书毛昶熙前赴天津会办。又调督办陕西援师湖广总督李鸿章入卫京畿,预为防范。七月初五日昶熙至津,适英国公使威妥玛亦至,乃邀同聚议,据理抗辩,罗淑亚固执议抵之说,径行回京。会崇厚奉出使法国之命,入都陛辞,遂命昶熙署理三口通商大臣。国藩与会奏罗淑亚回京缘由,请中外一体坚持定见,并将连日会议问答情形,具报总理衙门。二十五日,丁日昌至天津,主将滋事之犯,按律惩办,或不至再归咎于府县。即日勒限缉凶。罗淑亚回京后,总理衙门当交涉之冲,罗送《天津滋事记》一文,谓天津教案,皆府县所刁唆，陈国瑞搭桥助凶，并应正法，以见法国之不能轻纵。八月廷谕抄寄辩论情形，令曾国藩迅速缉凶，详审严办，催取府县亲供，及早结案。适两江总督马新贻被刺，清廷命国藩仍督两江，李鸿章调补直隶总督。时国藩办理本案已有眉目，拟于是月二十三日先行奏结。而鸿章自保定行次上书，言天津滋事各犯，正法八人，与议罪二十余人，办法不为不重，若杀戮太过，实为外人永远之患，尤非各国厚待中国百姓之心云云。总理衙门大韪之，于是奏请饬鸿章速赴任。及国藩奏至，中有此案棘手甚多，碍难拘守常例，不得不变通办理，见讯明各犯，拟办正法者十五人，拟办军徒者二十一人，将来第二批奏结，或再办首从犯各数名，或与法国订定抵偿实数，由总理衙门核定行知等语。疏入，大忤政府意，有旨责其拘泥，谓此案衡情定罪，惟当以供证为凭，期无枉纵，岂能豫为悬据，强人就案？随有旨饬李鸿章迅速赴津，会同国藩督饬办理。国藩报解府县及陈国瑞供辞，附片奏称："府县本无大过，张光藻尤著循声，臣之初意，斤斤保全，尚不欲遽予参撤，岂肯更加以重咎？迨得罗使照会，忽有三员拟抵之说，料敌不审，匆遽失措，但冀和局之速成，不顾情罪之当否。又过听浮议，以为下狱之后，轻重尚可自主，遽将府县奏交刑部。此疏朝上，夕已悔恨。该革员等提解到津，臣等逐细研讯，洋人主使之说，绝无影响，固已不俟多辩；即科以应得之公罪，亦犹有可原者。以崇厚统率数千之众，不能豫为弹压；以微臣办理两月之久，不能速缉正凶，今欲专责之区区之府县，亦属苛论。惟语言文告之间，讯犯用刑之际，该革员等偶有未检，此等疏忽之咎，地方官皆所时有。准以寻常之法，至重亦不过革职而止。而臣初奏遽交刑部，宜物论纷纷不平！该革员等近闻仍解刑部，魄散魂飞，怯对狱吏，以为洋人仍执疆臣之原奏，终欲得而甘心，微臣之所深自负疚者此也。请旨饬下刑部，细核亲供，从轻定议。则可以张国维而伸正气者，实非浅鲜，臣亦可以稍释隐憾。"

时大学士亦抗疏言："善谋国者断不肯丧国家忠臣之气，以遂仇敌忮害之心，今日重罪守令，以谢夷人，将来此端一开，何以立国？"清廷深纳之。有旨：陈国瑞与津案无干，无容核办。张光藻、刘杰着从重改发黑龙江效力赎罪（刑部原拟遣戍军台）。其滋事人犯冯瘸子等十五名及续获之刘二等五名,即行正法。小锥、王五等二十一名,及续获之邓老四等四名,分别发配安置。教堂洋楼许为修造(计银二十一万两),所杀领事及英、法各国人偿以殡葬银两(二十五万)。崇厚着即克期放洋,前赴法国,以办理此案节略照会法外部,表明惋惜。津案始结。国藩即来京陛见,李鸿章仍驻天津,筹办抚绥弹压各事宜。是役也,国藩知其曲在我,曲意弥缝,而法人之心犹未餍,辗转累月,毫无成局。鸿章抵津未久,即报结案,当时之人,皆以鸿章在沪久,其韬略或过于国藩,殊不知尚有他因在也。盖其时方值普法战争起,法人仓遑自救,不复他及,而欧美各国亦注目于西方之大问题,此东方小问题几莫或措意,于是天津教案遂销沉于若有若无之间。一切皆照国藩原议办理,鸿章固未参毫末也。国人不知世界情势,莫明其故,而李鸿章之声价,反因以骤增。自是李鸿章遂为晚清数十年折冲外交撑持大局之唯一人物矣。

五十七　中兴之外交——订约及入觐

(一) 列国之订约

吾国自海通以后,其首获得贸易之上利权者,厥惟英国。美、法、俄次之。英法联军之役前,中国外交之舞台,几为英、美、法、俄四国所特占。道光二十七年,虽与瑞典结通商条约,但余无闻者。比利时屡请立约,以国小故,漠然视之,只谕令照英、美例从事通商而已。诸国亦乐以无约而沐其余荫。英法联军入犯,经过长期之战争,始订天津、北京两条约,举一切不平等之条项而网罗之,如内河航行、内地游历、鸦片公卖、北京驻使及子口税之规定;再加旧有之关税协定、领事裁判权及租界制度,皆为英、法、美、俄四国所获得。国人不知国际公法所谓之权益,惟争其所不当争者,如道光年间之五口通商及咸丰年间之拒绝驻使,而于上项主权之重大丧失,则反以为行政便利,劳徕远人。其弊皆在于不谙世界大势,妄欲于国际上求孤立之虚荣与闭关之保守,滔滔白祸,何能已乎?四国既享特权,其他各国自欲利益均沾,乃乘机要求,而四国复从而协助之。当局自尊自大之迷梦既破,反一变为畏事苟安,于是诸国商约皆相继成立,以同

治年间所订者为最多,兹先列一简表,然后择要述之:

普鲁士(德意志)	咸丰十一年(一八六一年)	天津条约
丹 麦	同治二年(一八六三年)	北京条约
荷 兰	同治二年(一八六三年)	天津条约
西班牙	同治三年(一八六四年)	天津条约
比利时	同治四年(一八六五年)	北京条约
意大利	同治五年(一八六六年)	天津条约
奥匈国	同治八年(一八六九年)	北京条约
日 本	同治十一年(一八七二年)	天津条约
秘 鲁	同治十三年(一八七四年)	天津条约
巴 西	光绪六年(一八八〇年)	天津条约
朝 鲜	光绪八年(一八八二年)	仁川条约
葡萄牙	光绪十三年(一八八七年)	天津条约
墨西哥	光绪十六年(一八九〇年)	华盛顿条约

以上诸约除日、韩、秘鲁当另作别论外,其他交涉之经过,皆大同小异。此等国家,所在何地,国情如何,总理衙门均不甚明了,常须请教英、法等国,资为耳目,故各国亦恒借英、法以介绍。如普鲁士(Prussia,旧译布鲁西亚国)于咸丰十一年二月,派帮办班德(Max August Scipio Von Brandt)来津要求换约,即由英翻译官吉必勋(John Gibson)带同往见崇厚。并由普国所派公使艾林波(Graf Zu Eulenburg)照会总理衙门。奕䜣恐各小国纷纷而来,殊属不成事体,请饬江苏巡抚薛焕阻止。继又商诸法公使哥士耆。哥士耆谓普原系大国,与英、法、美相等,若与换约,颇于中国有裨。英使威妥玛则称普系英王之婿,颇称大国,不可不与换约。四月,艾林波至津,自称日尔曼三十余国通商事务,皆归该国办理。崇厚等乃询诸哥士耆。哥士耆谓:日耳曼地方又名德意志,其地有二十余国,最大者为普鲁士,此外尚有拜晏(Bavaria)等二十八国。总理衙门乃令崇厚商洽换约,惟北京驻使,则声明五年后方派人进京。盖总署原期十年,经

两月之折冲,始改为五年也。时人尚以北京为辇毂重地,不容他人侵犯,故议约初欲限在上海,继而限在天津,倘无特许,不准入京。艾林波私自派人进京,经总署饬令唤回,既而艾林波固请效尤英、法,希图进京,总署无法拒绝,乃借口军事未靖,期以十年以后办理,乃欲延缓实行耳。然同治三年四月,普使李福斯(Von Rehfues)亲赍国书,赴京呈递,奕䜣再三斟酌,亦准其来署面晤矣。五月出京,假道俄国,由张家口雇车起程。而其时普国亦有学生壁斯玛(Bismarck)长住北京,习中国语文,可见虽不许他国驻使,而于外人入京,以有英、法、美、俄故殊不能严格禁止也。其次为中葡立约,原在同治元年,约共五十四条,但未互换,故光绪十年法越之役,葡人仍自谓无约之国也。葡萄牙与中国通商最早,而立约则最迟,此亦异事。葡萄牙在明代为海上霸国,入清而渐替,故自嘉靖间租占澳门以来,历数百年皆称安分。岁输地租银五百两,于道光二十三年呈请豁免。同治元年七月,葡萄牙恳请换约通商。总理衙门告以澳门必须仍归中国设关收税,并每年纳租万金,方与议立条约。盖澳门于鸦片战争时,中国仍设有同知收税,至道光二十九年,葡人乘英国滋扰之时,乘隙率兵,钉闭关门,驱逐丁役,已由三巴门一带至关闸俱拨兵把守矣。葡人以当时有华人袭杀该国大臣,中国至今不为办理,必须先了此案。争持颇久,经法使哥士耆从中调处,始免纳租,中国仍在澳门设官定议。同治三年四月,葡使阿穆恩(Amaral, José Rodrigues Coelhod')到津换约,以两事未得解决,葡使即悻悻而去。其一即设官问题,中国所谓设官,乃恢复已往之象征性管理权,而葡人则谓设官如同各国领事,不论用何职衔,均与领事无异也。其二即界址问题,中国谓澳门以三巴门为界,人人皆知;而葡国则谓万历二年在经渚设立关闸为界。道光二十九年,拆去闸门,葡人未有越门外居住者,三正门之墙,为保护地方之用,并非界限也。三巴门以外数里之地,早为葡人侵占,中国要求归还,葡使不肯,虽经英领事德呢克(N. B. Dennys)向其劝导,亦不肯听从。故约立二十余年,至光绪十三年,始因英人订洋药厘税而重订。因鸦片输入,多经澳门,而葡人因无约,漏税滋事,诸弊丛生,政府不再提设官划界之事,已默认澳门为葡国领土矣。

普、葡两国换约，均由法国援引，比利时因无援引，始肯在上海办理。丹麦公使拉斯勒福（Waldemar Rudolph Raaslöff）于同治二年二月到津，径自起程进京，经三口通商大臣董恂奏闻，已饬城门拦阻。而英使威妥玛言丹与英为姻娅之邦，为之代请，乃与英使商定章程，令丹使赴津与崇厚画押。丹使以急欲回国，敦请在京先与恒祺画押，将约本送交崇厚，俟该使到津再与画押互换。是名虽在天津订约，而实则一切均在京进行，总署惟以循例在津，来京与未来京无异，是真掩耳盗铃也。当时外交官只求外人不来京，如有英、法为援，虽不能拒其不来，亦令其在津签约，徒具此种形式，内容虽丧权辱国，亦毫不顾及。盖诸国皆从英、法、美之例，获得最惠国待遇，初非以兵威劫盟；而清廷犹一视同仁，使其利益均沾，是不知外交为何物矣。可胜叹哉！

（二）中英之修约

中英《天津条约》载明十年之后，可以协商修改，盖为税则及通商章程而设也。同治七年，将届修约之年，总理衙门鉴于咸丰末年因修约而引起之严重冲突，乃事先筹维，列举六事，请饬各省大吏，共纾意见，以资采择。同治六年九月十五日，总理各国事务恭亲王等奏称：

> 窃思经理洋务，关系安危，若非洞达情形，不能得其要领。各国中财力以英为最强，其所重在通商；性情以法为最悍，其所重在传教；俄则善柔阴狠，时时注意于边界。三者鼎峙，而其余群相附和，总不外乎惟利是图。臣衙门与为周旋，恃笔舌以争之，实恃理势以折之，然势有时借理而伸，理亦有时因势而屈。事多棘手，端在于此。溯自道光二十年以后，办理夷务，一次不如一次，逮至咸丰十年，战守两穷，于无可如何之中，为万不得已之举。参稽众论，维持大局，定议与各国互换条约。其时事在仓卒，更无别策可为国家立纾祸患。仅恃聊作羁縻，岂能毖后惩前，从容驳正。然昔日允之为条约，今日行之为章程，臣等即遇事竭力挽回，亦不过百分中之一二。比来各国骎骎乎于条约外多方要索，但可据理辩驳，总不轻易允行。即如请觐遣

使,铜线铁路,以及内地设行栈,内河驶轮船并贩盐挖煤,各省传教,而横生枝节等事,皆其处心积虑,志在必遂者。平日屡次饶舌,均经坚持定议,未肯依违。惟转瞬修约届期,臣等私衷揣度,彼必互相要约,群起交争。甚至各带兵船,希冀胁制,务满所欲。若不允准,则立启衅端。……方今各将军督抚大臣断不肯如昔年之广东诿诸上海,上海诿诸天津,及至事变已成,袖手旁观,自幸其置身局外。惟现在各国使臣久住京师,此次议约,自必麕集都城,并无广东、上海之辗转。各处离京较远,势不能临期商榷。而现时应议之事,即各处应办切己之事。疑难在外,固当补救于内;艰巨在内,尤当匡助于外;返观互证,彼此谅有同心。臣等逆料各国来岁种种不情之请,必将纷至沓来,但使无甚关碍,仍当酌度权宜。傥或万不可行,断无迁就之理,纵至决裂,亦非臣等所敢游移。然决裂而不预为之备不可也,决裂而不共为之备尤不可也。自古中国与外国联和,从无善策,况今日外国逼处于中国都城,而滨海沿江要害之区,节节盘踞,实为创局。此时兵力财力,两有不逮,早经外国人暗中觑破,即使臣等驾驭,难保不启戎心。此等情形,又与咸丰十年迥异,非特臣等知,在外诸臣亦莫不知之。要当合力齐心,共图良策。相应请旨饬下盛京、直隶、两江、闽粤、湖广、江苏、江西、浙江、山东各将军督抚及南北洋通商大臣,各抒所见。至沈葆桢总理船政,亦系交涉事宜,左宗棠素办洋务,当以大局为重,应请一并饬下通筹,权今日之时势,为未雨之绸缪,专折密陈,务于十一月内奏到,以便妥议。

总理衙门致各省将军督抚论条约书云:“夷务之兴数十年矣,其始中外隔越,未能洞达情形,议战议和,迄未能了。迨后歧途百出,一误再误,以至于今。将欲曲突徙薪,又恐投鼠忌器。是今日所处之势,乃极险之势;今日所值之时,乃极难之时,不待智者而后知也。泰西各国,僻处海外,其先散而无统,不过一岛夷耳。自有轮船轮车而远者可近,迟者可速,互相要约,居然列国也。其人所嗜者利,其人所好者兵,器械精良,心志坚韧,互相吞并,居然一战国也。况海澨之波涛未息,山陬之游徼纷来。……此中沉几观变,大有权宜,遇事设施,须中要害。苟或时有未可,势有未能,无妨暂时羁縻,而卧薪尝胆,养精蓄锐,以待异日之自强。固非空言道德,所能谈笑而却兵戎;亦非徒抱殷忧,可能涕泣而销祸患。溯自庚申之变,根本重地,事机间不容发,各省虽能仗义勤王,均属缓不及事。京师内外,类多迁避逃亡,其胆识较优,守而弗去者,熟察事机,均以不早定约见责。甚且满汉大臣联衔封奏,文函载道,星夜叠催,令早换约。彼时不得不参酌舆论,保全大局。……所有不得已苦衷,诸君子谅共鉴之。兹因修约届期,业将筹议缘由,缕晰上达,而意有未尽,具函布陈,尚祈宏展讦谟,广求方略。必如何而后可不决裂,必如何而后决裂亦无所畏;虑周思密,事乃有成。至修约时必来争执各端,不难据理直指其事之不可行,难在筹策使其事之可不行。实事求是,弗贵空谈。"此函历述以往外交失败之原因,与目前条约之困难,征询各省疆吏意见,在同德一心,以应付此未来事变,注重事实之可行者,而不在空谈理论也。后附条说如下:

一、议请觐　自古两国修好,使臣入觐,载入史册,具有典章。迨至宋时,仪节不无变易,未可为训。我朝圣祖、高宗,召见外国使臣,震慑天威,罔不聋栗。嘉庆年间,英使来朝,未克成礼而罢。咸丰十年,与各国换约,英、法皆请呈递国书,照会数次,竟以仪节未定,事不果行。今以皇上冲龄,两宫垂帘听政,因之停罢。彼即以阻其入觐,为不以客礼相待,时来饶舌,言多愤激。虽曾以必须行跪拜礼为说,彼即坚称并非属国,不能改从中华仪节,而终不肯谓觐不可行。孔子之作《春秋》也,诸侯用夷礼则夷之,夷而进于中国则中国之,今夷并未自进于中国,而必以中国之礼绳之,其势有所不能。若权其适中者而用之,未卜彼之能否听从,而本衙门亦不敢主持独创此议。第不许入觐,我实无辞。究应如何?惟希公同商酌!

一、议遣使　西洋诸国自立约后,遣使互驻,交相往来,各处皆然,而中国则并无此举。叠据各使臣来请奉派前往,本衙门以各国至中华,通商传教,有事可办,故当遣使;我中国并无赴外国应办之事,无须遣使驳之。第十余年来,彼于我之虚实,无不洞悉;我于彼之情伪,一概茫然。兵家知彼知己之谓何!且遇有该国使臣不合情理之处,不能向其本国一加诘责,此尤隔阂之大者。顾中国出使外国,其难有二:一则远涉重洋,人多畏阻,寓馆用度,费尤不资。且分驻既多,筹款亦属不易。一则语言文字,尚未通晓,仍倚翻译,未免为难。况为守兼优,才堪专对者,本难其选。若不得其人,贸然前往,或致狎而见侮,转足贻羞域外,误我事机。此后遣使一节,亦关紧要,未可视为缓图。究应如何?亦希公商酌定!

一、议铜线铁路 此二事俄使创论于前,英、法、美接踵于后,哓哓再四,不办不休。彼但知往来迅疾,于贸易大有裨益,是以同心一意,求之甚切,持之甚坚。本衙门先以失我险阻,害我田户,妨碍风水,为辞辩驳,彼悍然不顾。又以占我生计,势必群起攘臂相抗,众愤难当。设或勉强造成,被民间拆毁,官不能治其罪,彼则以自能派人看守为词抵制。现因条约未载此事,如罗星塔、吴淞口等处,英人私设电线,民因不便而毁之。洋商欲在上海租界内修造铁路,苏松太道应宝时举七不可以折之,尚未激成衅端。若明岁更议条约,彼必互相要结,强欲增入约内,断非空言所能禁阻。应若何先事规划,临事折冲,俾其不便请行,以杜后患之处,有地方之责者,请共商之!

一、议内地设行栈,内河驶轮船 凡通商口岸,条约载有一定地方。历年如祁门县、安宁州以及通州海口、峡石镇、张家口,向不通商之处,私开行栈,层见叠出,历经禁阻。至轮船欲进内河,垄断居奇,必致华船生计日蹙。且内河窄狭,华船易遭磕碰,尤属显而易见。上年法国欲令小轮船驶入内河,经本处按约照会禁止。又以洋人遍行内地,难于约束,必须一切抽厘输税无异华商。遇有洋人不法之事,亦按华民一律办理,彼更坚执不允,相持日久,迄未定议。来岁换约各国,得尺则尺,得寸则寸,必来争论。彼时更难情导理喻,应如何设法以伐其谋,请共商之!

一、议贩盐挖煤 查《通商章程善后条约》第三款,内地食盐,系在禁例。近来各国拖带盐船之案,不一而足。英则有郑士贞,法则有弥乐纳,美则有本立以及兆丰行、士吉行、华记行,皆曾犯禁。虽经被获议罚,漏网尚多,各国公使无不包庇商人。此次限以条约,尚且叠次私贩,将来换约,势必竭力争添。至开挖煤窑,欲将自然之利,供彼贪婪。上年湖广大军山,有洋商在彼开石寻煤,经本衙门照会英公使饬令禁止。又福建税务司美理登(Meritens)欲租台湾鸡笼山开采煤石,亦经彼处绅民禀请严禁。两事虽已照辩论内地行栈轮船之言斥驳,而利在必争,根株依然未断。来年换约,定为首先饶舌之一端。如何制令不行,亦希公商。

一、议开拓传教　自议款以来,传教已奉明文,欲于此时禁止,势万难行。按照法国条约第十三款,及上年通行谕单行事,一则曰循规蹈矩;一则曰不得丝毫干预地方公事。果能谨守,尚属无妨。乃各省恃为护符,而教士一味袒庇,甚且从旁扛帮插讼,与地方官为难。听之不可,治之不能,地方官申详上司,咨达本衙门,照会伊国公使,冀令慑服。殊不知该公使与传教士并非统属,不能经行其令,且亦多方回护。并借外省未结案件,未还教堂等事,与本衙门争论。几于唇焦舌敝,未克逐渐挽回。复思天主教之入中国,与佛道二家相等,若照僧道设官以治之,未始非权变之策,而究竟不无流弊。且令天下以引人入天主教为口实,更属非宜。抱人心风俗之忧,而存补偏救弊之念者,惟有平日联络绅民,阳为抚循,而阴为化导,或启其误,或破其奸,是亦不禁之禁也。有何良策?并祈公商!

嗣经各省复奏,大旨与总署相同,如睿亲王德长所称:“安设铁路铜线,挖矿贩盐,以及内地设行栈内河驶轮船等事,实属大碍国计民生,仍以设法拒之为是。其余各条,与大局无甚关碍,自不妨徇其所请,免肇衅端。”是可允与不可允各半也。同治六年十二月英使阿礼图(Sir Rutherford Alcock)派翻译柏卓安(J. M. Brown)送总署修约节略一件,开款目五条,并未提及铜线铁路之事,仅言抽厘有碍洋商生计,请于子口税外概免重征;及内河航行,长江添开码头,海关设立官栈等事。总署派章京与英参赞傅磊斯(Hugh Fraser)、翻译雅妥玛(Thomas Adkins)会议数次。告以洋货完过半税,从未重征,兹再通谕各关遵照。

同治七年四月,英使又送节略二十九条,则开埠设栈挖煤免税铁路铜线等项皆列入焉。总署或稍与通融,或据理直争,迄至八年九月,尚未定议。乃采总税务司赫德(Robert Hart)之提议,由中国提出六款,作为交换条件。最后两方均有让步,中国准在芜湖设关,及自行开矿;英人亦允洋药增税,及湖丝倍征。因定条约十六款,章程十款,税则十余条。但英商反谓其公使之和平交涉失算,要求政府,不予批准。是以折冲经年而修改之新约,亦如同废纸矣。

(三) 列使请觐之议

吾国近百年来外交之失败,其因约有二端:一曰不谙外情,一曰不识大体。不谙外情者,不特于彼之情伪,一概茫然;即主权之丧失,亦多由此。不识大体者,则对于关税、法权等漫不注意,每哓哓争辩于琐屑细务,一若有关于国体者,最易为外人轻视与利用,如请觐跪拜之事,即其例也。乾隆、嘉庆年间,英使来华,对于觐见仪节,颇多为无谓之争执,然尚值国威未坠,初次交聘之时,尚有辞可解。咸丰以后,积弱之势已见,盘敦樽俎之间,几全受制外人,当道者,既不能于折冲之际,力争利权,维持大体;顾于一二小节,反持之甚坚,其思想之顽固,头脑之简单,有如此者。因小而失大,于外交史上固层见不鲜矣。先是庚申之役既终,四国皆依约派遣公使驻北京。依国际惯例,公使到着时,须持国书谒见元首。当时英、法各公使均请呈递国书,照会数次,未得结果,总理衙门,颇以仪节未定为辞。及载淳以冲龄践阼,两宫皇太后垂帘听政,总理衙门更得借此为理由,令期待于皇帝亲政以后。然亦知此事终不能免,乃先筹应付之策,故总理衙门征询各省大吏对修约之意见,其首即为请觐一事也。当时陕甘总督左宗棠议曰:

自古帝王不能胥外国而臣之,于是有均敌之国。既许其均敌矣,自不必以中国礼法苛之,强其从我。泰西各国与中国远隔重洋,本非属国,康熙中,官书曾有英圭黎来朝之事,其仪节不可考。兹当修约届期，首先以此事相渎，其必不遵行跪拜仪节，自在意中。愚以泰西诸国君臣之礼，本极简略，尝于无意中询知岛人见其国主，实无拜跪之事。今既不能阻其不入觐，而必令其使臣行拜跪礼，使臣未必遵依。即能如来谕酌中定制，亦似于义无取。窃思彼族以见其国主之礼入觐，在彼所争者中外均敌，不甘以属国自居，非有他也。似不妨允其所请。《记》曰："礼从宜使从俗。"古人已言之矣。

两江总督曾国藩议曰：

伏查康熙十五年圣祖仁皇帝召见俄人尼果赉(Nicolaus Gavrilovich Spafari)其时仪节无可深考。然当日与俄罗斯议界通市，实系以敌国之礼待之，与以藩属之礼待高丽者迥不相同。道光、咸丰以来，待英、法、美三国皆仿康熙待俄国之例，视同敌体。盖圣朝修德柔远，本不欲胥七万里之外洋而悉臣服之也。拟请俟皇上亲政之后，准其入觐。其仪节临时酌定，既为敌国使臣，不必强以所难，庶可昭坦白而示优容。

总理船政大臣、前江西巡抚沈葆桢议曰：

古者列侯有使，卿大夫上聘天子之礼，果其瞻云就日，出自至诚，则以陪臣获仰天颜，宜如何荣幸，其尚敢惜拜跪之节，悍然以与我争？此不过借修好之名，巧为尝试，正欲以不遵中国仪制夸耀邻封。夫柔远有经，接以温言，厚其赐予可也；废我典章不可也。今皇上冲龄，皇太后垂帘听政，似宜实告以见接之礼，应待诸亲政之年。我皇上天禀聪明，日新不已，此数年中所成就，必有上绍列祖、震烁古今者。至诚可格豚鱼，况在荒服？如彼洗心革面，就我范围，何妨宽其既往之愆，赐以颜色！倘倔强犹昔，终为自大之夜郎，则天心人心所不容，安能逃涂山之显戮哉？

钦差大臣、湖广总督李鸿章议曰:

查自古与国使臣入觐,具有典章,我朝列圣召见外臣,历有仪制。今虽时势略殊,若从贬损,难遽定议。彼若坚请须待我皇上亲政后,再为奏请举行,届时权衡出自圣裁,若格外示以优容或无不可。按英国条约第三款内载,代国秉权大臣觐见大清皇上时,遇有碍于国体之礼是不可行等语。是其不肯拜跪,早有成议。闻外国君臣燕见,几与常人平等无异;即朝贺令节,亦不过君坐臣立,似近简亵。不得已权其适中,将来或遇皇上升殿御门各大典,准在行仪御史侍班文武之列,亦可不拜不跪,随众俯仰,庶几内不失己,外不失人。但恐彼必欲召对为荣施耳。至于遣使外洋,该国本毋庸拜跪,尽可从宜从众。若中国使臣往见外国君主照行外国之礼,则外国使臣入觐我大皇帝亦当照行中国之礼。久之可据以辩难,请觐之议,当自息矣。

直隶总督官文奏曰:

奴才查觐者诸侯见天子之礼,所以考礼正刑一德,以尊于天子也。典礼曰:"天子当展而立,诸侯北面而见天子曰觐。"诚以古者诸侯分茅胙土,各君其国,以时来天子而述其职,所以明君臣之义也。今各国乃以阻其入觐,谓不以客礼相待,不知觐乃臣礼非客礼也。既以客自居,而反欲行中国之臣礼,将来传之国史,必大书特书某年月日某某各国来觐,使天下万世咸知英、法各国为我圣朝之属国,是欲尊反卑,求荣反辱。彼特未知觐之义耳,使其顾名思义,晓然于觐乃人臣见君之礼,当亦废然返矣。如谓并非属国,不能改从中国仪制,不知觐即中国仪制。未有非属国而觐,即未有觐而不行跪拜礼者。且未有诸侯不自来而使其臣来觐者。孔子作《春秋》,诸侯用夷礼则夷之,夷而进于中国则中国之,今夷既未能进于中国,而中国转自变其礼,以委曲相从,奴才窃未见其可也。

当时大吏之奏议如此，官、沈之迂，曾、左之直，而鸿章则模棱不着边际，已足见中兴诸臣之才性矣。是入觐之议，已在必行。同治十二年正月载淳亲政后，列国再请觐见，用联衔照会，总署无法拒绝，乃就礼节反复辩诘。最后改免冠三鞠躬为五鞠躬。时适日本换约大使副岛种臣由津来京，要求觐见。恭亲王诣日使馆，谓种臣为同文之邦，是否应行中国之礼？副岛抗言曰："本大臣系代表君主聘问贵国皇帝，未能行中国之礼。谊属朋友，仅作三揖。"总理衙门谓三揖于中西礼均不合，请从缓议。副岛复书曰："贵王大臣所称三揖于中西礼均不合，然则五鞠躬者，果合于中国之礼耶？若以两国同文故，责我以行跪拜之礼，则主者亦将跪接，能耶否耶？本大臣代表君主而来，只知速了使事而已，从容商办云云，显系拒绝之辞，本大臣不敢与闻。"论驳再三，清廷始允其觐见，但期以泰西为首班，日本为次班。副岛自以特命全权大臣，不愿居次班，摒挡欲归。总署遣孙士达往留之，交以仪注单，令往总署演礼。六月二十九日壬子副岛种臣率翻译郑永宁等谒帝于紫光阁，捧呈国书，书云：

> 大日本国大皇帝敬白于大清国大皇帝曰：曩者两国俱与泰西诸国交通往来，而两国独未尝遣一介之使，以修盟好，故于去岁简派亲臣大藏卿伊达宗城与贵国议定条约，已蒙批准，允宜派使互换。适闻大皇帝大婚既成，且已亲政，朕深为欣慰。乃特遣外务大臣副岛种臣于贵国，交换和约，并伸庆贺。朕夙知种臣善于辞令，故使之专司外务，代表朕躬，愿大皇帝笃念邻交，待该使臣优加仁厚，两国和好，永久弗渝。兹特敬白，并祝大皇帝眉寿多福！

种臣觐礼成，三揖肃退。于是俄公使倭良嘎哩（Vlangaly），美公使镂斐迪，英公使威妥玛，法公使热福理（Geofroy），荷公使费果荪皆同班入觐，呈递国书，礼成，宴赐各公使于总理衙门。五公使均以暑辞，惟副岛独至。盖列使恶清廷之不宴于宫内，而种臣方以居首班，夸为至荣也。清廷复日本国书曰：

> 大清国大皇帝复问大日本国大皇帝好：兹接使臣副岛种臣赍到来书，披阅之余，实深欣悦。朕祇承天命，寅绍丕基，中外一家，罔有歧视，矧关邻谊，尤重推诚。上年所立条规，现已宣谕刊布。嘉仪孔多，足征厚意，用答微物，借使寄将。愿我两国永敦私好，同荷天庥，朕有厚望焉。

自咸丰八年英、法要求面递国书，清帝始终认为严重问题，经十余年而不能解决之悬案，一旦轻松渡过。奕䜣等人在心理上，必仍有如英、法照约退兵时之惊异。因其从前总觉夷人犬羊成性，未必能守信义也。觐见原不过一种礼节，而清廷深恐外使居心叵测，当面要挟，故咸丰帝绝不肯与使臣晤对之原因在此。今既无叵测之心，又无要挟之事，能不使廷臣对外人有更进一步之认识耶？而日本之纪载，则夸称由副岛种臣开其端，殊不知此为英、法多年之交涉，副岛来聘时，清廷早已准各国使臣入觐矣。

五十八　中兴之外交——中日订约与台湾事件

（一）日本与中国之关系

日本在东海中，四面环海，统四大岛而为国。当周惠王时，有盘武彦尊起日向国，率师东征，讨平长髓及彦八十枭贼，开山林，营宫室，遂即位迁都于大倭之橿原，是为神武天皇。时西历前六六〇年也。今人有以神武即秦始皇所遣求仙之徐福者，日本有徐福冢，其所率之数千童男女，流寓日本不归，大和民族之繁殖，当以是为起源矣。汉武帝灭朝鲜，始有驿使通汉。建武中其委奴国王遣使奉贡，光武帝赐以印绶。安帝时，又遣使献其生口百六十人，然皆出其国造（神武赐功臣椎根津彦等以地，名曰国造，等藩封耳）之所为，非王室之所遣。后因高丽向导，数遣使朝于魏，历晋以至南朝，贡聘不绝，皆受中国册封。隋炀之世，国书失辞，炀帝仍遣使往报。唐贞观以还，信使踵至，遣僧侣、学生留学于唐，或有仕唐者。当是时上自天时地理官制兵备，暨乎典章制度语言文字，至于饮食居处之细，玩好游戏之微，无一不取法于唐。礼仪文物，居然大备。及昭宗国乱，聘使渡海者多阻于兵，不得达，其参议菅原道实采留华学僧中瑾报告，奏罢遣唐使。五代及宋，国交彼此皆绝。元世祖混一志侈，穷兵东伐，因飓丧师十余万，日人筑寨于博多，禁通商，自是始有轻中国之心。明太祖时，张士诚、方国珍余党导其浪人为寇，出没海上，至嘉靖中尤猖獗，滨海之区皆罹其害。戚继光、俞大猷合兵大创之，患始渐息。神宗之世，其关白丰臣秀吉欲假道朝鲜以躏明地，两出兵西侵，明兵赴援，相持数年。秀吉卒，始退兵。后德川氏世执政权，受明儒朱之瑜之教，欲以文治致太平，故二百数十载，彼此相安于无事。华商来日本者甚众，杂居长崎街市，和同贸易。日本则严禁国人出海通商，偶有潜附来华者，事发辄罪之。盖德川氏专以锁港为国是，长崎通商，惟许中国及荷兰，他皆禁绝也。荷兰商船之初入长崎，事在庆长五年，明万历四十八年，西历一六〇〇年。其后九年遣使致国书方物于江户，欧人始络绎而至。及宽永时（明崇祯年间），耶稣教徒叛于岛原，松平信纲讨平之，幕府由是恶夷，禁止外人往来。宏化三年（即清道光二十六年），英、法、美三国接踵求开港，荷兰国王亦致书幕府，其略曰：

近者英吉利国王，与中国构兵，庞然大国，卒归失败，诚以欧洲之兵学，优于中国也。中国为宇内大邦，自古声誉灿然，徒以政治紊乱，遂不能制胜于欧人。夫欧洲之盛，近三十年间事耳。当时欧洲之大乱既平，人心思治，奉圣教之帝王，又复为民多开商贾之道，以谋繁殖，制造繁兴，发明极盛，种种造作，耗费日广，而大利已集，国用因之奇窘。就中英国素称饶富，其人民亦以勇武称，而以耀兵域外，帑藏如洗。故英国之政府，常欲导英商于不正之途以得利益，或与外国挑衅，及事起而本国为之援，广东之战，其先例也。中国昧于时局，贸然一战，卒归于败，为城下之盟，偿金数百万以蒇事。贵国倘亦有意避此屈辱乎？夫屈辱之来，发自仓卒，今日本海面外舰之浮游者日众，安保其不起争端？是不可不熟察也。殿下高明之见，为国家百年长久之计，其必有以处此！

幕府坚持锁港政策,不允英、美之请,并欲绝荷兰交通。嘉永三年(即道光三十年),美国向各国宣言,为世界文明及日本之发展计,必以日本开关为先务。翌三年遂派海军司令培理(Matthew Perry)携国书率军舰四艘,入相州之浦贺湾。日本仓卒无以为计,不得已,应接培理,受其国书,约以明年答复。于是举国舆论嚣然,咸欲尊王攘夷。幕府悍然不顾,以宏政元年(即咸丰四年),与美结和亲条约于横滨,许开下田、函馆、长崎三港。英、俄相继联好,而勤王倒幕之说愈炽,遂有德川庆喜归政之举。盖日本自中古以来,王室式微,政柄下移,武人专权,建号幕府,天皇闲居高拱而已。庆应之末(约当同治七年),日本感外力之压迫,尊王论大盛,庆喜审舆情之向背,毅然奉还政权,王政复古,遂开明治维新之事业。改官制,讲外交,订法律,设学校,革除社会恶习,采仿西洋文物。明治四年,遣外务卿岩仓具视视察欧美,以为维新之规模。舍法取德,盖以普法之战方终,德人获得胜利也。先是,鸦片战争以后,日人读魏源之《海国图志》,视中国为前车之鉴,锐意更新。欲求盟邦于东亚,舍满清莫属,故会泽泊所著之《新论》曾畅言之。及英法联军之后,清廷弱点暴露,于是诸侯岛津齐彬大倡侵华之论,欲取台湾、福建而有之,内以增日本之势力,外以昭武勇于内,使英、法不敢对日本干涉。此为日人对华政策之两环,而同治间修约与台湾事件,均可见其端倪矣。

(二) 中日之议约(上)

同治九年(即明治三年),日本王政维新,广事外交,念与我为千余年旧好,又同在亚洲,不可不缔和约,以示亲睦。乃遣外务权大丞柳原前光赍外务卿书呈总理衙门,预商通好事宜。书云:

大日本国从三位外务卿清原宣嘉,从四位外务大辅藤原定则等谨呈书大清国总理外国事务大宪台下:方今文明之化大开,交际之道日盛,宇宙之间,无有远迩矣。我邦近岁与泰西诸国互订盟约,共通有无,况邻近如中国,宜最先通情好,结和亲,而唯有商舶往来,未尝修交际之礼,不亦一大阙典也乎?曩者我邦政治一新之始,即欲遣钦差公使修盟约，因内地多事，迁延至今，深以为憾焉。兹特遣从四位外务权大丞柳原前光，正七位外务权少丞藤原义质，从七位文书权正郑永宁等于中国预商通信事宜，以为他日我公使与中国定和亲条约之地。伏冀贵宪台下款接，取裁其所陈述，谨白。

九月，前光等至天津，谒见三口通商大臣成林、直隶总督李鸿章，成林代为上书，命留津候命。总理衙门议允其通商，但彼此相信，不必立约。复给照会有："古所谓大信不约，贵国货物到上海，验货纳税，两无欺矇，自可行诸久远。似较泰西各国，尤为简便，此乃中国与贵国格外和好亲睦之意，谅必洞悉此情也。"前光恳请再三，总署鉴其意诚，势难坚拒，又恐该国将来复凂英、法为介绍，彼时再允，反为示弱，似非一视同仁之意。遂许其俟有特派大员来时，即行奏请明定条约。前光等感谢而归。时安徽巡抚英翰等颇以前明倭寇为辞，奏请拒绝日本通商，以杜后患。清廷寄谕疆臣，咨询意见。李鸿章奏驳之，略言：

自国初朝鲜内附，声威震耆，倭人固不敢越朝鲜而窥犯北边，亦从未勾内奸而侵掠东南，实缘制驭得宜，畏怀已久。顺治迄嘉、道年间，常与通市，江、浙设官商额船，每岁赴日本办铜数百万斤。咸丰以后，粤匪踞扰，此事遂废。然苏、浙、闽商民，往日本长崎岛贸迁寄居者，络绎不绝，日本商人游历中土亦多，亦可见其安心向化矣。该国亦已与泰西各国立约通商，援例而来，似系情理所有之事。若拒之太甚，势必因泰西各国介绍固请，彼时再准立约，使彼永结党援，在我更为失计。柳原前光等来谒，每称西人强逼该国通商，心怀不服，而力难独抗，欲与中国通好，以冀同心协力。又华人在该国通商者，西国领事，每欲代管，必须互定条约，自为钤束等语，立言亦似得体。……日本近在肘腋，永为中土之患，闻该国自与西人定约，广购机器兵船，仿制枪炮铁路，又派人往西国学习各色技业，其志固欲自强以御侮。笼络之或为我用，拒绝之则必为我仇。将来与之定议后，似宜由南洋就近遴委妥员，往驻该国京师或长崎，管束我国商民，借以侦探彼族动静,而设法联络牵制之,可冀消弭后患,永远相安!

大学士、两江总督曾国藩亦上疏言:

> 自道光二十二年与洋人立约议抚,皆因战守无功,隐忍息事。厥后屡次换约,亦多在兵戎扰攘之际,左执干戈,右陈槃敦,一语不合,动虞决裂,故所定条约,间有未能熟思审处者。日本国二百年来,与我无纤芥之嫌,今见泰西各国皆与中国立约通商,援例而来请,叩关而陈辞,其理甚顺,其意无他。若我拒之太甚,无论彼或转求泰西各国介绍固请,势难终却;即使外国前后参观,疑我中华交际之道,逆而胁之则易于求成,顺而求之则难于修好,亦殊非圣朝怀柔远方之本意!英翰杜绝之说,盖未能合众国而统筹,计前后而酌核也。闻日本物产丰饶,百货价贱,与中国各省不过数日水程。立约之后,彼国市舶,必将络绎前来,中国贾帆,亦必联翩东渡,不似泰西诸国,洋商来而华商不往。华人往者既多,似须仿照领事之例,派员驻扎日本,约束内地商民,并设立会讯局,办华洋争讼案件。总之中国之处外洋,礼数不妨谦逊,而条理必极分明,练兵以图自强,而初无扬威域外之志,收税略从彼俗,而亦无笼取大利之心。果其百度修明,西洋东洋,一体优待,用威用德,随时制宜。使外国知圣朝驭远,一秉大公,则万国皆亮其诚,何独日本永远相安哉?

曾、李开明之思想与英翰顽固之对策,正可见同治中兴名臣,对于外交之见解,尚有两种相反之势力,未能如日本之举国一致也。以故日本开港虽较中国迟二十余年,而维新成功甚速。我国着着落后,固皆受制于当时环境也。总署之意见与曾、李同,清廷特命鸿章豫行区画,庶将来日本使臣到后,得以因时制宜,不再蹈从前隔阂覆辙。鸿章因就前光来津时呈递议约稿本督同津海关道陈钦逐条签驳,另拟条规。又洽请国藩督饬苏、沪洋务委员悉心酌核。于是江苏按察使应宝时、江海关道涂宗瀛会拟日本通商条规一本,送津备查。

(三) 中日之议约(下)

同治十年四月,日本特以大藏卿伊达宗城为正使,外务大丞柳原前光副之,偕津田真道、郑永宁等来缔盟约。清廷特简协办大学士李鸿章为全权大臣,办理日本通商事务,应宝时与陈钦随同帮办。六月宗城等至天津,往复商论,至七月,始定修好条规十八条,通商章程三十三款,附以中日海关税则。先是前光之来,先呈约章,以两国利益为辞。及随宗城再至,则专欲仿照泰西诸约,获得最惠条款。其致应宝时、陈钦书曰:

> 夫修好通商之款,虽由两国主权订立,其休戚必与别国相关,此敝邦之所以留心注意于此行也。伊钦差发东都时,各国公使有来送行者,诘以此行将与清国结盟连衡等说。伊钦差应之曰:但看他日约成,便知其实。一笑而别。是以拟议须照贵国与西人成例一体定约,庶不致生嫌疑。今观来稿,大约与西人同,而其不同者亦复不少,与伊钦差所望大相径庭矣。交际之道只可划一,不可特异开例,自破条款,以招彼之觊觎也。其条规章程断断不可轻重于西例,欲重之也,西人妒而分之;欲轻之也,西人侮而诋之。况今两国均有西客旁观,出入颇生枝节,两国所议之约或有参差,非谓不能通行,且谓使者不力,亦何面目归国反命呼?当今之计,惟有互相切磋琢磨,内求强富,外御其侮而已,诚能心照意援,如其条规章程,不若姑从西人痕迹,无可更张,不露声色,以稳其心之为愈也,惟冀谅察。

应宝时、陈钦复以书曰:

> 昨接来函,以条规须照西约,不欲别开生面,恐启西国猜疑。似于送去条规尚未逐细体会,试为执事略言之:贵国特派大臣前来,原为通两国之好,若以迹类连横,虑招西人之忌,则伊大臣不来中国,痕迹全无,更可周旋西人,岂非上策?何计不出此,乃于到津后始鳃鳃过虑耶?日前送去条规以贵国素晓汉文,非泰西各国可比,故议论悉求允当,词意必极周详,然亦并无奥义深文,何至遽费解说?真耶伪

耶?殆托词耳!又条规两国并说不与西约一律,良以贵国与中国相去较近,非但贵国市舶络绎前来,即中国贾帆亦连翩东渡,迥异泰西辽远,有来无往,故措辞均用综括,以昭平允。其海关税则彼此有互异者,固已载入章程,未尝强不同者使之同也。去岁执事来津,曾言贵国遣使之意,不重在通商,故条规即以修好为名,以期不拂贵国雅意。中国原无成见,不过因人以诚求我即以诚应耳。来函乃谓特立好看字面,并云断断不可轻重于西例。果尔,则是同文之国亦须钞袭俚俗字面乃为有益耶?且不知送去条规较西约何者重?何者轻?希即一一指明,用开茅塞。总之,贵国与中国不能有来无往,则西约断不能尽同。今来函因字面少异西约,即深惴惴,不知条规中并无可令西人生疑之处,即第二条大意,亦系美约所载,非创见也。贵国既有戒心,自可无庸相强。夫中国非有所希冀欲与贵国立约也,特因去岁情词恳切,并送来十六条,均以两国立论,是以我中堂奏准派使前来会议,此次尊处送到章程,全改作一面之词,荟萃西约取益各款而择其尤,竟与去岁拟稿自相矛盾,翻欲将前稿作为废纸,则是未订约先失信,将何以善其后乎?我中堂又将何以复命乎?如尊意必不谓然,或仍照总理衙门去岁初议,照旧通商和好,毋庸立约,更可不露声色也。

日本与中国初来订交,其狡狯即如此。不知我国与西人换约,“多因勉强成交,又不深悉欧洲习俗,致受诓骗。约已换定,无可如何”。(李鸿章致总理衙门函语)阅历既久,始知“西洋各国,此国商民至彼国,悉遵该国规矩禁令,遇有争讼案件,即由地方官持平审办,领事官不得擅专”。是以对于领事裁判权及关税规定,新约皆采互惠主义,此极公允者也。而日人欲借姑同西约之说,使我片面损失主权,以鸿章更事之多,何能更受诓骗?日人断断持议,久而后定。其中有不尽同于西约者:惟领事裁判权、关税协定及内地通商而已。内地通商本为西约游历内地之赘词,西人据此入内地买卖货物,抗法免厘,流弊孔多。故中日新约声明不准入内地买卖货物。前光以有异泰西为辞。鸿章面折之曰:“华人前往西国,随处通行,并无限制,今日本系以八口岸与我通商,华人既不能到日本内地贸易,日本人亦岂应入中国内地贸易?此系两国从同,确乎公允,何得引西约为例?"前光语塞而退。宗城订约之后,旋晋京谒总理衙门王大臣,赍呈日皇所献仪物。清廷亦加酬报。宗城既归,日本意尚觖望,宗城旋以事免官。同治十一年二月,日本以外务大丞柳原前光兼少办务使(即四等公使)复来津议改约,鸿章批饬俟换约时核办,以照会附载约后。并告前光曰:"两国交际于定约之后,未换之先,遽尔遣员议改,旋允旋悔,不几于全权立约之命相枘凿乎?条规所载信守弗渝之谓何?万国公法最忌失信,尔国何可蹈此不韪,贻笑外人?"前光嗫嚅缩伏,自知惶愧。是年十月,有秘鲁国商船玛利亚留士号在澳门拐诱华人三百名为佣,载赴其国,既而遇飓风,泊横滨。佣人苦舟师虐使,投水遇救,走诉神奈川县厅。时副岛种臣为外务卿,命阻留商船,解放诸佣,告于我国。江苏遣同知陈福勋来日本携之还,深谢其邻谊。十一月,日本以副岛种臣为特命全权大使,来中国换约。同治十二年副岛抵津,谓柳原之行,非渠本意,日本派岩仓大臣赴西洋各国,欲取消领事裁判权,仅意大利可允行,英、法诸国,多方推诿,能否议改,尚不可知,此时应无庸议。鸿章以其殊为爽快了当,即于四月初四日互换条规。此清廷与外国所立平等互惠之约也。

(四) 台湾之役(上)

中日换约之后,日本以井田让为总领事,管十五口商务,品川忠道为领事驻上海,兼管宁波、镇江、九江、汉口四处,林道三郎为副领事,管广州、琼州、潮州三处,而驻于香港。各令赴任视事。副岛种臣既归,留柳原前光为三等公使,驻北京。明年,乃有台湾生番之事。台湾土著,原有生、熟二番,熟番与闽、粤移民有交际,文化程度较高;生番在东部山地,俗尚野蛮,外人至其地者,往往为所杀害。部落十八社,以牡丹、狡狮猾最凶残。同治十年十一月,有琉球船遇飓风飘至台湾,为生番劫杀五十四人。十二年三月,有日本小田县民四人,亦漂到,旋被送回(据福州将军文煜等奏:日本上年遭风难民,经台湾商民与熟番救出,禀由地方官护送到沪,交其领事收回。又总署答大久保条问亦言:利八等遭风一案,贵国领事但云番地假馆授餐,并无一字言及吃亏。即利八等口供,亦称并无受害,贵国外务省文书称谢。可见日人并未遇害也)。时日本自维新以来,国势膨胀,旧党叠构叛乱,游民众多,无可安插。台湾与日本为邻,其地旷饶,不为清政府注意力所及,遂晪然起侵略之心。喜事者因借词生番野蛮,频遭杀害,祸患甚深,不可不膺惩。特以生番与熟番有异,欲先质经界于我。又恐无故兴师,开衅中国,因令副岛种臣于求觐时,乘便游说各国公使,绝其娼嫉之念,并告清廷以申理台湾生番之事。种臣不便启齿(十二年四月李鸿章致总署书云:"江海关沈道前禀送新闻纸,有日本欲为琉球申理台湾生番劫杀之说,副岛绝未论及。其顾问美国人李仙得〔Legendre〕曾充厦门领事,偕副岛来见数次,默无一言。"),因遣副使柳原前光问总理衙门大臣毛昶熙、董恂。昶熙答曰:"番民之杀琉民,既闻其事,害贵国人则我未之闻。夫二岛俱我属土,属土之人相杀,裁决固在于我。我恤琉人,自有措置,何预贵国事而烦为过问?"前光因大争琉球为日本版图,又具证小田县民遇害状,且曰:"贵国已知恤琉人而不惩治台番者何?"曰:"杀人者皆属生番,故且置之化外,未便穷治。日本之虾夷,美国之红番,皆不服王化,此亦万国之所时有。"前光曰:"生番害人,贵国舍而不治,然一民莫非赤子,赤子遇害而不问,安在为之父母?是以我邦将查办岛人,为盟好故,使某先告之。"论诘卒不能毕议。恭亲王奏云:

> 日本国使臣副岛种臣来京,曾派其随员柳原前光、翻译官郑永宁来臣衙门,向臣等面询三事:一询澳门是否中国管辖?抑由大西洋主张?一朝鲜诸凡政令,是否由该国自主,中国向不过问?一即台湾生番戕害琉球人民之事,拟遣人赴生番处说话等语。当即经臣等面为剖辩,该随员等未经深论,臣等亦未便诘其意将何为。嗣该国翻译郑永宁谓澳门地方,恐须通商,不过询问明晰,以为将来议办张本。朝鲜之事,希冀中国调停其间,可借中国之力劝解。若台湾生番地方,只以遣人告知,嗣后傥有日本人前往,好为相待,其意皆非为用兵等语,是该国并未与中国议及派兵前赴台湾。

其后美使艾忻敏与李鸿章《问答节略》,美使言:据日本大政官云:“台番非中国管辖之地,副岛上年在京,与总署说明中国无法查办,伊可派兵往办。”鸿章答曰:“副岛在京,并未亲自向总署商议,只令副使柳原前光略提数语,以生番杀害琉人,该国欲派人往查,并未说要用兵。总署告以生番隶中国版图,惟性情风俗自异,中国自可查办。柳原谓只先告知,并非请查办也。嗣后副岛未再面商,亦未行文照会。盖彼预怀奸计,以为一经行文,中国必照复系我辖境,当为查办,不能擅自动兵,而始以游词告询,口说无凭,为后日狡赖地步耳。否则各国相交,于此等重大事件,焉有不以照会印文为往来凭据者?”美使笑应之曰:“言极有理。”(见《译署函稿》卷二)此可知日人对台湾用兵,早怀奸计,特以游词告总署,为后日狡赖地步耳。同治十三年三月(即明治七年四月),日本命陆军中将西乡从道为台湾事务总督,陆军少将谷干城、海军少将赤松则良为参军,率兵赴台。陆军少佐福岛九成为厦门领事兼管番事,别延美国人李仙得(Legendre)参谋议,以其曾至台湾番社故也。从道率海陆军发品川,旋抵长崎,以萨邸为番地事务局,大藏卿大隈重信兼任局长,为综理运输事务。时美国驻日本公使平安(John A. Bingham)执局外中立之例,建言曰:“贵邦无端率军舰卒入华境,彼必以为寇边。我船舶人民,苟为贵邦所佣役,彼又必以我为应援。我与华人亦曾结约,岂敢独有私于贵国,而结怨邻好?凡属美国所有,愿一切收还。”遂布告其商民,守中立例,所赁船舶悉解约,并令厦门美领事俟李仙得至捕之。英国公使亦言中国必生异议,按之公法,实无此举。于是日本知各国均不直其所为,内阁遂大生纷议。急遣权少内史金井之恭传内旨于长崎,令重信止军,行且归京。重信走告从道,从道不奉命,曰:“近日朝政,朝令夕改,令人危疑。况招集精锐,驾驭一误,溃败四出,祸且不测,岂止佐贺(指江藤新平叛乱事)之比?必欲强留某,则奉还敕书,躬自捣丑夷巢窟,毙而后已。万一清国生异议,朝廷目臣等为亡命流贼,则于答之乎何有?”又曰:“即使内阁大臣西下亲谕,亦不能从。”辞色俱愤。重信乃曰:“内旨非必停战,特以外国公使有违信,将俟后图。”恳谕百端,从道不肯。即夜下令发师,领事九成等率兵二百人乘有功舰先行。重信电报状,朝议大忧。又命内务卿大久保利通于长崎阻之,从道卒不听,乃戒以姑行,勿妄交兵,以待后命。

(五) 台湾之役(中)

是年三月初三日,英使威妥玛函询总署,生番是否隶中国版图?日本兴兵,曾向中国商议准行否?总署即据实答之。盖日人谓番地不归中国,且已告知总署故也。既而西班牙使臣丁美霞(F. Otin Mesia),法国翻译官德微理亚(Gabriel Devéria),总税务司赫德(Robert Hart),英汉文正使梅辉立(William S. Frederick Mayers),亦先后往总署告知其事。三月中旬,日本兵舰已至台湾、厦门,上海新闻纸为之揭载,南、北洋大臣李宗羲、李鸿章均奏闻。清廷以闽浙总督李鹤年兼署事繁,不能遽离省城,乃令船政大臣沈葆桢巡视台湾,调兵警备。葆桢、鹤年等密陈四端:

查日本上年遭风难民,经救出送沪,交其领事,该国宜如何感激图报?乃转借他国积年旧案,以怨报德,越境称兵,此其意有所图,尚何待问?中西人人发指,非虚言也!此时示以挞伐之威,并不得谓衅开自我。惟近来议洋务者,非一味畏葸,只图置身事外,不惧贻患将来;则一味高谈,谓义愤快心,不妨孤注之一掷。于国家深远之计,均何当焉?臣等往返会商,谨以管见所及,为我皇上陈之:

一曰联外交。倭奴狡谲非常,其称兵也,西人斥其非,彼则以商诸中国,业经见许对。中国据理诘之,则互相推诿,闪烁其词。西人虽疑其奸,亦无从遽发其覆。拟将递次洋船遭风各案,摘要照会各国领事,请其公评曲直。如其怵于公论,敛兵而退,上也。否则亦辗转时日,我得集备设防,探息鬼蜮端倪。

一曰储利器。台湾形势扼要,物产富饶,彼既利欲薰心,未必甘为理屈。而所以敢于鸱张者,则又窥中国器械之未精,兼恃美国暗中之资助。其已抵台南各船,均非中国新船之敌,而该国尚有铁甲船二号,虽非完璧,而以摧寻常轮船,则绰绰有余。彼有而我无之,水师气为之夺,则两号铁甲船不容不购也。水雷洋枪开花弹以及火龙火箭之类,不能不多购也。

一曰储人才。闽省陆营寥寥,既已调两营东渡,水师除轮船外,亦无可量移者,若待弁兵厚集,诚恐稽期。现在福星、长胜、海东云三船已在台湾,扬武添药赴台,靖远在厦门。闻广东安澜即日可到,当乘之东行。并咨调提督罗大春即日赴台,会筹一切。前台湾道黎兆棠胆识兼伟,洞悉洋情,谨飞函赴粤,调之前来,兼以吏部主事梁鸣谦等诸文士,随臣东渡,集思广益。

一曰通消息。台洋之险,甲诸海疆,从前文报,恒累月不通。有轮船后乃按月可达。然至飓风大作时,虽轮船亦为所阻。欲消息常通,断不可无电线。计由福州陆路至厦门,由厦门水路至台湾,水路之费较多,陆路之费较省,合之不及造一轮船之资,瞬息可通,事至不虞仓卒矣。

此皆临时抱佛脚之办法,吾国既遭英、俄帝国主义者之两面夹击,又值新兴日本之迎头斫杀,四方受敌,手足无措。既乏抵抗决心,乃不得不依赖英、美诸国为之调停。甚至不惜以金钱诱之撤退。此在李鸿章致总署《论台事归宿书》中已言之:

威使(Wade)复日意格(Giquel)密缄,有云:中国欲使公评曲直以复台疆,不为无见,诚使台土通商,不特日本不敢垂涎,即他国讵能希冀等语,正与尊旨悬拟将来归着,以落到通商地步为妙,适相吻合。目前彼此均不得下台,就通商一层议诘,洵是上乘文字。好在台湾系海外偏隅,与其听一国久踞,莫若令各国均沾。柳使(柳原前光)指明后局,使此役不属徒劳,其注意实在占地、贴费二端,落到通商,必非所愿。前与驻津美领事毕德格(W. N. Pethick)论及各使会议一节,据称非使权应办之事。且即肯公评曲直,未必尽绌彼而直我。平心而论,琉球难民之案,已阅三年,闽省并未认真查办,无论如何辩驳,中国亦小有不是。万不得已,或就彼因为人命起见,酌议如何抚恤琉球被难之人,并念该国兵士远道艰苦,乞恩犒赏饩银若干,不拘多寡,不作兵费,俾得踊跃回国,且出自我意,不由彼讨价还价,或稍得体。鸿章亦知此论为清议所不许，而环顾时局，海防非急切所能周备，事机无时日可以宕缓，敢预下一转语以备裁择。

同治十三年五月初一日，沈葆桢与福建布政使潘蔚、洋将日意格(Giquel)、斯恭塞格(Segonzac)分乘安澜、伏波、飞云三舰于初四日先后抵台南、安平。八日，潘蔚偕台湾道夏献纶、洋将日意格、斯恭塞格等赴瑯𤩝日本营次访西乡从道，与之辩论，从道词屈，称病不见。蔚等遣人传十八社番目，惟牡丹、中社、里乃以避日兵不出，至者凡十五社，皆谓受日本欺凌，恳求保护。因谕令具状，均愿遵约束，不敢劫杀。蔚等因宣示国家德意，加以犒赏，番目咸求设官经理，欢欣鼓舞而去。既而从道来谒，仍坚以生番非中国版图为词，蔚等示以《台湾府志》所载生番岁输番银之数与各社所具结状，从道婉谢，复以耗费无着为言。先是，柳原前光道经上海，与潘蔚相见，面称此行用意有三：一捕前杀害日人者诛之；二抵抗日兵为敌者杀之；三番俗反复难制，须立严约，定誓永不剽杀难民。当经潘蔚面议照办。至是与西乡从道就所述三条，逐一证论，促其退兵。从道诿之柳原前光做主。六月，前光至津谒李鸿章，鸿章责以通好之谊，告以三件事业已办到。前光谓须候沈、潘联衔用印公文，方有办法。又称西乡带兵，不能由前光作主，遂赴北京请觐。总理衙门与之往复申辩，前光尽翻前议，一味狡展，双方词旨抵牾，势将构兵。日本即征兵诸道，商讲铁甲舰于英。我则筑炮台于澎湖诸岛，设海底电线于台湾、厦门间，购新式洋枪三万枝于德国，调淮军及水师提督彭楚汉来台，议购铁甲船于丹国。西人之在两国者，论彼我曲直强弱，日付之新闻纸，乘机鼓煽，船舰兵仗之价，顿增三倍。

(六) 台湾之役(下)

先是，日兵约三四千人，乘舰侵台，由社寮港登岸，屯大埔角、瑯𤩝及龟山，时以甘言财利说降番社。其降者网索等十一社，日人给一旗为凭。进攻竹社、风口、石门，取首级十二颗，日兵死伤五十余人。又分三道攻牡丹社向四重溪。是地距龟山仅八九里，途有一河，众水奔注，势如激箭，诸军提携,乱流而渡,兵或漂溺。既而深入山谷,涧水横流,泥淖没踝,土番伐木塞路,日本兵扪葛藤攀岩壁,蜴旋鱼贯而行,屡为土番所阻。力进奋击,焚庐舍数所,番人徒跣陟险而走,其捷如飞,日兵追之不及。西乡从道乘高砂舰抵瑯璚,见土番拒险力抗,出没无常,日兵往攻,得不偿失。乃欲以术制之,绝其饷道,以待其窘。因置守于双溪、石门、风港诸道,收军还龟山营,造督府,修桥梁,设病院,辟荒芜,为屯田持久计。然以酷暑多疫,棺槥相望,进退维谷。而赤松则良在上海侦探,驰报福建巡抚王凯泰将兵二万赴援台湾,日本大恐。同治十三年七月,遂派参议兼内务卿大久保利通为办理全权大臣,委以和战之权,使于北京,李仙得亦随行。李仙得初任办务使赴厦门,美领事以犯局外中立令捕之,李仙得不服,谓日本聘用在台事未起之前,今擅禁其用我,是违约也。领事无以难,卒释之。遂往天津会大久保利通。外间多议侵台为其主谋,李鸿章告美使艾忻敏严加训诫,勿令从中播弄。八月,大久保利通至京,向总理衙门提出两条:一问贵国既以生番之地谓在版图内,何以迄今未曾开化番民?二问中国素以仁义道德闻于全球,今见生番屡害漂民,置之度外,曾不惩办,惟养生番残暴之心,有是理乎?总署答以台湾生番地方,中国宜其风俗,听其生聚,其力能输饷者则岁纳社饷,其质较秀良者,则遴入社学,即宽大之政,以寓教养之意,各归就近厅州县分辖,并非不设官也。各国官商人民船只,意外遭风,及交涉案件,一经各国大臣照会本衙门,必为立即查明妥办,虽办理有难易迟速之不同,却从无搁置不办之件。此后尚须设法妥筹保护,以善将来。大久保利通又将总署答辞,逐句提出询问,大意谓中国对生番有设治之名而无设治之实,二百有余岁,未见开导之端,凶恶不殛,事涉两国,岂可置而不问?本大臣所欲知者,不在政令异同,惟在政令有无,以便确定台湾之案,非敢妨害中国之主权也。总署答称:夫台湾之事,贵国之兵涉吾土地,中国并未一矢加遗,生番本属中国,久为中外所共知,若如此诘责,几等问官讯供,政事应听其国自主之谓何?傥嗣后再如此,则本衙门不敢领教,以免徒滋辩论,致伤睦谊。如是月余,未得结果。大久保利通谓数日如无办法,即将回国。总署因问其究竟如何办法?大久保利通谓:"日本初意,本以生番为无主野蛮,要一意办到底。因中国指为属地,欲行自办,日本若照前办去,非和好之道,拟将本国兵撤回,由中国自行办理。惟日本国民心、兵心难以压服,必须得有名目,方可退兵。此事费尽财力,欲台番偿给,台番无此力量,中国如何令日兵不致空手而回?"千回百折,至此而真情毕露矣。总署谓兵费一层,关系体制,万不能允。其被害之人,量加抚恤,亦必须日本退兵以后,方为查办。大久保利通必欲问明数目,并令翻译官郑永宁告总署拟索银洋五百万元。至少亦须银二百万两。军机大臣文祥执意不给一钱,沈葆桢亦奏称:"倭备虽增,倭情渐怯,彼非不知难而退,而谣言四布,冀我受其恫喝,迁就求和,倘入彼彀中,必得一步又进一步。但使我厚集兵力,无隙可乘,自必帖耳而去。姑宽其称兵既往之咎,已足见朝廷逾格之恩,倘妄肆要求,愿坚持定见,力为拒却。"又致李鸿章书曰:"大久保之来,其中情窘急可想,然必故示整暇,不肯遽就我范围,是欲速之意,在彼不在我。我既以逸待劳,以主待客,自不必急于行成。"鸿章以告,总署韪之。柳原前光声言下旗回国,大久保利通已悻悻然作登车之计。总署一切听之,任其去留。二使见计不售,乃又托英使威妥玛居间调停。威妥玛至总署,初示关切,继为恫喝之词,谓日本所欲二百万两,数并不多,非此不能了局。总署以日本为无理横肆,执意不许。既而念日本近在肘腋,无以餍其欲,恐有妨亚洲后来和局。倘令威妥玛无颜而去,益足坚彼之援。日本既铤而走险,而中国武备,又无把握,不如稍予转机。故威妥玛临去时,坚欲问中国允给之数。遂告以即使中国加优抚恤,数不能逾十万两。该国轻举妄动,情苦无以回国,中国不乘人之急,再将所有修道造房等件,留为自用,给银四十万两。总共不得逾五十万之数,愿否听之。威妥玛至日使馆讨论许久,至九月二十一日始定议,立结案办法三条:

一、日本国此次所办,系保民义举,清国不指以为不是。

一、前次所有遇害难民之家,清国许给以抚恤银十万两,日本所有在该处修道造房等件,清国愿留自用,先行议定筹补银四十万两。

一、所有此事两国一切往来公文,彼此撤回注销,作为罢论。至该处生番,清国自行设法,妥为约束。

是日总理各国事务和硕恭亲王奕䜣、军机大臣管理工部事务文祥、军机大臣协办大学士吏部尚书宝鋆、吏部尚书毛昶熙、户部尚书董恂、工部尚书崇纶、军机大臣兵部尚书沈桂芬、兵部右侍郎成林、兵部左侍郎崇厚、通政司副使夏家镐，及日本特命全权大使大久保利通、驻京公使柳原前光咸会于总理衙门，各签押钤印。利通于定约之夕，即走谢威妥玛，明日，遂发北京。归抵横滨，商民各张灯彩迎之，以庆和成。日皇亦御正殿赐谒，诏赏其勋劳。旋特遣敕使于台湾，诏退兵。十一月从道率师回国，天皇亦召见慰其劳。是役也，日本死伤六百余人，糜费七百余万两，然所得仅此，而仍自以为胜利，以清廷不啻默认琉球为其属国也。

第十四章 中兴时代之人物

五十九 人才盛衰与学术背景

（一）清代理学家之异彩

宋代理学最盛，而理学家固无裨于宋之危亡。林和靖祭程伊川谓："不背其师有之，有益于世则未。"此颜习斋所以有"愧无半策匡时难"之叹也。清中叶考据训诂之学极盛，理学薪传，衰微不彰。然自咸同军兴以来，洪秀全建都金陵，掩有东南半壁，益以捻、回之乱，英、法之役，清室命运，不绝如线。其后卒使扰攘而归于平治者，多有赖于曾、胡、左、李及罗山一门之弟子，诸人又多理学家也，岂不异哉？夫学术之目的在于致用，孔子有"载空不如行事"之言，儒家有躬行实践之教，是以学无论汉、宋，道无论经、理，均应以实际为归。顾亭林曰："君子之为学，以明道也，以救世也；徒以诗文而已，所谓雕虫篆刻，亦何益哉？"学者如不悟此旨，惟委身于性理、训诂、词章之中，或高谈而不根，或剿说而无当，是潘力田所谓"俗儒之学"。宋、清诸儒，足为前车矣。清代衰亡之因，即由于俊生巨才，日事纂述，无裨实际。朱希祖先生曾畅言之曰："乾嘉之际，考据之学为极盛时期，一时聪明才智之士，既多专治古学，不问时事，于是政治经济无正直指道之人，贪庸当道，乱端由此酝酿。迨道光、咸丰，遂一败而不可收拾。其时学者多以考古为本分，而鄙夷时事，忘其祖宗不得已之苦心，于是内讧外患，相逼而来。既无审察大势之人，又乏深悉国计民生之士。虽曾、胡、左、李勉强勘定内乱，而其好古自是，不明欧美学术之本原，故对外既失肆应之方，对内又无根本之计，全国人才，不足应付变局。而又嚣官爵，税鸦片，政以贿成，国计民生，同归凋敝；驯至丧师失地，终遂覆亡。此皆专治古学不问时事者阶之厉也。”（见《清代通史》初版序言）盖考据家惟率人钻研于故纸堆中，襞绩补苴，支离破碎，而鸿通瑰异之人才遂以湮没。理学家本其知行合一之精神，扶济一时之危难，遭逢际会，乘时而兴，初非所料。然此仅对罗泽南、李续宾诸人而言，尚称允当。若曾、胡、左、李及江忠源等领袖人物，则又不同矣。盖曾、胡等皆早有治平之志，其学术已由性理而达于经世，渐窥孔孟之藩篱，非宋学所能限也。曾国藩从倭仁、唐鉴问道，而倭仁、唐鉴之事业何如？胡林翼之父达源学宗宋儒，九岁时即授以性理诸书，而林翼少负才气，不甚措思也。稍长得陶澍之绪论为多，慨然有经世之志。左宗棠更喜为壮语惊众，尝以诸葛亮自比，人目其狂也，胡林翼亟称之，谓横览九州，更无才出其右者。二人皆得陶澍之赏识。江忠源早即究心经世之学，李鸿章为国藩弟子，更无论矣。至于诸贤能平太平、捻、回之乱，而不能救中国之厄运，此皆中国汉、宋学之积业，而非曾、胡、左、李诸人之过。所谓“不明欧美学术之本源”，乃为时代所限，亦非曾、胡、左、李之智识不及也。郭嵩焘为曾、左之知友，其对于欧、美之认识，超乎当时秉国诸贤。然嵩焘能见知于肃顺，而不能得志于僧格林沁；以恭亲王奕䜣之亲贵，文祥、沈桂芬等之明达，尚不能突破守旧之环境，而受制西后，更何况曾、左、李等之外臣哉？可见社会上之压力，使曾、左、李等不敢大行其志，此在李鸿章与郭嵩焘之通信中已充分表露。故人才与政治之关系，造因非一端，历运非一时，无论汉、宋学家，似皆不足深责，各食其古人之报而已。历史上欲求一造时势之英雄，而不为环境所限，特立挺出，洵非易事。但学术为造就人才之根源，其端向不可不特加注意也。曾国藩所以能超出汉、宋，为往圣继绝学，则亦受其乡先达陶澍、贺长龄之影响，盖已由博返约，由约悟通矣。吾国旧教育之真精神胥在此。容闳《西学东渐记》云：“曾文正公为中国历史上最著名人物，同辈莫不奉为泰山北斗，其才大而谦，气宏而凝，可谓完全之真君子。而为清代第一流人物，亦旧教育中之特产人物。”郭斌龢更补充其义曰：“我国过去教育目的，不在养成狭隘之专门人才，而在养成有高尚品格多方发展之完人。求之西方，以英国牛津、剑桥两大学之教育理想，与此最为近似。曾文正公即我国旧有教育理想与制度下所产生最良之果之一。故能才德俱备,文武兼资。有宗教家之信仰,而无其迷妄;有道德家之笃实,而无其迂腐;有艺术家之文采,而无其浮华;有哲学家之深思,而无其凿空;有科学家之条理,而无其支离;有政治家之手腕,而无其权诈;有军事家之韬略,而无其残忍。西洋历史上之人物中,造诣偏至者固甚多,然求一平均发展,道德、文章、事功三者之成就与文正相比者,实不数数觏。而文正之在中国,则虽极伟大,要不过为中国正统人物中之一。呜呼!斯真中国教育之特色,中国文化之特色也。”(见二十一年天津《大公报·文学副刊》)旧教育以孔孟学说为标准,孔子之大学,即一贯之通才,谓之大儒;小学即专门之技艺,谓之小儒。德行、言语、政事、文学,孔门列为四科,即后日之理学、词章、经济、考据也。孔子殁后,四科均有传人,而通才则颜渊早殁,世殊罕觏。汉后儒者,辄自以孔门之一科视为得其薪传,然能通其大学之义者不多,故汉、宋学均不免有人才寥落之感。至清初顾亭林出,感四国之多虞,耻经生之寡术,始讲求经世之学。曾国藩绍其意以汇通四科,标榜礼学,更以行事证明之,因此孔、孟教育之真精神,始得重见焉。然不有陶澍之提倡,则湖南之人才不能蔚起,是国藩之所成就,亦赖陶澍为之喤引耳。

(二) 中兴人物之分布

据朱孔彰《中兴将帅别传》所载,除洋将外,凡一百二十一人。而湖南占八十七人,约十分之七强。安徽九人,不及十分之一。湖南以军功起家者,惟邹汉勋世承朴学,治训诂,然仅能殉难而已,其绩不著。余多属理学,是湖南人才之盛,当以理学为正宗矣。其实不然,湖南之提倡理学者,惟一唐鉴,所著《国朝学案小识》,拘拘于一先生言,规摹甚狭,虽国藩曾师事之,而国藩之学,后益精进,未尝守其道也。罗泽南为楚材弁冕,湘军大将,半出其门,所著《西铭讲义》、《姚江学辨》,似非专宗程朱者,其学与唐氏若合若离,即令唐氏有影响于湖南学者,亦不过如斯而已。而曾国藩、胡林翼、左宗棠固皆标榜经世,受陶澍、贺长龄之薰陶者也。陶澍字云汀,湖南安化人,少读书于资江滨之水月庵,有方石崎出江心,署曰“印心石屋”。嘉庆七年成进士,选庶吉士,授编修。历官御史给事中,有直声。嘉庆二十四年,出为川东道,剖决讼狱如流,治行为四川第一。历山西按察使,安徽布政使,库款五次清查未得要领,澍钩核档案,分别应劾、应偿、应豁,于是三十余年之纠葛,豁然一清。道光三年擢巡抚,治湖束淮,保障农田。设社仓,励风俗。五年调江苏,赞协办大学士英和海运策,亲赴上海,筹雇商船,运漕粮百六十余万石,节省银米各十余万,事竣,优诏褒美。革漕米陋规,疏浚吴淞、浏河、白茆、练湖、孟渎,吴中称为数十年之利。后又整顿淮盐,创引票,名震天下。时澍已升任两江总督,而巡抚则林则徐也。贺长龄字耦耕,湖南善化人,与唐鉴同县,亦进士编修出身,两任江宁布政使,皆在陶澍督抚任内。曾延魏源辑《皇朝经世文编》,可以见其志趣矣。胡林翼之妻为澍第五女,林翼在江南幕中,常恣意声伎,夫人以告乃父。澍从容谓女曰:“此子功名盖世,劳苦到头,亦应让其尽兴三两年,过此恐终身无憩息时矣。”一日,澍忽置酒高会,宾僚毕集,首座独虚。众疑或贵宾莅止。俄而林翼入,颇有太原公子裼裘而来之概,澍指以首座,林翼略不谦顾,昂然入席,众皆愕然。澍素严肃,酒数巡,忽谐语曰:“望润芝即日离宁,此去其必有遇。人患子婿之不努力,我独望润芝莫过努力!”语毕一笑。众宾为之欢腾。林翼略不介意,饮啖如常。见壁上悬有澍拈花小像,即对客口占一绝云:

> 平居未见先生笑,今日拈花喜欲盈。甥馆香催桃汛稳,似闻河水已澄清。

盖澍持节江南,常登涂山以望淮,登虞山以望海,登云台山以览江流形势,所至赋诗纪事,俯仰古今,隐然以一身为江淮保障。(左宗棠陶、林二公祠联云:“三吴颂遗爱,鲸浪初平,治水行盐,如公诚不朽。廿载接音尘,鸿泥偶踏,江间邗上,今我复重来!”澍与则徐治吴,政绩以治水、行盐为最著也。)故此诗既以仰赞岳翁,亦以自许。而语意涵浑,落笔雍容,澍极称赏。亦即席集写一联为赠。联云:“是何意态雄且杰!不露文章世已惊!”与宴诸宾,均称两如其分。自是折节读书,一生谨守文毅规诫而不负期许也。然林翼为澍半子,其天姿高绝,一日课以一晨了之,尚有余裕。倜傥豪放,亦易观察,未足为奇。至文毅之赏识左宗棠,则殊非巨眼不能识人于微,诚佳话矣。澍在两江总督任内,乞假省墓,道出醴陵。左宗棠方为醴陵渌江书院山长,县令假书院为行馆,嘱宗棠撰楹联以示欢迎。宗棠书曰:"春殿语从容,廿载家山,印心石在;大江流日夜,八州子弟,翘首公归。"盖澍于入觐时,宣宗曾问及印心石屋事,御书四字以张之。澍睹联激赏不已,迎宗棠与语,大洽,惊叹曰:"天下奇才也。"澍有子尚在髫龄,宗棠有女,遂缔姻焉。宗棠初逊谢,澍曰:"君他日功名,必在老夫上。"巨眼卓识,观人于微,宜所拔取,多至方面节钺,而林则徐、贺长龄皆其同志也。澍以道光十八年卒,谥文毅。曾国藩于是年方中进士,入翰林,故不及亲炙其教。且以首次会试未第,取道金陵回湘,谒澍,为幕宾李子木所阻。然与贺长龄有往还,长龄为贵州巡抚、云贵总督,国藩时与通信,论学论政。有一函云:"夫读书之道,博学详说;经世之才,遍采广询。"可见其受贺氏《经世文编》之影响甚大。况胡林翼入词林,较国藩尚早二年,二人为同学、同寅、同乡。国藩得饫闻文毅之遗教,抑何待言。是故中兴人才之盛,多萃于湖南者,则全由于陶澍种其因,而印心石屋乃策源地也。不论唐鉴、罗泽南之理学,陶澍、贺长龄之经世学,以及曾、胡、左、李(此指李续宾兄弟)之学术事功,而诸贤皆占籍长沙一府(善化为长沙附郭县,益阳、湘阴、湘乡、安化皆长沙属县)。由此可知长沙不仅为湖南之省城,亦楚材之荟萃地也。惟江忠源昆仲为宝庆府之新宁耳。清末有为湖南之歌者曰:"中国若能为希腊,湖南当作斯巴达;中国若为德意志,湖南愿作普鲁士。"若湖南诚为中国之普鲁士,则长沙岂非普鲁士之柏林哉!是果由于地灵而人杰?抑亦由于人杰而地灵乎?曾国藩曾有《次韵何廉昉太守感怀述事诗》云:

山县寒儒守一经,出山姓氏各芳馨。要令天下销兵气,争说湘中聚德星。旧雨三年精化碧,孤灯五夜眼常青。书生自有平成量,地脉何曾独效灵?

斯言湖南人才之盛，非由于地脉效灵，实书生治学之结果，孤灯五夜，旧雨三年，精诚所化，德星始聚，正如王闿运云："湘军兵威之盛，岂天数耶？一二人谋力之所致也。"所谓一二人者，在中兴言之，则为曾、左、胡、李，在近代言之，则为陶澍、贺长龄矣。惜我国与德意志之社会环境不同，故国藩成功后，既不便取满清而代之，亦不能如俾斯麦之铁腕，使普鲁士雄飞世界。是则一二人之谋力，仅能奏勘定之功，而不能改造千百年积习已深之社会环境，此国藩临终犹有"通籍三十余年，官至极品，而学业一无所成，德行一无可许，老大徒伤，不胜悚惶惭赧"之憾也。其后李鸿章与俾斯麦相晤于柏林，俾斯麦谓："我为德国宰相，君为大清宰相，何治迹之悬殊如斯耶？"鸿章曰："若使异地而处，我治德国当更优，君治中国当更坏。"鸿章之言，彻底明快，盖新造之邦与数千年之文明古国，其社会环境固大不相同，日本之维新，收效极速，可为例证。而曾国藩与李鸿章皆筹之熟矣。惟国藩知其无能为而仍勉强为之，遂有维新、守旧两重政策，自称："大局糜烂至此，能尽一分力，必须拚命效此一分，成败利钝，付之不问。"而鸿章则不从根本处下手，且无一贯之政策，谨事应付。此与国藩以德化民，以学治政之本怀，不啻霄壤。盖湘军人物皆能本学术之立场以处事，而淮军人物，出身至微，不足与言学术，仅从事于功业而已。因之捉襟见肘，流弊层生，此湘、淮军之代兴，所以大有关系于晚清中国之命运也。质言之，如曾国藩不解散湘军，而使湘军人物当晚清之大局，则中国之前途，尚未可知耳。

（三）湘、淮军代兴之关系（附《中兴人物表》）

鸿章自谓师事国藩近三十年，宜得国藩之教，能承其业矣。实不尽然。其平生治军持事，荣悴显晦，不易常度，所学于国藩者在此。而智术机警，识时善变，勇于任事，不畏艰险，血气较国藩为强。国藩称其才大心细，劲气内敛，是鸿章之所长者为事功而非学术。又告门人俞樾曰："李少荃（鸿章）拚命做官，俞荫甫（樾）拚命著书，吾皆不为也。"（见《春在堂随笔》）可见鸿章有贪位之心，与湘军人物之精神迥然不同。国藩"将汗马勋名，问牛相业，都看作秕糠尘垢"。此虽后人挽语，而在彭玉麟始终不肯做官一事,可以证之。玉麟辞安徽巡抚、兵部侍郎、漕运总督、两江总督,乃至兵部尚书。因有人劾之,曰:“抗旨鸣高,开功臣骄蹇之渐。”玉麟覆奏称:“尝闻士大夫出处进退,关系风俗之盛衰。臣之从戎,志灭贼也,贼已灭而不归,近于贪位;长江既设提镇,责有攸司,臣犹在军,近于恋权;贪恋权位,则前此辞官,疑于作伪;三年之制,贤愚所同,军事已终,仍不补行终制,陟于忘亲:四者有一焉,皆足伤风败俗。夫天下之乱,不在盗贼之未平,而在士大夫之进无礼、退无义。伏惟皇上中兴大业,正宜扶树名教,整肃纲纪,以振起人心。臣岂敢稍犯不韪,以伤朝廷之雅化?”玉麟诚不愧湘军表率人物。盖国藩之起兵,在保卫乡里,扶树名教而已,非有功名富贵之念也。带兵之法,皆守“用恩莫如仁,用威莫如礼,待弁勇如待子弟,持之以敬,临之以庄,泰而不骄,威而不猛”之训,故湘军以礼教为主义,视官位如敝屣。不仅彭玉麟优为之,即罗、李、多、鲍,又何尝不然?尹隆河之役,刘铭传攘功诿过,鲍超愤而告归,国藩即解散霆军,其襟怀视鸿章何如?刘松山为湘军后劲,奔走六七省,荡平捻、回,而封赏不及,毫无怨言,能与多隆阿同致命于疆场。而多、鲍、松山仅受国藩之感化,尚且如此,若罗、李之有学术根基者,更可知矣。湘军将领之服从国藩,在道义而不在统属,各有独树一帜之雄心,却无封殖自私之企图。军由私人召募而成,“将卒亲睦,各护其长,其将死,其军散;其将存,其军完”(《湘军志》语),宜其为私人之军队矣,然而国藩征发调遣,甚至解散,均毫无留难之处。此可见湘军之精神,仍守礼教主义,未尝以私人之势力为归宿。而淮军则不然,观曾国藩《致李鸿章书》云:

> 淮勇各军既归敝处统辖,则阁下当一切付之不管。凡向尊处私有请求者,批令概由敝处核夺,则号令一切驱使较灵。以后敝人于淮军除遣撤营头,必先商左右外,其余或进或止,或分或合,或保或参,或添募,或休息归假,皆敝处径自主持。如有不妥,请阁下密函见告,自问衰年气弱,但恐失之过宽,断无失之过严,常存为父为师之心肠,或责之,或激之,无非望子弟成一令名,作一好人耳。昔麻衣道者论《易》云:“学者当于羲皇心地上驰骋,无于周孔脚跟下盘旋!”前此湘

军如罗罗山、王朴山、李希庵、杨厚庵辈，皆思自立门户，不肯寄人篱下。不愿在鄙人及胡、骆等脚下盘旋。淮军如潘、刘等气非不盛，而无自辟乾坤之志，多在台从脚下盘旋。岂阁下善于制驭，不令人有出蓝胜蓝者耶？

此函对湘、淮军之精神，抉发尽致，盖以湘军只在国藩心地上驰骋，而淮军则多在鸿章脚跟下盘旋耳。换言之，湘军将领虽能自辟乾坤，然扩然大公，维护礼教之精神，仍与国藩心地相合，而淮军却无此种精神，惟李鸿章之马首是瞻。故国藩言："区区微忱，非强贤昆仲以所难，实见捻匪非淮军不能灭，淮军非君家不能督率。"可见鸿章开始即造成淮军为私人势力，以"鼎"、"铭"、"庆"、"树"、"盛"、"开"、"程"、"松"诸字名军，已带私人色彩，非湘军之旧制也。盖淮军将领，只一潘鼎新为举人，其余皆降将、盐枭、团练、武官，无一学者，其投效鸿章，皆有博取功名之念，非如湘军将士之投笔从戎，维护名教，其志趣殊不同。以故淮军握兵权近三十年，终演而为袁世凯之北洋军阀，不学无术，贻害匪浅，此近代中国之大不幸也。

再以军纪而论，曾国藩初练湘军，即鉴于绿营饷薄之扰民，特优给之，每兵士操演日给予一钱，出征本省土匪，每日一钱四分，征外省每日一钱五分。养伤上等三十，中等二十，下等十两。阵亡恤银六十两。既而规定陆勇月发四两二钱，水勇三两六钱。又因钱多银少，行对放之法，每两多给五百文。又除月计食用外，余则分哨记注，存于公所。或因事裁革，或有故假归，核其所存，配付川资，别由粮台给一印票，至后路给清。此有三种利益：一营哨官不能私侵暗蚀；二兵勇不能任意开销，出营流落；三回籍余资，尚可营生。在胡林翼主持后方时，均严格执行。其时湘军人数不多，待遇较营兵加数倍，故纪律严明，以湖北之厘金，尚可拨付有余也。后来人数渐增，分子复杂，林翼死后，饷亦渐绌，而军纪始稍稍退化。故国藩毅然解散湘军，谓其暮气已深者，盖亦有不得已之苦衷，深恐以保国卫民之师，又蹈绿营乏饷扰民之覆辙耳。淮军不然，勇无宿储，官多挥霍，岁支九关（即一年发饷九次），余目为欠饷。裁撤时酌发三五关不等，或历年过久，通计成数报效，为本籍增文武学额，士卒亦默然相安。因每接仗克城，“人人有获”，“金钏银宝，堆案数尺”。有此外快，故发饷多寡不较也。封存太平军之囤米，据为私有，而鸿章反出示收买，视为例案。因此淮军将领，往往致富，此与彭玉麟“无一瓦之覆，无一亩之殖”，所得养廉，全佐义举者，判若天渊矣。淮军之变为私人军队，而又无纪律，以致养成后日之军阀割据局面，在曾国藩早有所见，而欲从事预防。其坚辞节制四省之奏折云：

> 臣与左宗棠往返熟商，规复浙江，惟当竭诚合谋，断不敢稍存畛域。所以不愿节制四省，再三渎陈者：实因大乱未平，用兵至十余省之多，诸道出师，将帅联翩，臣一人权位太重，恐开斯世争权竞势之风，兼防他日外重内轻之渐。机括甚微，关系甚大。区区微忱，仰祈鉴纳。

清廷谓其“悃忱真挚，有古大臣之风”。而不知其所谓“机括甚微，关系甚大”者之微意，且即知之，亦无术挽回。国藩之于淮军，盖亦同然耳。《嘉言钞》有曰：

> 淮军勇不足恃，余亦久闻此言，然物论悠悠，何足深信？所贵好而知其恶，恶而知其美。省三（刘铭传）、琴轩（潘鼎新）均属有志之士，未可厚非。申夫好作识微之论，而实不能平心细察。余所见将才杰出者极少，但有志气，即可予以美名，可奖成之。

国藩仍欲以训练湘军之精神教育方法，知其美恶，奖掖淮军将领，奈诸人出身既非学者，关系又隔一层，鸿章尚不能因其讽示而幡然改图，更何况刘铭传、潘鼎新辈乎？故国藩亦欲撤裁淮军，但淮军为鸿章所卵翼，岂国藩能得而左右之？国藩晚年之所以灰心，此亦其一端也。且国藩用人，不徇私情，不计恩怨，李元度与国藩曾共患难，乃因徽州失守而奏劾之，鸿章以去就力争，国藩不顾，此可见二人之作风矣。国藩虽起湘军，而大将不尽湘人，塔齐布、多隆阿为满、蒙人，鲍超四川人，李孟群河南人，褚汝航广东人，又荐福建之沈葆桢，安徽之李鸿章，维护云南之毕金科、王国才，用人惟才，不分畛域。而鸿章当路凡四十年，与其故吏裨将，昔共患难，今共功名，转相汲引，布满要津，不问其才可用与否，皆徇私委以巨任。光绪元年，在北京候乡试恩科发榜，安徽竟无一人，即怏怏口出怨言。乡里派系之养成，封建观念之助长，皆由淮军启之。前清末年之官吏，凡出自国藩门下者，皆比较纯正，出自鸿章门下者，皆不甚廉洁。此可知湘、淮军人物之代兴，对于中国政治之关系，殊非浅鲜矣。总而言之，曾、左、胡、李诸人皆由于学术造诣之深浅，而始有不同之结果也。

附：中兴人物表

人名	籍贯	号谥	出身	官位	卒年
曾国藩	湖南湘乡	字伯涵号涤生谥文正	道光戊戌进士	武英殿大学士两江总督	同治十一年二月初四日
胡林翼	湖南益阳	字贶生号润芝谥文忠	道光丙申进士	湖北巡抚	咸丰十年八月二十六日
江忠源	湖南新宁	字岷樵谥忠烈	道光丁酉举人	安徽巡抚	咸丰三年十二月十七日
江忠济	湖南新宁	字汝舟谥壮节	忠源母弟随募乡勇	以道员用	咸丰六年四月
江忠信	湖南新宁	字诚夫谥忠节	忠源族弟	副将	咸丰六年五月
江忠义	湖南新宁	字味根谥诚恪	忠源从弟	广西提督	同治二年八月
江忠珀	湖南新宁	谥武愍	忠义从弟	记名提督	同治八年
林源恩	四川达州		道光丁酉拔贡乡试举人选知县	赠道员	咸丰六年九月十七日
邹汉勋	湖南新化	字叔勣	咸丰辛亥举人	同知直隶州知州	咸丰三年十二月
邹汉章	湖南新化	字叔明	汉勋弟诸生	兵备道	咸丰八年
刘长佑	湖南新宁	字子默号即渠谥武慎	道光丁巳拔贡	云南总督	光绪十三年六月

续 表

人 名	籍 贯	号 谥	出 身	官 位	卒 年
左宗棠	湖南湘阴	字季高谥文襄	道光壬辰举人	东阁大学士两江总督	光绪十一年秋
塔齐布	满洲镶黄旗	字智亨谥忠武	三等侍卫	湖北提督	咸丰五年七月十八日
罗泽南	湖南湘乡	字仲武号罗山谥忠节	道光间举孝廉方正	加布政使衔	咸丰六年三月八日
童添云	湖南长沙	字镇铭谥壮节	营伍塔忠武部曲	参将	咸丰五年十二月
彭三元	湖南善化	字春浦谥勤勇	武进士塔忠武部曲	参将	咸丰六年
何有志	安徽黟县		武生塔忠武部曲	副将衔	咸丰五年
王 鑫	湖南湘乡	字璞山谥壮武	诸生罗山弟子	加按察使衔	咸丰七年
王开化	湖南湘乡	谥贞介	鑫从弟	道员总理营务	咸丰十一年
王文瑞	湖南湘乡	字钤峰	鑫从叔	赣南兵备道	
张声恒	贵阳州		鑫部下	道员	
李续宾	湖南湘乡	字迪庵谥忠武	罗山弟子	巡抚衔	咸丰八年十月十日
孙守信	湖南长沙	字小石	从九品试用	道员	咸丰八年十月十四日
丁锐义	湖南长沙	字篁村	统义字营	盐运使运用	咸丰八年十月
何忠骏	湖南平江	字龙臣	咸丰二年举人	同知直隶州	咸丰八年十月
萧意文	湖南湘乡	字章甫谥刚勇	泽南麾下	参将	咸丰八年十月
彭友胜	湖南长沙	字云台谥果毅	长沙协战兵	参将	咸丰八年十月
刘神山	湖南湘乡	字佑甫谥忠壮	湘右营兵	副将	咸丰八年十月
周福高	湖南湘乡	字子祥谥憨烈	泽南部下	候补游击	咸丰八年十月
彭志德	湖南湘乡	字道一谥武烈	湘军	副将衔	咸丰八年十月

续　表

人　名	籍　贯	号　谥	出　身	官　位	卒　年
李续宜	湖南湘乡	字克让号希庵谥勇毅	罗山弟子续宾季弟	安徽巡抚	同治二年
蒋益澧	湖南安福	字芗泉谥果敏	罗山弟子	广东巡抚	光绪初年
刘腾鸿	湖南湘乡	字峙衡谥武烈	罗山弟子	直隶州知州	咸丰七年十一月
钟近衡	湖南湘乡	字苔洲	罗山弟子	湘军营官	咸丰四年三月七日
钟近濂	湖南湘乡	字楚池	罗山弟子近衡之弟	湘军营官	同前
易良干	湖南湘乡	字临庄	罗山弟子		咸丰三年
罗信东	湖南湘乡	字介山	罗山弟子		同前
罗镇南	湖南湘乡	字晓春	罗山弟子		同前
谢邦翰	湖南湘乡	字春池	罗山弟子	湘军左军将	同前
罗信南	湖南湘乡	字云浦	罗山弟子	咸丰初与泽南分领湘军	未详
杨昌濬	湖南湘乡	字石泉	罗山弟子	陕甘总督	未详
储玫躬	湖南湘乡	字石支谥忠壮	诸生从戎	同知	咸丰四年二月
褚汝航	广东	字一帆	以知府奉国藩命统率战船	加按察使衔	咸丰四年七月
夏　銮	江苏上元	字鸣之	道光辛亥以诸生从军	同知加运同衔	咸丰四年七月
何南青	湖南湘乡		诸生治水师	训导	咸丰四年七月
杨岳斌	湖南善化	字厚庵谥勇悫	以外委带湘乡练勇	陕甘总督	光绪十八年
彭玉麟	湖南衡阳	字雪琴谥刚直	诸生	兵部尚书	光绪十六年
曾国荃	湖南湘乡	字沅甫谥忠襄	优贡国藩四弟	两江总督	光绪十六年十一月二日

续 表

人 名	籍 贯	号 谥	出 身	官 位	卒 年
曾国华	湖南湘乡	字温甫谥愍烈	监生国藩三弟	同知	咸丰八年十月十日
曾贞干	湖南湘乡	字季洪谥靖毅	诸生国藩季弟	知府	同治元年
多隆阿	蒙古正白旗	字礼堂谥忠勇	黑龙江部伍世袭骑都尉	钦差大臣督办陕西军务	同治三年四月十三日
鲍 超	四川奉节	字春霆谥忠壮	行伍	提督	光绪十四年秋
宋国永	湖南衡阳	字长庆	水勇	记名提督云南鹤丽镇总兵	光绪初年
孙开华	湖南人	字赓堂	鲍超属	福建陆路提督	光绪十九年
毕金科	云南临沅	字应候谥刚毅	蓝翎外委	游击	咸丰七年正月
周云耀	湖南邵阳	字光庭谥节愍	宝庆协马兵	参将	咸丰五年十一月
乌兰泰	满洲人	谥武壮		副都统帮办广西军务	咸丰二年
全玉贯	贵州镇远		营伍	署寿春镇总兵	咸丰四年
向 荣	四川大宁	字欣然谥忠武	杨遇春部下	钦差大臣湖北提督	咸丰六年
张国樑	广东高要	字殿臣谥忠武	粤盗	江南提督	咸丰十年闰三月晦日
虎坤元	四川人	字子厚	营伍	提督	
邓绍良	湖南乾州	字臣若谥忠武	统屯丁补新场堡屯把总	权提督	咸丰八年十一月
瞿腾龙	湖南善化	字在田谥威壮	常德协外委	郧阳镇总兵兼统双营(双来营)	咸丰四年二月
饶廷选	福建闽县	字枚臣谥壮勇	营伍	浙江提督	咸丰十一年十一月廿八日
陈大富	湖南武陵	字余庵谥威肃	外委	皖南镇总兵	咸丰十一年

续　表

人　名	籍　贯	号　谥	出　身	官　位	卒　年
骆秉章	广东花县	字吁门谥文忠	道光十二年进士	协办大学士四川总督	同治六年冬
刘　蓉	湖南湘乡	字孟容号仙霞	生员	陕西巡抚	同治十二年
刘　番	湖南湘乡	字季霸	蓉之弟	追赠知县	咸丰五年
唐训方	湖南常宁	字义渠	道光庚子举人	安徽及湖北巡抚直隶按察使	光绪三年春
舒　保	满洲人	字辅廷谥贞恪	护军	汉军副都统	同治三年
石清吉	直隶沙河	字祥瑞谥威毅	武进士官侍卫	提督衔记名总兵	同治三年
王国才	云南人	谥刚介	游击	安义镇总兵	咸丰七年六月廿四日
僧格林沁	蒙古科尔沁	谥忠亲王	额驸	钦差大臣	同治四年四月己丑日
都兴阿	满洲人	字直夫谥清悫	参领	盛京将军	光绪元年
沈葆桢	福建侯官	字翰宇一字幼丹谥文肃	道光丁未进士选庶吉士	两江总督	光绪五年十一月六日
丁宝桢	贵州平远	字稚璜谥文诚	咸丰三年进士选庶吉士	四川总督	光绪十二年四月
温绍原	湖北江夏	字伯屏谥壮勇	纳资为知县	加运使衔大营翼长	咸丰八年九月十八日
李守诚	江西宜黄	字次生	丁酉拔贡大挑举人	六合知县	咸丰八年九月十八日
罗玉斌			江西武营	副将	同前
海从龙	江南江宁	字禹门	以监生中江南武榜	千总	同前
夏定邦	江南六合	字治平	道光乙未武举	游击	同前
王家干	徐州睢宁	字桢甫	道光甲辰武举	游击	同前
赵景贤	浙江归安	字笃生谥忠节	道光二十四年举人	布政使衔	同治二年三月十八日

续 表

人 名	籍 贯	号 谥	出 身	官 位	卒 年
何桂珍	云南师宗	字丹畦谥文贞	道光戊戌进士授编修	徽宁池太广兵备道	咸丰五年十一月初三日
金光勋	直隶天津	字廉石谥刚愍	纳资为通判	庐凤颍兵备道	咸丰七年闰五月四日
李孟群	河南固始	字鹤人谥武愍	道光丁未进士	安徽巡抚	咸丰八年四月
萧启江	湖南湘乡	字濬川谥壮果	监生	布政使衔	咸丰十年
黄淳熙	江西鄱阳	字子春谥忠壮	知县	布政使	咸丰十一年五月
张运兰	湖南湘乡	字凯章谥忠毅	从王鑫募湘勇	福建按察使	同治三年
张运桂	湖南湘乡	字稚园	运兰弟	总兵	同治元年
林文察	福建台湾	字子明谥刚愍	领台勇	福建提督	同治三年十一月庚子
丁长胜	湖南湘乡	谥刚介	王鑫部分带老湘营	副将	同治四年
刘松山	湖南湘乡	字寿卿谥忠壮	老湘营兵	提督	同治九年正月望日
刘锦棠	湖南湘乡	字毅斋谥襄勤	松山犹子	甘肃新疆巡抚	光绪二十年七月
岑毓英	广西西林	字彦卿谥襄勤	县学生	云南总督	光绪十五年五月
高连升	湖南宁乡	字果臣谥勇烈	湘军	甘肃提督	同治八年二月廿四日
熊建益	湖南	谥勇烈	湘军	总兵	同治二年二月
刘 典	湖南宁乡	字克庵谥果敏	办宁乡团练	陕西巡抚	光绪四年
席宝田	湖南东安	字研芗	廪生学于岳麓书院	布政使记名头品顶戴	光绪十五年六月
王德榜	湖南江华	字朗青	募乡勇	贵州布政使	光绪十九年春
程学启	安徽桐城	字方忠谥忠烈	陈玉成部将	记名提督	同治三年三月庚戌

续 表

人 名	籍 贯	号 谥	出 身	官 位	卒 年
刘铭传	安徽合肥	字省三谥壮肃	年少无赖鬻私盐后投军	台湾巡抚加尚书衔	光绪廿一年冬
郭松林	湖南湘潭	字子美	初为木工后入湘军	直隶古北口提督	光绪三年
周盛波	安徽合肥	字海舲谥刚敏	办团练	湖南提督	光绪十一年五月
周盛传	安徽合肥	字薪如谥武壮	办团练	天津总兵 河南提督	光绪十四年十月
潘鼎新	安徽庐江	字琴轩	道光廿九年举人	广西巡抚	光绪十四年五月
张树珊	安徽合肥	字海柯谥勇烈	练乡团	广西右江镇总兵	同治五年十二月
吴长庆	安徽庐江	字筱轩谥武壮	守备	广东水师提督	光绪十年春
田玉梅	湖南龙山	字鼎臣	术士	太康知县	咸丰八年八月六日
张继庚	江南江宁	字炳垣	廪生	赠国子监典籍衔	咸丰四年三月六日
陈士杰	湖南桂阳	字隽丞	道光己酉拔贡廷试一等第一	山东巡抚	光绪十八年
魏喻义	桂阳州人	字质卿	统质字营	温处兵备道	未详
黄润昌	湖南湘潭	字邵坤	廪生	布政使衔	同治八年
罗 萱	湖南湘潭	字伯宜	诸生	知府	同治八年
李 榕	四川剑州	字申夫	道光丁未进士	浙江盐运使	未详
帅远烽	湖北黄梅	字仲谦一字逸斋谥文毅	道光丁未进士选庶吉士	翰林院编修统千人一军	咸丰七年十月
张锡嵘	安徽灵璧	字敬堂	咸丰三年进士选庶吉士	统敬字三营	同治六年正月六日
张 曜	顺天大兴	字朗斋谥勤果	监生	山东巡抚	光绪十六年

续 表

人 名	籍 贯	号 谥	出 身	官 位	卒 年
李佑厚	湖南平江	字奉轩谥壮烈	少佣耕初入平江军为哨官	记名提督	同治六年五月
屈 蟠	江西湖口	字文珍一字见田	廪生	布政使衔	同治二年八月
金国琛	江苏阳湖	字逸亭	监生	广东按察使	光绪五年六月
任兰生	江苏震泽	字畹香	捐同知	凤颍六泗道	未详
黄 鼎	四川崇庆	字彝封	诸生	记名按察使	光绪三年六月
朱洪章	贵州黎平	字焕文	湘军	狼山镇总兵	光绪廿一年夏
刘连捷	湖南湘乡	字南云谥勇介	湘后营官	布政使	光绪十三年
彭毓橘	湖南湘乡	字杏南谥忠壮	国荃部	布政使记名	同治六年二月
李臣典	湖南邵阳	字祥云谥忠壮	吉字军	记名提督归德镇总兵	同治三年七月
李祥和	湖南湘乡	谥武壮	行伍	记名提督寿春镇总兵	同治六年十月
陈万胜	湖南湘潭	谥武烈	吉字营	副将	同治三年六月十五日
郭鹏程	湖南湘乡	谥武烈	罗泽南部	记名总兵	同治三年六月十五日
王绍羲	湖南湘乡	谥刚毅	湘军	记名总兵	同治三年六月十五日
萧捷三	湖南武陵	字敏南谥节愍	道光乙酉武举	都司	咸丰二年
周清元	湖南湘阴	字玉泉谥贞愍	农夫	副都衔	咸丰六年十二月
黄国尧	湖南乾州	字聪轩	乡练团长	游击	咸丰八年七月
萧翰庆	湖南清泉	字黼臣谥壮节	水师	盐运使衔	咸丰十年

续　表

人　名	籍　贯	号　谥	出　身	官　位	卒　年
黄翼升	湖南湘乡	字昌岐谥武靖	铁工后入水师	长江水师提督	光绪二十二年八月
李成谋	湖南湘乡	字与吾谥勇悫	补釜为业后入水师	长江水师提督	光绪十七年
李朝斌	湖南善化	字质堂	水师	江南提督	光绪十九年
王　吉	湖南衡阳		行伍	狼山镇总兵	光绪七年四月
赵德光	贵州郎岱	字辉堂谥刚节	丁勇	安义镇总兵	同治六年七月五日
田兴恕	湖南镇筸	字忠普	镇标兵	钦差大臣署贵州巡抚	光绪三年十月
威应洪		字晓初	佣工	参将	同治三年
韩　超	直隶昌黎	字寓仲号南溪谥果靖	副贡	贵州巡抚	光绪四年
杨玉科	湖南善化	字云阶谥武愍	美勇	高州总兵	光绪十年
陈国瑞	湖北应城	字庆云	黄开榜部下后为黄义子	提督	光绪八年十二月三十日殁于戍所
华　尔	美国纽约		常胜军	副将衔	同治二年
勒伯勒东	法兰西		法副将	浙江总兵	同治二年
法尔第福	法兰西	又名达耳地福又名买忒勒	法参将	副将	同治二年
呸乐德克	英吉利		英总兵	权统花绿头军	未详
德克碑	法兰西		法总兵		未详
戈　登	英吉利			总兵	未详
李鸿章	安徽合肥	字少荃晚号仪叟谥文忠	道光丁未进士选庶吉士	文华殿大学士两广总督	光绪二十七年九月二十七日

六十 江忠源与罗泽南

（一）江忠源昆仲

忠源字岷樵，湖南新宁人，道光十七年举人。究心经世之学，伉爽尚义。大挑二等，以教职用。郭嵩焘介见曾国藩，忠源以任侠自喜，不事绳检。国藩与谈市井琐屑事，酣笑移时。忠源辞出，国藩目送之，回顾嵩焘曰："京师求如此人才不可得。"既而曰："是人必立功名于天下，然当以节烈终。"当时承平日久，闻者[illegible]焉。一日，告国藩曰："新宁有青莲教匪，乱将作矣。"后二年，忠源又入京，国藩问以教匪事。忠源谓已阴以兵法部勒乡里子弟，一旦有事，可以御之。道光二十七年，雷再浩果聚众起事，忠源率乡人一战破之，以功擢知县。拣发浙江秀水。巡抚吴文镕待以国士。二十九年李沅发再起事新宁，国藩劝以弃官保家。咸丰帝即位，国藩应诏保举贤才，疏荐忠源，谓其"忠义耿耿，爱民如子"，送部引见，寻以父忧回籍。赛尚阿督师广西，调赴军前，乌兰泰深倚重，事必咨而行。忠源招旧所练乡兵五百人，使弟忠濬率以往，号楚勇。清军围永安，向荣与乌兰泰意见不合，忠源调和勿听，知必败，引疾回湘。太平军围桂林，忠源增募千人，偕刘长佑兼程赴援，三战皆捷。太平军由全州水陆趋湖南，忠源截击于蓑衣渡，冯云山战死，此为太平天国最大之损失，亦忠源事业发轫之起点也。太平军围长沙，忠源驰援，夺据天心阁高处，逼敌垒而营。建议派重兵扼回龙塘，督师徐广缙不省，太平军果由此北去。巡抚张亮基奏留守湖南，剿平巴陵、浏阳会匪。擢道员，咸丰三年，授湖北按察使。亮基署总督，兵事悉依之。时忠源已扩充楚勇为二千人，诏命帮办江南军务。行至九江，闻南昌被围，率兵千三百人驰抵南昌，守九十余日，屡毁敌垒敌船，太平军解围去。寻擢安徽巡抚，太平军围武昌，沿江击败之，请增兵万人，当淮南一路，而湖北留其兵不尽遣，仅率二千人冒雨行，将士疲顿，忠源亦遘疾。至六安，吏民遮留，不可，留千人守之。舁疾抵庐州，部署未定，敌已大至。忠源力疾守陴，迭挫太平军。弟忠濬偕刘长佑来援，驻城五里墩，阻不得前。被围月余，知府胡元炜阴通敌，敌自南门缘梯入。忠源掣刀自刎,左右持之,一仆负之行,奋脱转战至水闸桥,身受七创,投古塘死。忠源弟三人:忠濬、忠济、忠淑;族弟忠义、忠信皆从军。忠濬《清史稿》谓自有传,而遍检无之,殊疏漏,《中兴将帅别传》及《中国人名大辞典》亦无忠濬,殊可异也。然忠濬与刘长佑继统忠源军,长佑累官至总督,其部下刘坤一在光绪间总督两江尤有声。则忠濬岂无闻乎?忠济于咸丰六年阵亡湖北通城,谥壮节。忠淑在湖南募勇助剿,母陈出私财助饷,获三代一品封典。忠信少跅弛不羁,年十六,从忠源赴广西军,犯令当斩,众为乞免。忠源被围庐州,从忠濬赴援,夜率壮士越敌营缒入城,告以援至。城陷,忠源挥之去。咸丰五年随忠濬克庐州,功多擢游击,赐号毅勇巴图鲁。忠濬假归,代统其众。六年从和春攻克三河、巢县,擢副将。又从秦定三攻桐城,连破敌营十六。跃马越濠,中炮丸陨于阵,谥忠节。忠义字味根,年十八即从军,转战湖北、江西,忠源殉难,分将其军。七年,刘长佑攻临江不利,忠义率新练勇千人往助之,破石达开于平墟。临江克,擢知府。八年克崇仁,加道衔。十年破达开众于新宁、武冈、东安,加按察使衔。十一年连破敌于全州,特擢署贵州巡抚。击达开军走之,十二月,以丁母忧开署缺。同治元年移师援黔,授贵州提督。刘长佑调至广西。二年援江西,大破黄文金军。以疾卒于吴城。年甫三十。诏依总督例赐恤,谥诚恪。忠源初创楚军,为曾国藩开先路,而江氏一门忠烈,尤为中兴人物之难能可贵者也。

(二) 罗泽南师弟

泽南字仲岳,学者称罗山先生,湖南湘乡人,诸生,讲学乡里,从游甚众。咸丰元年举孝廉方正。二年,太平军围长沙,泽南在籍倡办团练,号湘勇。曾国藩奉命督乡兵,檄平桂东土匪,擢知县。江忠源援江西,乞师于国藩,乃令泽南率三百人往。所部多起书生,初临行阵,战南昌城下,争奋搏,死者数人。国藩闻之喜曰:“湘军果可用。”及围解,剿匪安福,以少击众。归湖南,所部增至千人。屯衡州,与国藩简军实,更营制,教练历半载,随国藩建旗东征。与塔齐布进攻岳州城陵矶,三战皆捷。擢知府,自是湘军名始播,以塔、罗并称。转战湖北,会师克武昌,授宁绍台道,国藩请仍留军。规取田家镇,太平军近万人,泽南兵仅二千,俟懈奋击,大败之,夺半壁山。水师燔敌舟,遂克田家镇。加按察使衔。塔、罗会攻小池口,以五千人败罗大纲二万之众。塔齐布围九江,泽南别剿盔山,遏湖口敌援。会水师入鄱阳湖,为敌所袭,辎重尽失。国藩驰入泽南营,偕赴南昌。连战饶州、弋阳、广信、兴安、德兴、浮梁、义宁等地,加布政使衔。泽南见江西军事不得要领,上书国藩,言欲制九江之命,宜从武昌而下,欲解武昌之围,宜从崇通而入。东南全局,庶有转机。遂命移师湖北。国藩幕客刘蓉谏曰:“公所恃者塔、罗,今塔将军亡,罗又远行,脱有急,谁堪使者?”国藩曰:“吾计之熟矣,东南大局宜如是,俱困于此无为也。”郭嵩焘祖饯泽南曰:“曾公兵单奈何?”泽南曰:“天苟不亡本朝,公必不死。”咸丰五年九月攻通城,复之,进崇阳,败韦俊、石达开兵二万余。泽南所部,合塔齐布旧将彭三元、普承尧宝勇才五千人耳。十一月,师抵紫坊,与巡抚胡林翼议进取次第。泽南屯洪山,林翼屯城南,水师驻金口,会攻外垒,太平军闭城不敢出。会石达开入江西,势复张。国藩檄泽南回援,泽南以武汉为南北枢纽,若湘军骤撤,林冀一军不能独立。见在敌粮将尽,功在垂成,舍之非计。乃督攻益急,直抵城下,飞炮中左额,血流被面,驻马一时许,归洪山,犹危坐营外,指画战状。翊日卒于军。临死握林翼手言:“今武汉未克,江西复危,死何足惜,恨事未了耳。其与李续宾好为撑持!”林翼奏称:“其心术学术,不愧名儒。故临危不乱,语不及私,而临阵勇敢,驭兵严明,犹其余事。”予谥忠节。泽南之学,以为天地万物,本吾一体,量不周于六合,泽不被于匹夫,亏辱莫大焉。凛降衷之大原,思主静以研几,于是乎宗张子而著《西铭讲义》,宗周子而著《人极衍义》。幼仪不慎,则居敬无基;异说不辨,则谬以千里,于是乎宗朱子而著《小学韵语》、《姚江学辨》。严义利之闲,穷阴阳之变,旁及州域形势,百家述作,靡不研讨,于是乎有《读孟子札记》、《周易本义衍言》、《皇舆要览》、《诗文集》。其为说虽多,而其本躬修以保四海,未尝不同归也,是理学而兼经世矣。始家世贫甚,溺苦于学,夜无油把卷,读书月下,倦即露宿。年十九,借课徒取资自给。丧母及兄嫂,旋丧大父,十年之中,连遭期功之戚。道光乙未,湖南大旱饥疫作,泽南罢试徒步归,夜半叩门,则妻方以哭子丧明,饥甚,索米为炊,无有也。年三十三始补县学生,又八九年乃以廪生举孝廉。假馆四方,穷年汲汲,与其徒讲论濂、洛、关、闽之绪,瘏口焦思,大畅厥旨。未几,兵事起,湘中书生,多拯大难,立勋名,大率泽南弟子也。泽南貌朴气沉,究心性理之书,通知世务,期见诸施行。在军四载,论数省安危,皆视为一家骨肉之事,与所注《西铭》之旨相符。其临阵审固乃发,亦本主静察几之说。而行军好相度山川脉络,又其讲求舆图之效。盖事功之成,本其所夙积者然也。曾国藩谓:"洛闽之术,近世所捐,姚江事业,或迈前贤,公慎其趋,既辨其诡,乃立丰功,一雪斯耻。大本内植,伟绩外充,兹谓豪杰,百世可宗。"洵属确论。弟子最著者,李续宾、李续宜、王鑫、刘腾鸿、蒋益澧。早死而名未显者,钟近衡、近濂、易良翰、谢邦翰等。近衡克己自励,日记言动,有过立起自责,泽南语刘蓉曰:"吾门为己之学,钟生其庶几乎?"咸丰四年与弟近濂各将五百人,从王鑫战死羊楼司、岳州。良干、邦翰殁南昌之役,李续宾即代邦翰领湘右营。二李、刘、蒋事皆散见上篇。其事特异者为王鑫。鑫字璞山,湘乡人,任侠好奇,虽从泽南学,而不株守性理。湘勇初起,即鑫所策动者也。及平土匪有功,擢同知,益自负,谓:"若令我勇三千,必将粤匪扫荡!"巡抚骆秉章令招募二千四百人,与以粮饷火药。鑫回湘乡,出入鸣锣,摆执事,湘乡人不满,以告国藩,国藩致书规劝,鑫痛自惩艾。旋以规划营制,进军方略与国藩意见不合,国藩乃致书罗罗山曰:

> 弟与朴山见解不符,止有数端:朴欲率师即行,专由陆路,弟欲明春始发,水陆并备;一也。朴欲统带三千,一手经理;弟欲画开数营,各立营官;二也。弟疑新招之卒,多有可汰;朴意业经亲选,无可再拣;三也。朴欲因援鄂之行,乘势东下,一气呵成;弟则以援鄂之暂局与此后之长征,截分两事;四也。

又《复骆中丞书》云:

> 王朴山本是侍所器倚之人,今年于各处表僇其贤,盖亦口疲于赞

扬,手倦于书写。其寄我一函,曾抄示师友至十余处。近时人有向余议弹朴山者,亦与之剖雪争辩;而朴山不谅我心,颇生猜嫌。侍所与之札饬言撤勇事者,概不回答,既无公牍,亦无私书。曾未同涉风波之险,已有不受节制之意,同舟而树敌国,肝胆而变楚越。将来侍若外出,恐不能不另外招募。

又《复朱石樵书》云:

朴山不愿从吾营制,弟比与霞仙细商,亦嫌其帐下帮手过少,恐二千余人者非一二人所能训御。且此时龂龂不合,将来进止参差,亦难得力,弟决计不带之东下。方今世乱需才,如朴山者,弟即不能用,自有他人能用之者,勉于求合,乃所以愈离也。

由是可知王鑫不受国藩节制,以其实力最大,且受骆秉章之信任,而饷械不愁也。盖秉章幕宾左宗棠隐支持之,使专防湖南。泽南随国藩东征,而鑫未从。但鑫转战湘、赣间,克城二十余,厥功甚伟。咸丰七年九月卒于乐安军次。年仅三十三。诏嘉鑫纪律严明,身经百战,赠布政使衔,谥壮武。鑫貌不逾中人,胆力沉鸷,用兵好出奇制胜,驭众严而有恩。自以意为阵法,进退变动,异于诸军。所著有《练勇刍言》、《阵法新编》,皆出心得。湘军后起名将刘松山,即鑫之旧部也。鑫死其弟开化及张运兰分统之,国藩令随左宗棠以立功。湘军初起为将者三人:江忠源、罗泽南、王鑫,国藩所练水陆勇,原欲以助忠源者,故云:"岷樵勋望日隆,全握兵柄,是意中事,鄙意欲练勇万人,概交岷老统带,以为扫荡澄清之具。"不料忠源出即殉难,成名以去,而大任终属之国藩焉。鑫虽不隶国藩,然以泽南故,始终若合若离,故亦不失为湘军之基干也。《清史稿》论曰:"湖南募勇出境剿贼,自江忠源始。曾国藩立湘军,则罗泽南实左右之。朴诚勇敢之风,皆二人所提倡也。"世称江、罗为楚材弁冕,以其能开风气之先耳。

六十一　胡林翼与骆秉章

（一）胡林翼

论中兴名臣与斡旋大局之勋绩者，当以胡林翼为第一，惟林翼早卒，不及见大功之成。其事业固与曾国藩相伯仲也。林翼字贶生，号润芝，湖南益阳人，少承家学，父达源为嘉庆己卯探花，官少詹事，学宗宋儒。林翼少读性理书，不甚措思，娶陶澍女，习闻绪论，慨然有经世之志。道光十六年成进士，选庶吉士，授编修，与国藩同时。二十年充江南乡试副考官，坐正考官文庆携举人熊少牧入闱降一级调用。二十一年丁父忧，服阕，捐纳内阁中书。二十六年分发贵州，二十八年署安顺知府。擒治剧盗，一郡肃然。云贵总督吴文镕以林翼才堪大用，应诏疏荐。三十年，署镇远知府，旋调思南。咸丰元年，补黎平知府，湖广总督张亮基两次奏调赴湘，均未行。及文镕调湖广，以御史王发桂言林翼捕盗锄奸，锐健果敢，畀以重任，可期得力，命赴湖北办军务。四年三月，擢贵东道，率黔勇赴鄂，抵通城，而文镕已战殁。林翼与骆秉章、曾国藩相辅，擢湖北按察使，命赴国藩营助剿。林翼屡破敌，五年正月擢布政使。武昌陷，林翼坐困金口，食尽掘草根佐粮。各处乞贷，情词深痛，残破之余，十不一应，乃发私家谷济军食。士卒感动，军威稍振。寻署湖北巡抚，皆国藩所荐也。而名位已在国藩上，事国藩惟谨，与总督官文相交欢，推美让功，称一时盛事。武昌初复，公私扫地，无可措手，林翼整饬吏治，筹备饷需，农不病而粟充，法不苛而吏肃。湖北既治，分援邻省，中兴之基，实肇于此。林翼为人，英伟威棱，聪强敏给，事至应机立断，无留难，苟当理，艰烦重大，毅然自任，不以例文拘束。综核名实，精力绝人，治军务明纪律，加意将才，尝曰："为统将必明大体，知进退缓急机宜；其次知阵法，临敌决胜；又其次勇敢，此大小之分也。"又曰："兵之嚣者无不罢，将之贪者无不怯，观其将，知其兵，观其兵，亦知其将。"所著有《读史兵略》四十卷。与人共事，披肝沥胆，无几微间隔，遇事苦心调护，利用官文为满人，得行其志，人艳称之。罗泽南援湖北，林翼一见，执弟子礼甚恭，虽与僚佐语，必称罗山先生。事无巨细,咨而后行。泽南分部曲隶林翼,俾训练士卒,由是尽传湘军规制,变弱为强。泽南阵亡,林翼以女弟妻其子,举其高足李续宾、李续宜代领其众。林翼以昆弟待二李,尝迎养其父母,定省如事己亲。二李益感之,建业益奋,而罗、李皆客将也。领水师者杨岳斌、彭玉麟亦客将,二人不合,林翼亲拜而调和之,由是皆亲附林翼与国藩等。又擢多隆阿、鲍超于侪人中,二人英武,有"多龙鲍虎"之称,亦不相下,林翼激励而用之,各予卒万人当一面,皆争以战功相掩,勋伐为天下最。奖拔人才,汲汲如不及。尝言:"国之需才,犹鱼之需水,鸟之需林,人之需气,草木之需土,得之则生,不得则死。才者无求于天下,天下当自求之。"(见《碑传集》林翼传语。《胡文忠公全集·与刘冰如书》云:"国之求才,如鱼之求水,鸟之求木,人之求气,口腹之求食,无水无木无气无食,则一日不安,而即于亡。"即此意也。)故所特荐,不尽相识也。立宝善堂以延贤杰,察其材随宜任使,与国藩之幕府等。而林翼以身负重任,益务绳检其身,较其尺寸毫厘,自视欿然,常若不足。喟然曰:"闻道苦晚,今虽稍有所见而不及行者多矣!"又曰:"世有伯乐而后有千里马,顾吾才智,不足有为,贤者终不我应耳。"国藩致书云:"庄子云:以天下为之笼,则雀无所逃。阁下以一省为笼,又网罗邻封贤俊,尚且有乏才之叹,鄙人仅以营盘为笼,则雀且远引高翔矣!"国藩尝疏言:"胡林翼之才,胜臣百倍。"又言:"林翼坚持之力,调和诸将之功,综核之才,皆臣所不逮。而尤服其进德之猛。"盖林翼在军时,治经史有常课,仿顾亭林读书法,使人雒诵而已听之,日讲《通鉴》二十叶、《四子书》十叶,事繁则半之,于《论语》尤十反不厌。迨病至废食,犹于风雪中讲肄不少休。每问吾今日接某人,治某事,颇不悖于斯义否?其治学如此。又与国藩之精神等耳。当世以曾、胡并称,殊非偶然。咸丰十一年八月二十六日,以劳瘁卒,予谥文忠。国藩奏言:"林翼不为自固之计,以全力援邻封,自湖北始。九江相持年余,中间石达开自江西窥鄂,陈玉成自皖北犯鄂者三,林翼终不撤九江之围以回援,卒复九江,为东南一大转机。功甫成即以全力图皖北,李续宾覆军三河,林翼居母丧,闻信急起赴鄂。论者谓良将新逝,元气未复,但保我圉,不宜兼顾邻封。林翼不然。即派重兵越三千里解湖南宝庆之围,援湘之师未返,复议大举图皖,遂定攻安庆之策，亲驻太湖督剿。故安庆之克，臣推林翼首功。前敌诸军，求饷求援，急蹙经营，夜以继日。自七年来捷报皆不具奏，奏则盛称诸将功而己不与，惟兢兢以扶植忠良为务。外省称楚师和协如骨肉，而于林翼之苦心调度，或不尽知。此臣自愧昔之不逮，又虑后此之难继者也。”光绪三年，彭玉麟奏称：“林翼抚鄂之日，与曾国藩、罗泽南等讲学则同方同术；讨贼则同心同力。请合祀省城曾国藩祠。”即三忠祠也。

（二）骆秉章

原名俊，以字行，改字吁门。广东花县人。道光十二年进士，选庶吉士授编修。十八年补监察御史，稽察银库，吏不便所为，欲龁龁去之，会发其奸，不得逞。历给事中、鸿胪寺少卿、奉天府丞兼学政。二十三年丁母忧，服阕，补右庶子。先后命赴山东、河南、江苏按事，词臣奉使出异数，所治狱悉称旨。二十八年擢侍讲学士，出为湖北按察使，迁贵州布政使，调云南。三十年擢湖南巡抚。咸丰元年，大学士赛尚阿督师过境，以供张薄有嫌，密奏湖南吏治废弛。二年诏开缺来京，而太平军已入湖南矣。与新抚张亮基同守长沙八十余日。三年春暂署湖北巡抚，诏赴徐州筦粮台，未行，复授湖南巡抚。曾国藩治团练，始立湘军，秉章力赞成之。亮基延湘阴举人左宗棠襄理戎幕，秉章倚信尤深。广罗英俊之士，练勇助剿，军威渐振。国藩东征，水师战靖港失利，布政使徐有壬、按察使陶恩培请奏劾罢其军。秉章曰：“曾公谋国之忠，不可以一时胜败论也。”会湘潭大捷，太平军皆遁走，长沙获安。五年，胡林翼署湖北巡抚，飞书告急，秉章悉力资给林翼军，如所以助曾国藩者。国藩困江西，秉章锐意东援，令江忠济出通城，刘长佑、萧启江分路入赣。忠济战殁，以王鑫代之。又令周凤山、曾国荃各募勇二千，合趋吉安。诏嘉秉章不分畛域，越境殄寇。湖南自军兴停漕运，米贱而征折犹沿旧价，民困赋绌，秉章减浮折，核中饱，民减纳而赋增。仿扬州例抽收盐货厘金，岁入百数十万，给军无缺。王鑫战江西，卒于军，以张运兰、王开化分统之。刘长佑攻临江，以疾归，以刘坤一代领其军。江西略定，疏请起曾国藩督师，留萧启江、张运兰两军随征，余军尽撤。盖自五年援江西，糜湖南饷凡二百六十万，协济之数不预焉。九年,石达开入湖南,秉章起长佑于家,令与刘坤一募勇四万备迎击。胡林翼遣李续宜率军赴援,内外夹击败之。令长佑进击,留镇广西。十年,命赴四川督办军务,湘军名将多从曾、胡,惟刘狱昭、黄淳熙在湖南,调两军随行。十一年正月始抵宜昌,自率五千人入川。署总督崇实开诚迎候,发夔关税以给军,军至乃出望外。败蓝大顺、李永和匪党。同治帝即位,授秉章四川总督。荐刘蓉超擢布政使,军事吏治,振刷一新。蓝、李遁走陕西,四川肃清,而石达开又谋三路入川矣。同治二年三月,石达开渡金沙江,为亲军唐友耕所扼,由小径趋土司紫打地,大渡河水涨,伺半渡击之。扑松林小河,又为土司所扼,死者无数。余七八千人奔老鸦漩,复为土兵所阻,达开率一子乞降。解散四千人,余尽诛之。刘岳昭又歼达开余党李福猷于黔境。陕西事急,诏擢刘蓉为陕西巡抚,督萧启江旧部赴援。秉章病目请告,命力疾视事。三年江宁克,诏予一等轻车都尉。六年十一月卒于官,川民感其德,巷哭罢市。遗爱之深,世与汉诸葛亮、唐韦皋并称云。《清史稿》论曰:"骆秉章休休有容,取人为善;胡林翼综核名实,干济冠时。论其治事之宽严疏密,若不相侔,而皆以长驾远驭,驱策群材,用能丕树伟绩。所莅者千里方圻,规划动关军事全局,使无其人,则曾国藩、左宗棠等失所匡扶凭借,其成功且较难。缅怀中兴之业,二人所关系者,岂不巨哉?"此论甚中肯,尤可异者,则太平天王洪秀全与促成湘军之骆秉章皆同为花县人也。

六十二　曾国藩与曾国荃

(一) 曾国藩之学术

国藩之治学,在二十五岁前,足迹未出湖南,仅寻声逐响,作八股试帖,以猎取功名而已。自道光乙未(十五年)入京会试,见闻略广,始有志诗古文,穷研经史,尤好昌黎韩氏,思蹑而宗之。戊戌(十八年)中进士,入词林,稍事学问,涉猎明、清诸大儒之书,而不克辨其得失。闻姚鼐之绪论,颇信桐城派"因文见道"之言,欲求道于文字。既而与唐鉴、倭仁交游,始知道为义理之学,不必附丽于文章。因以朱子为日课,而致力于宋学。订课程表，见过自讼，静坐慎独。道光二十六年僦居城南报国寺，携段氏《说文解字》一书，以供披览。又与汉阳刘传莹竟日讨论。传莹精考据之学，尽窥清代汉学家之书，得其要领。于是二人之学，治之三反，乃由博而通，知礼非考据不明，学非心得不成，当一一详核焉而求其是，考诸室而市可行，验诸独而众可从。其为学致功之迹如此。盖传莹由考据、词章以入义理，国藩由词章、义理以达考据，就相对之学术，达一致之结果，于是憬然而悟，汉学、宋学、词章、经济，以及一技一艺之流，皆各有门户，更迭为盛衰，论其原皆圣道所存。苟一念希天下之誉，校没世之名，则适足以自丧其守，而为害于世。此皆逐乎流俗之学，而非君子务本之道也。所谓本者，即伦常日用之地，修己以治人，学在于斯矣。国藩《复夏弢甫书》云："乾嘉以来，士大夫为训诂之学者，薄宋儒为空疏；为性理之学者，又薄汉儒为支离。鄙意由博乃能返约，格物乃能正心，必从事于礼经，考核于三千三百之详，博稽乎一名一物之细，然后本末兼赅，源流毕贯。虽极军旅战争食货凌杂，皆礼家所应讨论之事。故尝谓江氏《礼书纲目》、秦氏《五礼通考》，可以通汉、宋二家之结，而息顿渐诸说之争。"是国藩既由理学脱颖而出，欲以礼通汉、宋二家之结，息顿渐诸说之争。对于屏弃群言以自隘，争得失于一先生之前者，认为"姝姝自悦"之"斗筲者"。其反求通儒之意，乃极显然。故于《杂著笔记》中论礼云："古之君子之所以尽其心养其性者，不可得而见，其修身、齐家、治国、平天下，则一秉于礼。自内焉者言之，舍礼无所谓道德；自外焉者言之，舍礼无所谓政事。故六官经制大备，而以《周礼》名书。春秋之世，士大夫知礼，善说辞者常足以服人而强国。战国以后，以仪文之琐为礼，是女叔齐之所讥也。荀卿、张载，兢兢以礼为务，可谓知本好古，不逐乎流俗。近世张尔岐氏作《中庸论》，凌廷堪氏作《复礼论》，亦有以窥见先王之大原。秦蕙田氏辑《五礼通考》……其于经世之礼之无所不赅，则未为失也。"此正孔子《中庸》九经、《大学》八目之精义，宋人辛稼轩所谓："大儒学礼小儒诗。""诗礼相传大小儒。"而国藩得之，盖以礼为有体有用之综合学，本末兼赅，修己治人，故亦谓之"内圣外王"之学，究其实即大学所造就之一贯通才也。何以国藩对大学早有会心，而于报国寺始发明之？其与刘传莹互相讨论固属一因,另一重要原因则由于顾亭林祠近在寺旁。国藩朝夕瞻仰,如亲謦欬。而亭林之经世学,乃跃跃欲出矣。当时(丙午初冬)国藩赋诗五首以赠传莹,其四曰:

俗儒阁阁蛙乱鸣,亭林老子初金声。昌平山水委灰烬,可怜孤臣泪纵横!东西南北辙迹遍,断柯缺斧终无成。独有文书巨眼在,北斗丽天万古明。音声上溯三皇始,地志欲掩国子名。丈夫立言要须尔,击瓮拊缶乌足鸣?嗟余孱退昏庸百不力,付与四海刘传莹!

所作《圣哲画像记》又云:"我朝学者,以顾亭林为宗,《国史儒林传》裒然冠首。吾读其书,言及礼乐教化,则毅然有守先待后、舍我其谁之志,何其壮也?……吾图国朝先正遗像,首顾先生,亦岂无微旨哉?"国藩所以能远绍邹鲁,近接昆山,提倡经世之礼学,当自此始。亭林与人书言:"君子之为学,以明道也,以救世也。"又云:"孔子之删述六经,即伊尹、太公救民于水火之心,故曰载之空言,不如见诸行事。夫《春秋》之作,言焉而已,而谓之行事者,天下后世用以治人之书,将欲谓之空言而不可也。愚不揣有见于此,故凡文之不关六经之旨,当世之务者,一切不为。而既以明道救人,则于当今之所通患,而未尝专指其人,亦遂不敢避也。"顾氏所谓"引古筹今,亦吾儒经世之用。"虽清初学者,如孙夏峰、李二曲、王船山、朱舜水、黄梨州、颜习斋诸人,几无一不讲求经世学,但均不如亭林之恺切著明。盖诸儒皆以义理为经世学之出发点,易流于空阔;而亭林则以典章历史为出发点,较近于实事。北斗巨眼,万古金声,国藩膜拜而顶礼焉,其学始臻于大成矣。李鸿章撰《曾文正公神道碑》云:

公为学研究义理,精通训诂,为文效法韩、欧,辅益之以汉赋之气体。其学问宗旨,以礼为归。尝曰:"古无所谓经世之学也,学礼而已。"古今圣哲自文、周、孔、孟下逮国朝顾炎武、秦蕙田、姚鼐、王念孙诸儒,取三十有二人,图其像而师事之。自文章政事外,大抵皆礼家言。尝谓:“圣人者自天地万物推极之至一室米盐,无不条而理之。”

郭嵩焘撰《曾文正公墓志铭》亦云:“公始为翰林,穷极程朱性道之蕴,博考名物,熟精典礼,以为圣人经世宰物,纲维万世,事无他,礼而已矣。”可见国藩由博返约之历程,独以礼为归者,则以经世之礼学,可兼孔门四科之长,而达尼山一贯之道者也。故国藩于姚姬传、戴东原、唐鉴等分学问为三途,曰“义理”,曰“词章”,曰“考据”,又加一“经济”之学,谓合于孔门之四科——德行、言语、政事、文学。此四者缺一不可,是为有本之学。有本之学,即经世之礼也。如云:“先王之道,所谓修己治人经纬万汇者何归乎?亦曰礼而已矣。杜君卿《通典》言礼者十居其六,其识已超越八代矣。”“欲周览经世之大法,必自杜氏《通典》始矣。”故《圣哲画像记》对于文、周、孔、孟之圣,左、庄、马、班之才,诚不可以一方体论之人物,则于四科之外,另立一礼学名目。所谓礼,若以今语释之,即历史学也。国藩问唐鉴:“经济宜如何审端致力?”鉴答:“经济不外看史,古人已然之迹,法戒昭然,历代典章,不外乎此。”国藩赞成唐鉴经济不外看史之说,却不赞成其“经济之学即在义理内”之说,是以国藩之经世学,不袭唐鉴之绪论,而独尊亭林为冠冕,以唐鉴近于夏峰、二曲、船山、舜水、梨洲、习斋之所谓经世也。“经世”与“经济”,在古人视为一辞,在国藩亦尝兼用。惟于分科时则谓之“经济”,综合时则谓“经世之礼”。可见以一方体论与不可以一方体论者之微有区别也。而贺长龄之《皇朝经世文编》,即国藩从事四科必读十书之一,受其影响可想见矣。

(二) 国藩之处世哲学

国藩之学,既在经世,观乎道光二十二年十月《致诸弟书》云:“盖人不读书则已,亦既自名为读书人,则必从事于《大学》。《大学》之纲领有三:明德,亲民,止于至善,皆我分内事也。若读书不能体贴到身上去,谓此三项与我了不相涉,则读书何用?虽使能文能诗,博雅自诩,亦只算得识字之牧猪奴耳!岂得为明理有用之人乎?”又云:“君子之立志也,有

'民胞物与'之量,有'内圣外王'之业,而后不忝于父母之生,不愧为天地之完人。故其为忧也,以不如舜、不如周公为忧也,以德不修、学不讲为忧也,是故顽民梗化则忧之,蛮夷猾夏则忧之,小人在位贤才否闭则忧之,匹夫匹妇不被己泽则忧之,所谓悲天命而悯人穷,此君子之所忧也。若夫一身之屈伸,一家之饥饱,世俗之荣辱、得失、贵贱、毁誉,君子固不暇忧及此也。"即知其早有明道救世之志,惟救世之所注重者,在对外而不在对内。故《戎行图》诗云:"生世不能学夔皋,裁量帝载归甄陶。犹当下同郭与李,手提两京还天子。三年海国困长鲸,百万民膏馁封豕。诸公密勿既不臧,吾徒迂疏尤可耻!"时当鸦片战后,仍以不能"早绝天骄荡海氛"(《寄郭筠仙诗》)为耻也。其一生行事,皆本爱国思想,而以天下兴亡为己任。而王闿运《湘绮楼日记》云:"翻曾涤丈文集,见其少时汲汲皇皇有侠动之志。因思诸葛孔明自比管乐,殊非淡静者,而两人陈义皆以恬淡为宗,盖补其不足耶?"国藩之侠动与恬淡,乃两端对立之理,倘能执两用中,即孔子中庸之道,是为经世学之最高原则。国藩既习经世之学,即谙中庸之理,凡事皆扣两端,不偏于一,因时因势而用得其宜,以达预期之目的。若不知其理者,则视为矛盾善变矣。如樊际云《水窗春呓》云:

> 文正一生凡三变:书字初学柳诚悬,中年学黄山谷,晚年学李北海,而参以刘石庵,故挺健之中,愈饶妩媚。其学问初为翰林词赋,既与唐镜海太常游,究心先儒语录,后又为六书之学,博览乾嘉朝训诂诸书,而不以宋人注经为然。在京宦时,以程朱为依归。至出而办理团练军务,又变而为申韩,尝自称欲著《挺经》,言其刚也。咸丰七年在江西军中丁外艰,闻讣奏报后,而奔丧回籍,朝议颇不谓然。左恪靖在骆文忠幕中,肆以诋毁,一时哗然和之。文正亦内疚于心,得不寐之疾。曹镜初诊之,言岐黄可医身病,黄老可医心病,盖欲以黄老讽之也。此次出山后,一以柔道行之,以至成此巨功,毫无沾沾自喜之色。尝戏谓予曰:"他日有为吾作墓志者,铭文吾已撰:'不信书,信运气,公之言,告万世。'数语。"故挽联中有"将汗马勋名,问牛相业,都看作粃糠尘垢"云云,道出此老心事。盖文正尝言:"吾学以禹

墨为体，庄老为用。"可知其趋向矣。

后人根据此说，以为国藩思想善变，如章炳麟《检论》云："曾国藩者，誉之则为圣相，谳之则为元凶，要其天资，亟功名善变人也！"此与王闿运之不能知国藩盖同出一辙。因闿运为今文学家，炳麟为古文学家，皆争得失于一先生之前者，姝姝自悦而已，何足以知国藩哉？际云只见其三变之迹，亦不明其三变之理。国藩一生，固时时在两端对立中求一致，虽万变不离其宗。刚柔相济，老、墨并用，综大成之礼学，具圣王之事业，谁能道出此老心事？真非易矣。尝自谓："作字之道，刚健婀娜，二者阙一不可。"何绍基以书法名于世，又为国藩好友，国藩告以"天下万事万理，皆出于乾坤二卦。凡乾以神气言，凡坤以形质言，礼乐不可斯须去身，即此道也"。绍基谓其"真知大源"。若以此小道推之，则在俗人眼光中一刚一柔岂非矛盾乎？殊不知经世学家正善用此两端相对之理，岂仅作字一端乎？国藩谓作人之道，圣贤千言万语，大抵不外敬恕二字。敬之最好下手者，正其衣冠，俨然人望而畏。恕之最好下手者，行有不得，反求诸己。有终身之忧，无一朝之患。此作人之两端也。如《庸庵笔记》云：

傅相（李鸿章）入居幕中，文正（国藩）每日黎明必有幕僚会食，而江南、江北风气，与湖南不同，日食稍晏，傅相遂不欲往。一日，以头痛辞。顷之差弁络绎而来，顷之巡捕又来，曰："必待幕僚到齐乃食。"傅相披衣踉跄而往。文正终食无言，食毕，舍箸正色谓傅相曰："少荃，既入我幕，我有言相告，此处所尚，惟一诚字而已。"遂无他言而散。傅相为之悚然！

会齐后食，正色而语，教训后辈，何等严肃！俨然人望而畏之，盖即敬字诀也。但在《庚子西狩丛谈》中，李鸿章述国藩之日常生活云：

在营中我老师总要等我辈大家一同吃饭。饭罢后，即围坐谈论。他老人家又最爱讲笑话，惹得大家肚子都笑疼了，个个东倒西歪的，他自家偏一些不笑。以五个指头作把,只管捋须。穆然端坐,若无其事。

此在庄严中寓谐趣,以仁存心,以礼存心,盖恕字诀也。又如《与刘孟容书》云:“吾弟能来此一存视否?吾不愿闻弟谭宿腐之义理,不愿听弟论肤泛之军政,但愿朝挹容晖,暮亲臭味,吾心自适,吾魂自安。筠老(郭嵩焘)虽深藏洞中,亦当强之一行。天下纷纷,鸟乱于上,鱼乱于下,而容、筠独得晏然乎?”此非今时所谓之幽默大师乎?孰知国藩为数十万大军与强敌作生死搏斗之统帅耶!在祁门危困时,众皆作逃避计,国藩围棋写字,不改常度,忽传令曰:“贼势如此,有欲暂归者,支给三月薪水,事平仍来营,吾不介意。”众皆感激惭愧,不忍言去。所谓威而不猛,既庄且和,国藩运用之妙,已得中庸三昧。其《致李希庵书》云:“志节之轩昂,与情致之缠绵,二者不可偏废。”又《与葛罩山书》云:“作人之道,以刚介为自立之基,以敬恕为养心之要。”又《致九弟季弟书》云:“近来见得天地之道,刚柔互用,不可偏废,太柔则靡,太刚则折。刚非暴虐之谓也,强矫而已;柔非卑弱之谓也,谦退而已。趋事奉公,则当强矫;争名逐利,则当谦退。开创家业,则当强矫,守成安乐,则当谦退;出与人物应接,则当强矫;入与妻孥享受,则当谦退。若一面建功立业,外享大名;一面求田问舍,内图厚实,皆有盈满之象,全无谦退之意,则断不能久。此余所深信,而弟宜默默体验者也。”对僚属朋友兄弟无不以二者并举,刚柔互用为言。其联语:“养活一团春意思,撑起两根穷骨头。”可知国藩对孔子执两用中之理,在咸丰七年丁忧家居时,遭友朋之攻击,业已体会入微,大彻大悟,乃以能立能达为体,不怨不尤为用。立者发奋自强,站得住也;达者办事圆融,行得通也。贻国荃“悔”、“硬”二字诀。硬法冬藏之德(贞),悔启春生之机(元),贞下起元,日进无疆。换言之,就是立身处世,虽极人世艰苦之境,亦不少易其心;虽遇千挫百折之阻,亦不足以夺其志。即所谓之《挺经》。但可屈可伸,可行可藏,取人为善,与人为善,不忮不求,何用不臧?此系乾坤交泰之理,以刚为体,以柔为用。盖非刚则不能择善以立本;非柔则不能圆融而达德。刚以济柔,柔以济刚,斯无过刚则折,过柔则

靡之弊矣。《清人逸事》谓其夺情再出后一以柔道行之,盖浅见也。国藩在同治元年壬戌二月《日记》中有云:

> 静中细思:古今亿万年,无有穷期,人生其间,数十寒暑,仅须臾耳!大地数万里,不可纪极,人于其中,寝处游息,昼仅一室耳,夜仅一榻耳!古人书籍,近人著述,浩如烟海,人生目光之所能及者,不过九牛之一毛耳!事变万端,美名百途,人生才力之所能办者,不过太仓一粟耳!知天之长而吾所历者短,则遇忧患横逆之来,当少忍以待其定;知地之大而吾所居者小,则遇荣利争夺之境,当退让以守其雌;知书籍之多而吾所见者寡,则不敢以一得自喜,而当择善而约之;知事变之多,而吾所办者少,则不敢以功名自矜,而当凭举贤而共图之。夫如是则自私自满之见,可渐渐蠲除矣。

此为国藩立身处世之哲理,以无我无私大公至诚之态度,对人对事,足征其学诣之精,德业之醇,一切皆由于《易经》之相对论辩证法而来,极高明而道中庸,国藩已真得吾国古人所谓之十六字心传,故于其言行看似矛盾而实非矛盾,正相反相成之理也。左宗棠骂其作伪,而国藩以知其雄守其雌答之。盖宗棠乃一知雄不能守雌之人,于国藩何有?国藩既承我中华民族之优良传统精神,其必以全力以捍卫之,固无疑义矣。

(三) 国藩相清之动机

满清入关二百余年,民族革命之义旗,时兴时仆。自洪秀全出始大张之,使非有国藩勤王之师,革命成功,或不待武昌起义矣。是国藩岂非民族革命之罪人乎?首发此议者,即光复会党人章炳麟。炳麟谓:“湘军之夷洪氏,名言非正也。洪氏以夏人挞建夷,不修德政,而暴戮是闻,又横张神教以轶干之。曾国藩、左宗棠之起,其始不过卫保乡邑,非敢赞清也。当是时骆秉章、向荣独知向义,湘人虽蔑视秉章,又甚恶向荣为人,卒不能干正义。故檄书不称讨叛,独以异教愆礼数之。洪氏已弊,不乘方伯四岳之威,以除孱虏而流大汉之岂弟,是以没世不免恶名。然其行事犹足以惬人心者,盖亦多矣。曾、左知失民不可与共危难,又自以拔起田舍,始出治戎,即数为长吏牵掣。是以所至延进耆秀,与共地治,而杀官司之威。民之得伸,自曾、左始也。终身衣不过大细,食不过一肉,时时与人围棋宴游,或具酒肴,杂以茶荕。言谈时及载籍,文辞恢啁间之,其山泽之仪不替也。故其下吏化之,不至于奸,初政十年,吏道为清矣。夫此诸将帅者,倨让不同,宽猛亦从其性也,而皆体任自然,不好苛礼,不扰四民,不徇污吏,不畏强死,群校所推,以曾、左为主。虽下未齿王导、谢安之流,诚令监视一国,辅以知道,而轨以法程,亦可以垂统矣。"章氏之责备国藩,称之为"元凶"、"民贼"或谓其"魂魄犹有余羞"者,乃以不能"乘方伯四岳之威,以除孱虏而流大汉之岂弟","是以没世不免恶名"。并非因其相清而讨洪、杨也。盖亦知国藩"独以异教憝礼数之,非敢赞清也"。国藩何以不能取满清而代之,以树立汉人政权?此点容下再论。章氏盖以后日革命党之立场,以论古人,不知时代不同耳。但其谓曾、左行事足惬人心,共治伸张民权,体任自然,吏道为清,山泽之仪不替,亦可以垂统矣。仍属持平之论。夫国藩既非相清,其努力之目标何在?隐括言之,盖有三点:一曰保天下。保天下者,即顾亭林所谓:"有亡国,有亡天下,保国者,其君其臣肉食者谋之;保天下者,匹夫之贱,与有责焉。"亭林之所谓亡国,即一姓一朝之亡;所谓之亡天下,即"仁义充塞,而至于率兽食人。"易言之,即仁义道德之亡,亦即民族文化之亡也。满清以异族入主,以威胁利诱之政策,宰制汉人,社会风气,早已败坏,乾嘉以后,更养成不白不黑不痛不痒之世界。国藩轮囷肝胆,早欲掀振一番。及洪、杨起而以基督教摒弃孔孟之学,倡为迷信神权,岂非亡天下乎?国藩藉撅起乡里,对洪、杨则保持中国文化,对社会则挽救颓风。如《寄沈幼丹书》云:"窃观自古大乱之世,必先变乱是非,而后政治颠倒,灾害从之。屈平之所以愤激沉身而不悔者,亦以当日是非淆乱为至痛。故曰:'兰芷变而不芳,荃蕙化而为茅。'又曰:'固时俗之从流,又孰能无变化?'伤是非之日移日淆,而几不能自主也。后世如汉、晋、唐、宋之末造,亦由朝廷之是非先紊,而后小人得志,君子有皇皇无依之象。推而至于一省之内,一军之中,亦必其是非不诡于正,而后其政绩少有可观。赏罚之任,视乎权位,有得行有不得行,至于维持是非之公,则吾辈皆有不可辞之任,顾亭林先生所谓'匹夫与有责焉'者也。"此其明揭保天下之旨而以亭林匹夫有责之义相标榜矣。二曰保人民。保人民者,即其平乱以保民为目的,而不以维持王室政权为目的。章炳麟谓:"曾、左知失民不可与共患难,所至与共地治。"诚能体察曾、左之用心矣。英、法联军犯北京,清廷飞檄,召湘军入援。国藩自请带兵北上,似是急君父之难,欲北上勤王者。实则敷衍朝旨,以进为退,不愿置江南人民于水火而不顾,徒为一姓一家效忠也。观其致国荃书云:"安庆决计不撤围,江西决计宜保守,此外或弃或取,或抽或补,合众人之心思共谋之。北援不必多兵,但即吾与润帅(胡林翼)二人中有一人远赴行在,奔问官守,则君臣之义明,将帅之识著。有济无济,听之可也。"林翼寄曾书云:"疆吏争援,廷臣羽檄,均可不校。士女怨望,发为歌谣,稗史游谈,诬入方册,吾为此惧,公其远谋!"又寄左宗棠书云:"如涤丈(国藩)或不北援,而南岸尚须添兵,公或北援,南岸无调度之大员,万不得已之计,与其谋新兵而不能战,又苦饷竭,则不如撤安庆之围师,尚是旧伍可用。惟沅公(国荃)不愿隳弃前功,此则须涤丈与公与希庵(李续宜)公商会议,乃可决断。林翼不容有所适莫。又兵事本无万全之策,谋万全者,必无一全。且涤帅奉命已久,吴人喜极生怨,六月于兹矣,水深火热之情,亦无怪其日夜引领。凡将帅之是非,朝臣之疑谤,均可一笑付之。而士论民情,却宜顾念。吴人好歌谣,善著作,顾亭林言明史最精确,林翼读明史,则嫌其诬罔不信,明史均吴人手笔也。涤公之德,吾楚一人,名太高,望太切,则异日之怨谤,亦且不测。公且善为保全,毋使蒙千秋之诬也。大约并力以万五千人深入徽州,以求与贼交战,又速分水师陆师入扬州,毋需以待贼,毋款以自馁,是即保全大名之道,爱人以德之大法。丈其沉思之!"国藩既被命为两江总督,吴人大有"徯我后,后来其苏"之意,望之若慈母。林翼以救民为急务,谓廷寄羽檄,均可不校,则以君为轻矣。此正合乎国藩救民之旨耳。故北援终未成行也。三曰保中国。杨笃生《新湖南》有云:"湖南人如曾、左二公,固非无度外之思想者也。胡公与官文大隙,而终竟得官文之助,传者谓胡公善处危疑之地,而亦济之以术。顾以余所见胡公与其属吏手札若干事,则胡公之志,为官文扼者不少。自鄂出师至蕲、黄一札,言之尤为愤慨。盖胡公至是知非大有所改革,不足以庇生民之命,而满清政府决非可与图事。故其建议,欲使曾公节制数省,布置宏大,亦常以非常之业,微语曾公,顾曾公不之许。热河之难,湘军当北援,濡滞不前者,实胡公有所谋,而曾公尼之。故曾公尝诮胡公一生脚跟不定,实为此也。而胡公乃怀抱郁郁,呕血而卒。"此湘人秘闻,顾皆事实,后目当详述。国藩之所以不肯听林翼以建非常之业,乃欲保中国耳。蒋廷黻在《中国近代史大纲》有云:"曾国藩怕满清的灭亡,要引起长期的内乱。他是深知中国历史的,我国几千年来,每次换个朝代,总要经过长期的割据和内战,然后天下得统一太平。在闭关自守,无外人干涉时代,内战虽给人民无穷的痛苦,尚不至于亡国。到了十九世纪有帝国主义者环绕着,长期的内战,就能引起亡国之祸。曾国藩所以要维持满清,最大的理由在此。"此又湘人之言也,宁阿所好哉? 吾于毛以亨《赫德传》证之。毛氏曰:"当时盛传英国欲控制中国陆海军权,助用戈登、李泰国分统陆海军,挑拨满、汉感情,以冀再师其在印度以本地人效忠英国而亡其本国之故智。幸慈禧果断,竟答以:'这天下咱们不要了,送给汉人吧!'而中兴诸将懔于外侮之急,不敢轻谈排满与革命,故均能不受外人利用,借团结以图幸存。此等明智之举,实为中国人与印度人之所由分,而亦为今日中国人所应法师的。"毛氏取材于外国史料,亦非湘人,其言公正确实。盖满清虽曰外族,实同中国,雍正帝早言之,究非英、法异类也。国藩攘外之思想,久露于鸦片战争之时,岂能受戈登利用?(戈登曾劝李鸿章取而代之)其不肯取代满清,恐外人有隙可乘耳。此与洪秀全之不肯利用外人,清廷之不肯假英、法、俄兵助剿,皆同一保中国之意也。清末有"保中国不保大清"之言,载漪谓:"宁送洋鬼子,不送家奴。"若与慈禧"这天下送给汉人吧"之言对照以观,则后人之智慧殆一老妇之不如矣。

(四) 曾国藩不做皇帝

国藩之所以薄皇帝而不为,后为章炳麟所讥议者,因其以护持名教为帜志,绝不能自毁立场,作反乎礼教之事也。君臣大义,在数千年专制政体积威之下,业已根深蒂固,此为一般人所深信不疑之事。以左宗棠之性格，豪迈不羁，立功边徼，气凌朝右，尚不免懔殿陛之森严，以天威为可畏，足见环境尼人，早与刘季、项羽之时代不同矣。国藩以盖世之勋业，圣相之尊严，办理天津教案，毫无差忒。乃以奏劾府县故，竟致谤议纷纭，举国欲杀，更可见旧社会潜势力之大。倘使国藩狐埋狐搰，则不仅招全国之反对，即方伯四岳之威，恐亦有不受号令者，能保其必成功乎？当时之形势，与清末绝不相同，未可以袁世凯之时代视之，即令能如袁世凯，则亦未必能达其保国之愿。画虎不成反类犬，此国藩所熟筹深计者，况自始即不存功名之念，泥涂轩冕，天下孰加焉？亦有为有所不为而已。在京《怀郭筠仙诸友诗》云："丈夫举足腾两龙，岂肯趑趄为人后？"又《感春诗》云："一朝孤凤鸣云中，震断九州无凡响。要令恶鸟变音声，坐看哀鸿同长养。上有日月照精诚，旁有鬼神瞰高明。"超超元音，何等胸怀，岂肯欺人寡妇效泼皮赵检点之所为哉！世皆知王闿运、胡林翼、彭玉麟曾劝其自为，尚不知有黄袍加身之一幕也。据楚狂《投笔漫谈》云："王壬秋湘绮来谒公，语剌剌不休，公惟唯唯。而以指醮杯中茶汁，频有所点画。适公因他事少离座，王窃起视，则所画者皆'荒谬'二字。"大概国藩以其书生狂纵，避之若浼，特取此幽默态度，逼之收科。故王《别曾幕诸友诗》有"我惭携短剑，真为看山来"之句。其自挽联亦有"纵横计不售，空留高咏满江山"句。后主衡阳、成都讲席，常骂"曾大不受抬举"，可知闿运以纵横说国藩，而不甘心于荒谬之批评，所著《湘军志》，对曾多微词。又尝告左宗棠曰："闿运行天下，见王公大人多矣，皆无能求贤者。涤丈收人材不求人材，节下（指左）用人材不求人材，其余皆不足论此。以胡文忠之明果向道，尚不足知人材，何从收之用之？故今世真能求贤者，闿运是也，而又在下贱，不与世事，性懒求进，力不能推荐豪杰，以此知天下必不治也。"闿运自负霸才，不得一申其志，故多怨谤之言，即此可见其为人矣。曾、左、胡皆最重视人材者，相传林翼私称"三如行者"。爱才如命，挥金如土，杀人如麻，是谓"三如"。是林翼直爱才如命矣，而闿运尚讥之，其意盖以天下人才，唯闿运一人而已，国藩指为荒谬，孰曰不宜？《投笔漫谈》又载，"昨胡公（指林翼）来谒公（指国藩），亲送一联曰：'用霹雳手段，显菩萨心肠。'公极为激赏。胡临行，遗一小纸条于案次。公方去送胡，余偶趋视，则赫然‘东南半壁无主,我公其有意乎?’十二字,余惊骇,即退离室。俄而公入室,当必看到此纸条。”而《清人遗事》云:“安庆克复后,彭玉麟遣人迎曾文正东下,舟未抵岸,遣亲弁以密函呈云:‘东南半壁无主,老师岂有意乎?’文正面色立变,急言曰:‘不成话,不成话,雪琴还如此试我,可恶! 可恶!’撕而团之,纳于口而咽焉。”《遗事》谓倪人垲所言如此,似较可信。而林翼之联语,亦即三湘盛传胡劝国藩自为之由来也。左宗棠于樊燮事解后,题神鼎山联语曰:“神所凭依,将在德矣;鼎之轻重,似可问焉。”专差封此稿致胡转曾,请同为删改。胡启视,当然已知来意,因一字不易,加封转曾。曾仅将“似”字改为“未”字,又原递还胡。林翼在笺尾批:“一‘似’一‘未’,我何词费?”其时对国藩劝进,作陈桥想者,不仅胡、王、左、彭,即郭嵩焘、李元度等亦暗中煽动甚力。曾每勉元度戒慎,即因此也。南京破,国藩抵金陵,见颓垣败瓦,满目凄怆,而将士皆憔悴枯瘠,神色非人,特命于钟山穿口,镵石以识其处,并铭曰:“穷天下力,复此金汤,苦哉将士,来者勿忘!”可见国藩心情之沉痛,并不因此而沾沾自喜矣。一夕,将夜分,亲审李秀成毕,刚入室拟小休。诸将僚佐,约三十许人,忽来集前厅,请白事。左右觉有异,即禀闻。国藩问:“九帅(国荃)偕来否?”答未。国藩徐起凝立,凛如天人,指巡弁曰:“请九帅!”俄而国荃扶病应命。国藩始出,指众坐。众见国藩严肃至极,迥异平时,仰视之不敢,遑论坐? 良久,国藩忽呼左右取纸笔,左右进以簿书纸,令易大红硾笺,即就案挥一联曰:

倚天照海花无数,
流水高山心自知。

掷笔起去,一语不发。众屏息皇悚有顷,国荃就案前视所书,众始敢趋视,则见有咋舌者,有舒臆者,有细味而点首者,亦有叹息者,有热泪承眶者,有木立无所表白者。独国荃始似忿然,继亦凛然,终乃皇然曰:“谁敢有复言者! 此事我曾某一人担当。”于是众始惘惘然散。盖其时国荃与攻城诸将,独揽大功,嫉之者多谓宝物尽入军中,且有追抄之谣,诸将欲自保,遂为陈桥之变。而国藩斩钉截铁,以十四字示意,其襟怀之磊落,浩气之流转,跃然纸上。以无人无我之意态,见至高至明之哲理,其感人之深,虽国荃亦不敢为赵匡义矣。说者谓国藩之不为帝,恐左宗棠辈掣其肘,真浅之乎视国藩也。读此一联,当可知其胸中本无其事,又何有于顾虑哉?民国后,藏此联之朱君后人,携以示闿运,求跋数语。闿运惊叹曰:"有是乎?涤丈襟怀,今日以前,我只知一半,今而后,乃全知。吾老矣,微君相示,几不知文正之所以为文正,左老三(指宗棠)之所以为左老三。"沉思有顷,即欣然命笔,另书一联曰:"花鸟总知春浩荡,江山为助意纵横。"书毕,告朱君曰:"吾不敢着墨文正联上,以重污文正。另书此,纪文正之大,且以志吾过。"此纵横霸才,垂老始悔。历史上多少委曲之遗事,皆为肤浅耳食者所颠倒,其视湘绮何如?甚矣!知人论世之难也。(曾联纪事,见一九六〇年《天文台》余不足观阁主笔记《曾国藩不做皇帝》。)

(五)国藩与清廷之关系

国藩初起督师,赖友朋道义相维系,并无地方实权,自奉命督两江,始获大用之机会。此皆肃顺力也。及辛酉政变,朝旨莫测,国藩忧谗畏讥,时有陨越之虞。尝致其弟国荃书云:"京师十月以来,新政大有更张,皇太后垂帘听政,中外悚肃。余连奉廷寄十四件,倚畀太重,权位太尊,虚望太隆,可悚可畏!"国藩之所悚畏者,以宦途险巇,善始者不必善终,此即《易经》相对之理,祸福倚伏,盛衰循环,富贵常蹈危机,于乱世功名之际,尤为难处。故屡诫国荃,多危悚之辞,令其加意检点,不求获福,但求免祸。盖一般人妒功嫉能,在上者亦所不免,霍氏之祸,萌于骖乘;羹尧之诛,仅以惕乾,可为殷鉴矣。老氏所谓:"不敢为天下先。"国藩固无时不以持盈保泰为念也。其致国荃书,十九皆发挥此理,如谓:"处大位而兼享大名,自古能有几人得善末路者?总须设法将权位二字,推让少许,减去几成,则晚节渐可以收场耳。"又云:"古来成大功大名者,除千载一郭汾阳外,恒有多少风波,多少灾难,谈何容易?愿与吾弟兢兢业业,各怀临深履薄之惧,以冀免于大戾。"故始终抱定郭子仪"招之未尝不来,麾之未尝不去"之态度。"置祸福毁誉于度外,坦然做去,见可而留,知难而退,但不得罪东家,好去好来,即无不可耳。"金陵攻克,曾国荃为第一指目之人,群言嚣嚣,皆谓太平金银如海,均为国荃所得,国荃郁郁致病,告假回籍,将所部湘军,全数遣散。而左宗棠、沈葆桢又以幼主逃赣事,向国藩攻讦为难。京朝言官,最喜遇事生波,更何能放松此起哄之机会?累疏隐隐劾之。御史朱镇奏陈金陵善后,谓兵勇宜遣散,田宅宜清还,难民宜抚恤,商贾宜招徕。今之办善后者,皆生事扰民,无怪愈理而愈棼也。此种求全责备之论,已使国藩难堪矣,而蔡寿祺又上封事,网罗劳崇光、骆秉章、曾国藩、曾国荃、刘蓉、李云麟、李元度、袁甲三、薛慎、蒋益澧、万启琛、杨昌濬、陈湜、江忠濬、唐际盛、李鸿章、官文、胡林翼败坏纲纪之罪,甚至谓李鸿章、曾国荃、杨昌濬浮诞贪婪鄙陋,只宜授以卑职,岂能畀以重任?其战功皆因人成事,一旦夤缘得法,遂骤膺高官。几举湘军平定洪杨之大功而一笔抹杀,狡兔未死,走狗欲烹。诚如王拯所云:"必欲引绳而批根,其能扪心而不自愧乎?"幸此疏留中未发,否则,天下解体矣。寿祺之所以为此者,因其尝佐胜保幕,欲为满员旗将夺取军权。时恭王议政,仍沿肃顺推服楚贤政策,恩礼逾乎往日,以示诚信,内外相维。而寿祺乃上第二疏弹劾恭王,并有:"自金陵克复后,票拟谕旨多有大功告成字样,现在各省逆氛尚炽,军务何尝告竣?而以一省城之肃清,附近疆臣咸膺懋赏,居功不疑,群相粉饰。"其意仍在讥刺国藩,欲使恭王、国藩并去也。慈禧因以植党擅政黜恭王,而廷臣不敢议及国藩者,盖以满族气数已尽,各省大吏,尽属湘军人物,似此尸居余气之王朝,正赖国藩保护耳。先是,英法联军之役,清廷命鲍超带队入援,交胜保统带,即有"挟君命以谋夺楚兵"(胡林翼寄国藩书语)之意。国藩奏称:"鲍超虽号骁雄之将,究非致远之才,兵勇未必乐从,邻饷尤难应手。度才审势,皆惧无济。请于臣与胡林翼二人中饬派一人,督师北向,护卫京畿。"盖国藩对清廷已感失望,不愿以自己所培植之势力更遭满人破坏,故以进为退,以为将来地步。致林翼书云:"默观天下大局,万难挽回,侍与公之力所能勉者,引用一班正人,培养几个好官,以为种子。"其不满意于当时朝局,即因太平易灭,外患难除,与林翼睹洋船而呕血之心情相同,寄望未来,功成不必自我,故始终以改造社会为念，多留种子耳。鲍超武人，何能了解曾、胡苦心？反以失却建功机会出怨言，林翼驰书以告诫之曰：

> 涤帅奉旨饬令鲍超迅速北上，交胜保管带，涤帅与兄深知其为人忮忌贪诈，专意磨折好人，收拾良将。弟若北援，无论南北风气异宜，长途饷项军火，无人主持；且必为磨死，而又不能得功得名也。惟北援是君父之急难，不敢不遵，万不可以他辞推诿。其时涤帅筹思无策，只得应允，自行北援，或兄北援，以兄与涤帅若能北行，则所带将士，或不致十分饥困，亦不致受人磨折也。弟若知涤帅此次之恩，弟且感激流涕之不暇，涤帅待弟之恩，是天地父母之恩也。恐吾弟尚不知涤帅苦心婆心，救全弟命之诚，故不惜反复言之。弟于世事太愚，当一心敬事涤帅，毋得稍有怠玩。自来义士忠臣，于曾经受恩之人，必终身奉事惟谨。韩信为王而不忘漂母一饭之恩，张苍作相而退朝即奉事王陵及王陵之妻如父母，终身不改。此其存心正大仁厚，可师可法。弟以一协标兵，受涤帅之知遇，岂忍萌妄念哉？岂忍萌妄念哉！

林翼之论胜保，谓："每战必败，每败必以胜闻。在蒋坝残败不能复军，山东人向呼此公为'败保'。其治军也，胜不相让，败不相救，轻而不整，贪而无亲。"胜保本无兵，仅挟降捻以自重，当然欲借君命以攘楚军，厚植己力。而辛酉政变时，慈禧倚作后盾，亦欲满人之能夺回军权，故胜虽死其阴谋未散，霆军因饥生变，难保不有如蔡寿祺一类人从中煽惑。国藩奏称："该军积劳最久，立功最多，平日本乏纪律，将卒以屡胜而骄。又以无饷而怨，又值统将回蜀之时（时鲍超假归营葬，逗留逾年），又有新疆远征之苦（朝命调往新疆剿回）。故赴川之八千人，臣早虑其溃散。曾于三月十五日密奏一次。然臣虑其溃而滋事，犹不料其叛而为寇，是否别有情节，尚须详细访查。至娄庆云一军，在闽鼓噪，则实系因饥生变，别无他故。臣拟先抚上杭之饥军，再办金口之叛卒。"恭王被议，霆军复叛，内外交迫，国藩处境之进退维谷，实千百倍于祁门之围，盖慷慨就死易，从容自

保难。其心情忡忡,可于手书日记中征之:

三月十七日:接奉初六日廷寄一道,首行无议政王之衔,为之大诧!与幕中诸友叹讶良久。……傍夕至后楼与纪泽(国藩长子)一谈时事。

三月廿八日:开船赴焦山,是日阅京报,见三月八日革恭亲王差使,谕旨有目无君上诸多挟制暗使离间不可细问等语,读之寒心惴栗之至!竟日忡忡,如不自克。二更三点睡,不能成寐。

四月初三日:早饭后开船行二十余里,至中关登岸入张仙舫盐局一谈,旋至雪琴(彭玉麟)船上,言及国事与渠家事,欷歔久之!渠旋作别回裕溪口,余亦回省。

四月初五日:见京信一件,言及近事颇详,及见三月十六日谕旨:恭王复入总理衙门,读之感叹良久。

四月二十一日:接廷寄一等侯之上加毅勇二字,李少泉伯之上加肃毅二字,日内正以时事日非,惄然不安,加此二字,不以为荣,适以为忧。

四月二十二日:余因三月初八日之事及霆营之变,怛然寡欢,因再与方元征围棋三局。天晴日永,下半天未治一事,近年无如此懒惰者。(此日记影印抹去十余字,殆恐触时忌耳。)

四月廿七日:见段培元、席研香禀,知娄云庆所辖霆营于初九日在上杭忽叛,十分焦灼,不知所措,绕屋傍徨,无以为计,又与方元征围棋二局。

四月廿八日:阅京报,四月十六日恭王复充军机大臣。又接娄云庆禀,其军因饥滋事,尚不十分决裂,为之少慰。然霆营之祻已成,不知何日得了,实有无穷之忧。

五月十二日:见刘霞仙所作辨蔡寿祺诬劾一疏,置身甚高,辞旨深厚,真名作也。

国藩自为之大诧,至寒心惴栗,且竟日忡忡,如不自克,盖有兔死狐悲之感；以有翊戴功之亲王且如此，遑言功高震主者乎？及僧格林沁阵亡，奉节制直隶、河南、山东三省之命，即具疏恳辞，云："臣博览史册，近阅世情，窃见无才而位高于众，则转瞬必致祸灾；无德而权重于人，则群情必生疑忌。臣之德薄才短，自知已久，不敢因曾立寸功而忘自陋。今尚未开两江总督之缺，而更增节制三省之名，臣何人斯？曷克当此！耿耿寸衷，如负重疚。惟有仍恳天恩，收回成命，但责臣以会办剿捻事宜，自当殚精竭诚，通力合作，不敢稍存畛域之见。如不蒙俞允，更当累疏渎陈，虽上干严谴，所不敢辞。"此疏"博览史册"、"近阅世情"二语，殊可玩味，亦甚爽直，盖国藩已决心急流勇退矣。其时所留湘军无几，而又闹饷滋事，国藩焦急忧愤，若不能自主者。上谕责以"历次谕旨，均未答复，实属疲玩因循，若欲借此获咎，冀卸节制三省仔肩，何以仰副朝廷倚任之重，谅该大臣公忠体国之心，何忍出此！"此为清廷第一次对国藩之辞色。国藩奏称："外间望治之心，责臣之辞，一似三路之前截后追，为防为剿者，皆臣军应办之事，臣何以堪此重任？又何能当此重咎？以僧格林沁之贤，忠可以泣鬼神，勇可以回山岳，办捻五年，尚未蒇功，今捻匪之马匹愈多，而时论之视贼愈轻，一似数月期年，可望肃清，臣又安能奏此速效？""至臣处奏报之稀，曾于同治元年二月初六日复奏：一则不轻奏谣传之言，一则不轻奏未定之事，一则不轻奏预计之说。仰蒙圣训称许。数年以来，不改此度，兹奉严旨诘责，惶愧无地，若欲借此获咎，以卸仔肩，则臣生平所志所学，断不肯如此取巧！"此明揭朝士放言高论不顾事实之病，而于清廷之薄责，以所志所学答之，棱棱风骨，殆即《挺经》之实例也。（李鸿章答刘霞仙函云："吾师〔指国藩〕所创二十四条《挺经》，胥关做人治国大道，鸿章愚昧，行其一条，恐犹无此识力与毅力。"有人问李《挺经》内容，李只能举出"儿子与人争路，老子替儿子下水相挺"一条。其余殆已失传。）同时致郭嵩焘书云：

> 尊谕自宋以来，多以言乱天下，南渡至今，言路持兵事之短长，乃较之王氏（王夫之）之说，尤为深矣。仆更参一解云：性理之说愈推愈密，苛责君子愈无容身之地，纵容小人愈得宽然无忌，如虎飞而鲸漏，谈性理者熟视而莫敢谁何！独于一二朴讷君子攻击惨毒而已。

此较熊廷弼“庙堂议论全不知兵”之言，更进一层，言者对小人则虎飞鲸漏，对君子则攻击惨毒。国藩屡被御史参劾，皆以“从容”二字应付之。清廷倘推心置腹，倚任专一，原可如蔡寿祺疏之留中不发，乃以廷寄抄示原奏，亦有故使闻之之意矣。国藩阅之，“不无郁恼，为之不怿者久之”。清廷欲调吴棠代国藩，李宗羲代鸿章为督抚，咨询国藩等意见，国藩谓密保尚且不敢，会商更觉非宜，不置可否。但于“统兵大员，非身任督抚有理财之权者，军饷必不能应手，士卒即难于应命”，详陈流弊，以打破清廷欲驱湘、淮军作牛马，不使据有地盘之诡计。“都中群议者无能谋及远大，但以内轻外重为患，鳃鳃然欲收将帅疆吏之权。又仅挑剔细故，专采谬悠无根之浮言。”（李鸿章寄郭嵩焘书语）国藩深惧无晚盖之力，乃撰一联云：“苦悔已往愆尤，但求此日行为，无惭鬼神；休怕后来灾祸，只要暮年心气，感召祥和。”剿捻之局，布置已定，即因病请开缺，并暂注销爵秩，仍愿留军中效力。清廷特命回两江总督本任，以资调摄，谓：国藩为国家心膂之臣，诚信相孚已久，岂可稍涉疑虑？此似真似假之言，令人啼笑皆非，而御史阿凌阿又劾之骄妄。群疑众谤，殊无自全之道，国藩如坐针毡，进退两难，深叹高位之不易居耳。又以所过之处，千里萧条，民不聊生，当乱世，处大位，殆人生之大不幸。《寄澄侯弟书》云：“诸事棘手焦灼之际，未尝不思遁入眼闭箱子之中，昂然甘寝，万事不视，或比今日人世差觉快乐。乃焦灼愈甚，公事愈烦，责任愈重，指摘甚多，人以极品为荣，我今实以为苦恼之境。然时世所处，万不能置身事外，亦惟有做一日和尚撞一日钟而已。”自同治七年七月，调国藩为直隶总督，虽清廷有移置辇下、藉便监视之意，而国藩忧谗畏讥栗栗危惧之心情，亦可以少舒；对其保民德化培养好官之本怀，反能放手做去。不料天津教案起，国藩愈被社会攻击，而清廷对之愈加放心，身处虎口，安然度过，不得不谓国藩学养之有素，亦古人明哲保身之道也。

（六）曾国藩之事业

国藩之出治湘军，挽回垂危之清室命运，保存传统之中国文化，此其经世学之本旨乎？曰是殆不然。其壮年立志，怀民胞物与之量，修内圣外王之学，无忝父母所生，不愧天地完人。精神盖在救世救人。故云："治世之道，专以致贤养民为本，其风气之正与否，则丝毫皆推本于一己之身与心，一举一动，一语一默，人皆化之，已成风气。故为人上者专重修身，以下效之者，远且广也。"（辛酉十一月日记）后来标榜"拼命报国，侧身修行"八字，均不外《大学》"明德"、"新民"之指。视军事政治为转移风气之手段，而军事政治并非其事业之目的也。所谓："引用一班正人，培养几个好官，以为种子。"即欲获致贤养民之功，以尽顾亭林所谓"天下兴亡匹夫有责"之义，国藩真正之目的在此。斯义前已述之，惟如何方能做到？彼尝训其子曰："予不愿为大官，但愿为读书明理之君子，富贵功名，皆有命定；学为圣贤，全由自己作主。"可见以功名为傥来之物，而学问道德，却非困知勉行不可。全靠自己努力，以学治世，以德化人，方能改造社会，不使仁义充塞，夫而后天下可免于亡矣。作官亦应悬以为鹄，如云：

> 为督抚之道，即与师道无异，其训饬属员殷殷之意，即与人为善之意，孔子所谓诲人不倦也。其广谘忠益，以身作则，即取人为善之意，孔子所谓为之不厌也。为将帅者之于偏裨亦然。此皆以君道而兼师道，故曰："作之君，作之师。"又曰："民生于三，事之如一。"皆此义尔。（壬戌三月日记）

所谓以君道而兼师道，即精神领袖与事业领袖合一，以事业表现精神，以精神贯注事业，不徒侧重某一方面，必须兼备双层资格。一代之治即一代之学，乃吾国教育之传统精神，内圣而外王，不能截分为两事也。但古代人事简单，圣王可集于一身，后代人事复杂，学行常区作两途；倘能培养人才，各得其用，则可配合一致，殊途同归。是以贤者领导社会风气，久之而戢戢之民，无不向化焉。故《原才》曰：

> 风俗之厚薄奚自乎？自乎一二人之心之所向而已。民之生庸弱者，戢戢皆是也。有一二贤且智者，则众人君之而受命焉；尤智者所君尤众焉。此一二人者之心向义，则众人与之赴义，一二人者之心向

利，则众人与之赴利。众人所趋，势之所归，虽有大力，莫之敢逆，故曰挠万物者莫疾乎风，风俗之于人之心，始乎微而终乎不可御者也。先王之治天下，使贤者皆当路在势，其风民也皆以义，故道一而俗同。世教既衰，所谓一二人者不尽在位，彼其心之所向，势不能不腾为口说，播为声气，而众人者势不能不听命而蒸为习向，于是徒党蔚起，而一时之人才出焉。有以仁义倡者，其徒党亦死仁义而不顾；有以功利倡者，其徒党亦死功利而不返。水流湿，火就燥，无感不雠，所从来久矣。今之君子之在势者，辄曰天下无才。彼自尸于高明之地，不克以己之所向，转移习俗，而陶铸一世之人，而翻谢曰无才，谓之不诬，可乎？否也！十室之邑，必有好义之士，其智足以移十人者，必能拔十人中之尤者而材之；其智足以移百人者，必能拔百人中之尤者而材之。然则转移习俗，而陶铸一世之人，非特处高明之地者然也。凡一命以上，皆与有责焉者也。有国家者得吾说而存之，则将慎择夫与共天位之人；士大夫得吾说而存之，则将惴惴乎谨其心之所向，恐一不当而坏风俗而贼人才。循是为之，数十年之后，万有一收其效者乎？非所逆睹已！

此为国藩经世济民之宣言书，分人才为三等：一戢戢之民，二贤且智者，三尤智者。有国家者，众人君之而受命焉，即政治领袖是已。不尽在位之士大夫一二人，即社会领袖是已。治天下能使贤者皆当路在势，则政教合一。如一二人者不尽在位，则腾为口说，蒸为风向，惴惴乎谨其心之所向，亦可转移习俗，陶铸人才。是即“匹夫有责”之义也。所以国藩认为人才之培养，风气之转移，乃治世为政第一着。对清廷之建议如此，其自己之作法亦如此。国藩求贤若渴，林翼视才如命，皆所以达其经世之目的者，即时致不满于国藩之王闿运，亦称其招致贤俊，一时中兴人才，皆出其门。国藩幕府人才之盛，过于今世所之谓智囊团，每日同食论道，加以考察培养转移，如在京官时所陈用人一疏，凡教诲、甄别、保举、超擢，无不身体而力行之。常歉然若有所不足，盖特以此为兢兢焉。李鸿章《督臣忠勋事实疏》云：

> 政治之要，莫先察吏。曾国藩之在江南，治军治吏，本自联为一气。自军旅渐平，百务创举，曾国藩集思广益，手定章程，期可行之经久；劝农课桑，修文兴教，振穷戢暴，奖廉去贪，不数年间，民气大苏，而宦场浮滑之习，亦为之一变。其在直隶，未及两年，如清积讼、减差徭、筹荒政，皆有实惠及民。前后举劾属吏两疏，尤为众情所翕服。其法于莅任之始，令省中司道，将各属各员酌加考语，开折汇进，以备校覆。一面留心访察，偶有所闻，即登之记簿，参伍错综，而得其真。俟贤否昭然，具疏举劾，阖省惊以为神，官民至今称颂。曾国藩生平未尝专讲吏事，然其培养元气，转移积习，则专精吏治者所不逮也。
>
> 自昔多事之秋，无不以贤人之众寡，判功效之广狭。曾国藩知人之鉴，超轶古今，或邂逅风尘之中，一见以为伟器，或物色于形迹之表，确然许为异材。平日持议，常谓天下至大，事变至殷，决非一手一足之所能维持，故其振拔幽滞，宏奖人杰，尤属不遗余力。……曾国藩又谓人才以培养而出，器识以历练而成，故其取人，凡于兵事饷事吏事文事有一长者，无不优加奖借，量材录用。将吏来谒，无不立时接见，殷勤训诲。或有难办之事，难言之隐，鲜不博访周知，代为筹划。别后则驰书告诫，有师弟督课之风，有父兄期望之意，非常之士与自好之徒，皆乐为之用。

鸿章所称述其师者，毫无溢美，或反不逮。国藩在直隶，有《劝学篇示士子》一文云："人才随士风为转移，信乎？曰是不尽然，然大较莫能外也。……豪侠之质，可与入圣人之道者……乌可以不致力乎哉？……为学之术有四：曰义理，曰考据，曰词章，曰经济。……其文经史百家，其业学问思辨，其事始于修身，终于济世，百川异派，同达于海而矣。若夫风气无常，随人事而变迁，有一二人好学，则数辈皆思力追前哲；有一二人好仁，则数辈皆思康济斯民。倡之者启其绪，和之者衍其波；倡者可传诸同志，和者又可嬗诸无穷；倡者如有本之泉，放乎川渎，和者如支河沟浍，交汇旁流。先觉后觉，互相劝诱……不过数年，必有体用兼备之才，彬蔚而四出，泉涌而云兴。"此就原则而言，已示人以经世之大旨矣，乃又于"直

隶清讼事宜”十条中,论奖借人才变易风俗曰:

> 正气不伸,则风俗仍难挽回,风俗之美恶,主持在县官,转移则在绅士。欲厚风俗,不得不培养人才。古者乡大夫宾兴贤能,考其“六德”、“六行”、“六艺”而登进之,后世风教日颓,所谓“六德”者不可得而见矣,至于“六行”,曰“孝友”、“睦姻”、“任恤”,“孝友”则宗族敬服,“睦姻”则亲党敬服,今世未尝无此等人也。“任”则出力以救急,“恤”则出财以济穷,今世亦未尝无此人也。“六艺”曰礼、乐、射、御、书、数,今世取士,用文字诗赋经策,其事虽异,其名曰“艺”则一也。今之牧令,即古乡大夫之职,本有兴贤举能之责。本部堂分立三科,以求贤士。凡孝友为宗族所信,睦姻为亲党所信者,是为有德之科;凡出力以担当难事,出财以襄成善举者,是为有才之科;凡工于文字诗赋,长于经解策论者,是为有学之科。仰各州县采访保举,一县之中,多者五六人,少者一二人,其全无所举,及举而不实者,该牧令皆予记过。教官如确有所见,亦可随时禀报。举有德者,本部堂或寄匾额,以旌其宅,或延致来省,赐之酒食,馈之仪物。举有才者,本部堂或饬属派充团长,酌给薪水;或调省一见,札令帮办捕务。举有学者,本部堂或荐诸学使,量加奖掖,或召之来省肄业,优给膏火。每州每县皆有数人为大吏所知,则正气可以渐伸,奸宄因而敛迹,端本善俗,尤在于此。用一方之贤士,化一方之莠民,芳草成林,荆棘不除而自悴;鸾凤在境,鸱枭不逐而自逃。诸良吏无以为迂而忽之。

国藩始终认为政治之改革,必须先有精神之改革,要改造社会,亦必须先改造教育。其一生事业,胥本此原则而行,最初颇用“慷慨激烈”之任侠精神,最后则用“公诚道义”之精神教育。故云:“君子之道,莫大乎以忠诚为天下倡。世之乱也,上下纵于亡等之欲,奸伪相吞,蛮诈相角,自图其安而予人以至危,畏难避害,曾不肯捐丝粟之力以拯天下。得忠诚者起而矫之,克己以爱人,去伪而崇拙,躬履艰难而不责人以同患,浩然捐生,如远游之还乡而无所顾悸,由是众人效其所为,亦皆以苟活为羞,以避事为耻。呜呼！吾乡数君子，所以鼓舞群伦，历九州而戡大乱，非拙且诚之效欤？"以此为精神教育之基础，如师之教弟，父之教子。至诚许与，公义昭然，能使懦者视死如归，强者以苟活为耻，相率涵濡卵育于威仪大化之中，产生一种莫与比伦之威力，岂仅戡乱而已哉？国藩之精神教育，在当时龌龊之社会中，已发生相当之效果，说者谓同治中兴之业，景象似乎一新者，即其所引荐从属之官吏，几无不以廉明著称也。然国藩并不以精神教育之提倡为限，此盖仅致贤之一端，而尚有养民之义在。养民则全靠物质矣。故又云：

> 军兴以来，士与工商，生计或未尽绝，惟农夫则无一人不苦，无一处不苦。农夫受苦太久，则必荒田不耕，军无粮则必乱民，民无粮则必从贼，贼无粮则必变流贼。而大乱无了日矣。故今日之州县，以重农为第一要务！

中国为农业社会，重农以厚生，则养民之道尽矣。是以于南京收复后，整饬盐务，缓定厘金，疏通商运，预筹荒政，救灾恤患，减租召垦，甚至秦淮河之画舫，亦令笙歌繁荣。或谓此老风流，不减当年春燕故事，遂以国藩为伪道学。实则国藩如以五十许人，而能了情绝欲，目中无妓，斯真伪道学矣。苟知中庸之理，即不当专讲精神而忘物质，亦不当汩没天性而事苦修，王道不外，小德出入，虽纳妾陈氏，不足为圣相病也。总之，国藩以执两之道，贯经世之学，于社会之改造，则恢复民族固有美德，此之谓守旧；于民族之前途，则接受西洋文明，此之谓革新。二者同时进行，乃其对我国近代史之大贡献也。盖徒然恢复旧礼教，则不能抵抗帝国主义者之机械科学，何况旧礼教之本身，亦复百孔千疮，有待救正乎？若徒然接受新文化，而不恢复固有之美德，则此腐化之旧官僚社会，根本不能举办事业。更何况社会民族之立场，有何术以全盘改造之乎？吾人之所以佩服曾国藩，诚以其眼光远大，订此救国救民之方案，与后日国父之民族主义如出一辙矣。

（七）国藩之令终

国藩处种族、权位双重危疑之地，以公诚戒慎示天下，并未因祁寯藻、彭蕴章、翁同龢辈之抵排而失其信任，倘以雍、乾文字狱之祸例之，则已足灭九族而有余矣。盖谗者谓其乙未岁暮杂感诗，有"竟将云梦吞如芥，未信君山刬不平"句，又《忆刘蓉诗》有"我思竟何属，四海一刘蓉。他日予能访，千山捉卧龙"句，隐然以刘先主自许，如成气候，不可复制。而左右亲朋怂恿以非常之业，如其女次芬《崇德老人八十自述年谱》言："督辕内外及乡间人士多谓'两江总督太细啦！'"以总督为微小，而希望国藩作度外之计。彭玉麟始终不肯做官，即有人劾其骄妄无君，又常与国藩造膝密谈，此种事宁能不为清廷所闻？慈禧以阴狠淫毒妇人，竟不为所动，可知国藩"流水高山"之坦荡胸怀，已能示人以信，而结主之知。王闿运《湘军志》批评国藩为儒者之罪，但对其公诚体国，亦深信不疑。尝曰："涤公在江西，实悲苦，令人泣下，不能不敬叹！'闻春风之怒号，则寸心欲碎；见贼船之上驰，则绕屋旁皇。'《出师表》无此沉痛。"国藩对于满人政权，外力压迫，仅能默运潜移，未可屠鲸斫蛟，以推美让功，逆来顺受，渡过难关，得免陨越，亦云幸矣。然非本经世之学，何来保身之术？高而不危，颠而不倾，张之洞《登石钟山诗》谓："太傅功名谁不赞，服公胜算在从容。""从容"二字，与诸葛一生谨慎，均有异曲同工之妙。《中庸》之所谓三达德，盖已能融会于心，躬行履践，非徒肆空言也。当在祁门督师之时，四面皆敌，无日不战，手书遗嘱，帐悬佩刀，从容布置，不改常度。"于危苦时不废学"（王闿运语），每日分时批判案牍，接见宾僚，吟览经史，老而弥笃。晚年多病，坐镇江南，犹自订课程，日读《资治通鉴》，随笔录其大事。日记起道光辛丑，时有断续，自咸丰八年六月，至易箦之前一日，未尝间也。同治九年，已患晕眩及右目失明，回任江督，不二年，又患肝风，右足麻木。同治十一年正月二十六日，前河道总督苏廷魁过江宁，国藩出城迎候，舆中背诵四子书。忽手指戈什哈（侍卫），欲有所言，口噤不能出声，遂回署。二十九日始愈，是日记云：

> 余病患不能用心，昔道光二十六七年间，每思作诗文，则身上癣

疾大作，彻夜不能成寐。近年或欲作文，亦觉心中恍惚不能自主，故晕眩目疾肝风等症，皆心肝血虚之所致也。不能溘先朝露，速归于尽；又不能振作精神，稍尽应治之职事，苟活人间，惭悚何极！

次日（即二月初一日）又记曰：

余精神散漫已久，凡遇应了结之件，久不能定；应收拾之件，久不能检，如败叶满山，全无归宿。通籍三十余年，官至极品，而学业一无所成，德行一无可取，老大徒伤，不胜悚惶惭赧！

国藩垂死之日，自责尚如此，虚怀谦冲之德，可谓至矣。刘长佑督直时，对捻匪主张合剿，与国藩主张分堵之意见不合，而国藩亟称之。长佑向人云："涤翁于此乃毫无芥蒂，良由做过圣贤工夫来也！"此可见国藩严以劾己、宽以容众之精神，确能达到所言"苟于道有所见，必实体行之"。盖国藩感清廷之无望，生民之痛苦，挽救乏术，辄为疚心。屈平之所以沉身而不悔者，则亦未尝不思遁入眼闭箱子之中也。二月二日，国藩方阅案牍，执笔而手颤，欲言而不能出声。有顷复愈，因告二子纪泽、纪鸿曰："丧事宜遵古礼，勿用僧道。"翌日，三次阅《理学宗传》，又有手颤心摇之象。初四日午后，历署西花园，游毕将返，忽呼足麻。扶掖至厅事，端坐而逝。年六十二。江南士民巷哭野祭，如丧慈母。事闻，赠太傅，谥文正，赐祭一坛，入祀昭忠祠，御制碑文曰：

朕惟台衡绩懋，树峻望于三公；钟鼎勋垂，播芳徽于百世。宠颁紫绋，色焕丹珉。尔原任大学士、两江总督、一等毅勇侯、赠太傅曾国藩，秉性忠纯，持躬刚正，阐程朱之精蕴，学茂儒宗；储方召之勋猷，气推公辅。登木天而奏赋，清表风规；历芸馆而迁资，诚孚日讲。屡持使节，兼校春闱，荐擢卿班，允谐宗伯。溯建言之直节，荷殊遇于先朝。凡兹靖献之丹忱，早具忠贞之素志。乃突来乎粤匪，俾训练夫楚军，拔岳郡而克武昌，功如破竹；靖章江而平皖水，威振援枹。两江尊

> 总制之权,九伐重元戎之命。朕丕承基绪,眷念成劳,荣衔特畀以青宫,峻秩更登诸黄阁。辞节制于三省四省,弥见寅恭;精调度于湘军、淮军,务严申令。联苏、杭为犄角,坚垒同摧;倚昆季为爪牙,逆巢直捣。金陵奏凯,慰皇考知人善任之明;玉诏酬庸,褒元老决胜运筹之略。既折圭而列爵,亦叠翠以影缨。既而畿辅量移,因之阙廷展觐;汲黯近赣,实推社稷之臣;杨震厚遗,无惭清白之吏。惟是疮痍未复,每廑念乎天南,锁钥攸司,仍遄归于江左。方谓功资坐镇,何期疾遽沦殂!赠太傅而阶崇,祀贤良而誉永。专祠循祭,世赏优颁,易名以表初终,核实允孚文正。於戏!松楸在望,倍怀麟阁之遗型;金石不磨,长荷鸾纶之锡宠。钦兹巽命,峙尔丰碑。

哲人长往,精神永在,鞠躬尽瘁,遗范足式,论中兴人才,当以国藩为冠冕。顾有以嗜杀而称为刽子手者,观其《嘉言钞》云:

> 不治以严刑峻法,则鼠子纷起,将来无复措手之处。是以壹意残忍,冀回颓风于万一。书生岂解好杀?要以时势所迫,非是则无以锄强暴而安我孱弱之民。

其"用法从严,非漫无条件,要以精微之意,行吾威厉之事",以求合乎"时势"之宜,仍属中庸之道。《复贺耦庚中丞书》曰:"物穷则变,救浮华者莫如质,积玩之后,振之以猛,意在斯乎?"又有《严办土匪以靖地方折》云:"积数十年应办不办之案,任其延宕;积数十年应杀不杀之人,任其横行。遂以酿成目今之巨寇。"可见其杀人非漫无条件,乃杀一儆百,以杀止杀之意。虽自言:"身得残忍严酷之名,亦不敢辞。"然兵勇抢劫粮台,国藩奏将万瑞书正法,而骆秉章不肯。标兵围攻行馆,而国藩避往衡阳。家书云:"此中构怨之事,造孽之端,不一而足。"又《与刘霞仙书》云:

> 近日友朋致书规我,多疑我近于妒功嫉能忮薄险狠者之所为,遂使我愤恨无已。虹贯荆卿之心,而见者以为淫氛而薄之;碧化长宏之

血，而览者以为顽石而弃之：古今同慨，我岂伊殊？屈累之所以一沉而万世不复返顾者，良有以也。仆之不能推诚与人，盖有岁年，今欲矫揉而妁妁向人，是再伪耳。

国藩之杀人，颇似胡林翼自称三如行者之杀人如麻，而总标曰“侠盗之间”。但林翼常自笑曰：“此三如，本行者何曾做到？聊以自娱而已。”因以“用霹雳手段，显菩萨心肠”一联勉国藩。盖有伊尹之志者，方可称侠盗，杀富济贫，死一活百，仍属菩萨心肠。国藩之弟国潢，居乡办团，常借势杀人，国藩以锥刺其股，国潢呼痛。国藩云：“你杀人就不痛吗？”统兵十余年，从未引用军法，杀一将领。可见国藩仍守孟子“不嗜杀人者能一之”之训，而始得成功。倘真嗜杀过洪、杨，则太平天国不至灭亡矣。岂可信口雌黄，以黄巢、张献忠比拟之哉？国父虽讥其不明《春秋》大义，但仍赞之为世界唯一大政治家。盖不肯作一笔抹杀之论，亦犹王闿运、章炳麟耳。

（八）曾国荃与湘军纪律

国藩有弟四人：曰国潢、国华、国荃、国葆。国潢照管家务，平平无奇。国华随李续宾殉难三河。国藩《哀词》云：“粲粲诸弟，雁行以随，吾诗有云，午君（指国华）最奇。挟艺千人，百不一售，彼粗秽者，乃居吾右。一朝奋发，仗剑东行，提师五千，往从阿兄。何坚不破？何劲不摧？埙篪鼓角，号令风雷。莽莽舒、庐，群凶所窟，积骸成岳，孰辨弟骨？生也何雄？死也何苦？我实负弟，茹恨终古！”国葆后改名贞干，因国华死始出从军，投效胡林翼，与国荃会师南京，染疫病死。国藩谓其：“仁足以用部曲，而妻孥不获食其德；识足以祛群疑，而文采不能伸其说，所谓命焉者非耶？”故能随国藩成功者，仅一国荃，幼虽不得志于科名，而国藩已推之为“白眉”。国荃字沅甫，排行第九，军中称为“九帅”。鸦片战后，国藩《酬九弟诗》云：“汉家八叶耀威弧，冬干春胶造作殊。岂谓戈鋋照京口？翻然玉帛答倭奴！故山岂识风尘事？旧德惟传嫁娶图。长是太平依日月，杖藜零涕说康衢。”关怀时事，痛心和议，乃以“门内生涯何足道？须要尝胆报尧天。”“手似五丁开石壁”,“神斤事业无凡赏”期之。可见国荃早为乃兄所赏识,故有“春草池塘”之梦,以二人之感情最笃也。国荃少负奇气,咸丰六年始以国藩困南昌,欲赴兄急,请于骆秉章募三千人援江西,连克数县。次年,丁父艰回籍。江西巡抚奏起统吉安诸军。江西肃清,进攻安庆。安庆克乃率师东下,围江宁,时已迁江苏布政使矣。自同治元年五月,进军秣陵关、大胜关、三汊河,攻雨花台,几达一年,与李秀成、李世贤之数十万人,连翻苦战,将士狞目猱面,皮肉几尽,国荃左颊亦中枪伤。又苦大疫,艰苦支持,又一年而南京始破。据黔军朱洪章《从戎日记》云:

> 章奋勇登城,大呼而进,各队奋然并进,贼大败溃。我军追杀至老城埂太平门,贼又败转滥房,章令两路放火。顷刻火起,贼不能支,遂又败北。……时日已暝,章乃冲入伪王府,搜其党而歼之,令将辕门紧闭,以两营守之,余皆分扎前后,封其府库,以待九帅。次日,九帅复令各处搜贼,忽贡院前阴沟火起,贼匿其中,章令撒火药烧之,贼冒火乱逃。

赵烈文为国荃幕僚,其日记二十册,现存“国立中央图书馆”。对南京破城前后事,所纪特详,前已引述,可参阅,惟烈文拟奏稿,国荃加以删削。并详叙赶回老营,及诸将战功。烈文力请曰:“赶回老营,意何为者?”国荃艴然曰:“如此则迹似讳饰,等于取巧。”烈文见其意态,迥异平时,且略现有神异之色,度不能再争,只得改缮。国荃监后又复睡。十六日四鼓至十七日拂晓之间,城北守军来报,有步队千计,马队二百余,假冒官军衣装,从缺口冲出,任其投句容而去。烈文意首领必在其中,即叩门请公起,飞札马队营官追剿。奏上,越十日而旨下,以“大局粗定之时,该员不当遽返老营”为责,辞气殊严。于是外营中人,咸归咎于前折文字之疏。烈文曰:“若辈悠悠之口,何足与言?所恨中丞厚待各将,而城破之日,全军掠夺,只一人顾全大局。萧孚泗辈在伪天王府取出金银不赀,即纵火烧屋以灭迹。忠酋李秀成实系方山民人陶大兰缚以送伊营内,伊又掠美,禀称乃派队擒获。对陶一文不赏,且疑李秀成有存款在其家,派队将其家属全数缚至营中,邻居亦被牵涉,逼讯存款,至合村遗民空村窜匿。诛求如此,则伪幼主之得脱,安知非民人惩前车而纵之使去?尤足令人眦裂!中丞孤立无援,又多怨忌,幸获忠酋,此局方得交卷,否则不独无赏,且将受谴责矣。至此次廷寄,忽加厉责之故,殆别有缘起,余知其约略,未敢臆断。大抵朝廷苟无奥援,将帅立大功于外,往往转罹交议。不然,去年苏州之复,李公原奏明言忠酋由小路搭桥而去;今春杭州之复,左公原奏,明言贼倾城先走:皆奏入而恩出,以视于此奏何如?以视中丞又何如?且堂堂中朝,对扫穴擒渠之元勋,又岂应以区区笔墨为罪责耶?如许大事,如斯处理,明眼人可想象得之。"此于国荃之苦心孤诣,描写甚为入微。盖疲惫至极之人,神经一弛,诸多反常,国荃以不闻不问之态度处之,殆有若干神秘作用耳。而湘军入城后,烧杀劫掠之事,赵氏毫不讳言,舆论皆指目国荃。如王闿运《湘军志》云:"群言益喧,争指目国荃,国荃自悲艰苦,负时谤。诸宿将如多隆阿、杨岳斌、彭玉麟、鲍超等欲告去。人辄疑与国荃不和,且言江宁镃货尽入军中。"以故国荃回籍后,"号有百顷田"。而赵烈文《日记》,载其与国藩对话云:"言及沅帅(国荃)收城时事,师(国藩)云:'本地人尚知感激,若非各营官及统领猎取无厌,岂非万全美事?'余曰:'沅帅实无所沾,但前后左右无一人对得住沅帅耳。'师云:'沅甫不独尽用湘乡人,且尽用屋门口周围十余里内之人,事体安得不糟?见闻安得不陋?'余曰:'沅帅坐左右之人累之耳。其实子女玉帛无所与也。各员弁自文案以至外差诸人,则人置一簏,有得辄开簏藏纳。客至则倾身障之,丑态可掬。'师狂笑曰:'吾弟所获无几,而老饕之名遍天下,亦太冤耳。'"足证城破之日,全军掠夺,仅国荃一人顾大局,愿为其无可奈何之部下负一切责任也。《湘军志》谓:"湘军于饷艰难,其后人人足于财,十万以上赀殆百数。"综上所说,可知城破后之焚掠,乃营官、统领、兵勇、文案、厮役等人无一不搜括充囊簏,而国荃所获无几也。李鸿章《复郭中丞书》谓:"沅翁百战艰苦而得此地,乃至妇孺怨诅。"此乃当然之事,因国荃为统帅,凡其军士之所为,皆应负全责耳。何况所用皆湘乡屋门口之人?但有财十万者仅百数,安能人人足于财乎?国荃解散其所部二万五千人,后多流为饿莩会党,以诰命换钱充饥,见诸《官场现形记》,

以杀人越货存活，见诸《中国秘密社会史》。其非人人足于财可知矣。再以国荃有田百顷论，所值多不过十万两，以彭玉麟之廉介，其捐助义举数亦近之，皆养廉银也。清制，督抚养廉，岁多至二万两，知县亦二千两，国荃从军九载，皆叙文职，其所获养廉几何？依此推之，则国藩谓："吾弟所获无几，亦太冤耳。"殊非阿私之言。然则，军纪之败坏，即亲如烈文，亦莫能为国荃讳也。中国军队，千古只有一"岳家军"能"饿死不掳掠，冻死不拆屋"。在清代宁有一不扰民之军队？康乾之世，府库充盈，饷糈靡缺，而三藩之平，西北之役，十全之功，到处骚然。嘉庆赖以平教匪之乡勇，皆鹑衣百结，类似乞丐，严如熤《乡兵行》描述至切。道光以后，额定兵饷，苦难供应，原步卒每月一两五钱之饷，仅发数钱。咸丰时，僧格林沁以亲王重臣，何虑无饷？然至山东即兴创亩捐，左右横恣。民有诉淫掠者，僧蹙额曰："若辈离家久，且宜徙民避之。"英法联军犯京，禁兵不战而溃，到处拦劫财物，圆明园被焚，更趁火打劫。书画古玩，为胜保所得者不少。胜保籍没，皆赐兆公，慈禧姊子也。英、法兵亦照样淫掳勒索，每日供给八千两之食物，英军又独索一万六千件绒毡皮袄。盖外军多为海盗，士兵尽属匪棍。俗语云："好铁不打钉，好男不当兵。"信然。当兵以卖命为职业，若卖命而不得钱，则此种亡命之徒，手执武器，何事不可为？湘军之起，曾国藩极注意此点，恐民心一去，不可挽回，誓欲练成一旅，秋毫无犯，以挽民心而塞民口。每逢三八操演，集诸勇而教之，反复开说至千百语，但令其无扰百姓。说法点顽石之头，苦口滴杜鹃之血，国藩之为此，盖欲感动一二，冀其不扰百姓，以雪兵勇不如贼匪之耻，而稍变武弁漫无纪律之态（见《与张石卿制军书》）。但此非空言所能奏效，乃规定陆勇饷银每月四两二钱，又每两多给五百钱，较官兵加数倍，故国藩初练之一万七千人，颇少有抢掳扰民之事。所获财物，皆太平军所遗也，国藩从未讳言，如咸丰四年奏：水师夺船太多，私匿藏货。彭玉麟恐争夺贻误，又虑众勇饱则思飏，遂一概烧毁。又奏：官兵有骚扰之名，贼匪有要结之术，百姓不甚怨贼，不甚惧贼，甘心从逆。官兵过境，无物可供买办，无人可为向导。国藩知其流弊，焉有不为补救之理？塔齐布、罗泽南之陆军，褚汝航之水师，未见有任意扰民之记载，其军纪相当可观。迨塔齐布死，其军由彭三元率领随罗泽南赴鄂，三元又战死崇通，而塔军即散。罗泽南死后，李续宾代之，续宾战死三河，而李续宜代之。李汝昭《镜山野史》云：

> 粤人撤围，向东安一路去矣。可怜粤兵虽去，宝庆一府四州县，被数万人马，纵横践踏半载，括金抄洗物类，遭伤不堪。

说者以此为续宜罪，实则石达开围宝庆，骆秉章所调援师，有赵焕联、田兴恕、魏喻义、陈士杰、刘长佑、刘坤一、刘岳昭、何绍芬、萧启江诸军，续宜率兵五千，由湖北往援，仅负统属之名，非尽续宜兵也。最先至者为黔军，刘长佑新募之勇初进战，萧启江军，尾追而去。续宜事毕即归鄂，并未停留半年。黔军或有骚扰，未可以责续宜！至启江入川战死，"所部分三统，则亦观望，或纵掠，无复湘军规制"。《湘军志》所言如此，可知从湘军规制者，即不敢纵掠矣。总之，湘军自塔齐布、罗泽南死后，已无国藩训练之师。其后招募，皆由统领负责，即曾国荃之吉字营，亦非国藩旧部，而刘长佑、刘坤一、萧启江等，皆出王鑫麾下，本不属于国藩者也。湘军纪律最坏者，为鲍超之霆军。徐珂《清稗类钞》云：

> 鲍超初谒鄂抚胡林翼，胡一见器之曰："汝诚将才，若统一二营，必为出奇制胜之偏师也。"鲍即在湘募两营，率以见胡。胡讶之，意谓实未给札令募兵，然既来，姑给游饷。自是鲍率师作战，然以无的饷，故每克一城，许部曲掠三日，三日后则严戒，秋毫无犯。

可见鲍超乃胡林翼拔擢之人，归国藩节制，国藩为书"英姿飒爽来酣战"以奖之。鲍以勇猛著，不识字，每被围，向国藩求援，不用公函，仅大书一"鲍"字，四周围点数十重，加封飞递。国藩遣援，必复书"援军由外杀进，弟可杀出，杀他个片甲不留，看弟显真本领，莫让关云长专美"云云。鲍超假归，于原籍奉节挂国藩、林翼等八人所书屏条，由川人赵某写一联以配之。联云："英雄老去惟屠狗，大将生来不读书。"盖讥之也。人或以告，超大笑斥曰："你不知'屠狗'二字，刚道着我！当年我随老帅（指国藩)围打四眼狗陈玉成,记得快过年了,全军齐说老帅有诗,要准备永丰(属湘乡)辣椒,调好益阳酱油,好屠狗过年哩!后来真把四眼狗屠掉了,这副联能说到屠狗,硬是要得!"鲍超之为人如此。(国藩戏寄林翼诗云:"江南江北阵云连,笑指洪崖一拍肩。我备芳椒君备酱,与君屠狗过新年!")而饷又不济,如何能整军纪。同治时霆军哗变金口,据国藩奏,林翼死后,始归统带,四年欠饷,达百二十余万之多,穷窘难支,此亦实情。胡林翼云:"将骄兵惰,终日酣嬉,不以贼匪为意,或乐桑中之嬉,或恋家室之私,或群与纵酒酣歌,或日在赌场烟馆,淫心荡志,乐极忘疲。"(《饬各统领查办各营文》)湘军晚年,以"屡胜而骄","无饷而怨",聚数十万亡命之徒,无钱以养,何能禁其不扰民,不劫掠乎?平时尚可加以约束,若城破之倾,三日不整营,殆已成为风气矣。淮军自始即然,似亦不必专责国荃。国藩谓:"若非各营猎取无厌,岂非万全美事?"此种无可奈何之神情,固如闻其声,如见其人也。国藩劝国荃:"弟何必郁郁!从古有大勋劳者,不过本身一爵耳。吾弟于国事家事,可谓有志必成,有谋必就,何郁郁之有?"并《寄沅甫弟四十一初度诗》九首以慰之。兹录五首于下:

陆云入洛正华年,访道寻师志颇坚。惭愧庭阶春意薄,无风吹汝上青天。

几年橐笔逐辛酸,科第尼人寸寸难。一剑须更龙变化,谁能终古老泥蟠?

九载艰难下百城,漫天箕口复纵横。今朝一酌黄花酒,始与阿连庆更生。

河山策命冠时髦,鲁卫同封异数叨。刮骨箭瘢天鉴否?可怜叔子独贤劳!

左列钟铭右谤书,人间随处有乘除。低头一拜屠羊说,万事浮云过太虚。

国荃读至"刮骨箭瘢"二句,为之放声大哭。盖以至情至性文字,现极高极明意境,人间乘除,何足计较?万事浮云,到底成空!想国荃必能感乃兄之哲理,而豁然开朗也。钟鼎云乎哉？谤书云乎哉？回籍后郭意诚赠联慰之,国荃书:“千秋邈矣犹留我,百战归来再读书。”以答之,意诚惊叹曰:“曾九真奇杰也,其才气决不低于曾大(指国藩)。”国藩亦称:“此联光焰逼人,优为笔攻。”可见国荃亦振奇人矣。同治五年,国荃抵湖北巡抚任,六年又告病开缺。迄光绪元年复起,二年调山西巡抚。值大旱,赤地千里。公私赈贷,晋民始苏。据王闿运致丁宝桢函云:“曾九真可儿,闻此次太原祈雨,内著道装,外施袍褂,头顶香炉,实以火药,置引线,炷香其上,露天长跽,口中念念有词,谓‘天如不雨,任待爆炸。’其泯不畏死蛮劲,彼天亦当退避三舍,何论发贼？侥幸及时雨降,否则,吾湘又弱一个,少一红顶矣。”朱克敬《笔记》谓:“晋父老感涕呕歌,乃家尸而户祝之,论者谓此举视昔年攻拔金陵之功相等。盖一则夺数百万生灵于豺貘封豕之吻,一则活数百万生灵于沟渎饿殍之余。前古勋臣,未有斡回元化,大任叠肩,建立如斯其伟者也。”“曾九真可儿”,殊为国荃确评,其与林翼,皆侠盗一流人物。及调两江总督,又被迫加入哥老会,乃卒以覆清廷矣。

六十三　左宗棠与郭嵩焘

(一)左宗棠

字季高,湖南湘阴人,父观澜,廪生,有学行。宗棠嘉庆十七年生,道光十二年举人,三试礼部不第,始绝意仕进。究心舆地兵法,喜为壮语惊人,名列公卿间,尝以诸葛亮自比,人目其狂也,胡林翼亟称之,谓横览七十二州,更无才出其右者。初就学城南书院,为山长贺熙龄所赏识,熙龄即长龄之弟,以此得读长龄藏书,长龄劝以立志远大,万勿苟且小就。既与陶澍订儿女姻亲,乃授其子陶桄读,即宗棠婿也。时宗棠寄眷湘潭岳家,夫人周氏,雅善诗文,相与切磋。宗棠尝有《二十九岁自题小像诗》述志云:

> 犹作儿童句读师,生平至此乍堪思。学之为利我何有？壮不如

人他可知。蚕已过眠应作茧,鹊虽绕树未依枝。回头念九年间事,零落而今又一时!

锦不为幍自校量,无烦詹尹卜行藏。君王爱壮臣非老,贫贱骄人我岂狂?聊欲弦歌甘小僻,谁能台省待回翔?五陵年少劳相忆,燕雀安知羡凤凰。

只恐微才与世疏,圣明何事耻端居?河渠贾让原无策,盐铁桓宽空著书。学道渐知箴怏犊,平情敢妄赋枯鱼。幽闲岁月都无累,精舍优游乐有余。

十数年来一鲜民,孤雏肠断是黄昏。研田终岁营儿哺,糠屑经时当夕飧。五鼎纵能隆墓祭,只鸡终不逮亲存。乾坤忧痛何时毕?忍属儿孙咬菜根!(以下尚有四首略)

观其诗,知其人,宗棠之气概不凡可见矣。又《题左氏家庙》曰:“纵读数千卷奇书,无实行不为识字;要守六百年家法,有善策还是耕田。”又题家塾曰:“身无半亩,心忧天下;读破万卷,神交古人。”《自序》云:“三十年前,作此语以自夸,只今犹时往来胸中,试为儿辈论,颇不免惭赧之意。然志趣固不妨高也,安得以德薄能鲜,谓子弟不可学老夫少年之狂哉?”宗棠才高行峻,不为曲谨小让,与曾国藩、胡林翼交游,气凌二人出其上,曾、胡皆绝重之。三人相与会谈,宗棠辄题目二人,亦撰语自夸,务压曾、胡,用相嘲谑。但就国藩之《乙未岁暮杂感诗》观之,则二人之高下可判矣。其诗曰:

去年此际赋长征,豪气思屠大海鲸。湖上三更邀月饮,天边万岭挟舟行。竟将云梦吞如芥,未信君山刬不平!偏是东皇来去易,又吹草绿满蓬瀛。

纷纷节候尽平常,西舍东家底事忙?十二万年都小劫,七千余岁亦中殇。蜉蝣身世知何极,胡蝶梦魂又一场!少昊笑侬情太寡,故堆锦绣富春光。

韶华弹指总悠悠,我到人间廿五秋。自愧望洋迷学海,更无清福住糟邱。尊前瓦注曾千局，脚底红尘即九州。自笑此身何处著，笙歌丛里合闲游。

为臧为否两蹉跎，搔首乾坤踏踏歌。万事拼同骈拇视，浮生无奈茧丝多！频年踪迹随波谲，大半光阴被墨磨。匣里龙泉吟不住，问予何日斫蛟鼍。（原作亦八首）

此诗为国藩第一次入京会试落第时作。方二十五岁，竟有气吞云梦，划平君山之豪情，以视宗棠之"蚕已过眠"、"鹊虽绕树"者，更上一层矣。宗棠贫贱骄人，而实欲见用于世，故有"只恐微才与世疏"之句，而国藩学海自愧，笙歌闲游，已知波谲万事，臧否乾坤，感墨磨之光阴，问斫蛟于何日！以与宗棠五鼎隆墓，臣壮非老相较，则志趣之轩轾何如耶？国藩既得科第，筮仕京朝，又以"一朝孤凤鸣云中，震断九州无凡响"、"莫言儒生终龌龊，万一雉卵变蛟龙"自况，而宗棠仅有快犊马磨之思，欲求友而依枝耳，此其才虽纵横，终不能为创造时势之人物，与国藩之学养不同矣。虽圭角毕张，一切睥睨，成勘定之伟业，建边疆之奇勋，而隐隐为之操纵者，则仍国藩也。晚年尝问幕宾曰："人皆言曾、左，何以不言左、曾？"一少年对曰："曾国藩心目中时刻有左宗棠，左宗棠心目中从来无曾国藩，只此一点，即知天下人何以说曾、左而非左、曾矣。"众皆愕然，宗棠起谢曰："先生之言是也。曾公生前，我常轻之；曾公死后，我极重之。"因读挽曾联以见意。可见宗棠以历练既久，已了解国藩之为人，较之王闿运非读"倚天照海"一联而不能全知国藩者，其聪明究比湘绮为高，且以见笔墨学问，更不如实际阅历矣。宗棠一生事业，可分三段，一在骆秉章幕中；二佐曾国藩幕以定闽、浙；三西征新疆，抵御强俄。后二事皆有专章。其在柳庄躬耕时，当林则徐移督云贵，舣舟长沙，以林翼之介，函邀宗棠，倾谈竟夕。则徐本陶澍同寅同志，宗棠以会试落第过宁，澍张盛宴以款之，许为未来主人。其与则徐，亦忘年交也。则徐熟悉世界大势，居伊犁数年，深感鹰瞵虎视者，不仅英、法，特以告宗棠曰："终为中国患者，其俄罗斯乎？吾老矣，无能为矣，惟弟其念之。"宗棠乃誓以攘俄自许。及张亮基为湖南巡抚，礼辟不就。林翼敦劝之曰："我能往寇亦能往，设楚地尽沦于贼,柳家庄、梓木洞能独完乎?”宗棠乃出从亮基,助守长沙,以功擢同知。先是郭嵩焘官编修,一日文宗召问:“若识举人左宗棠乎?何久不出也?年几何矣?过此精力已衰,汝可为书谕吾意,当及时出为吾办贼!”此盖肃顺告之者,九重特达之知,世人叹为殊遇,嵩焘以闻,而宗棠不顾也。周夫人诗云:“书生报国心常在,未应渔樵了此生。”林翼又赠金促之,始入亮基幕。亮基一切委任之。既而亮基移山东,宗棠又归隐梓木洞。骆秉章至,征辟不至,乃故捕陶桄,责以捐募不力。宗棠闻之,始晋省谒骆。秉章大笑曰:“不如此何能邀诸葛先生大驾也?”遂佐秉章,治团练,兴湘军。秉章倚之如左右手,僚属白事,辄问“季高先生云何?”。每发军报折,而秉章不知也。左师爷之名日闻,湘人戏称为右都御史,因巡抚有右副都御史之兼衔耳。设使宗棠不当湘事,则国藩之治军,林翼之抚鄂,能否得湖南支援,将大成问题。故宗棠《祭胡文忠公文》曰:“道、咸之交,盗起仓黄,红巾白梃,逾岭下湘。我治军书,入居湘幕,公帅湘人,建牙于鄂。六七年间,湘固鄂完,我司其隐,公任其难。曾侯觥觥,当世所宗,公与上下,如云如龙。”此对三人之互相维系,合作无间,言切意明,不啻陶澍、林则徐、贺长龄三人之在江南也。惟局面恢宏,事业更伟,以宗棠建议亮基,欲保湘必须兼顾五省。此为湘军成功之基本,迥异乎当时一般大吏之保境政策,甚或以邻为壑也。国藩尝曰:“湖南吾根本,不可无左公。”宗棠之关系大局如此。后以永州总兵樊燮倨骄,不理宗棠,宗棠以其“目不识丁”参革之。樊燮控宗棠于都察院,及总督官文。宗棠对簿武昌,诏旨且不测,国藩、林翼亟疏保荐之。嵩焘、闿运在京,力救之,赖肃顺力事始解。咸丰十年四月,诏询国藩,命以四品京堂襄办军务,国藩令募五千人,参用王鑫法,号曰楚军,解祁门之围。十一年,命襄办江南军务,率兵援浙,遂任浙江巡抚,闽浙总督。樊燮以“目不识丁”为辱,预书灵牌,训其子增祥苦读。增祥果获隽高科,入翰林,以诗文名海内,即学者称樊樊山也。

(二) 曾、左之交恶

曾、左二人之交恶,在江宁克复以后,国藩据诸将之言,谓洪天贵福已死乱军中,顷之,天贵逃宁国,通湖州,宗棠谍知之,疏陈其事。国藩疑浙帅张皇其词,特疏辨之。宗棠亦具奏申述,辞气激昂,颇诋国藩,清廷知二人忠,实无他肠,特降谕旨和解之。二人之怨,卒不能解,遂彼此绝音问。或言宗棠好以气凌人,国藩时以诙谐出之。一日,宗棠来咨,极诋国藩用人之谬,词旨亢厉,令人难堪。国藩复之云:“昔富将军咨唐义渠中丞云:‘贵部堂实属调度乖方之至!’贵部堂博学多师,不仅取则古人,亦且效法时贤,其于富将军可谓深造有得,后先辉映,实深佩服,相应咨覆”云云。宗棠大怒,从此遂无一字见及矣。又《庸闲斋笔记》常州吕庭芷侍读谈及二公嫌隙事,国藩与言致隙始末,谓:“我生平以诚自信,而彼乃罪我为欺,故不免耿耿。”但又谓:“西陲之任,倘左君一旦舍去,无论我不能为之继,即起胡文忠于九原,恐亦不能为之继也。君谓为朝端无两,我以为天下第一耳。”因共叹国藩憎而知善,居心之公正若此。其实宗棠与国藩交恶,乃以性情不投之故,宗棠特标一伪字骂国藩,此国藩所最痛心者,盖国藩始终以“公”、“诚”二字为立身之本,“中庸”之本体如此,故曰“不诚无物”。其对人处事虽兼用两端,而一以“诚”字为基础。宗棠意气自豪,不解此意,在国藩奔丧回籍时即痛诋之。国藩亦内疚,与林翼书,言宗棠侈口谩骂,有欲效王小二过年永不说话之语。至夺情再出,曾集“敬胜怠,义胜和,知其雄,守其雌”十二字属宗棠为书篆联以见意。二人遂交欢如初。祁门之围,宗棠讥嘲之,幼主之逃,宗棠交讼之,宗棠西征,国藩派刘松山一军助之,以饷事宗棠又痛骂国藩,国藩皆忍受不与较,盖已悟柔克之旨,惟至诚方能感人。西征筹饷,不遗余力,亦以宗棠在湖南,助成湘军,饮水思源,不忍弃此老友耳。及其卒,宗棠寄其子孝威书云:“念曾侯之丧,吾甚悲之,不但时局可虑,且交游情谊,亦难恝然也。挽联云:‘知人之明,谋国之忠,自愧不如元辅;同心若金,攻错若石,相期无负平生!’盖亦道实语。见何小宋(璟)代恳恩恤一疏,于侯心事,颇道得着,阐发不遗余力。知劼刚(纪泽)亦能言父实际,可谓无忝矣。君臣、友朋之间,居心宜直,用情宜厚,后前彼此争论,每拜疏后,即录稿咨送,可谓锄去陵谷,绝无城府。至兹感伤不暇之时,乃复负气耶？知人之明,谋国之忠两语,亦久见章奏,非始毁今誉。儿当知吾心也。吾与侯有争者国事兵略,非争权竞势比,同时纤儒,妄生揣疑之词,何值一哂耶?”二人之交情,于是乎见。有人言:此乃曾、左故弄之玄虚,欲免清廷疑忌耳。但仅可为功成以后事解,或曾恐功高震主,故惹宗棠诋之,未可知也。宗棠不仅对曾有意气,即对郭嵩焘、沈葆桢亦然,弥足见其天性之真。嵩焘为曾、左至友,其弟崑焘又与左为姻亲。洪秀全攻长沙,相传有人微服往诣之,说以勿弃孔孟而事天父,秀全不纳。崑焘闻之,语人曰:"此必左宗棠也,幸不合,合则不可收拾。"宗棠以意诚有意陷己,与断绝往来。同治三年,嵩焘任广东巡抚,太平军余党窜粤,宗棠出境督剿,请嵩焘筹饷。不餍,乃贻书谯让,卒劾罢之,荐其亲信蒋芗泉代。嵩焘憾之,贻人书云:"吾谓左公豪杰,惟曾公始足当一诟。我岂惟不受其诟?正当反诟之。左君之诟曾公,以怨报德;我则直讨有罪耳。"嵩焘数函国藩言其事,欲求直,国藩复书,乱以他语,不肯作左右袒。国荃挺身助嵩焘,逼乃兄表示意见,国藩始曰:"季高毕竟是我辈中人,而非曲性小人。"此言极有分寸,国荃不以为然,乃致书毛寄云与左宗棠直斥之曰:"公等从此不得为善人矣。"又彭笙陔笔记载:"昨晚与袭侯(纪泽)谈,偶及左帅于洪、杨围省城时,传曾微服由柳庄走长沙,谋谒洪、杨于城南天心阁畔,上万言书,确否?袭侯笑答:'家叔(指国荃)亦尝骂左帅非善人,但此事或系谣传。'"纪泽诚有乃父之风,不肯直指人过,所谓非善人,即国荃致书语也。不曰恶而曰非善,不曰小人,而曰非曲性小人,曾氏兄弟真善于调侃矣。其后嵩焘乞退家居,宗棠返乡往拜之,深致悔歉之意,郭留饭而别,终不回拜。沈葆桢以国藩荐起擢为江西巡抚,即阨协饷不发,国藩累疏争之。葆桢系林则徐婿,与宗棠投分最深,宗棠屡推之,得膺船政大臣。及左西征,又渐与李鸿章合,宗棠乃大骂其忘恩负友。时人谓:"左负尽天下人,仅得一沈幼丹还礼。"亦苛论也。宗棠骂人,殆属天性,晚年亦不改素行,每见部下诸将,必骂国藩,诸将退而愠曰:"大帅自不快于曾公斯已矣,何必对我辈烦聒?且其理不直,其说不圆,聆其前后所述,不过如是,吾耳中已生茧矣。"总督两江,接见僚属宾客无他语,不过铺陈西陲功绩及历诋曾文正而已。有时亦兼骂沈葆桢、李鸿章。甚至骂慈禧曰:"这婆娘。"苏绅、潘季玉言三度谒宗棠,宗棠语刺刺不能休,令人无可插话,形容惟妙惟肖。但宗棠于亲吏训吏之道,谓有一副勤恳心肠,与之贯注,见善则奖,见过则规,宽其不逮,体其艰苦,彼此诚意交孚,全无官场习气,则与曾国藩之作风正等。随军进退,与士卒同甘苦,与僚属资谈笑,杨昌濬所谓:“左公外严厉而内慈祥,所至威惠并行,廉不言贫,勤不言劳。”章炳麟所谓:“曾、左知失民不可与共危难,又自以拔起田舍,时时与人围棋宴游,其山泽之仪不替也。”炳麟又论:“夫此诸将帅者,倨让不同,宽猛亦从其性也,而皆体任自然,不好苛礼,不扰四民,不徇污吏,不畏强死,群校所推,以曾、左为主。”此为公允之言,故宗棠虽善骂而不累其功业,国藩称季高毕竟是我辈中人,殊为有道之见。宗棠亦谓:“纤儒揣疑,何值一哂?”以故言曾、左者,当于英雄心地上求之,不当泥于世情恩怨之痕迹,方能得体耳。以此而论,则宗棠亦振奇人也,怀策谒天王,或有或无,何须详考乎?宗棠由军机外放,年已七十,回里小住,袒腹茅檐下,笑谓邻人曰:“今日之三爹,犹昔日之三爹也。”(宗棠行三,兄宗植为同榜解元)一老媪曰:“到底有些不同,头发白了,肚子大了。”宗棠自抚其肚曰:“你们知道此中装些什么?”或曰:“燕窝鱼翅。”或曰:“龙眼桂圆。”宗棠笑曰:“尔等何知?此中皆绝大经纶。”乡人不解,转语人曰:“何等金轮!能吞诸腹中,况又绝大者耶?”又宗棠自比诸葛,署“今亮”、“小亮”。有人讥之曰:“祭东风,破曹操,此诸葛之所以为亮也;失街亭,斩马稷,此葛亮之所以为诸也。”自此宗棠不再用“小亮”、“今亮”名。此种琐事,俱可见宗棠为人。《清史稿》谓其好矜伐,刚峻自天性,有霸才而行王道,锋颖凛凛向敌,廉俭特著,诚笃论也。

(三) 郭嵩焘

嵩焘字伯琛,号筠仙,湖南湘阴人,道光二十七年进士,选庶吉士,与国藩交游,较国藩小五岁。太平军围长沙,嵩焘丁忧在籍,力劝国藩出治团练。江忠源东援入赣,乞师国藩,国藩遣嵩焘往从忠源守章门。是时敌艎集饶、瑞,分泊长江,因献编练水师议,忠源韪之。具疏请敕湖南、北、四川制战舰百余艘。嗣以赣被围久,船非可克期造,乃先造巨筏,列炮其上,与陆师夹击,厥后用以塞湖口者,即此筏也。湘军名大显,论功授编修,还朝,入直上书房。与肃顺颇相结,肃顺之推服楚贤,嵩焘与有力焉。咸丰八年随僧格林沁设防津沽,僧撤北塘备,嵩焘亟争之,议不合,遂辞去。国藩时引入幕,赞军谋。但与刘蓉皆不肯列荐章。同治元年,授苏松粮储道,迁两淮盐运使,库储竭,诸军仰饷淮鹾者数十万,嵩焘躬自掣验,配置各营。提督李世忠拥重兵,行私盐,无谁何,益遣人捕治之,运政乃僭。明年署广东巡抚,太平军犯粤,与总督瑞麟遣将防边,追入诏安城,杀数千人,军稍振。三年,金陵克,罢厘捐议起,嵩焘陈说利害,事遂寝。太平森王侯玉山避匿香港,官吏莫能捕,嵩焘援公法与争,执以归,论斩。而瑞麟遽张其功,以率兵往捕闻,嵩焘力止之,不可。英人大恚,数移牒诘责。初毛鸿宾督粤,事皆决于幕僚徐灏。瑞麟继至,灏益横,嵩焘衔之,上疏论军情数误,劾逐灏,并自请罢斥。事下左宗棠,宗棠言其迹近负气,被诃责。左、郭本姻家,宗棠先厄于官文,罪不测,嵩焘为求解肃顺,并言于同列潘祖荫,白无他,始获免。至是宗棠竟不为疏辨,嵩焘念事皆由督抚同城所误,逾岁解职,遂上疏亟论其弊,不报。嵩焘一生事业之可称者,不在其极力赞助湘军,而在其胆识在时人之上。维新之端,嵩焘与冯桂芬发之。惟桂芬仅以著述行世,与李鸿章颇有关系,而嵩焘参与政治,自恭亲王奕䜣、军机大臣文祥,以及曾国藩、左宗棠、李鸿章等,无不受其影响,内外大臣所提倡之自强运动,实际皆嵩焘所怂恿也。嵩焘谓:“西洋之入中国,诚为天地一大变”,但“得其道而顺用之,亦足为中国之利”。江楚教案起,嵩焘在长沙,亟函曾国藩论之。天津教案,群责国藩畏葸误国,声名重挫。嵩焘谓:“彼办理教案,则亦天理人情之至矣,而津人毁之,湖南人尤与毁之!询以津案始末,无能知者。道之不明,而意气之激,以不得其平,则亦何词不可逞,何罪不可诬哉?”其见解之开明,持论之公允,不徒以国藩为老友也。光绪元年,授福建按察使,未赴任,又命入值总理各国事务衙门。擢兵部侍郎,出使英国大臣,兼使法国。英人马加理入滇边遇害,嵩焘疏劾岑毓英,意在朝廷自罢其职,借钳外人口。而一时士论大哗,谓嵩焘媚外。嵩焘言既不用,英使威妥玛出都,邦交几裂。嵩焘又欲以身任之,上言:“交涉之方,不外理势,势者人与我共,可者与不可者拒。理者所以自处,势足而理直,固不可违;势不足而别无可恃,尤恃理以折。”因条列四事以进。而郎中刘锡鸿者,方谋随嵩焘出使,虑疏上触忌,遏之。比嵩焘觉，始补上，而事已无及。嵩焘至英，锡鸿为副使，益事事齮龁之。三年调锡鸿使德。嵩焘郁愤，三疏乞退，光绪五年归，主讲城南书院。然嵩焘在欧洲三年，见闻益广，潜心考察，乃知西洋所长，不仅船炮，尚有制度文物，皆当尽力仿行者，因致书李鸿章曰：

此间政教风俗，博大深厚，似其气象方日加新。推求其立国本末，其始君民争权，相继屠杀，大乱数十百年，至若尔日而后定。初非有至德善教，累积之久也。百余年来，其官民相与讲求国政，自其民而行之，蒸蒸日臻于上理，至今君主以贤明称。人心风俗，进而益善。

前岁入都，本意推求古今事宜，辨其异同得失，自隋唐之世，与西洋通商，已历千数百年。因鸦片之禁而构难，以次增加各海口，内达长江，其势日逼，其患日深。究明其本来，条具其所以致富之实，其发明，其用心，而中国所以自处与其所以处人者，皆可以知其简要。谋勒为一书，上之总署，颁行天下学校，以解士大夫之惑，朝廷所以周旋远人之心，固有其大者远者，当使臣民喻知之。……道天津，亦曾为中堂陈之。及至京师，折于喧嚣之口，噤不得发。窃谓中国之人心有万不可解者，西洋为害之烈，莫甚于鸦片烟，英国士绅，亦自耻其以害人者为构衅中国之具也，方谋禁绝之。中国士大夫甘心陷溺，恬不为侮，数十年来，国家之耻，耗竭财力，无一人引为咎心；钟表玩具，家皆有之，呢绒洋布之属，遍及穷乡僻壤；江浙风俗，至于舍国家钱币，而专行使洋钱，且昂其值，漠然无知其非者；一闻修造铁路电报，痛心疾首，群起阻难，至有以见洋人机器为公愤者。曾颉刚（纪泽）以家讳乘南京小轮船至长沙，官绅起而大哗，数年不息；是甘心承人之害，以使朘吾之膏脂，而挟全力自塞其利源，蒙不知其何心也！办理洋务三十年，疆吏全无知晓，而以挟持朝廷曰公论，朝廷亦因而奖饰之曰公论。呜呼！天下之民气郁郁壅遏，无能上达久矣！而用其鸮张无识之气，鼓励游民，以求一逞，又从而导引之。宋之弱，明之亡，皆此鸮张无识者为之也。嵩焘楚人也，生长愚顽之乡，又未一习商贾与洋人相近；盖尝读书观理历举古今事变，而得之于举世非笑之中，求所以为保邦治国之经，以自立于不敝，沛然言之，略无顾忌，而始终不相谅。窜身七万里外，未及两月，至一参再参，亦遂幡然自悔其初心，不敢复为陈论矣。

鸿章答书曰：

西洋政教规模，弟虽未至其地，留心谘访考察几二十年，亦略闻梗概。自同治十三年海防议起，鸿章即沥陈煤铁矿必须开采，电线、铁路必应仿设，各海口必添洋学格致书馆，以造就人才。其时文相（即文祥）目笑存之。廷臣会议皆不置可否，王孝凤、于连舫独痛诋之。曾记是年冬底赴京叩谒梓宫，谒晤恭邸，极陈铁路利益，邸意亦以为然，谓无人敢主持。复请乘间为两宫言之，渠谓两宫亦不能定此大计，从此遂绝口不谈矣。鄙意铁路须由开煤铁矿作起，兴此大役，而铁尚须购自海外，绝难告成。目下鸡笼煤铁，已有成效，武穴、池州，均甫开局。魏温云亦在宝庆、衡州等处试采煤铁，但官绅禁用洋法机器，终不得放手行之。凡此皆鄙人一手提倡，其功效茫如捕风。而文人学士，动以崇向异端、光怪陆离见责。中国人心真有万不可解者矣。

由此可见嵩焘对维新事业之主张，沛然言之，始终不为社会所谅。（嵩焘与人书云："曩在京师，吴江相国相戒不谈洋务，而鄙人之谈如故。至于谤讟刺讥，遍于士大夫，汹汹然不可向迩，鄙人之谈如故。诚见洋祸已成，与中国交接往来，亦遂为一定之局，冀幸多得一人通晓洋务，即可少生一衅端。"）鸿章亦有开明思想，仅奕䜣赞成之，但无人敢主持。甚至云两宫亦不能定此大计，则顽固势力之雄厚可知矣。以后当再述之。嵩焘屡谓："西洋立国二千年，政教修明，具有本末。诚得其道，则相辅以致富强，由此而保国，千年可也；不得其道，其祸亦反是。"（《使西纪程》）真正富强之源，"由于政教修明，风俗纯厚，百姓家给人足。岂有百姓穷困，而国家自求富强之理？今言富强者，一视为国家本计，与百姓无与"。其注意民生为富强之本，亦犹孔子"百姓足君孰与不足"之义，惜时人不仅不知此,而一闻新政,即群起阻挠。对嵩焘反称其"中洋毒","有二心于英国"。牛运之《雨窗消夏录》云:"光绪二年,郭侍郎嵩焘将使英吉利,值乡试,湖南举人讹言洋人将至,噪于闹,请兵迎击。又榜于道,欲毁嵩焘家,久之寂然。"王闿运日记所谓"出乎其类,拔乎其萃,不容于尧禹之世;未能事人,焉能事鬼,何必去父母之邦"一联,责其用夷变夏,湖南人至耻与为伍。李慈铭《越缦堂日记》云:"阅郭嵩焘《使西纪程》,纪道里所见,极意夸饰。大率谓其(英)法度修明,仁义兼至,富强未艾,寰海归心。其尤悖者,云以夷狄为大忌,以议和为大辱,自南京始。西洋立国二千年政教修明,具有本末,与辽、金崛起一时,倏盛倏衰情形绝异。今无故悬一和字,以为劫持朝廷之资,诚不意宋、明诸儒,议论流传,为害之烈,一至斯也!嵩焘为清议所贱,追此书出,而通商衙门为之刊行,凡有血气,无不切齿。何金寿编修上疏严劾,有诏毁板,而流布已广矣。伊为此书,不知是何肺肝?而为之刻者,又是何心哉?"闿运、慈铭,皆有名学者,其于嵩焘诋侮备至,则一般人可知矣。嵩焘虽家居,犹关心时事,法、越衅开,朝鲜乱作,均有所论列。尝言:"宋以来士大夫好名,致误人家国事,托攘外美名,图不次峻擢。洎事任属,变故兴,迁就仓皇,周章失措,生心害政,莫斯为甚。"其后所言皆验,而嵩焘已于光绪十七年卒矣。所著礼易诗学庸绥边诸书,均可传,尤以《养知书屋诗文集》脍炙人口。谭嗣同《报贝元征书》云:"郭筠仙侍郎归自泰西,拟西国于唐虞三代之盛,几为士论所不容,薛叔耘初疑其言太过,后身使四国,始叹此言不诬。"嵩焘致黎庶昌信云:"于开端奉使西洋,颇谓朝廷用人为不虚,区区才力亦尚能堪之。而于其时力举一刘锡鸿充当随员,枢府遽以副使任之,一意傅会京师议论,以嵩焘为的,自负能攘斥夷狄,深文周纳以相龁龇,不独区区一生愿力无所施用,乃使仰天欷歔,发愤呕血,志气为之销靡,才智为之遏塞。自古平陂倚伏之几,相乘迭见,诚有若然者,而未若刘锡鸿发之暴而施以悖谬至于此也。……使当时在廷诸公稍悉洋务,能如今日,则刘锡鸿之言尚不足以惑众。……嵩焘不敢一一与人辩,则惟有卷怀以退,安身以崇德,以求没齿无闻焉已耳。"可见嵩焘一生愿力,殆无所施用,若能了解嵩焘之远识,又必有待于其身后也。

六十四 彭玉麟与李鸿章

(一) 彭玉麟

中兴名臣中有一振奇人曰彭玉麟。玉麟随国藩遄征,编练长江水师,指挥亘三十余年,始终不愿受清廷一官。亦可谓别有怀抱者,不可以不述也。玉麟字雪琴,父为梁园(属合肥县)巡检,十六岁回湖南衡阳原籍。父卒,为族人所欺,母命出避祸,因入城居石鼓书院。从诸老生问经义,学诗习书,诸生以其聪悟勤学,稍稍异之,因与游诸名家贵公子间,缊袍敝冠,介然自守,辞气清雅,风采秀隽,未尝有饥寒之叹。城中闻人,欣然愿交焉。玉麟贫无以自给,投协标充书识,支月饷视马兵,因迎母奉养。衡阳知府高人鉴奇其貌,使入署读书。又二年始隶诸生之籍。学使陈坛目为国士。道光末,李沅发起事,玉麟从协标兵捕讨有功,总督误以为武生也,拔补外委赏蓝翎。玉麟辞归衡,为江子春经理典铺于耒阳,至则散钱赈饥贫,贷困厄,不责其券息,岁入悉以赒人。既而太平军北上,玉麟守耒阳有声。国藩方治兵衡、湘,博求奇士,常仪安荐玉麟有胆略,可倚任。时居母丧未逾年,不欲出。国藩遣谓曰:"乡里藉藉,父子且不相保,能长守邱墓乎?"玉麟感奋,遂入军,檄佐曾国葆营。咸丰三年治水师,虽领一营,实兼统之,以附生骤将三千余人,湘军之不循资格,往往如此。后与杨岳斌并总水军,号"彭杨"。自此三十余年,诸将帅或官或罢,或先亡逝,惟玉麟旦夕军中,未尝一日息,亦未尝一日官也。初入军时,约誓不私财,不受官。咸丰十一年,诏授安徽巡抚,玉麟疏辞曰:

> 臣衡阳一诸生,父母弃养,终鲜兄弟,孑然一身,少习举业,不知韬钤,亦无搏击之勇,徒以逆贼猖獗,激于义愤,遂从帅臣曾国藩于军旅之中,矢念杀贼。初时创立水师,曾国藩以臣粗有胆识,饬同今福建提督杨载福制造炮船,编立营哨,候习风涛沙水之性,久而稍谙驾驶,与贼转战湖湘,屡频危险,幸不覆没。此皆仰赖圣主威福,诸将帅精心维持,士卒用命,非微臣之力所得与也。中间叠荷鸿恩起擢,屡

请留办军务，皆邀俞允。不图恩命有加无已，臣亦何心敢自外高厚乎？顾念封疆大吏，有节制文武之权，镇抚军民之责，措置一有未当，必致上负朝廷，下误苍生。以臣起自戎行，久居战舰，草笠短衣，日与水勇舵工驰逐于巨风恶浪之上；一旦身膺疆寄，进退百僚，问刑名不知，问钱谷不知，譬之跛者行生僻之地，其为颠蹶，不待履蹈坎坷而后知也。且臣不学无术，褊急成性，十年江上，身受风湿，筋骨痛疼，心血亏损，善忘多病，更虞不胜重任。连日与督臣熟商，浼其代为陈情。督臣以向来无此体制，且辞不受命，迹近沽名，必获谴责。臣再四思维，与其勉强负荷，终贻误于国家，不若冒昧直陈，冀见原于君父。为此吁恳圣恩，准开臣缺，简放贤明精干大员，接任安徽巡抚，整顿吏治兵事，使臣得一意办贼，努力前驱，感戴皇仁，实无既极。

同治三年，金陵复，赏一等轻车都尉，加太子少保衔。明年，命署漕运总督。玉麟疏辞，诏迅速赴任，无庸固辞。玉麟再奏言：

臣本寒儒，佣书养母。咸丰三年，闻粤逆之乱，激于义愤，慷慨论兵。曾国藩谬采虚誉，屡次寓书，强令入营。臣勉应其招，墨绖从戎。初次谒见，即自誓不求保举，不受官职。曾国藩察臣语出至诚，矜而许之。乃十余年，不求保举，而膺破格之奖者，已非一次；不受官职，而蒙非分之荣者，几跻极品。返之初心，愧汗浃背。臣犹以自处者，分职虽已居卿贰，而办事尚不离水营。历数自知府而擢至巡抚，由巡抚而改补侍郎，并未一日居于其位。臣始终不敢以实缺人员自居，历任应领养廉俸银，从未具领丝毫，诚以恩虽实受，而官犹虚寄也。若皇上责臣以必行，臣惟有负罪而再辞。

于是准开署缺，仍留水师。七年，兵事大定，长江水师营制既立，自荆、岳二州至崇明县五千余里，凡设提督一员，总兵五员，以六标分汛，营哨官七百九十八员，兵丁万二千，月饷杂费，岁银六十万两，以长江厘税供支，不烦户部。玉麟在军，几二十年矣。初时军饷奇绌，而淮盐积滞，惟水师小船,间道可通。玉麟商于盐政,捆盐自卖,以供月饷。至是军饷有额支的款,所余盐银五十余万两,玉麟一不私取,乃以五之一取息助水师公费之不足,且以备外患仓猝之需。除分解云贵二十万,甘肃二十万助军饷,以十万广本县学额。而以余票犒诸将有大功者。既乃奏言:

臣素无家室之乐,声色之好,性尤不耽安逸。治军十余年,未尝营一瓦之覆,一亩之殖,以庇妻子;身受重伤,积劳多疾,未尝请一日之假;终年风涛矢石之中,虽甚病,未尝一日移居岸上。诚以亲服未终而从戎,既难免于不孝之罪,岂敢复为惜身家之图?尝闻士大夫出处进退,关系风俗之盛衰。贼已灭而不归,近于贪位;长江既设提督,责有攸司,臣犹在此,似乎恋权;改易初心,恋恋官爵,则前此辞官,疑于作伪;三年之制,贤愚所同,军事已终,仍不补行终制,久留于外,涉于忘亲:四者有一焉,皆足以伤风败俗。夫天下之乱,不徒在盗贼之未平,而在士大夫之进无礼,退无义。伏惟皇上中兴大业,正宜扶树名教,整肃纲纪,以振起人心,臣岂敢稍犯不韪,以伤朝廷之雅化?况人之才力聪明,用久则竭,若不善藏其短,必致转失所长。古来臣子,往往初年颇有建树,而晚节末路,陨越贻讥,固由才庸,亦其精气已竭也。臣每读史至此,窃叹其人不知善藏其短,又惜当日朝廷不能善全其长,是以知进而不知退,圣人于《易》深戒之也。臣精力已竭,心气日耗,若再不安心调理,必致贻误国事。伏维皇上以孝治天下,合无仰恳天恩,开臣兵部侍郎本缺,回籍补行终制,借可修理祠墓,以赎十余年远离先垄之愆。静养病躯,得以医治,则报国之日正长,断不敢永图安逸。

诏许其开缺回籍。旋以水师营制初创,令于百日后迅赴江、皖地方扼要驻扎,兼以养疴,仍不畀以员缺,以符其本意。玉麟奏俟布置周妥,明春起程。八年,还衡阳,作草楼自居,布衣草鞋,种树灌园,翛然也。三年不出。及国藩卒,诏出视师,命每年巡阅长江,专折具奏。玉麟以水师渐耽安逸,事多废弛,讽提督黄翼升自退,荐李成谋代之,劾罢营哨官百数十余人。自筑别业于杭州西湖,曰退省庵。每巡阅事毕居之,自是水师皆整肃,沿江盗踪敛辑,百姓安堵。光绪七年,命署两江总督,再疏力辞,乃以左宗棠代之。九年擢兵部尚书,以衰病辞。有劾其不逊者,清廷未加罪,仍予京察,亦异数也。法、越事起,玉麟募四千人往筹粤防,进攻谅山。和议成,停战撤兵。十六年卒,年七十五。赠太保,谥刚直。玉麟刚介绝俗,治事得法外意,不通权贵,而坦易直亮,无倾轧倨傲之心。治军严而不倨,欲存湘军旧俗,使将士相亲习而不陵蔑。奉命按重臣疆吏,皆主持公道,务存大体,亦不为溪刻。每出巡侦官吏不法,辄劾惩,甚者以军法斩之,然后闻,故所至官吏皆危栗,民有枉,往往盼彭公来。朝廷倾心听之,不居位而依畀盖过于疆吏。生平奏牍,皆手裁,每出为世传诵。好画梅,或言因其幼所恋之女名梅者早夭故也。《清史稿》谓其文采风流不沫云。谭嗣同曰:"彭刚直号为不喜洋务,然沿江炮台,抑何尝不用新法。其序郑陶斋《盛世危言》,至谓孔孟复生,不能不变法而治。是于洋务,可谓独得精蕴。"则玉麟亦识时务者矣。

(二) 李鸿章

论中兴人物辄曰曾、胡、左、李,此四人曾最高明,故称"圣相",胡、左稍逊,功业亦极彪柄。惟李较差忒,非以其治绩手腕之不如,实因其学术造诣有限,而心地亦不甚光明也。然曾、胡早逝,左则立功边徼,其于晚清时局最有关系者,惟李鸿章一人而已。李之勋业,盖不仅定江苏、平捻匪,而实在直隶总督后,三十年间隐隐主持朝政,当外交之冲。其事迹当于下篇详述之。鸿章安徽合肥人,其先本许姓,道光二十七年进士,改庶吉士,授编修。其父文安,与曾国藩为同岁生,故鸿章少时,尝以年家子从国藩学制举文。既得翰林,仍师事国藩,日夕过从,讲求经世之学。平生所有,实基于此。其用兵方略,为国决大计,处荣悴显晦事,成败不易常度,得于国藩者为多,一生谨事国藩如严父。治军持事,亦与国藩相首尾,国藩之所以磨练而提撕之者甚至,实国藩肘腋下之一人物也。然其性格与国藩绝不同;国藩以学术自励,又深守知足知止之戒,兢兢业业,常有急流勇退之心;而鸿章血气甚强,勇于任事,无论若何大难,皆挺然一身当之,未尝有畏难退避之色。梁任公先生批评之曰:“史家之论霍光,惜其‘不学无术’,吾以为李鸿章所以不能为非常之英雄者,亦坐此四字而已。李鸿章不识国民之原理,不通世界之大势,不知政治之本原,当此十九世纪竞争进化之际,而惟弥缝补苴,偷一时之安,不务扩养国民实力,置其国于威德完盛之域。而仅摭拾泰西皮毛,汲流忘源,遂乃自足。更挟小智小术,欲与地球著名之大政治家相角,让其大者而争其小者,非不尽瘁,庸有济乎?《孟子》曰:‘放饭流歠,而问无齿决,此之谓不知务。’殆谓是矣。李鸿章晚年之着着失败,皆由于是。虽然,此亦何足深责?彼李鸿章固非能造时势者也。凡人生于一社会之中,每为其社会数千年之思想、习俗、义理所困,而不能自拔。李鸿章不生于欧洲,而生于中国;不生于今日,而生于数十年以前;先彼而生、并彼而生者,曾无一能造时势之英雄以导之翼之,然则其时其地所孕育之人物,止于如斯,固不能为李鸿章一人咎也。而况乎其所遭遇,又并其所志而不能尽行哉!吾故曰敬李之才,惜李之识,而悲李之遇也。”(见《饮冰室全集·李鸿章传》)梁氏以不学无术责李,而原其生于数十年前之中国,未能尽行其志,诚为确论。即曾国藩亦尝语欧阳小岑曰:“荫甫俞樾虽读书,奈过迂谨;少荃李鸿章英发,又奈不读书。”告俞樾曰:“李少荃拼命做官,俞荫甫拼命著书,吾皆不为也。”可见李鸿章不读书而拼命做官,则“不学无术”四字,亦早为国藩所定评矣。然则国藩何以托付此不学无术之人,承袭湘军所造成之势力?盖国藩受任两江总督时,即以鸿章为巡抚,湘军裁撤后,惟淮军尚能左右大局,其势已成,虽欲易之而不能也。故国藩时刻以淮军之教育为念,奖善惩恶,常规诫之,奈鸿章不了解乃师用心,而反以为濡滞。其权术机警之才,坚忍之性,皆颇足以有为,在当时之环境中,舍李外更无他人可代也。曾既不久去世,更无提撕之人,而李又沾沾自喜,未能建非常之业,虽维大局,大局日危。然此又不能独为鸿章咎,因处于积弊固僿之社会中,受种种牵掣,而鸿章既已独任其难,倡导维新之业,较之一般顽固守旧之徒,又属鹤立鸡群矣。但以受旧思想之感染,仍不免自信自大,与外人交涉,常带傲慢轻侮之色,视洋人如市侩小儿;外人即利用此弱点,表面敬礼甚恭,实则但能达到要求之目的,亦何惜曲辞小让乎?故鸿章入外人之彀中而不自知,尤以受俄国人之诓骗与订《中俄密约》，结果中国一无所获，而受害又不仅《密约》规定之条款。总之，争小节而遗大体，清末外交失败之总因，鸿章固未能例外也。如与柳原前光之问答节略云：

李问：你日本反覆无信，一面发兵到我境内，一面叫人来通好，口说和好之话，不做和好之事，除非有两日本国，一发兵，一通好也。

柳云：台湾生番如无主之人一样，不与中国相干。

李问：生番岂算得一国么？

柳答：算不得一国，只是野蛮。

李问：在我台湾一岛，怎不是我地方？

柳云：贵国既知生番历年杀了许多人，为何不办？本国萨峒马诸侯早就打算动兵的。

李云：查办凶首，有难易迟早，你怎知道我不办？你去年才换和约，今年就起兵来，如此反覆，当初何必立约？我从前以君子相待，方请准和约，如何却与我丢脸，可谓不够朋友。

柳答：此言极是，我们亦无法，人命事情，不能不办。

李问：人命事情，无论是那一国，就该问抵，必应查办。但上年副岛在京，何以并未提及一字？今日如此办法，中国文武百官不服，即妇孺亦不服，中国十八省人多，拼命打起来，你日本地小人寡吃得住否？大丈夫做事应光明正大，虽兵行诡道，而两国用兵题目，总要先说明白，所谓师直为壮也。

柳答：本国众议，原拟自己去打，不要告诉中国，副岛因既换约，故令柳原向总署说及。

李云：未立约之先，此事或可不必商知。惟日本二百余年来未与中国立约，并无一兵入中国边界，今甫立和约，而兵临我境，你对不起中国，且令我对不起我皇上百姓。若有约国皆如是，岂不天下大乱了？

就上问答，可知鸿章初办外交，犹时存一道义之观念，不知纵横捭阖，为外交家之惯技,故西人常言,个人有道德,而国际无道德,鸿章欲以君子处朋友之道处国际,几何其不失败乎？台湾之事,日本以生番杀琉人为词,鸿章问答,全未能提及琉球本属中国,何劳日本过问？而惟空谈“相待”、“丢脸”等辞。柳原所答,则系故弄玄虚,使人落入圈套,而表面尚言是是。此见我国当时第一流之外交家,尚不如日本三四等人物之伎俩矣。但鸿章受中国社会之影响如斯,未足深责,使易他人当之,则外人之骄横,鲜有不气馁卑靡者,此鸿章所以能系轻重于中国,而不能登世界之政治舞台也。且当大功既立,自视太高,觉天下事甚易。其故吏裨将,昔共患难,今共功名,徇其私情,转相汲引,布满要津,委以巨任,不问其才之可用与否,以故临事贻误,坐偾大机。论者谓其所以失败之由,群议之掣肘者半,用人之失当者亦半,殆属知言。如以“临淮壁垒自诩”之袁世凯,虽非鸿章所喜,而仍屡推荐之,因以造成北洋派系,其贻害于国家,固非浅鲜也。《六十年来中国与日本》论李鸿章之功罪,引某君之言曰:“盖自曾、左、胡、沈皆尚气节,重廉洁,而李文忠之在北洋,不免招权纳贿,植党营私,故北洋风气最坏。即今日之军阀,仍是当日余孽,此曾文正所谓始乎微终乎巨者也。文忠因方寸之地不能莹澈,故所用之人,初但求其能治事,继则并其不能治事者而亦用之,利薮所在,不用之人不服,则乘间抵隙以求颠覆之,即无翁同龢、张謇,李文忠能不败乎？今非与已死之李文忠为难,乃因李氏之道(以为天下事皆可以智、力、财三者得之),传之与袁项城,专用能治事之人,又为历年大吏之所标榜,其结果亦以方寸未能莹澈,并其不能治事者而亦用之,此天下汹汹所以永无宁日也。”此亦可知鸿章失败之故矣。

第十五章 中兴时代之维新事业

六十五 同治以前之维新概况

(一) 西学东渐之中断

自西洋文明东渐,吾国政治上、社会上、学术上一切之事业,已渐为世界潮流所侵袭,乃不得不乘时以除旧布新。当其始也,仅赖通商传教之士为之瀹。好之者以其“多华人未道”,务为新奇;恶之者以其“不合于圣道”,黜为异端。前者尚真以求是,后者崇正而辟邪,然此仅就宗教方面言之。对于耶稣会士所携以俱来之西洋文明,则接受重于排抵,因当政诸人,大率均能信服其说,尤以康熙帝爱好西学,究心历算,对西人“曲赐优容”,令“出入禁庭,各献其长”。历法之改进,地图之测量,炮铳之制造,当时西教士翻译中西各种书籍,对中西文化加意沟通。一时承学之士,蒸蒸向化,肩背相望,倘使厥风不改,则十八世纪欧人之重视中国文化,与十九世纪西洋文明之突飞猛进,均可早获观摩之益。如薛福成所谓:“华夷隔绝之天下,成为中外会通之天下”者,此“四海一家”之理想,必可提早百年而实现矣。徒以教皇禁令拜祖一事,引起清廷反感,下令禁止西人传教。但仍留用技艺之人,且禁教亦不甚严格。夺嫡之争,西教士穆敬远为允禩、允禟到处游说,宗室苏努全家入教,亦党允禩,以故雍正帝即位后,正式颁布禁教明诏,所有西洋人,除在京当差者外,一律遣送澳门,各地天主堂均改为公廨、祠庙或义学。乾隆以后,例禁更严,外国教士“安置堂内永远不准回国,亦不准与中国人民交结”。仅少数画家如郎世宁(Joseph Castiglione)等,尚能供奉内庭而已。因此雍、乾、嘉、道四朝约一百二三十年间,惟以广州为对外通商口岸,事实上关于文化交流之事,几乎断绝矣。

此虽我国之闭关政策所自误,以致落后一百余年,不能认识时代,赶上时代,乃有后日之种种失败;然与中国往来关系最深之英国,亦应负相当责任。盖英人只顾目前商业之利益,更以鸦片为生财大道,不免令中国有“行踪诡谲,殊为可恶”之感。中国坚执成例不容变通,亦有防微杜渐之意,而英国乃认我歧视外人,时表愤懑不平。不知用文化交流之办法,使中国逐渐认识西方内情,增进彼此了解与交谊,仍持明末崇祯十年英人威特(Weddell)所建议武力是对华最有效之办法,欲侵占我沿海一岛。以恃强逞凶之手段,逼人待以上宾之礼,几何其不龃龉时生,终至决裂乎?英人两次派使中国,只马戛尔尼于英王致乾隆帝表文中,言及英人海外活动,为广求知识,羡慕中国文化,拟派该使长驻北京,如大皇帝能利用其学问巧思,精美技术,庶于天朝实际有益。马戛尔尼之随员中,有天算学家,有画师,有精于火器之卫士,带来礼物有天文仪、地球仪、枪炮乐器等项,均专心用工练选,以表明西洋格物穷理及其技艺。并演放铜炮,表演气球,欲引起中国人对西洋文物之兴趣,尤欢迎中国派使驻英,将有益于两国邦交及世界之进步。此种态度,在大体上言,颇为正确,如能持之以恒,行之以渐,未尝不可改变中国人“若容此辈在迩,殊非久安之策”之观念。可惜英人并未因是而改变其对华政策。及嘉庆间亚墨哈斯再来,则毫无促进彼此认识之意味矣。既不能在文化上交流而互益,徒肆口舌之争,要求中国放弃多年防范之举措,宁有济哉?英人行事,更增加清廷疑忌,谓其“常怀吞食之志,往往外假经商之名,遂其私计”。印度即前车也。如杨光先《不得已书》所言,不能谓其全无道理。盖英墟印度,拓殖美、非,食髓知味,已肆行帝国主义之侵略政策,携其产业革命之成果,向中国推销鸦片商货,打开方便之门,仍视我国若南洋诸邦。“仰慕德威”云云,皆外交辞令,而非真怀善意,为两国之利益着想。此可于鸦片战前律劳卑一事征之。当时东印度公司擅对华贸易专利权,公司之董事与大班,惟知多赚白银,甚或以蒙蔽中国为得策,不愿花钱做文化工作,使中国对世界知识有所了解,更向欧洲人攻击中国野蛮,使十八世纪西洋华化之风,大为减低,斯为当然之事。及东印度公司撤销专利,任听英人自由经商,政府设贸易监督以统之,犹后日之总领事也。英国之若君若相,应能高瞻远瞩,统筹全局,不再如商业公司之重利短视矣。律劳卑被命为首任监督,临行受训,亦叮咛其采取和善态度,极力避免中国人之疑惧与憎恶,维持友谊谅解。此原系两国政府外交之正常途径,虽属消极性质,何以律劳卑一到广州,即以炮舰为威胁,造成停止贸易之纠纷?终且染疾而死。清廷以英人"未谙禁例,不可过事张皇,肇启边衅",始终是正大开明,不作苛求。倘英人肆应有方,未尝不可渐趋接近,改善关系,乃计不出此,反循鸦片走私商人之请,以武力对付中国,以致造成世界上最不名誉之战争。五口通商以后,英人二百年来所渴望之目的全达,平等交际,应可踌躇满志矣,何以英法联军借口入城小事而又启兵戎?岂非乘我内乱,借端侵略乎?由此可见英人之对华政策,名曰开放,实等劫夺,故不能与美国之开放日本,获得相同之效果。中国之深闭固拒,辱国丧权,固系智识落伍所致,可谓咎由自取,然而对手之英国,不能采取积极方针,以增进彼此之了解为政策,使中国维新自强;徒肆蚕食瓜分,终且为野心之俄、日二国开路。误人亦复自误,此即中国科学落后一百余年之症结所在也。何况我以茶叶贻英人,英以鸦片害中国,一切学术思想之停滞,皆英人之鸦片炮舰政策所逼成。天道循环,理或不爽,吾人既蒙衰亡之祸,而英国亦有没落之悲。谋国者岂可不以远大眼光处之,惟斤斤于目前利益哉?故谓中国近百年来之忧患,在于不能接受西洋文化,尚非透彻之论。何以三百年前之中国人能接受而后人不能?何以西洋文化之东渐复中断于雍正即位之时?何以开禁后之传教士不作文化沟通事业,反而到处掀起教案?凡此皆足耐人寻思者也。窃尝论之,中国虚骄自大之形成,西学东渐之中断,除以上所述者外,尚有内在之原因二种:一曰满清以异族入主,颇感自卑,积帝王无上之权威,示"万国来朝之盛典",正可以对汉人显威风也。二曰士大夫究心考据,不问时事,发思古之幽情,不啻置身汉、唐盛世,已忘宋、明遭受外侮之苦。更不肯寻求世界知识矣。其外在原因亦有二种:一曰帝国主义在南洋、中亚之所经营,使中国深具戒心,恐蹈印度、吕宋覆辙也。二曰鸦片流毒海内,使中国人之身体智力皆大受影响,贫弱懒惰之人,其思想顽固,乃属当然者耳。此可知一切历史之造成,殆非人力所能挽已。

(二) 维新事业之分期

鸦片战争以后,朝野士夫,迷梦初醒,吾国由天朝大邦之地位,降而与各国平等,乃始知有世界、有列强。故当时具有新知识之学者,每喜谈地理,诚以了解世界大势,破除拘囿故习,当自地理始。如魏源之《海国图志》、徐继畬之《瀛寰志略》、何秋涛之《朔方备乘》,无不皆然。时在野者既究心于天下现状,而朝廷之上,尤注意于海疆失事之由,于是昔日不过供谈论之资者,今乃求诸实用,而海防之论以起。盖其时仍守一闭关自守之见解,未明欧洲十九世纪资本帝国主义之勃兴,已为人类社会绝大之变动,不容再有故步自封之国家,犹以为洋人来自海上,能防海则外力可以不至,敌人可以坐困。至西人之学术,固懵然不知,即后日粗浅之洋务论,亦尚未能体察焉。此可谓"海防时代"。洎英法之役,一般人尚不能接受海防时期之教训,以夷之长技而制夷,惟事喧嚣,力求保守,乃连战而败,订城下之盟。于是推求所以战败之故,而各种之洋务论出焉。然大都论兵事者多,知西洋之兵,其精在器械,致远在车船,因有制器练兵之自强运动,此可谓"洋务时代"。再进而与西人相近,知西人所长,不仅工艺,于是西学之名尚焉。其所谓学者,亦不过致用而已,富强而已,因此洋务论又变为时务论。此时之所谓时务,充其量亦不过于制器造船练兵以外,加以铁路电线采矿而已。虽有人介绍西洋立国之根本,在政教修明;美国民主之制度,在先有国法;但一般均漠然视之。更谈不到教育文化矣。此可谓"时务时代"。甲午以后,言时务者转而言变法维新。盖洋务仅知有器械而不知有政治,时务仅知有政治而不知有学术。谈维新者,自兵事工艺以及政治法律无不贯注,而维新之帜乃大张。此可谓"维新时代"。综上所论,可分四期:道咸之际,海防为一时期;同治时代,自强为一时期;光绪前期,时务为一时期;甲午以后,维新为一时期。海防为维新事业之先河,自强为维新事业之启蒙,时务为维新事业之始基,洎戊戌以变法相号召,而维新事业,乃大有一日千里之势,卒以促成国体之变更焉。若再檃括言之:第一期之维新事业在野,仅少数学者从事地理之研究;第二期之维新事业在地方大吏,仅知兵事制造之提倡;第三期之维新事业在总理衙门,仅能遣使留学,留心工艺,仍不外乎自强运动之范围也;第四期之维新事业，朝野上下，运动较为普遍，然以立宪制度为中心，亦仅知政治法律而已。盖当时言海防，言洋务，言时务，言变法维新者，皆非能了解西洋文字之人，且亦不知机械制造为何事，至若西洋文明之来源，西方政治之精神，更无论矣。是以清末六十年中国社会上之维新事业，政府中人固不足以语真正之新思想，而当时维新运动派之代表如康有为辈，亦非能真正了解西方学术，熟稔世界潮流趋势，因其只能就香港行政之观察，获得一知半解之新识，从未作系统的研究故也。故自林则徐、魏源经奕䜣、文祥、曾、左、李以迄康有为，对西方文化各有认识，虽程度不同，而救亡图存之方案，均偏而不全，甚至有舍本逐末者，宜其效之不彰耳。但此为历史渐变之自然法则，任何突变之事实，皆履霜坚冰，由于积累而成，非一蹴可致也。凡此诸期之维新事业，皆为推动新思潮之张本，亦各有其功绩。自孙中山先生领导国民革命，始能因此基础，统筹全局，于西洋文明之所长，则尽量采取，于中国文化之优点，则提倡恢复。此一具体完整之新方案，可谓集维新事业之大成，而由兵工文化实用科学以至法政社会经济，盖无所不包。约而言之，其内容实在综合的历史学。以进化之法则，通人类之演变，所标三民主义，即代表文化、政治、经济三方面，欲毕功于一役，期长治而久安。惜乎，其所发明之救国主义，竟为功业所掩，未得国人了解，于是民国以后，又有“新文化运动”出焉。新文化运动所标榜之口号，为科学与民主，实即三民主义之一部分精神所在耳。国父所提倡之民族主义，除“迎头赶上科学”外，尚有“恢复固有文明”。所提倡之民权主义，除崭新的全民政治外，尚有独创的“五权宪法”。而新文化运动家不知也。因此徘徊歧路，思想庞杂，治丝益棼，游衍不知所归，结果竟为假借马克思之苏俄帝国主义作驱除，致有陆沉之祸，殊可叹矣。抗战以还，国人始稍稍觉悟，然为时已晚。以故居今而言继维新运动之事业者，应以国民革命为一时期，而不能以新文化运动作代表。新文化运动之内容，为文艺、哲学、经济学，其标榜曰“全盘西化”。就表面上观之，似亦轰轰烈烈，对中国社会之影响甚大；但实际上仍是维新运动之一支流蔓衍者耳。吾人固不可不从历史真相观察，若徒事渲染国父创造共和之伟迹，而忘其挽救民族人类新方案所含之文化义蕴，则“以建民国，以进大同”之训示，即无法了解矣。总之,自海通以后,世界潮流趋势,乃在“成为中外会通之天下”。无论何种思想,何种事业,均无不以会通为旨归。惟中山先生之三民主义,始能冶中外为一炉,致殊途而同归,造成“会通之天下”。绝非资本主义之征服政策,世界革命之渗透政策,所能比拟于万一。倘国人再不彻底了解国父之用心,使三百年来民族革命文化交流之硕果,掷诸虚牝,不特负此天挺哲人,抑且有忝祖宗矣。对人类进化,究有何贡献乎?

(三) 海防时期之代表人物

西洋各国在十九世纪已完成近代国家之规模,有科学文化、机械生产与民族国家三种性质。中国仍属中古式之宗法社会,习八股闱墨,以手作工,靠天吃饭,度散漫穷苦之生活。西人作战,以精良之武器,汽船之运输,与夫训练有素之军队;而我则仍以弓矢刀枪交锋,牛马转运,缺饷乏粮之士兵,形同乌合。彼此相形见绌,焉得不败?如败而能悔,悔而能改,加紧建设,迎头赶上,以中华之地大物博,又何难发奋有为,与欧美列强并驾齐驱乎?无如传统之遗毒太深,一般人不能接受失败之教训,了解失败之原因,虽有一二开明之士倡导改革,而风气之闭僿如故也。此最早认识西洋,介绍新思想于中国者,即查办禁烟之林则徐。第一,则徐禁烟,欲循外交之途径解决,故照会英王,请其一体查禁。第二,曾望颜希旨请封闭海口,停止各国贸易,清廷欲许之,则徐力持不可。盖知欲闭关孤立,殊不可能也。第三,则徐虽禁烟,并未主张与英人开战,深知英人之船坚炮利,我师无法获得海上之胜利。第四,英人在嘉庆、道光时,两度耀兵省河,实施恫吓,吴熊光、卢坤任总督,无敢以实力创之者。则徐能以守为战,三挫其锋。第五,西洋声教,素不通中国,贸易主于洋行,至其国之道里风土,兵民习向,虚实强弱,人无知之者。则徐独设间得其新闻纸,凡澳门、新加坡、印度、伦敦所刊行者,均翻译之。又及世界地理(《四洲志》〔*Murray, Geography*〕)、《国际公法》(*De Vattel of Nations*)与外人对中国之议论(《华事夷言录要》)。故能熟悉外情,洞中窍要。第六,则徐知英人所长在船炮,乃设法购置,并罗致中国机巧之士,制造火器攻具,黑夜乘潮,攻敌不备。是则徐所谓夷务者,并未掉以轻心,孟浪从事,如徐广缙、叶名琛之所为也,何得谓徐、叶传其衣钵哉?其所上提粤海关岁入制造炮船之议,谓“制船必求其坚,造炮必求其利”,西人“船坚炮利”,则徐早已知之,并欲摹仿,“以敌之长技而制敌”,何待遣戍之时,始有“彼炮远及数十里”之言乎?而道光帝批其奏疏曰:“一片胡言。”对粤人仿制洋船,进呈洋枪,则称:“绝顶奇妙之品,必成望洋之叹。”呜呼!是何言也!则徐既被满人排抵,不得一伸其志,乃将所得外国资料,尽付魏源。故魏源《海国图志》所言,皆则徐之意见也。则徐自云贵总督引疾家居,时方以西洋为忧,后进咸就之请方略。则徐曰:“此易与耳,终为中国患者,其俄罗斯乎?吾老矣,君等当见之。”然是时俄人未交中国者数十年,闻者骇焉。盖则徐既以重译得外洋纪载,又居伊犁数年,周知俄人在欧洲之局势,终必东向南下也。且西洋国多而联涣靡常,北洋地大而在在毗连我边徼,举中国数万里百十年间事,无时不往来于胸中,真可谓具有世界眼光外交特识者矣。及卒行台,易箦时,犹呼“星斗南”者三。曾寅光《林文忠公逸事》谓:“泰西称地球为五大洲,吾华为亚细亚洲,佛经称四大洲,吾华为南瞻部洲,居星斗之南,故北辰常在北。”临死不忘中国,而反有谓其具双重人格者,冤哉枉矣。后此言海防言地理者几无一不受林氏之影响,魏源其尤著者。源与龚自珍同以奇才名天下,皆今文学家,故喜谈经济。《皇朝经世文编》一书即源代贺长龄所编也。在裕谦幕遇则徐,则徐授以《四洲志》等书,因据中西史料成《海国图志》一百卷。谓“筹夷事必知夷情,知夷情必知夷形”。此为第一部介绍西洋情况之书,而结论则曰:

> 然则,执此书即可以驭外夷乎?曰唯唯否否。此兵机也,非兵本也;有形之兵也,非无形之兵也。明臣有言:“欲平海上之倭患,先平人心之积患。”人心之积患如之何?非水非火非刀非金,非沿海之奸民,非吸烟贩烟之莠民。……愤与忧,天道所以倾否而之泰也,人心所以违寐而之觉也,人才所以革虚而之实也。天时人事,倚伏相乘,何患攘剔之无期?何患奋武之无会?凡有血气者所宜愤悱,凡有耳目心智者所宜讲画也。去伪去饰,去畏难,去营窟,则人心之寐患去其一;以实事程实功,以实功程实事,艾三年而蓄之,网临渊而结之,

毋凭河,毋画饼,则人材之寐患去其二。寐患去而天日昌,虚患袪而风雷行。传曰:“孰荒于门?孰治于田?四海既均,越裳是臣!”

此种心理建设、文化改革之议论,至今日犹足发人深省。违寐之觉,革虚之实,乃维新至低之条件,虽番禺陈澧叹为奇书,而时人不之知也。是书传至日本,却发生极大影响,促成明治维新。(梁任公《论中国学术思想变迁之大势》云:“魏氏为《海国图志》,奖励国民对外之观念,其书在今日,不过束阁覆瓿之价值,然日本之平象山、吉田松阴、西乡隆盛辈,皆为此书所激刺,间接以导尊攘维新之活剧。不龟手之药一也,或以霸,或不免于洴澼洸,岂不然哉?”)在我国仅后来张之洞云:“此书为中国知新政之始。”如斯而已。道光二十三年福建巡抚徐继畬(字松龛,五台人)于役厦门,晤美国人,得其地图册子。每晤泰西人,辄披图询译,于域外诸国地形时势,知其漄略,复搜采杂书数十种,阅五载,编成《瀛寰志略》凡十卷。外人咸服其允当。此书纪载较确实,比《海国图志》为进一步,但不及《海国图志》能有所发明耳。其时郭嵩焘、何秋涛均以通达时务,晓畅军机被征荐,秋涛(字愿船,福建光泽人)居忧在籍,命先将所著书籍呈进,即《朔方备乘》是也。秋涛尝留心经世之务,以俄罗斯地居北徼,与我边卡切近,而未有专书以资考镜。乃著《北徼汇编》六卷。继又详加考订,本钦定之书及正史为据,旁采近人,纂辑自汉、唐以迄道光,代为之图,并缀论说,增衍为八十卷。文宗览称其于制度沿革、山川形考据详明,因赐名《朔方备乘》。是书考核诸书,辨正得失,注意北邻,并论及西欧各国,亦以林则徐之意也。此外李光建(字恢恒,广东番禺人,咸丰二年进士)以海口互市之关系,本所见闻,颇精域外舆地之学。著《汉西域图考》七卷。自敦煌关外,西北二万里至大秦,西南万余里至安息,其间国土以百数,若指诸掌。自汉至今,史传说部,以至沙门纪录,外洋图绘,悉为考核,方言译语,侏㒧啁哳,同地异名,同名异文,无不通晓。陈澧尝叹为奇书。以上三书,对世界地理之知识,大略俱备矣。其余如《海防新论》、《海国见闻录》、《海国番夷录》、《四海记》、《海国表》、《海防要览》等,则不胜枚举矣。至芍塘居士之《防海纪略》,则专记英、法人寇之本末,及海疆用兵之利钝，虽非兼备五洲，而通番互市之档，衅端和战之由，亦颇取西人纪载，非官书可比也。在此时期中，曾参则徐幕府之粤人梁廷枏，尤留心外事，曾编《兰伦偶说》、《合众国说》，以介绍英、美之内情。对美国之民主政治，极力颂扬。如云："予观美利坚之合众为国，行之久而不变，然后知古者可畏非民之未为虚语也。彼自立国以来，凡一国之赏罚禁令，咸于民定其议，而后择人以守之，未有统领，先有国法。法也者，民心之公也。……其（统领）举其退，一公之民。"此书以美国之民主宪政为言，其眼光又高出谈海防地理者远矣。惜仅学者私议，未能发生影响耳。

六十六　奕䜣之维新事业

（一）自强运动之发轫

海防政策，本林则徐所用以抵抗英人者，不能再用于鸦片战争以后。盖海岸线长达六省，通商之口岸有五，既无可防，亦不能防，则不得不变而为洋务矣。然不遭英法联军之破坏，不受外力之压迫，则中国仍怀夜郎自大之梦，即洋务论亦无由而兴。以故维新事业之演变，几无一不随战争失败而来也。首当其冲者为林则徐，则徐对外人即有相当了解，因之提倡海防，提倡制造。英法之役，恭亲王奕䜣奉命主持和议，与外人折冲数月，对英、法之如约退兵，已感夷人并非全无信义，观念为之一变。盖前此视夷人如犬羊者，今乃知有国际平等外交矣。既须办外交，则不可不有一机关专司其事，于是咸丰十年十二月初一日，奕䜣偕大学士桂良、户部左侍郎文祥统筹全局，酌拟善后章程六条：

一、京师请设立总理各国事务衙门以专责成也。查各国事件，向由外省督抚奏报，汇总于军机处。近年各路军报络绎，外国事务头绪纷繁，驻京之后，若不悉心经理，专一其事，必致办理延缓，未能悉协机宜。请设总理各国事务衙门，以王大臣领之。军机大臣承书谕旨，非兼领其事，恐有歧误，请一并兼管。并请另给公所，以便办公，兼备与各国接见。其应设司员，拟于内阁、部院、军机处各司员章京内,满、汉各挑取八员,轮班入值,一切均仿照军机处办理,以专责成。

一、南北口岸请分设大臣以期易顾也。通商之初,只有五口,设钦差大臣一员,现在新定条约,北则奉天之牛庄,直隶之天津,山东之登州;南则广东之粤海、潮州、琼州,福建之福州、厦门、台湾、淡水,并长江之镇江、九江、汉口,地方辽阔,南北相去七八千里。仍令其归五口钦差大臣办理,不独呼应不灵,各国亦不愿从。拟请于牛庄、天津、登州三口,设立办理通商大臣,驻扎天津,专管三口事务。旧有五口钦差大臣,应仍责令署理钦差大臣巡抚薛焕妥为办理。

一、新添各口关税,请分饬各省就近拣派公正廉明之地方官管理,以期裕课也。查洋税一项,向系尽征尽解,该关税吏视为利薮,侵蚀偷漏,百弊丛生,于关税大有妨碍。现在洋税既有二成扣价,尤宜及早清结,免生枝节。天津关税拟归新设之三口通商大臣管理。牛庄仍归山海关监督经管。登州由通商大臣会同山东巡抚妥商具奏。五口旧有管理之将军、监督、道员,无庸另议。新立之琼州等于何省附近,均由本省督抚会同上海钦差大臣奏明派员经理。

一、各省办理外国事件请饬该将军、督抚互相知照,以免歧误也。查办理外国折报,以及恭奉寄信谕旨,向以事涉外国,军机处既不发钞,各督抚亦不互相关会,原以昭慎重而防泄漏。惟现应彼此声息相通,方不致稍有歧异,且有此省办理妥协,而彼省可以仿照者,有彼省办理未宜,而此省亦宜豫防者,均应饬令随时互相咨会。

一、认识外国文学,通解外国语言之人,请饬广东、上海各派二人来京差委以备询问也。查与外国交涉事件,必先识其性情,今语言不通,文学难办,一切隔膜,安望其能妥协?从前俄罗斯馆文字,曾例定设立文馆学习,具有深意,今日久视为具文,未能通晓。似宜量为鼓舞,以资观感。闻广东、上海商人,有专习英、佛、米三国文字语言之人,请饬各该督抚挑选诚实可靠者,每省各派二人,携带书籍来京,并于八旗中挑选天资聪慧十三四以下者各四五人,俾资学习。其派来之人,仿照俄罗斯馆教习之例,厚其薪水,两年后分别勤惰,给以奖叙。

一、各海口内外商情并各国新闻纸请饬按月咨报总理处，以凭核办也。查新定各国条约，以通商为大宗，是商情之安否，关系地方，最为紧要。嗣后新旧各口中外商情，是否和协，即令按月据实奏报。至办理外国事务，尤应备知其底细，方能动中窍要。近年来临事侦探，往往得自传闻，未能详确，办理难期妥协。各国新闻纸，虽未必尽属可信，因此推测，亦可得其大概。广州、福州、宁波、上海旧有刊布，名目不同，其新开各口，亦当续有刊本。应请饬下钦差大臣及通商大臣，并各该省将军、府尹、督抚无论汉字及外国字，按月咨送总理处，庶于中外情形，了如指掌，于补弊救偏之道，益臻详审。

上列章程中若总理衙门与北洋大臣之设置，语言文字之学习，商情新闻之咨报，皆为维新事业之权舆。尤以总理衙门不仅专管外交，即一切新政亦属之。上谕派奕䜣、桂良、文祥管理。自咸丰十一年二月，总署在东堂子胡同旧铁钱局改建成立，启用关防，至光绪十年奕䜣始罢值，则已二十四年矣。桂良为其岳父，于同治元年卒，在署不久，无所表现，文祥以军机大臣兼领，迄光绪二年始卒，在署十六年，为奕䜣唯一之助手，亦对外交涉之主持者。二人相得益彰，皆能握政府实权，此当日所谓识时务之大臣也。自强运动，即由奕䜣、文祥倡之，其奏疏云：

窃臣等酌议大局章程六条，其要在于审敌防边，以弭后患，然治其标而未探其源也。探源之策，在于自强；自强之术，必先练兵。现在抚议虽成，而国威未振，亟宜力图振兴，使该夷顺则可以相安，逆则可以有备，以期经久无患。查八旗禁军，素称饶勇，近来攻剿，未能得力，非兵力之不可用，实胆识之未优。若能添习火器，操演技艺，训练纯熟，则器利兵精，临阵自不虞溃散。上海等处，应如何设法雇用洋人，制造教导，请饬曾国藩、薛焕办理。

咸丰十一年五月，又奏请购买轮船之疏曰：

> 伏思外忧内患,至今已极,譬诸木腐虫生,善治者必先培养本根,根固而蠹贼自消。臣等办理外国各事,不过治其枝叶,而蠹贼未能尽去,非拔本塞源之方也。是以上年曾奏请饬下曾国藩等购买外国船炮,并请派大员训练京兵,无非为自强之计,不使受制于人。曾国藩等现在是否办理,无从询知,而当此时事孔亟之时,何可再事因循?……请给赫德札文,令其购买。

两折于自强之意义,叙述甚明,因时事孔亟,势非改弦更张,不足以振兴有备,故发为自强之论。“自强以练兵为要,练兵又以制造为先”,盖“以中国一切皆胜西人,所不如者兵而已”。中央当局之觉悟如此,地方大吏之建议亦如此,于是维新运动之契机启矣。

(二) 自强运动之特质

上言维新事业可分五期,实则前三期(海防、洋务、时务)可总名之曰自强运动,后二期(维新、革命)可总名之曰救国运动。自强与救国,其意义微有不同。盖前者尚不虞其危亡,仅在振衰起弊,不使受制于人而已;后者则志在救亡图存,使中国能屹立于世界之上也。自强运动之口号,无论为海防,为洋务,为时务,皆不外“以夷之长技而制夷”一语,内容极为简单,但夷之长技何在?各人之观察和见解,殊未能一致,以故议论庞杂,牴牾横生,其不能有全盘计划,预定步骤,按时执行,分期完工,乃属当然,无足深怪。然其特质亦有可言者:第一,自强运动发之在上,仅少数当政之人有此觉悟,而一般社会尚懵然不知也。如同治三年四月,总理衙门奏请派京营弁兵前往江苏学习制造火器疏曰:

> 查治国之道,在乎自强,而审时度势,则自强以练兵为要,练兵又以制造为先。自洋人构衅以来,至今数十年矣。迨咸丰年间,内患外侮,一时并至,岂尽武臣之不善治兵哉?抑有制胜之兵而无制胜之器,故不能所向无敌耳。外洋如英、法诸国,说者皆知其惟恃此船坚炮利,以横行海外;而船之何以坚与炮之何以利,则置焉弗讲。即有

留心此事者,因洋人秘有机巧,不肯轻以授人,遂无从窥其门径。——现在浙江尚在用兵,托名学制以剿贼,亦可不露痕迹,此诚不可失之机会也。若于贼平之后,始筹学制,则洋匠虽贪重值而肯来,洋官亦必疑忌而阻挠。此又势所必至者。是宜趁南省军威大振,洋人乐于见长之时,将外洋各种机械火器,实力讲求,以期尽窥其中之秘。有事可以御侮,无事可以示威,即兵法所云,先为不可胜以待敌之可胜者此也。臣等每于公余之际,反复筹维,洋人之向背,莫不以中国之强弱为衡,固非独一日本为然。我能自强,彼此相安,潜慑其狡焉思逞之计;否则我无可恃,难保无轻我之心,设或一朝反复,诚非仓猝所能筹划万全。今既知其取胜之资,即当穷其取胜之术,岂可偷安苟且,坐失机宜?应请饬下火器营拣派心灵手敏之武弁,发往江苏,专令学习外洋炸炮炸弹,及各种军火机器与制器之器,尽心尽力,朝夕讲求,务得西人之秘。如此则御侮即有所凭借,庶国威自振,安内攘外之道,不外是矣。

观此疏可知奕䜣面对英、法兵临京城之现实,受其刺激,尚不认为无制胜之兵,只以为无制胜之器,制胜之器者何?曰船坚炮利而已。故欲实力讲求,窥其秘巧,先为不可胜以待敌之可胜,穷其取胜之术,则我有可恃,故以制器练兵为要也。而当时在南方平定太平天国之曾国藩亦言:"轮船之速,洋炮之远,在英、法则夸其所独有,在中华则震于所罕见。若能陆续购买,据为己物,在中华则见惯而不惊,在英、法亦渐失其所恃。""购买外洋器物,购成以后,访募覃思之士,智巧之匠,始而演习,继而制造。"其意见与奕䜣正同,是以内外一致,积极讲求,皆此船坚炮利之事也。彼等虽亦有讲求科学之意,如曰船之何以坚?与炮之何以利?故穷其机巧,窥其奥秘,但为环境所限,即此已尽最大努力。故此时之所谓洋务,其领导人物,内则奕䜣,外则曾国藩,若文祥则附于奕䜣,李鸿章、左宗棠则附于曾国藩,以此少数之人,应千古未有之大变局,无论其动机为皇统,为民族,均属难能可贵矣。第二,自强运动之口号,其初在制造船炮,其继则凡于军事外交有关之智识,亦无不力事讲求,如语言文字之学习,外交使节之派遣,天文算学之增科,留洋学生之选拔,以及与国防有关之铁路电线,均次第建设,步步推进。最后亦知富国强兵之道,不仅船炮,尚有采矿、织布、商运、造纸等事,已向轻工业方面逐渐发展,惟仍以军事为主体耳。故此时之洋务与时务,甚难有所区别,而洋务一词,凡奏折、公文、论说、条陈,在甲午以前,最为通行。细绎其旨,大约指关于洋人之事务而言,所谓洋人之事务者,海防而外,凡属新建之事业,无不属之,意皆以为办海防而设也。迨其后海不能防,且无可防,乃舍洋务而谈时务,盖已进一步矣。如冯桂芬所著之《校邠庐抗议》谓:“今之天下,非三代之天下可比,世变之亟,甚于春秋。中国之幸存,以列强互相钳制,必须及早自振。对外不鄙视,不恐惧;对内选拔人材,拓广会推之权及于庶僚下位;注重舆论,令举贡生监皆能发表政见;改进教育,令诸生各推其师,官为延聘,使臣与大臣抗礼。科举亦当变革,废除八股;加强地方自治,略仿西洋。”桂芬于未入仕前,曾受知于陶澍,又与林则徐相交,其识见在当时一般人之上,盖已知自强非徒练兵所能奏效,必须对内政加以改革,教育亦应改进,选拔人材,推行西法。此则不关洋务,不能不以时务名之。时务者,乃当时所急之务也。然无论其为洋务、时务或变法,皆属自强之运动,亦西化之维新事业,惟内容不尽相同。盖自强运动之初期,确以练兵制器为主,后期则兼及于政教,其接受西洋文化之范围,已逐渐扩大矣。倘无时务之认识,则百日维新之变法,不能举行,此可见历史积累之力,一切思想,均能“功不唐捐”也。第三,自强运动为维新事业之开端,其所遇之困难最大,不仅朝臣中之顽固者反对之,社会上之守旧者阻挠之,即主持参与此运动之人,亦复因各人所受外来之刺激不同,所处之地位环境不同,所得之智识见解不同,恒有未能一致之主张,结果则力量不能集中,事业导致分歧,一切之成就均属有限。譬如奕䜣初上通筹全局之折,即言:“大沽未败以前,其时可剿而亦可抚;大沽既败而后,其时能抚而不能剿。至夷兵入城,战守一无足恃,则剿亦害抚亦害,就两者轻重论之,不得不权宜办理,以救目前之急。自换约以后,该夷退回天津,纷纷南驶,而所请尚执条约为据,是该夷并不利我土地人民,犹可以信义笼络,驯服其性,自图振兴。如不胜其忿而与之为仇,则有旦夕之变;若忘其为害而全不设备,则贻子孙之忧。就今日之势论之,发、捻交乘,心腹之害也;俄国壤地相接,有蚕食上国之志,肘腋之患也;英国志在通商,不为限制,则无以自立,肢体之患也。故灭发、捻为先,治俄次之,治英又次之。"可见其知英人务为经济侵略,其事缓;俄国务为政治侵略,其事急;故防俄重于防英。而李鸿章惟以海防为亟,意在防日,且为俄人之甘言所惑,故与左宗棠发生海防塞防之争执,使奕䜣主持之步骤乱矣。此与林则徐、曾国藩能为百年全局打算者略逊一筹,而国藩卒后,淮军执兵权牛耳,鸿章主持外交近四十年,着着失败。甲午之役,举一切之新式军备而摧毁之,自强运动之美梦以破,此不得不归咎于鸿章之不学无术也。虽然鸿章抑何尝不努力于新事业以救亡图存乎?在民族遭受苦难,帝国主义三面环攻之时,奋斗争扎,虽败犹荣,徒为知识所限,腕力所限,业已尽其能事。吾人对自强运动之举,皆不妨作如是观也。

(三) 外国语言文字之学习

咸丰十年奕䜣请饬广东、上海分派通解外国语言文字之人,携带各国书籍来京,选八旗中资质聪慧年在十三四以下者,俾资学习。嗣经指拨炉房修葺作为馆舍。各旗陆续将学生挑选送齐,而所请委派教习,广东则称无人可派,上海虽有其人,而艺不甚精,价则过巨。是以日久未能举办。同治元年七月,总理衙门据英公使威妥玛言,以英人包尔腾(Rev. J. S. Burdon)兼通汉文,聘充教席,挑学生十人来馆试教。言明止习言语文字,不准传教。另请汉人徐树琳教习中文。即以此学为同文馆。是为吾国通习外国语言文字之始(俄罗斯馆早设于康熙年间,但有名无实),亦即近代学校之滥觞也。同治二年正月,李鸿章援案请设广方言馆于上海,原疏为冯桂芬所草,故文字与《校邠庐抗议》设立同文馆议相同。其论通事无学重利之弊,与翻译事业之需要甚详,兹录如下:

> 臣前准总理衙门来咨,遵议设立学习外国语言文字馆为同文馆等因。伏维中国与洋人交接,必先通其志,达其欲,周知其虚实诚伪,而后有称物平施之效。互市二十年来,彼酋之习我语言文字者不少,

其尤者能读我经史,于朝章宪典,吏治民情,言之历历。而我官员士绅中绝少通习外国语言文字之人。各国在沪均设立翻译官一二员,遇中外大臣会商之事,皆凭外国翻译官传述,亦难保无偏袒捏架情事。中国能通洋语者,仅恃通事,凡关局军营交涉事务,无非雇觅通事往来传话,而其人遂为洋务之大害。查上海通事一途,获利最厚,于士农工商之外,别成一业,其人不外两种:一广东、宁波商伙子弟,佻达游闲,别无转移执事之路者,辄以学习通事为逋逃薮;一英、法等国设立义学,招本地贫苦童稚,与以衣食而教肄之,市儿村竖,来历难知,无不染习洋泾浜习气,亦无不传习彼教。

此两种人者,类皆资性愚蠢,心术卑鄙,货利声色之外,不知其他。且其仅通洋语者十之八九,兼识洋字者十之一二,所识洋字,亦不过货名价目,与俚浅文字,不特于彼中兵刑食货,荒弛治忽之大,懵焉无知,即遇有交涉事宜,词气轻重缓急,往往失其本旨。惟知借洋人势力,播弄挑唆,以遂其利欲,蔑视官长,欺压平民,无所忌惮。即如会办防堵一节,间与通习汉语之大酋晤谈,尚不远乎情理,而琐屑事件,势不能一一面商,因而通事假手其间,勾结洋兵为分肥之计。诛求之无厌,挑斥之无理,支销之无艺,欺我聋暗,逞其簧鼓,遂以小嫌酿大衅。洋务为国家怀远招徕之要政,乃以枢纽付若辈之手,遂至彼己之不知,情伪之莫办,操纵进退,迄不得要领,此非细故也。京师同文馆之设,实为良法,行之既久,必有正人君子奇尤异敏之士,出乎其中。然后尽得西人之要领,而思所以驾驭之,绥靖边陲之原本,实在于此。惟是洋人总汇之地,以上海、广东两口为最,种类较多,书籍较富,见闻较广,语言文字之粗者,一教习已足,其精者务在博采周咨,集思广益,非求之上海、广东不可。故之他处,犹"一齐人傅之"之说也,行之上海、广东,更"置之庄岳之间"之说也。臣愚拟请仿照同文馆之例,于上海添设外国语言文字学馆。选近郡年十四岁以下,资禀颖悟,根器端静之文童,聘西人教习,兼聘内地品学兼优之举贡生员,课以经史文艺。学成之后,送本省督抚考验,作为该县附学生,准其应试。其候补、佐贰、杂佐等官,有年少聪慧愿入馆学习者,呈明由同乡官出具品行端方切结，送局一体教习，借资照料。学成后，亦酌给升途，以示鼓励。均由海关监督督筹试办，随时察核具详，三五年后，有此读书明理之人，精通番语，凡通商督抚衙门，及海关监督应添讨翻译官承办洋务，即于学馆中遴选承充，庶关税军需，可期核实，而无赖通事亦敛迹矣。夫通商纲领固在总理衙门，而中外交涉事件，则两口转多，势不能以八旗学生兼顾。惟多途以取之，随地以求之，则习其语言文字者必多，人数既多，人才斯出。彼西人所擅长者，测算之学，格物之理，制器尚象之法，无不专精务实，泐有成书，经译者十才一二，必能尽阅其未译之书，方可探赜索隐，由粗显而入精微。我中华智巧聪明，岂出西人之下？里有精熟西文，转相传习，一切轮船火器等巧技，当可由渐通晓，于中国自强之道，似有裨助。如蒙俞允，一切章程及薪资工食及各项零费，容臣督同关道设法筹划，或仍于船钞项下酌量提用。其广东海口可否试行，有无窒碍之处，应请饬下该省督抚体察办理。

清廷旋谕广州将军库克吉泰、总督晏端书曰："前据总理各国事务衙门奏；遵议设立学习外国语言文字学馆为同文馆，当经照所议行，该衙门已行知该将军等知照矣。因思总理衙门固为通商纲领，而中外交涉事件，则广东、上海为总汇之所。现据李鸿章奏称：上海已议设立外国语言文字学馆，而广东视同一例，亦应仿照办理。俟一二年后，学有成效，即调京考试，授以官职，俾有上进之阶。此事为当今要务，该将军等务当实心办理，不得视为具文，将来日久无效，惟该将军等是问！"于是上海、广东之广方言馆遂以成立。上海广方言馆之章程，计分九条：一辨志，二习经，三习史，四讲习小学，五课文，六习算，七考核日记，八求实用，九学生分上下两班。此外附制造厂而设立者，则有福建之船政学堂。盖左宗棠创设福建船厂，欲养翻译及造船驾驶之人才者也。堂设船坞之东北，分为两部：一为前堂习法文，谓之法国学堂，练习造船之术；一为后堂，习英文，谓之英国学堂，练习驾驶之术。其章程除每日常课外，复令读《圣谕广训》、《孝经》，兼习策论，以明义理。是校较同文馆及广方言馆又进一层，其目的已不仅在语言文字之学习,而在制造及驾驶人才之培养。沈葆桢所谓“船政根本在于学堂”者,盖以海军为当务之急,而人才之造就又为其根本也。严复、刘步蟾、萨镇冰皆出身于此,尤以严复对文化方面之贡献为最大。新学堂之设,为自强运动中最堪注意之一事。其效果盖与留学生之派遣相因应耳。

(四) 天文算学之讲求

同治五年十一月,总理衙门以制造机器,必需讲求天文算学,议于同文馆内添设一馆,奉旨依议。因酌拟章程六条,专招正途人员,以其学问素优,程功必易也。章程如下:

> 一、请专取正途人员以资肄习也。查天文算术,义蕴精深,非夙知勤学用心之人,难以渐窥底蕴,与专习外洋语言文字之学生不同。前议专取举人、恩拔副贡岁优贡生,及由此项出身人员,今拟推广,凡翰林院庶吉士、编修、检讨并五品以下由进士出身之京外各官俾充其选。缘该员等研经有素,善用心思,致力果专,程功自易。服官者由京外各衙门保送,未仕者取具同乡京官印结,及本旗图片,经赴臣衙门具呈。由臣衙门定期试以策论等项,考取送馆学习。须择其年在三十以内者,方可咨送,如有平日讲求天文算学,自愿来馆学习,借资印证,以精其业者,其年岁亦可不拘。
>
> 一、请饬各员常川驻馆以资讲习也。查成事必由居肆,力学务在亲师,在馆留学各员,必须朝夕在馆讲习问难,方可积渐见功。若朝出暮归,往来蹀躞,则晨夕之荒功不少,而心思亦因以不专。今议在馆学习人员,无论京外,均一概留馆住宿,饭食由臣衙门备给。其出入由该馆提调设立号簿,随时登记,以便稽查。至各本衙门如有应送差使,以及考试等事,仍准照旧办理,以期两不相妨。
>
> 一、请按月考试以稽勤惰也。查在馆学习人员,果能专心致志,自可日起有功。惟其中勤惰之分,亦必随时考察,用资策励。今议俟该员等学习半年之交,按月出题考试一次,由臣等亲加校阅,分别甲

乙，优者记功，劣者记过，功过分而勤惰见，相形之下，奋勉益生。

一、请限年考试以观成效也。查三载考绩，朝廷课吏之方，诚以功力积至三年，优绌无不立见。今议每届三年，举行大考一次，分别等第，高等者立予奏奖，并酌量差遣试用。下等者照常学习，俟下届考试再行察看。

一、请厚给薪水以资专致也。查此次留学各员，难保无寒畯之士，必须优加体恤，乃可冀其用志不纷。今议在馆各员，除饭食由臣衙门备给外，每月仍各给薪水银十两，俾资津贴，庶内顾无忧，而心益专一矣。

一、请优加奖叙以资鼓励也。查该员等学习三年，试居高等，足见其平日用心勤苦，始终不懈，自应格外优奖，以为后之留学者劝。今后此项人才均准各按升阶，格外优保班次，以示鼓舞，而广招徕。

此章程招收正途出身人员，推广至翰林进士，足见其重视科学，较之文艺为甚。同文馆之增加天算，已等于今日大学理科或研究院矣。其欲变更科举之意，盖极显然，惟不敢昌言耳。斯议原由李鸿章发之，鸿章致恭亲王书，有“中国欲自强，则莫如学习外国利器，欲学习外国利器，则莫如觅制器之器。师其法而不必尽用其人，欲觅制器之器与制器之人，则或专设一科取士，士终身悬以为富贵功名之鹄，则业可成、艺可精，而才亦可集”等语。奕䜣甚韪之，方拟详议上陈，而忽遭严谴，遂尔搁置。及是，始以天算学馆之议上，因招收正途人员，论议纷起。原疏反复详陈其理由曰：

伏思此次招考天文算学之议，并非矜奇好异，震于西人术数之学也。盖以西人制造之法，无不由度数而生，今中国议欲讲求制造轮船机器诸法，苟不借西士为先导，俾讲明机巧之原，制作之本，窃恐师心自用，枉费钱粮，仍无裨于实际。是以臣等衡量再三，而有此奏。论者不察，必有以臣等此举为不急之务者，必有以舍中法而从西人为非者，甚且有以中国之人师法西人为深可耻者，此皆不识时务者也。夫中国之宜谋自强,至今日而已亟矣,识时务者,莫不以采西学、制洋器为自强之道。疆臣如左宗棠、李鸿章等皆能深明其理,坚持其说,时于奏牍中详陈之。上年李鸿章在上海设立机器局,由京营拣派兵弁前往学习。近日左宗棠亦请在闽设立艺局,选少年颖悟子弟,延聘洋人,教以语言文字算法画法,以为将来制造轮船机器之本。由此以观,是西学之不可不急为肄习也,固非臣等数人之私见矣。或谓雇赁轮船,购买洋枪,各口均曾办过,既便且省,何必为此劳赜?不知中国所当学者,固不止轮船枪炮一事,即以轮船枪炮而论,雇买以应其用,计虽便而法终在人,讲求以彻其原,法既明而用将在我。盖一则权宜之策,一则久远之谋,孰得孰失,不待辩而明矣。至以舍中法而从西人为非,亦臆说也。查西术之借根,实本于中术之天元,彼西士目为东来法。特其人性情缜密,善于运思,遂能推陈出新,擅名海外耳,其实法固中国之法也。天文算学如此,其余亦无不如此。中国创其法,西人袭之,中国傥能驾而上之,则在我既以洞悉根源,遇事不必外求,其利益正非浅鲜。且西人之术,我圣祖仁皇帝深韪之矣,当时列在台官,垂为时宪,兼容并包,智周无外,本朝掌故,亦不宜数典而忘。况六艺之中,数居其一,古者农夫戍卒,皆识天文,后世悬为例禁,知者始鲜。我朝康熙年间,除私习天文之禁,由是人文蔚起,天文盛行。治经之儒,皆兼治数。各家著述,考证俱精。语曰:"一物不知,儒者之耻。"士子出户,举目见天,顾不解列宿为何物,亦足羞也。即今日不设此馆,犹当肄习及之,况乎悬的以招哉?若夫以师法西人为耻,此其说尤谬。夫天下之耻,莫耻于不若人。查西洋各国,数十年来讲求轮船之制,互相师法,制造日新。东洋日本,近亦遣人赴英国学其文字,究其象数,为仿造轮船张本,不数年亦必有成。西洋各国雄长海邦,各不相下者无论矣。若夫日本蕞尔国耳,尚知发愤为雄,独中国狃于因循积习,不思振作,耻孰甚焉!今不以不如人为耻,而独以学其人为耻,将安于不如而终不学,遂可以雪其耻乎?或谓制造乃工匠之事,儒者不屑为之,臣等尤有说焉。《周礼·考工》一记所载皆梓匠轮舆之事,数千百年黉序奉为经术,其故何也?盖匠人习其事,儒者明其理，理明而用宏焉，今日之学，学其理也，乃儒者格物致知之事，并非强学士大夫以亲执艺事也，又何疑焉？总之，学期适用，事贵因时，外人之议论虽多，当局之权衡宜定，臣等于此筹之熟矣。惟是事属创始，立法宜详，大抵欲添课程，必须优给廪饩；欲期鼓舞，必当量予升途。谨公同酌议章程六条缮呈御览，恭候钦定。

疏中条分缕晰，委婉其言，奉圣祖为护符，引左、李为奥援，用心良苦。对实用科学必须以理论科学为基础，尤属思想上之进步。“匠人习其事，儒者明其理。”学理乃格物致知之事，亦机巧之原，制作之本也。如以学西人为耻，将安于不如而不学，遂可以雪此耻乎？因循积习，不思振作，耻孰甚焉？是皆能痛切时病，大声疾呼，以采西学、制洋器为自强之道。奕䜣于此，真不愧为爱新觉罗之好子孙矣。因同文馆既扩充，同治六年，特以太仆寺卿徐继畬总管同文馆事务。盖徐著《瀛寰志略》，为新学开端绪之人也。自此以后，同文馆扩至九馆：即英文馆、法文馆、俄文馆、德文馆、天文馆、化学馆、算学馆、格致馆、医学馆。英、法、俄、德四馆更分前后两馆，盖已有九科系十三班级矣。

（五）守旧派之反对

是时朝廷与疆吏之间，虽以制造船炮、讲求西学为自强之急务，而社会上一般顽固之徒，则颇以效法洋人为耻。同文馆之设立，原不过选幼童，习语文，以助办理交涉，故尚无人反对。及招收正途习天算之议出，而反对者乃蜂起纷如。当时守旧派之势力，在京僚中实十居八九，大学士倭仁以理学名，与曾国藩交游相契，而对于新学之意见，则正相反，隐然为顽固派首领。御史张盛藻遂希旨奏称：

朝廷命官，必用科甲正途者，为其读孔孟之书，学尧舜之道，明体达用，规模宏远也。何必令其习为机巧，专明制造轮船洋枪之理乎？若以自强而论，则朝廷之强，莫如整纪纲、明政刑、严赏罚、求贤、养民、练兵、筹饷诸大端，臣民之强，则惟气节一端耳。朝廷能养臣民之

> 气节,天下莫不同仇敌忾,灾可平而寇可灭。若令正途科甲人员习为机巧之事,又借升途银两以诱之,是重名利而轻气节,无气节安望其有事功哉?臣以为设立专馆,只以责成钦天监衙门考取年少颖悟之天文生、算学生送馆学习,俾西法与中法互相考验。至轮船洋枪则宜令工部遴选精巧工匠,或军营武弁之有心计者,令其专心演习,传受其法。不必用科甲正途官员肄习其事,以养士气,而专责成。

并有"未收实效先失人心"语。疏上,都中一时传诵,以为正论。于是词馆曹部皆自以下乔迁谷为耻,竟无一人肯入馆者。旋谕内阁:"张盛藻奏科甲正途,读书学道,何必令其习为技巧?于士习人心大有关系等语。朝廷设立同文馆,取用正途学习,原以天文算学为儒者所当知,不得目为机巧!正途人员,用心较精,则学习自易,亦于读书学道,无所偏废,是以派令徐继畲总管其事,以专责成。不过借西法以印证中法,并非舍圣道而入歧途,何至有碍于人心士习耶?"盖彼以正途为言,此亦以正途解释,仍未足服守旧派之心。倭仁乃上奏曰:

> 窃闻立国之道,尚礼义不尚权谋,根本之图,在人心不在技艺。今求之一艺之末,而又奉夷人为师,无论夷人诡谲,未必传其精巧,即使教者诚教,所成就者,不过术数之士,古今未闻有恃术数而能起衰振弱者也!天下之大,不患无才,如以天文算学必须讲习,博采旁求,必有精其术者,何必夷人?何必师事夷人?且夷人我仇也,咸丰十年,称兵犯顺,凭陵我畿甸,震惊我宗社,焚毁我园囿,戕害我臣民,此我朝二百年来未有之辱!学士大夫无不痛心疾首,饮恨至今,朝廷亦不得已而与之和耳,能一日忘此仇耻哉?议和以来,耶稣之教盛行,无识愚民,半为煽惑。所恃读书之士,讲明义理,或可维持人心。今复举聪明隽秀国家所培养而以有用者,变而从夷,正气为之不伸,邪气因而弥炽,数年以后,不尽驱中国之众咸归于夷不止!

奕䜣以倭仁为朝廷大臣,不能用对付张盛藻之办法,以上谕驳斥之,乃具疏详述洋务始末，及维新之意见，颇关重要，特全录如下：

臣等查阅倭仁所奏，陈义甚高，持论甚正。臣等未曾经理洋务之前，所见亦复如此。而今日不敢专持此说者，实有不得已之苦衷，请为我皇太后、皇上详陈之：窃惟城下之盟，《春秋》所耻，宋臣韩琦有言："和好为权宜，战守为实务。"自古御夷无上策，大要修明礼义，以作忠义之气为根本。一面即当实力讲求战守，期得制伏之法，不能以一和而遂谓长治久安也。溯自洋务之兴，迄今二三十年矣，始由中外臣僚未得窾要，议和议战，大率空言无补，以致酿成庚申之变。彼时兵临城下，烽焰烛天，京师危在旦夕，学士大夫，非袖手旁观，即纷纷逃避。先皇帝不以臣奕䜣等为不肖，留京办理抚务。臣等不敢徒效贾谊之痛哭流涕，胡铨欲蹈东海而死，空言塞责，取誉天下。而京城内外，尚以不早定约见责。甚至满汉臣工联衔封奏，文函载道，星使迭催，令早换约。臣等俯察情形，不得不俯循舆论，保全大局。自定约以来，八载于兹，中外交涉事务，万分棘手，臣等公同竭力维持，近日大致虽称驯顺，第苟且敷衍目前则可，以为即此可以防范数年数十年之后则不可。是以臣等筹思长久之策，与各疆臣通盘熟算，如学习外国语言文字，制造机器各法，教练洋枪队伍，派员周游各国，访其风土人情，并于京畿一带，设立六军，借资拱卫。凡此苦心孤诣，无非欲图自强。又因洋人制胜之道，专以轮船火器为先，从前御史魏睦庭曾以西洋制造火器，不计工本，又本之天文度数，参以勾股算法，故能巧发其中，请在上海等处设局训练。陈廷经亦请于广东海口设局制造火器。臣等复与曾国藩、李鸿章、左宗棠、英柱、郭嵩焘、蒋益澧等往返函商。佥谓制造巧法，必由算学入手，其议论皆精凿有据。左宗棠先行倡首，在闽省设立艺局船厂，奏交前江西抚臣沈葆桢督办。臣等详加体察，此举实属有益，因而奏请开设天文算学馆，以为制造轮船各机器张本。并非空讲孤虚，侈谈术数，为此不急之务。又恐学习之人，不加选择，或为洋人引诱，误入歧途，有如倭仁所虑者，故议定考试，必须正途人员。诚以读书明理之士，存心正大，而今日之局，又学士大夫所痛心疾首者,必能卧薪尝胆,共深刻励,以求自强实际,与泛泛悠悠漠不相关者不同。倭仁谓夷为吾仇,自必亦有卧薪尝胆之志,然试问所为卧薪尝胆者,姑为其名乎?抑将求其实乎?如谓求其实,试问当求之愚贱之人乎?抑当求之士大夫乎?此臣衙门所以有招考正途之请也。今阅倭仁所奏,似以此举断不可行,该大学士久著理学盛名,此论出而学士大夫从而和之者必众。臣等向来筹办洋务,总期集思广益,于时事有裨,从不敢稍存回护。惟是倭仁此奏,不特学者从此裹足不前,尤恐中外实心任事不尚空谈者,亦将为之心灰而气沮。则臣等与各疆臣谋之数载者,势且隳之崇朝。所系实非浅鲜。臣等反复思维,洋人敢入中国,肆行无忌者,缘其处心积虑,在数十年以前,凡中国语言文字,形势虚实,一言一动,无不周知。而彼族之举动,我则一无所知。徒以道义空谈,纷争不已,现在瞬届十年换约之期,即日夜图维,业已不及。若安于不知,深虑江河日下;及设法求知,又复众论交攻,一误何堪再误!左宗棠创造轮船各厂,以为创议者一人,任事者一人,旁观者一人,事败垂成,公私均害。李鸿章置办机器各局,以为无事则嗤外国之利器为奇技淫巧,以为不必学;有事则惊外国之利器,以为不能学,并引宋臣苏轼之言,以为言之于无事之时,足以有为,而恒苦于不信;言之于有事之时,可以见信,而已苦于不及。该督抚等所论,语多激切,岂故好为辩争?良由躬亲阅历,艰苦备尝,是以切实不浮,言皆有物。在臣等竭虑殚思,但期可以收效,虽冒天下之不韪,亦所不辞。该大学士既以此举为窒碍,自必别有良图,如果实有妙策,可以制外国而不为外国所制,臣等自当追随该大学士之后,竭其梼昧,悉心商办,用示和衷共济,上慰宸廑。如别无良策,仅以忠信为甲胄,礼义为干橹等词,谓可折冲樽俎,足以制敌之命,臣等实未敢信。所有现议开办同文馆事宜,是否可行,伏祈圣明独断,训示遵行。

恭王委婉叙述其于办理洋务后,不得不思筹长久之策,以图自强,除仿制轮船火器外,别无良法。徒以道义空谈,何能折冲樽俎?若倭仁之说，不特阻学者维新之路，且恐数年谋议，势且隳之崇朝，所系实非浅鲜。其言实极沉痛，而仍未能回守旧派阻挠之意，会因旱求言，候选直隶州知州杨廷熙，请都察院代奏：撤销同文馆以弥天变，并诋及各部院大臣，谓西教本不行中国，而总理衙门导之使行。又专擅挟持，启皇上拒谏饰非之渐，呶呶数千言。盖由正途而议及西学，由同文馆而议及总署，对亲贵重臣，敢作正面攻击，可知顽固派之势力，已逐渐抬头矣。太后以倭仁重臣宿望，初欲调和其事，特命在总理衙门行走，并于同文馆另立一馆讲习中学，即以倭仁管理之。倭仁屡以疾辞，及杨廷熙奏上，奕䜣及大学士宝鋆均自请暂开总理衙门差使。廷谕：杨廷熙摭拾陈言，希图自炫，而语意荒谬，总由于倭仁授意，恐启党援门户之风，着即行赴任，共济时艰。倭仁不得已，策骑莅馆，中途故坠马，遂以足疾请退。当时风气如此，浸致恭王力图自强之抱负，亦为之心灰而气沮矣。

（六）派往外国之使节

西洋各国彼此立约，遣使互驻，交相往来，本为国际惯例。自咸丰十年换约以来，英、法、美、俄诸国均遣使驻北京，并以中国派使前往各该国为请。总署则以并无赴外国应办之事，无须遣使驳之。第十余年来，彼于我之虚实，无不洞悉，我于彼之情伪，一概茫然。且偶有外国使臣倔强任性，不合情理之处，不能向其本国一加诘责。总理衙门筹虑及此，久拟派员前往各国，探其利弊，以期稍识端倪。顾以远涉重洋，人多畏阻，使才难选，筹款不易，以致迟迟未果。同治五年正月，总税务司赫德（Sir Robert Hart）乞假回国，愿带同文馆学生一二人前往英国，一览该国风土人情。总理衙门甚以为便，因奏请选派考取八九品官之同文馆学生凤仪、德明及未经授官之彦慧共三人，各赏以六七品衔，前往游历，俾广见闻。又以该学生等皆在弱冠之年，深恐少不更事，贻笑外邦。特令前襄陵知县斌椿（内务府正白旗军人，年六十三岁，同治三年为赫德延请办理文案）及其子笔帖式广英率同前去，庶可沿途照料。斌椿赏给三品衔，作为总理衙门副总办官。广英、凤仪、德明均赏给六品衔，彦慧七品衔，以壮观瞻。

斌椿历游英、法、瑞典、俄、德诸国，谒其君相，访其风俗，凡八阅月而归。著有《乘槎日记》,于“伦敦屋宇器具制造精巧,一切政事好处颇多”,备加赞扬。对英国之议会,则谓:“每议公事,意见不合者,听其辩论,必俟众论佥同,然后施行,君若相不能强也。”参观伯明罕织布厂,谓:“上下数百间,工匠计三千人,女多于男。总轮有四百匹马力,自木棉出包至纺织染成,不逾晷刻,亦神速哉!”赴宴王宫,则谓:“殿宇之大,纵五六丈,广十余丈,高亦过五丈,悬灯八千五六百盏。几疑此身在天上瑶池,所与谈者皆金甲天神,蕊珠仙子,非复人间世矣。”瑞典之太坤(国王之母),予以款待,斌椿赋诗云:“西池王母住瀛洲,十二珠宫诏许游,怪底红尘飞不到,碧波青嶂护琼楼。”其于法、俄、德诸国之纪载,亦盛夸楼宇皆六七层,雕栏画槛,高列云霄,煤气然灯,光明如昼。梯形如旋螺,登降劳苦,则另有小屋,用火轮转法,可升至顶楼。盖已有电梯矣。斌椿虽系游历性质,而外国新闻纸均以中华从无使臣至者,早为喧传,所到之处,备受欢迎。回国后,报告外情甚详。总署王大臣之观感一新,乃益视遣使为未可缓图。遂于同治六年九月致各省将军督抚论修约书,条列六项,其中即有遣使一条,令各纾意见,以便公商。曾国藩等均以遣使为然,庶可通两方情款。

是年十一月,特借美使蒲安臣(Anson Burlingame)回国,请旨钦派蒲安臣权充办理中外交涉事务使臣,英人柏卓安(J. M. Brown)、法人德善(E. de Champs)任协理。并简总署章京记名海关道志刚、礼部郎中孙家谷赏给二品顶戴,会同前往,均系钦差,各予木质关防。试办期间,以一年为度。同治七年二月,志刚等由上海放洋,先往美国。四月,至旧金山,我国华侨已有六会馆司事欢迎。至华盛顿,谒总统朱文逊,亲递国书。六月,与美外部订续约八条,皆按平等互惠之精神,此为中外订约以来最合理之事也。八月至英国,游蜡人馆,率皆各国著名君后公卿奇杰名士。容貌神情,一切逼真。志刚《出使日记》云:“林少穆先生虽未谋面,而心仪其人,不意于此遇之。其身不长,颧平面圆,存我冠裳,惜觌面不能共语,以问安边之方。”可见林则徐之禁烟,即英国人亦尊重之,岂非公道哉!十月,志刚等谒英女王维多利亚于温尔斯行宫,在位已三十三年矣。十二月,至巴黎见法君拿破仑第三,翌年,至德见威廉第一,皆亲递国书。以次历聘俄、意、比、西、瑞、丹、荷凡十一国,年余始归国。是为中国遣使出洋之始。此行于各国之强硬对华政策已生缓和之效。惟蒲安臣以积劳于同治八年二月卒于俄京圣彼得堡。

志刚《日记》谓"办理交涉事务中最为矫强者,无如本为条约之所无,而指为条约意中之所有一言。若由此言之,则何事不可牵引?是真欲凭莫须有办事,而条约反成空壳矣。盖其意中总以有所挟制,则无不可行之事,而情理非所论。惟美国打算远大,不争一时之利。余则惟视强弱为从违,别无道理,而所处之道在其中矣。"其言已将清末各国对华交涉之情况,一语道破。因蒲安臣曾谓:"各国论中国之事有两说:有谓须用力勉强,方能成事;有谓须彼此通长商量,使中国明其道理,实有益处,自然可办。"可见当时列强有两种主张:一是强硬的,二是和缓的。而志刚等,即利用此机游说各国,应采取和缓办法,若用力勉强有成,但恐办成难以持久;若彼此通长商量,各出情愿,则办妥之后,一成不变矣。然能采信其说者,惟一美国耳,故志刚谓其打算远大也。同治九年因天津教案,派崇厚出使法国,表明惋惜,是为专使一国之始。顾特因事派遣,事蒇即返,非常驻也。遣使常驻章程,至光绪元年始为订定。总署拟出章程十二条,出使以三年为期。薪俸头等一二品充,月给银一千四百两,二等二三品充,月给银一千二百两,三等三四品充,月给银一千两、八百两。署任月给薪俸六百两。以下领事分四级(总正副署),参赞、翻译各分三级,由六百两至二百两有差,随员医官二百两,武弁供事百两以内。又先奏派候补侍郎郭嵩焘、候补道许钤身出使英国;候补三品京堂陈兰彬、同知容闳,出使美、西、秘鲁等国。旋改许钤身出使日本,而以光禄寺少卿刘锡鸿副嵩焘使英。既而又以翰林院侍讲何如璋出使日本,改刘锡鸿出使德国。崇厚出使俄国,则已陆续至光绪四年矣。故正式出使外国者,以郭嵩焘为第一人,嵩焘于光绪二年抵英。有参赞二人:即候补道张自牧、候补知县黎庶昌。翻译二人:候补员外郎德明、凤仪,即前随赫德游英者也。随员四人:刑部主事汪树堂、候补通判张斯枸、候补知县李荆门、候选县丞罗世琨。锡鸿赴德,亦奏派同文馆学生庆常、庆音泰、荫昌等为翻译官。

(七) 奕訢遭遇之困难

总理衙门为维新事业之主持机关,恭亲王奕訢及军机大臣文祥为首倡之人。以二人之权势,应可推行无阻,实则不然。奕訢自受慈禧谴责,削去议政王后,已不能为所欲为。及遭守旧派之反对,奕訢外负时谤,内恤人言,不免周章瞻顾,以至于同治六年预筹修约时,亦依违其间,徬徨无定。曾国藩复奏所谓:"详绎总理衙门原折密函,层层商折,谋坚执固拒之辞,而又不欲大局之决裂;怀雪耻报仇之志,而又不欲彼族之猜疑,实属审时度势,苦心经营。"于当时情势,业已刻划入微矣。然而守旧派之势力,仍不足动摇其主张。至同治九年天津教案,曾国藩既遭朝士攻讦,而奕訢支持国藩,亦备受其弟醇王奕譞之无情打击,因是慈禧之信念,渐为守旧派所夺,满清皇室之命运,实决于此。所谓同治中兴之业,势且隳之崇朝,此不得不为中华民族悲也。奕譞为奕訢之亲弟,又为慈禧之妹婿,赋性保守,知识有限,素不主张重用汉人,更不主张和平外交。北京天主堂建造洋楼,御史奏其同于炮台,"俯瞰宸园大内,狂悖莫甚于此"。太后下总署议复。奕訢以为应毋庸议,奕譞即大不谓然。崇厚奏称:"天主教无异释道。"奕譞深恶其言,没齿鄙之。推动天津教案之陈国瑞,即夤缘奕譞而复起用者,并授意组织帮会以作排外运动。及教案以惩凶道歉了事,奕譞遂愤而辞去一切差使,谓:"在事诸臣,汲汲以曲循夷心为务。"故耻与同列,经太后温谕慰留,乃手缮密折奏曰:

> 恭绎皇太后、皇上不允臣历请退休深意,特以时事艰难,圣主尚未亲理庶政,故不欲臣置身事外,期有补益也。臣具有天良,实深领会,苟非因躁致疾,心力难支,何敢遽求拜退?苟非积弊太牢,争之数次,决难挽回,欲尽君臣大义,每伤兄弟私情;欲循兄弟私情,又昧君臣大义,亦何敢遽求拜退?今幸得至黼座之前,谨分条缕陈,以伸积悃:
>
> 一、近来内外公务,间有不如道光、咸丰年间整肃者,然将来亲政后,朝令夕改,实非目前急务,惟夷务则不然。盖其患甚久,其基甚固,非在事之臣,竭力讲求,尽事听命,万难有效。臣历次折奏内,固

已详细陈明一切。伏思皇太后垂帘听政今已十年,臣下隐微均在慈鉴之中,乃夷务尚无起色,圣虑时劳。若一旦皇上亲政,臣下积弊已深,一味朋比蒙蔽,要务夷务,更不可问矣。推原其故,委因办夷之臣,即秉政之臣,诸事有可无否所致。此格不破,将来皇上之前,忠谏不闻,闻亦不行,甚可畏也。

一、我朝制度,事无大小,皆禀命而行,立法尽善。今夷务内常有万不可行之事,诸臣先向夷人商妥,然后请旨集议,迫朝廷以不能不允之势,杜极谏力诤之口。如此要挟,可谓奇绝!去岁崇厚出使,以及惩处天津府县,其明证也。

一、自来中外交涉,彼若馈物,非奉旨不得接受。自庚申年和约,凡夷人馈送我王大臣之物,尚皆请旨施行。自后遂公然与受礼物,彼此拜会,恬不为怪。夫受人之物,而仍处心积虑,图殄灭之,自古无此情理。况该衙门官员无不以夷务为升途捷径,而于如何复仇,如何乘隙,从未有论及者。大小臣工,交争惟利,安有了局?且崇厚此次出使,大购财货,备送外夷,是以德报怨,不一思及国家仇耻,史册森严,但为目前固宠保荣计矣。

一、欲复深仇,全赖各省民心,大吏筹措,而其权实操之于内。即如上年天津之案,民心皆有义愤,天下皆引领以望,乃诸臣不趁势推之于民以喝夷,但杀民以谢夷,且以恐震惊宫阙一语,以阻众志,而不审度必不至此。不但一时全局荡然,自后亦难望转机矣。今每遇臣工降旨发钞,直不能办,殊令人发指!此等跋扈情形,实盛世不宜有者。董恂则一味媚夷,为之刻书作序,前因孚郡王偶挞夷奴,董恂令该子赴夷馆认过,经崇伦力阻乃止。该员同乡之人无将伊比于人数者。若蒙皇太后、皇上赫然独断,将该员等立予罢斥,或派亲信公正之臣查奏,如有虚诬冤抑,臣请当罪。如此澄本清源,不惟目前公务夷务有益,将来亲政后,亦可少一二壅蔽圣聪之臣矣。

以上五条①,皆不可使外人知者,谨亲自密缮面递,伏乞皇太后、

① 原文如此。——编者注

> 皇上洞烛下情,可否存之宫中,或作随时查核,或为日后证据。抑臣更有请者:恭溯高宗尝谕内阁曰:怀安即是危机,狃治即为乱本等因钦此,当全盛之时,圣心尚兢惕如此,况于今未治未安之时乎?愿皇太后措天下磐石之安于未撤帘之先,将来皇上实受慈庇无穷,诚天下万世之幸,史册盛世也。

此密奏未提奕䜣只字,而句句皆攻击奕䜣,如"欲尽君臣大义,每伤兄弟私情",及"办夷之臣即秉政之臣",非指奕䜣而何?谓其"如此要挟,可谓奇绝!"尤有挑拨太后揽权之意,用心极为刻毒。自诩复仇雪耻,全赖嚣张之民心,以为天津教案不能趁势乘隙以喝夷,致全局荡然,难望转机。推其心理,与载漪、刚毅之利用义和团相同。幸而奕䜣、曾国藩内外维持,而慈禧又第一次垂帘,辣手尚未老练,且有东宫慈安支持奕䜣,否则,八国联军之祸,不待二十余年后而中国即有灭亡之虞矣。密折虽非正式公文,只供太后御览,外人不得而知,但慈禧太后已因其辞职要挟,对奕䜣有所不满,对新政亦渐致动摇。守旧派得此鼓励,大肆嚣张,气焰之盛,竟要求停办一切模仿西法之制造局、造船厂等自强运动所仅有之设施。李鸿章乃不得不慷慨陈词,为自强运动作最后之挣扎,其疏略云:

> 臣窃维欧洲诸国百十年来,由印度而南洋,由南洋而中国,闯入边界腹地,凡前史所载,亘古所未通,无不款关而求互市。我皇上如天之度,概与立约而通商。……合地球东西南朔九万里之遥,胥聚于中国,此三千余年一大变局也。西人专恃其枪炮、轮船之利,故能横行于中国。中国向用之器械,不敌彼等,是以受制于西人。居今日而曰攘夷、曰驱逐出境,固虚妄之论;即欲保和局、守疆土,亦非无具而能保守之也。……士大夫囿于章句之学,而昧于数千年来一大变局,狃于目前之苟安,而遂忘二三十年之何以创痛而巨深,后千百年之何以安内而攘外,此停止制造轮船之议所由来也。臣愚以为国家诸费皆可省,惟养兵设防、练习枪炮、制造兵轮之费,万不可省。求省费则必屏除一切,国无与立,终不得强矣。

此种斩钉截铁之语，始为自强运动保持一线生机。李鸿章之见解，可谓超越时代，故“三千余年一大变局”一语，遂为当时后世人所乐道。然而君无卓识，臣多颟顸，虽内有执政之宰辅，外有镇慑之疆吏，仍不能压服顽固守旧派之势力，则慈禧与奕譞之作用大矣。以故鸿章历陈新政，如学馆、采矿、铁路、电线，奕䜣仅表赞成，文祥“目笑存之”。“两宫亦不能定此大计”，鸿章遂“绝口不谈矣”。此可见奕譞挟慈禧之力，为阻挠新政最大之人，观同治十二年六月，奕䜣自辩之疏，即可知之。疏云：

> 为历陈办理枢务情形，恭折仰祈圣鉴事：本月十一日据醇亲王具奏，山东拿获戕害僧格林沁逆首请特降明旨赐祭折内，声称去年“系军机大臣拟旨，现在乃圣主当阳，迥不相侔”等语。臣阅看之余，不胜震悚！伏思臣自咸丰十一年十月后，与文祥等接办军机处事务，凡遇有明发寄信谕旨，俱于召见时，恭请皇太后酌裁。承书后仍复敬呈御览，蒙钤用御章发下，再行分别宣布。其内外臣工折奏，有应行恭缮批旨者，查照道光、咸丰年间旧式写进呈，恭候圣裁，非敢任意拟批。臣承乏枢垣，时虞才识短浅，思虑未周，有负委任。乃蒙两宫皇太后、皇上时加训诲，谆谆以毋避怨嫌，是以遇事虽不敢过于拘执，而稍有关系之件，亦未敢不俟谕旨擅行拟议。即如皇上亲政以前，臣等将军机处应复旧制之件，逐一开单奏闻，屡蒙两宫面谕，一切公务有碍难骤复旧制者，乃着臣等随时斟酌，请旨办理。此中原委，有局外人不得尽知其详者。今醇亲王既有“系军机大臣拟旨”之语，自系未悉当日办理情形，然亲王既有此奏，臣不得不披沥直陈于黼座之前，再渎天听，伏乞皇上圣鉴。

上疏在表面上系缮旨手续之争论，实际是奕譞讽刺奕䜣要挟揽政，仍对“夷务”而发。手足参商竟至形诸章奏，则恭亲王日处危疑之隐痛，与后此不敢直截办理之苦衷，昭然若揭。自是奕䜣务益敛迹，诸多顾忌。同治十二年，因谏修圆明园一案，载淳至欲杀之。虽太后诏谕：“十年以来，无恭王，何以有今日？”然再三以严谴加诸其身，奕䜣平生之豪气，殆为慈禧母子及奕環折磨尽矣。

六十七 曾国藩之维新事业

(一) 国藩维新之动机

曾国藩志切救国保民,维持文化,其所建树,如社会之改造,人心之转移,谓此即足以挽回国家民族之命运乎?曰不然。彼虽挽救满清于危亡,而满清实不能救中国,如研究嘉、道、咸三朝之施政,应知此没落之王朝,已无革新复兴之望矣。国藩在北京任事久,未尝不知"中朝大官老于事,讵肯感激徒媕婀!"(韩昌黎诗)何以其反努力于挽救满清耶?平心而论,就一百年前之社会环境观察,吾人不能不原谅其苦衷:第一,以中国旧礼教之立场,所凭依者为士大夫阶级,忠君乃属必然。第二,在经过大患难以后,痛定思痛,应有相当觉悟。事实上,奕䜣、文祥主政,信用外臣,倡行新政,景象确有不同,外人亦刮目相待,似乎有中兴之势。此国藩所预期者也。第三,国藩熟知中国历史,每当易代之际,经常是割据内战,然后始得统一。在闭关自守时代,虽人民遭受痛苦,而楚弓楚得,尚不至于亡国。至十九世纪时,帝国主义者虎视鹰瞵,长期内乱,即能引起灭亡之祸。国藩之所以维持满清,此为最大之理由。但国藩在太平天国平定后,深知社会之改造,不能期诸朝夕,而清廷之施政,诸多敷衍现状。英、法、俄之侵略,如"海鲸波山",滔滔而来,非彻底改革,即无法应付。自己既无领导之权,奕䜣又遭慈禧打击,其所怀中兴之梦,一旦破灭,亦不免心灰气沮矣。家信云:

> 余近年在外,问心无愧,死生祸福,不甚介意。惟接到英、法、美各国通商条款,大局已坏,令人灰心!时事日非,吾家子侄辈,总以勤俭二字为主,戒傲戒惰,保家之道也。

此与胡林翼见洋船上驶,疾如飙风,即变色不语,中途呕血,因而不起,盖皆感于"膏肓之疾,医治为难"也。国藩虽以大局糜烂至此,但"能尽一分力,必拼命效此一分,成败利钝,付之不问”。其救国方案分两端,一方面守旧,另一方面则革新。守旧者,即恢复民族固有之美德,以公诚为天下倡,借精神教育而改造旧社会。革新者,即接受西洋文化之优点,以炮船为自强计,借机械科学而推动新事业。革新守旧,同时进行,此为经世学执两用中之基本原则,亦国藩对我国近代史之最大贡献也。若徒然恢复旧礼教,不接受西洋新文明,则不能破除民族之大难关,以“忠信为甲胄,礼义为干橹”,而抵抗帝国主义之机械科学;同时徒然接受西洋文明,不恢复民族固有美德,则因循守旧之官僚社会,根本即不能举办任何事业。此即魏源“孰荒于门?孰治于田?”之说也。以故国藩对内政主张修明礼教,振起颓废之人心;对外交主张建设新政,置身竞争之国际。奕䜣所提倡之自强运动,大半皆为国藩所支持,而实际执行之者也。容闳《西学东渐记》有云:

> 一八六七年(同治六年),文正得李文忠(鸿章)襄助,平定捻匪,乃至南京就任两江总督。未抵任前,先于所辖境内巡行一周,以视察民情风俗,而尤注意者,则其亲创之江南制造局也。文正来沪视察此局时,似觉有非常兴趣。予知其于机器为创见,因导其历观由美购回各物,并试验自行运动之机,明示以应用之方法。文正见之大乐,予遂乘此机会,复劝其于厂旁立一工兵学校,招中国学生肄习其中,授以机器工程上之理论与实验,以期中国将来不必需用外国机器及外国工程师。文正极赞许,不久遂得实行。今日制造局之兵工学校,已造就无数之机械工程师矣。曾之逝世,国家不啻坏其栋梁,无论若何,无此损失巨也。时预备学校开学才数月,设天假以年,使文正更增一龄者,则第一批学生已出洋,犹得见其手植桃李,欣欣向荣。惜夫世之创大业者,造化往往不锡以永年,使得亲见手创之事业收效!此种缺憾,自古如斯。然创业之人,既播其种子于世,则其人虽逝,而此种子之孳生繁殖,固已绵绵不绝。故文正种因,虽未获亲睹其结果,而中国教育之前途,实已永远蒙其嘉惠。今日莘莘学子,得受文明教育,当知文正之遗泽,勿忘所自来矣!文正一生之政绩、忠心、人

格皆远过于侪辈,殆如埃浮立司脱高峰独耸于喜马拉雅诸峰之上,令人望而生景仰之思。予闻文正临危时,犹念念不忘教育事业,深望继己之李文忠有以竟其未竟之志云。

容氏所指国藩既播其种子于世,盖以江南制造局及派遣留学生二事,皆其所倡办也。临死犹不忘教育新事业,则国藩之用心可知矣。国藩实为提倡近代化,采仿西洋文明之第一人。当时即令其子纪泽、纪鸿学习英文、算学、机器,故纪泽能为中国特出之外交家。此种迎头赶上之开明作风,足证国藩所学,不同常人,固已远胜侪辈;即后日国父创造之三民主义,虽范围广狭不同,而精神则莫能外。"实已永蒙其嘉惠",殊非容闳一人之私言也。

(二) 江南制造局之创立

火器之设,兆于金、元。元末撒马儿罕威震天竺,亚欧各国,大半服属。有欧人携火器回西洋,数百年间,练习讲求,奇巧百出。是火器虽不始于西洋,而以西洋为最精。自海上交通以来,吾国反摹制西洋大炮,明清之际,两国战争,以为利器。清自天聪五年始制红夷大炮。康熙间,治历如南怀仁辈,屡为清廷铸大炮,彼时大炮极简单,仿制不难,自后渐趋复杂,则非有大规模之计划,如今兵工厂不可矣。英法联军之役后,总理衙门以自强相号召,所谓自强者,不外购造轮船与枪炮两端。时湖广道监察御史魏睦庭奏请购船制器,设立专局,精益求精。曾国藩以总长军旅首赞之,遂开维新之端绪。先令内军械所试造一小轮船,已阴阴有争雄海上之志。因不得法,行驶迟顿,特派幕宾容闳赴美购买机器,以为制造轮船之用。容闳者,广东人,原在香港西塾读书。于道光十六年随教师勃朗(Rev. S. R. Brown)赴美。咸丰四年,毕业于耶鲁大学,旋归国任翻译、律师。同治二年,以营商九江,被荐入国藩幕府。此为我国第一次向外国采购机器,作自强运动之启幕。李鸿章之淮军抵沪也,经过太平军防地,全由于英轮为之运输。此为鸿章首次与西洋文明接触。在沪日与外人相处,又与英、法军及华尔、戈登所训练之常胜军并肩作战,英、法兵及常胜

军均用西洋火器,所向有功,鸿章耳闻目睹,感触甚切。乃于同治元年十二月答复曾国藩教以与洋人交际之道时,表示其意见曰:

十三日奉初七日钧示,以交接洋人不在体制之崇卑,敬佩敬佩。薛公每以洋酋宜疏不宜亲相规,而鸿章之营则无日不有洋人过从,实苦烦扰。然因此气脉通贯,其中遂无敢播弄胁持之者。由于不甚拘体制,若辈亦颇尽情倾吐,惟无暇一一回拜耳。用兵在人不在器,自是至论。鸿章尝往英、法提督兵船,见其大炮之精纯,子药之细巧,器械之鲜明,队伍之雄整,实中国所不能及。其陆军虽非所长,而每攻城劫营,各项军火皆中土所无。即无浮桥、云梯、炮台,别具精工妙用,亦未曾见。独未能扎营住帐房,又临敌审慎,胆气多歉,此则不及中国好兵耳。忠逆雇去洋人,乃系流氓,亦无从购觅真正炸炮。金陵、龙游军中所用炸弹,亦恐有未尽美善之处。洋酋佥云:该两国君主禁炸炮入中国。英酋前与鸿章办常胜军事云:不令伊国派员会带,即将外洋火器取回,恐此军亦归无用。盖常胜军粗立战功,仅赖几件炮火,何伯、华尔等拼凑而成,其勇并非精强也。常熟投诚之贼,陆续来沪求救,但求拨洋兵数百,炸炮数尊,贼必解围而去,是贼亦徒震于炸炮之名也。鸿章抑岂敢崇信邪教,求利益于我?惟深以中国军器远逊外洋为耻,日戒谕将士虚心忍辱,学得西人一二秘法,期有增益。而能战之程学启、郭松林等坚僻自是,不肯求教。刘铭传稍稍解悟,又急索真炸炮大炮不得。若驻上海久,而不能取资洋人长技,咎悔多矣。

同治二年三月,又与国藩论外国兵器书曰:

西洋炸炮重者有数万数千斤,轻者有数百数十斤,战守攻具,天下无敌。鸿章现雇洋人数名,分给各营教习。又募外国匠人,由香港购办造炮器具。丁雨生即来监工,又托英、法提督各代购大炮数尊,自本国寄来,大约今年底可渐集事。每思外国兵丁口粮贵而人数少,

> 至多以一万人为率，即当大敌。中国用兵多至数倍，而经年积岁，不收功效，实由于枪炮窳滥。若火器能与西洋相埒，平中国有余，敌外国亦无不足。俄罗斯、日本从前不知炮法，国日以弱。自其国之君臣卑礼下人，求得英、法秘巧，枪炮轮船渐能制用，遂与英、法相与雄长。中土若于此加意，百年之后，长可自立，仍祈师门一倡率之。

鸿章既日谕将士虚心忍辱，学得西人一二秘法，而尤以军器远逊外洋为耻，于是随时购买外洋枪炮，雇洋人分给各营教习。其部下能彻底接受此新知识者，则为刘铭传。故用洋枪以铭军之成绩为最佳。铭军之洋教习有法人毕乃尔（Penell）、吕加（Rhod），毕管洋炮，官至总兵。论者谓："西洋枪炮队法，惟淮军独精，铭军尤为独擅，至为通国导师。"实非虚誉。其后铭军为淮军中最能作战之队伍，即由于此。清廷谕曰："刘铭传军营，均练习洋枪队炮队，步伐整齐，号令严肃。着各省咨取其教演章程照办，实事求是，变疲弱为精强。"铭传亦奏称："中国与外洋通商以来，门户洞开，藩篱尽撤，自古敌国外患，未有如此之多且强也。……泰西制造精，日新月异，中国踵而行之，已居人后，若再因循坐误，一旦变生仓卒，和战两穷，将何以自立？"又称："自欧、美崛兴，利炮坚船，横轹海表，中国数千年一统之势，廓然尽变。臣尝发愤太息，谬思得雄才大略，总括海疆，内厉耕商，外兴制造，船台电炮，战守相资，循此十年，且将纵横万国。"可见铭传之于鸿章，犹鸿章之于国藩也。鸿章请国藩倡率制用炮船，国藩已早注意及之矣。鸿章在苏州、上海所设西洋炮局数处，清廷循总署之请，令火器营派护军参领萨勒哈春等官兵四十八名，前往苏州学习制造。鸿章分派在英人马格里等三局。惟炮局初设，机器不全，仅能制造短炸炮，与各种炸弹。若长炸炮及洋火药，则非得外国全副机器不能如法试造。而容闳赴美采办者尚未回国，意不如就近访购外人在沪所设之铁厂机器，可以立时兴工。同治四年八月，上海虹口有外人铁厂一座，能修造大小轮船及开花炮、洋枪各件，实为洋泾滨厂中之机器最大者。适有海关通事唐国华因案革究，愿与已革扦手张灿、秦吉等集资四万两，购以赎罪。其余厂中必需之物，如铜铁、木料等件，另值银二万两，由海关道丁日昌借款采买。

鸿章即令改为江南制造局。其丁日昌、韩殿甲旧有两局即归并总局，一切事宜，由丁日昌会同总兵韩殿甲，补用同知冯焌光、候选知县王德均、候选知州沈保靖等一同经理。开办章程，经国藩及鸿章奏闻。大约局用房租薪水，月需四千五六百两，添购材料，月需一万两以外。时军事孔亟，鸿章令先造枪炮两项，惟原厂修船之机器居多，造炮之机器甚少。各委员详考图说，触类旁通，造成大小机器三十余座，即用以铸炮炉。所制之开花田鸡等炮，配备炮车、炸弹、药引、木心等物，皆足与外洋相敌匹。洋枪一项，需用机器尤多，其制造亦与购自外洋者无异。盖容闳所采办之美国机器已来，国藩亦令归并于该局也。闳以五品候补同知，指发江苏，与丁日昌颇相投契，力助其成，《西学东渐记》所述，皆当时事实也。中国近代化之自强运动，当以江南制造局之成就为第一。此后岁益增盛，同治六年夏，乃于上海城南兴建新厂，购地七十余亩，分建炉厂、机器厂、熟铁厂、洋枪厂、木工厂、铜铁厂、火箭厂、库房、栈房、煤房、文案房、工务厅，暨中外工匠居住之宿舍，无不具备。又开船坞以整破舟，建瓦棚以储木料，立学馆以习翻译。不及十年，制造局已译出西洋书籍九十八种，其中自然科学占四十七种，工艺军事占四十五种，亦有他种书。因“制造局首重工艺，而工艺必本格致，故格致诸书虽非大备，而崖略可见”。盖曾、李前后督抚两江，故以全力提倡制器，而上海为通商海口，风气最先，措置较易。故沪局之规模最大，以视后来设立之金陵、天津两局，胜之远矣。

（三）制造轮船之开始

江南制造局创立后不久，更有福建造船厂之设，此为维新事业之二大基础，虽成就属于左、李，而实皆曾国藩发其端也。盖奕䜣既以练兵为自强之术，而国藩更以演习试造以勤远略为言，于是仿购外洋船炮，已为当时救国之唯一要务。咸丰十一年，总理衙门疏称：据税务司英人赫德言：江南旧有轮船二只，并非打仗之船，如购小火轮，每只价数万两，可载百数十人。如于洋药运至内地时，加给印票，每岁可输帖费数十万两，用以购买船炮，则剿办更为得力。因请于上海、广东各关税内，先行筹款购买，令于购到时即交广东、江苏各督抚雇内地人学习驾驶，熟习后再驶入大江。

得旨允许。并交曾国藩等筹办,而南北洋购买外国炮船从此起矣。先是,道光二十二年,以鸦片之战新败,因海疆防御首重战船,有旨饬令粤海关酌筹制造。靖逆将军奕山复奏:快蟹、拖罟、捞缯、八桨等船,仅可用于江河港汊,难以施之茫茫大洋,惟绅士潘仕成捐造战船一只,系仿照美利坚国兵船作法,木料坚实,以重资雇觅美国人壬雷斯在僻静寺观配合火药,又能制水雷。请将年分例修师船暂停节费,为改造大船之用。得旨依议,即着潘仕成一手经理。时洋商伍秉鉴、潘正炜捐买美利坚、吕宋船各一只,惟船只尚小,亦略旧,因仍饬粤海关监督随时察访购买,是为中国购造外洋轮船之始,然仅限于粤省一隅,其船只图说,虽经遵旨照缮移咨江苏、福建、浙江各省备查,但未闻有仿而行之者,即广东之成效亦仅。咸丰间,两江总督何桂清租得美国火轮船二只,一名土只坡,一名可敷,泊上海黄浦江,供护饷护运之用,即赫德所称不能打仗之船也。诏以二船配备炮械,驶赴安庆,交曾国藩调遣。同治二年五月,在英所购大小兵轮凡七艘,趸船一只,已命名曰金台、一统、广万、得胜、百粤、三卫、镇吴。着曾国藩派蔡国祥为总统,盛永清、袁俊、欧阳芳、邓秀枝、周文祥、蔡国喜、郭得山各领一船。而总税务司李国泰先已在英募海军上校阿思本(Sherard Osborn)为帮办,酌配员勇,俱皆英人。李国泰、阿思本与总理衙门议订章程五条,仅令中国人上船学习,已与酌留洋人三四名,令其司柁、司火,其余分配楚勇之原议不符。国藩奏称:"购船云者,购之以为已物,令中国之将,得为斯船之主也。今蔡国祥仍须另带师船,其轮船水勇已在外国雇定,更与购船之初意自相违戾。又安能使彼听我号令以为进止哉?是彼七船者,在可有可无之数,既不与之同泊,亦不复言统辖,以中国之大,区区一百七万之船价,每年九十万(议定每月饷银七万五千两)之用款,视之直轻如秋毫,了不介意。或竟将此船分赏各国,不索原价,亦使李国泰失所恃而折其骄气也。"国藩之意,极为坚决,宁牺牲此百余万之船价,亦不肯令外国兵官驾轮入我内地。总理衙门遂借口李国泰不遵前约,又报销前后不符,令退还七船,遣散洋勇,并褫国泰职,以赫德代之。仅留趸船一只,名曰天平轮,作为巡缉之用。旋奏定以黄质三角旗,镶飞龙戏班龙蓝色,珠赤色为国旗。国藩既奏设江南制造局,备造船炮,因经费支绌,难兴船工。至同治六年四月,国藩奏请拨留洋税二成,以一成为专造轮船之用。得旨允许,自时拨款渐裕,购料渐多。七年七月,第一号轮船工竣,国藩命名曰"恬吉"(取四海波恬、厂务安吉之意)。身长十八丈五尺,阔二丈七尺二寸,先在吴淞口外试行,由铜沙直出大洋,至浙江舟山而回。既复驶至金陵,由国藩亲自登舟,试行至采石矶。每一时上水行七十余里,下水行一百二十余里。经国藩奏闻,并云:"原议拟造四号,今第一号系属明轮,此后即续造暗轮。将来渐推渐精,即二十余丈之大舰,可伸可缩之烟筒,可高可低之轮轴,或亦可苦思而得之。"上谕:"中国试造轮船,事属创始,曾国藩能不动声色,从容集事,举重若轻,深堪嘉尚!"十一年,沪局已造成第五号,船身长三十丈,机器马力四百匹,配炮二十六尊,食水十九尺。为中国自造第一大轮。此五号轮船,除恬吉外,命名曰惠吉、测海、操江、威靖、海安。光绪元年,又制成驭远兵轮。二年,制金瓯小铁甲船。其时福建造船厂早经成立,以造船训练海军为唯一之职务,各省又多采购外轮,而江南制造局遂专在枪炮方面发展,除修理兵轮外,不复以造船为副业矣。

(四) 福建造船厂之创立

专造轮船之议,发之于闽浙总督左宗棠,时同治五年五月间事,在江南制造局成立后尚不及一年也。宗棠之原奏曰:

> 窃惟东南大利,在水而不在陆。自广东、福建而浙江、江南、山东、直隶、盛京以迄东北,大海环其三面,江河以外,万水朝宗。无事之时,以之筹海运,则千里犹在户庭;以之筹懋迁,则百货萃诸廛肆,匪独鱼盐蒲蛤足以业贫民,舵艄水手足以安游众也。有事之时,以之筹调发,则百粤之旅可集三韩;以之筹转输,则七省之储可通一水;匪特巡洋缉盗有必设之防,用兵出奇有必争之道也。况我国家建都于燕,津沽实为要镇,自海上用兵以来,泰西各国火轮兵船直达天津,藩篱竟成虚设,星驰飚举,无足当之。自洋船准载北货,行销各口,北地货价腾贵,江、浙大商以海船为业者,往北置货,价本愈增,比及回南,

费重行迟,不能减价以敌洋商,日久销耗愈甚,不惟亏折货本,浸至歇其旧业。滨海之区,四民之中,商居什之六七,坐此阛阓萧条,税厘减色,富商变为窭人,游手驱为人役。并恐海船搁朽,目前江、浙海运即有无船之虑,而漕政益难措手,是非设局急造轮船不为功。从前中外臣工屡议雇买代造,而未敢轻议设局自造者:一则船厂择地之难也;一则轮船机器购觅之难也;一则外国师匠要约之难也;一则筹集巨款之难也;一则中国之人不习管驾,船成仍须雇用洋人之难也;一则轮船既成,煤炭薪工需费不资,月需支给,又时须修造之难也;一则非常之举,谤议易兴,创议者一人,任事者一人,旁观者一人,事败垂成,公私均害之难也。有此数难,毋怪执咎无人,不敢一抒筹策,以徇公家之急。臣愚以为欲防海之害而收其利,非整理水师不可;欲整理水师,非设局监造轮船不可。泰西巧而中国不必安于拙也;泰西有而中国不能傲以无也。虽善作者不必善其成,而善因者究易于善创。如虑船厂择地之难,则福建海口罗星塔一带开漕浚渠水清土实,为粤、浙、江苏所无。臣在浙时,即闻洋人之论如此,昨回福州,参以众论,亦复相同,是船厂固有其地也。如虑机器购觅之难,则先购机器一部,巨细毕备,觅雇西洋师匠与之俱来,以机器制造机器,积微成巨,化一为百机器,既备一船之轮机,即成一船,成一船即练一船之兵。比及五年成船稍多,可以布置沿海各省,遥卫津沽。由此更添机器,触类旁通,凡制造枪炮炸弹铸钱治水有适民生日用者,均可次第为之。惟事属创始,中国无能赴各国购觅之人,且机器良楛亦难骤辨,仍须托洋人购觅,宽给其值,但求其良,则亦非必不可得也。如虑外国师匠要约之难,则先立条约,定其薪水,到厂后,由局挑选内地各项匠作之少壮明白者随同学习,其性慧夙有巧思者,无论官绅士庶一体入局讲习,拙者惰者随时更补。西洋师匠尽心教艺者,总办洋员薪水全给,如靳不传授者罚扣薪水,似亦易有把握。如虑集款之难,就闽而论,海关结款既完,则此款应可划项支应,不足则提取厘税益之。又臣曾函浙江抚臣马新贻、新授广东抚臣蒋益澧,均以此为必不容缓,愿凑集巨款以观其成。计造船厂购机器、募师匠须费三十余万两,开工集料支给中外匠作薪水每月约需五六万两。以一年计之,需费六十余万两。创始两年成船少而费极多,迨三四五年,工以熟而速,成船多而费亦渐减。通计五年所费,不过三百余万两。五年之中,国家损此数百万之入,合虽见多,分亦见少,似尚未为难也。如虑船成以后,中国无人堪作船主,看盘管车诸事,均须雇请洋人,则定议之初,即先与订明教习造船即兼教习驾驶,船成即令随同出洋周历各海口。无论兵弁各色人等有讲习精通能为船主者,即给予武职千把都守。由虚衔洊补实职,俾领水师,则材技之士,争起赴之,将来讲习益精,水师人材固不可胜用矣。且臣访闻浙江宁波一带,见亦有粗知管驾轮船之人,如选调入局,船成即令管驾,似得力更速也。如虑煤炭薪工按月支给,所费不资,及修造之费为难,则以新造轮船运漕,而以雇沙船之价给之,漕务毕则听受商雇,薄取其价以为修造之费。海疆有警,专听调遣,随贼所在,络绎奔赴,分攻合剿,克期可至。大凡水师宜常川住船操练,俾其服习风涛,长其筋力,深其阅历;然后可转为常胜之军。近观海口各国所驻兵船,每月操演数次,俨临大敌,遇有盗艇,即踊跃撄击以试其能,所以防其恶劳好逸者如此。且船械机器废搁不用,则朽钝堪虞,时加淬厉,则晶莹益出,故船成之后,不妨装载商货,借以捕盗而护商,兼可习劳而集费,以岁修经费无俟别筹也。至非常之举谤议易兴,始则忧其无成,继则议其多费,或更讥其失体,皆意中必有之事,然臣窃有说焉。防海必用海船,海船不敌轮船之灵捷,西洋各国与俄罗斯、米利坚数十年来,讲求轮船之利,互相师法,制造日精。东洋日本,始购轮船拆视仿造未成,近乃遣人赴英吉利学其文字,究其象数,以为仿制轮船张本。不数年后,东洋轮船亦必有成。独中国因频年军务繁兴,未暇议及,虽前此有代造之举,近复奉谕购雇轮船,然皆未为了局。彼此同以大海为利,彼有所挟,我独无之,譬犹渡河,人操舟而我结筏;譬犹驶马,人跨骏而我骑驴,可乎?均是人也,聪明睿智相近者性,而所习不能无殊。中国之睿智运于虚,外国之聪明寄于实;中国以义理为本,艺事为末,外国以艺事为重,义理为轻;彼此各是其是,两不相喻,姑置弗论可耳。谓执艺事者舍其精,讲义理者必遗其粗不可也;谓我之长不如外国,借外国导其能可也;谓我之长不如外国,让外国擅其能不可也。此事理之较著者也。如拟创造轮船即预虑难成而日阻,然则治河者虑合龙之无期,即罢畚筑;治军者虑蒇役之无日,即罢征调乎?如虑糜费之多,则自道光十九年以来,所糜之费已难数计。昔因无轮船致所费不可得而节矣;今仿造轮船,正所以预节异时之费,而尚容靳乎?天下事始有所虑者终必有所益,轮船成则漕政兴,军政举,商民之困纾,海关之税旺,一时之费,数世之利也。纵今所制不及各国之工,究之慰情胜无,仓卒较有所恃,且由钝而巧,由粗而精,尚可期诸异日,孰如羡鱼而无网也。计闽、浙、粤东三省合作五年之久费数百万,尚非力所难能。疆臣谊在体国奉公,何敢惜小费而忘至计?至以中国仿制轮船或疑失体,则尤不然,无论礼失而求诸野,自古已然,即以枪炮言之,中国古无范金为炮,施以药弹之制,所谓炮者,以车发石而已。至明中叶始有佛朗机之名,国初始有红衣大将军之名,当时得其国之器,即被以其国之名,谓“佛朗机”者,即“法兰西”音之转;谓“红衣”者,即“红夷”音之转,盖指红毛也。近时洋枪、开花炮等器之制,中国仿洋式制造亦皆能之。炮可仿制,船独不可仿制乎?安在其为失体也!臣自道光十九年海上事起,凡唐、宋以来史传别录说部及国朝志乘载记官私各书有关海国故事者,每涉猎及之,粗悉梗概。大约火轮兵船之制,不过近数十年事,于前无征也。前在杭州时,曾觅匠仿造小轮船,形模粗具,试之西湖,驶行不速。以示洋将德克碑(D' Aiguebelle)、税务司日意格(Giquel),据云大致不差,惟轮机须从西洋购觅,乃臻捷便。因出法国制船图册相示,并请代为监造,以西法传之中土。适发逆陷漳州,臣入闽督剿,未暇及也。嗣德克碑归国,绘具西式制船图册,并将购觅轮机,招延洋匠各事宜,寄由日意格转送漳州行营。德克碑旋来漳州接见,臣时方赴粤东督剿,未暇定议。德克碑辞赴暹罗,属日意格候信。彼此往返讲论,渐得要领。日意格闻臣由粤凯旋,拟来面订一切。臣原拟来闽商妥后再具折详陈请旨,因日意格尚未前来,适奉购雇轮船寄谕,应先将拟造轮船缘由,据实驰陈,伏乞圣鉴训示。

观此奏疏，则知左宗棠之留心洋务，盖早受林则徐之影响。及任浙抚，则宁波有英、法兵之助攻者，而英舰长刁乐克所组之“常安军”、“定胜军”及法将赖伯勒东所组织之“常捷军”，皆与常胜军相同。而常捷军（花勇）之功较大，与宗棠最接近，德克碑、日意格则皆为常捷军将领，故极力怂恿宗棠设厂造船也。清廷既允其请，会英使威妥玛与税务司赫德上议：中国自强，当广求新法，于轮船器械，以购雇为便。总署密询各督抚及通商大臣，宗棠仍虑将来英人决裂，彼有轮船我尚无之，殷殷以习造驾驶为言。未几宗棠奉调督陕甘之命，仍将轮船事务，办有端倪，不以去闽在迩，遽行搁置。特荐在籍丁忧前江西巡抚沈葆桢为总理船政大臣，谓非葆桢莫肩其任。清廷即着葆桢总司船政事务准其专折奏事。又以船政系宗棠所创立，现虽赴甘省，一切仍当预闻。令葆桢会同督抚陈奏时，仍列左宗棠之名，以期始终其事。同治六年夏，葆桢于释服后，出而任事，设船坞于福州四十里之马尾山，地曰中歧，坞内滨江者为船漕，若铁厂、轮厂、机器厂之类，皆参列其后。以税务司日意格为监督，德克碑副之。葆桢日与熟筹课计，限五年告成。创立拉铁打铁铸铁机轮水缸铸铜模子合拢诸厂。又开学二所，分习驾驶、制造诸艺，所学皆有成。总督吴棠数言船未必成，虽成何益，葆桢不为动。八年五月，第一号轮船成，取名“万年清”。葆桢亲出洋试演，遣官驶赴天津，请旨派王大臣勘验，皆如法。九年，二三号成，命名曰：“湄云”、“福星”。乃奏派轮船统领，随时训练，以专责成。十年又制“伏波”成。十一年二月，内阁学士宋晋奏制造轮船，糜费太重，请暂行停止。闽督李鹤年以造成下水者六号，具报开工者三号，拨解经费，截至上年，已有三百四十万，较之原议制造十六号，定以铁厂开工之日，立限五年，经费不逾三百万，用款已增。而轮船虽灵捷，较之外洋兵船，尚多不及，议请裁撤。有旨着李鸿章、左宗棠、沈葆桢通盘筹划，及停止善后事宜。宗棠、葆桢均以创始艰难，不可失自强之远图，工停厂废，欲省反糜。揆以列强形势，造舰培才，万不可缓。而鸿章之奏，尤为剀切，大要言今时为三千年来一大变局，欲求省费，则必屏除一切，国无与立，终不得强。总理衙门亦谓不可惑于浮言，浅尝辄止。船厂遂得不停。计前后造成木质兵船十四艘，铁胁木质兵船五艘，钢胁木质兵船一艘，铁甲快碰船三艘，铁甲兵船一艘,钢甲钢胁鱼雷快船六艘,钢胁拖船一艘,练船一艘,商船八艘:凡四十艘。光绪十年以前成者,则兵舰凡十九艘:曰万年清,曰湄云,曰福星,曰伏波,曰安澜,曰镇海,曰扬武,曰飞云,曰靖远(上五船同治十一年成),曰振威(十二年),曰元凯(光绪元年),曰艺新,曰登瀛州(光绪二年),曰泰安,曰威远(光绪三年),曰超武(光绪四年),曰康济(光绪五年),曰澄庆(光绪六年),曰横海(光绪十年)。运船五艘:曰永安,曰海镜(同治十二年),曰济安,曰琛航,曰大雅(同治十三年)。快碰船二艘:曰开济(光绪九年),曰镜清(光绪十年)。盖自光绪五年葆桢逝世,海军专属于北洋大臣李鸿章。鸿章设水师营务处于天津,又立水师学堂,建造船坞,福建船厂之重要性,已渐北移矣。时南北洋多向外国购置轮船,而舰长则为福建前后堂之学生,留学深造回国者。严复虽未直接管驾兵轮,但在天津水师学堂任总教习,又翻译西洋著名书籍,为吾国认识西洋文化最彻底之一人,惜其影响有限耳。

(五) 外国留学生之选派

中国派遣学生出洋求学,议始于同治十年,倡之者为曾国藩、李鸿章,而原发动者则容闳也。容闳于耶鲁大学毕业,已立志从事教育,使后之人亦有接受西洋文化之机会,将欧美学术,灌输于中国,使中国日趋于文明富强之境。在江南制造局日与丁日昌商教育计划,孜孜以选青年出洋留学为事。同治九年,日昌以江苏巡抚会办天津教案,因闳言屡与国藩商榷奏请选聪颖子弟出洋习艺,国藩深韪之。明年,致函总理衙门,得其允许。乃与鸿章联衔会奏曰:

> 窃臣上年在天津办理洋务,经前江苏巡抚丁日昌奉旨来津会办。屡与臣商榷,拟选聪颖幼童,送赴泰西各国书院学习军政船政步算制造诸书,约计十年,业成而归,使西人擅长之技,中国皆能谙悉,然后可以渐图自强。且谓携带幼童前赴外国者,加四品衔刑部主事陈兰彬、江苏候补同知容闳皆可胜任等语。臣国藩深韪其言,曾于上年九月、本年正月两次附奏在案。臣鸿章复往返函商,窃谓自斌椿及志

刚、孙家谷两次奉令游历各国，于海外情形亦已窥其要领，如舆图算法步天测绘造船制器等事，无一不与用兵相表里。凡游他国得有长技者，归即延入书院，分科传授，精益求精。其于军政船政直视为身心性命之学。今中国欲效其意，而精通其法，则当此风气既开，似宜亟选聪颖子弟，携往外洋肄业，实力讲求；以仰副我皇上徐图自强之至意。查美国新立和约第七条内载，嗣后中国人欲入美国大小官学习各等文艺，须照相待最优国人民一体优待。又美国可以在中国指准外国人居住地方，设立学堂，中国人亦可在美国一体照办等语。本年春间，美国公使过天津时，臣鸿章面与商及，允俟知照到日，即转致本国，妥为照料。三月间英国公使来津接见，亦以此事有无相询。臣鸿章当以实告，意颇心许。亦谓先赴美国学习，英国大书院极多，将来亦可随便派往。此固外国人所深愿，似于和好大局，有益无损。臣等伏思外国所长，既肯听人共习，志刚、孙家谷又已导之先路，计由太平洋乘轮船径达美国，月余可至，当非甚难之事。或谓天津、上海、福州等处，已设局仿制轮船枪炮军火，京师设同文馆，选满汉子弟，延西人教习。又上海开广方言馆，选文童肄业，似中国已有基绪，无须远涉重洋。不知设局制造，开馆教习，所以图振奋之基也；远适肄业，集思广益，所以收远大之效也。西洋学求实济，无论为士为工为兵，无不入塾读书，共明其理，习见其器，躬亲其事，各致其心思巧力，递相师授，期于月异而岁不同。中国欲取其长，一旦遽图尽购其器，不惟力有不逮，且此中奥窔，苟非遍览久习，则本原无由洞彻，而曲折无以自明。古人所谓学齐语者须引而置之庄岳之间，又曰百闻不如一见，此物此志也。况诚得其法，归而触类引申，视今日所为孜孜以求者，不更扩充于无穷耶？惟是试办之难有二：一曰选材，一曰筹费。盖聪颖子弟不可多得，必其志趣远大、名质朴实、不牵于家累、不入于纷华者，方能远游异国，安心学习，则选材难。国家帑项，岁有常额，增此派人出洋肄习之款，更须筹措；则筹费又难。凡此二者，臣等亦深知其难，第以成山始于一篑，蓄艾期以三年，及今以图，庶他日继长增高，稍易为力。爰饬陈兰彬等悉心酌议，加以复核；拟派员在沪设局，访选沿海各省聪颖幼童每年以三十名为率,四年计一百二十名,分年搭船赴洋,在外国肄业十五年后,按年分起挨次回华,计回华之日,各幼童不过三十岁上下,年力方强,正可及时报效。闻前闽、粤、宁波子弟亦时有赴洋学习者,但止图粗识洋文洋话,以便与洋人交易,为衣食计。此入选之初,慎之又慎。至带赴外国,悉归委员管束,分门别类,务求学术精到。又有翻译教习,随时课以中国文义,俾识立身大节,可冀成有用之材。虽未必皆为伟器,而人材既众,当有瑰异者出乎其中,此拔十得五之说也。至于通计费用,首尾二十年,需银百二十万两,诚属巨款。然此款不必一时凑拨,分析计之,每年接济六万,尚不觉其过难。除初年盘川发给委员携带外,其余指有定款,按年预拨交与银号陆续汇寄,事亦易办。总之图事之始,固不能予之甚吝,而遽望之甚赊,况远适异国,储才备用,更不可以经费偶乏,浅尝中辍。近年来设局制造,开馆教习,凡西人擅长之技,中国颇知究心,所须经费,均蒙谕旨准拨,亦以志在必成,虽难不惮,虽费不惜,日积月累,成效渐有可观。兹拟选带聪颖子弟赴外国肄业,事虽稍异,意实相同。谨将章程十二条恭呈御览,合无仰恳天恩,饬下江海关于洋税项下,按年指拨,勿使乏缺。恭候命下,臣等即饬设局妥慎办理。

原奏章程十二条,经总理衙门复奏修改后,曾国藩又将前奏所未及者,酌拟出洋应办事宜六条。兹并述其大意如后:

一、照会美国总统,一切入学事宜,悉按美国向章办理。

二、挑选幼童,不分满汉子弟,年十二岁至二十岁为率。选定后取具年貌籍贯及亲属甘结,收局注册,由沪局查考中学西学,分别教导,肄习以六个月为率,察看可以造就,方准资送出洋。出洋后肄习西学,仍兼讲中学,课以《孝经》、小学、五经及律例等书,随资高下,循序渐进。每遇房虚昴星等日,正副二委员,传集各童,宣讲《圣谕广训》,示以尊君亲上之义,庶不至囿于异学。每年八月发时宪书,逢三大节及朔望日,委员等率同幼童望阙行礼,以昭诚敬。

三、每年选送以三十名为率,四年计一百二十名。驻洋肄业十五年后,每年回华三十名,由委员胪列各人所长听候派用,分别奏赏顶戴官阶。此系官生,不准在外洋入籍逗遛,及私自先回遽谋别业。

四、委员应将学童肄业学校,列册登记,四月考验一次,年终分别等第,详载汇报。

五、学习一年后,如气性顽劣或不服水土,应由委员撤回,随时在旧金山华侨内募补。

六、正副委员月薪各四百五十两,翻译月薪一百六十两,公费每年六百两,来回川资每人七百五十两,学生制装及旅费七百九十两,每年学费等项各四百两,合计每年约须六万两(系平均数,若分年应用,参差不齐,如第四年竟至八万九千六百两,第十九年仅需二万三千四百余两。皆预先分析造报,以昭核实)。以二十年计,约需一百二十万两,由江海关洋税项下指拨。

章程既定。同治十一年,国藩奏调陈兰彬为正委员,容闳为副委员,常川驻美经理一切。五品衔监生曾恒忠为翻译,光禄寺典簿叶源濬为出洋教习。又以候补知府刘翰清总理沪局事宜。当时风气未开,第一批学生乃不足额。由容闳亲至香港,就西塾中遴选之,因此应征者多粤人。是秋放洋,驻居哈佛(Hartford)。光绪元年,第四批学生派遣赴美。陈、容旋被命为驻美、日、秘出使大臣及副大臣,另以区岳良、容增祥为正副委员。光绪六年,吴惠善(《近代中国留学史》作“吴子登”,兹据柳诒徵《中国文化史》引《留美学生小史》)为委员,其人好示威,接任后即召各生至署教训。学生于谒见时,不行跪拜礼,其僚友金某大怒,谓各生适异忘本,目无师长,固无论学难期成,即成亦不能为中国用。具奏请将留学生裁撤。容闳力争无效,卒于光绪七年将留学生一律撤回。但第一期学生留美者尚约十人。归国者有唐绍仪、梁敦彦、詹天佑等,后皆有显著之事业表现。此选派留美学生之大略也。赴欧洲留学,以光绪元年沈葆桢派遣福建造船厂学生刘步蟾、林泰曾、魏瀚、陈兆翱、陈季同五人随监督法人日意格同赴法国学习船政为最早。光绪二年李鸿章派天津武弁卞长胜等七人随教习德人李励协赴德学习陆军次之。但均为大员所派,非政府正式之选送。是年十二月,沈葆桢、李鸿章会奏选派闽厂前后学堂学生二十四名及艺徒七名,分赴英、法两国学习海军与制造。原留法厂实习之魏瀚、陈兆翱更入大学深造,并派候选道李凤苞为华监督,日意格为洋监督,带同随员马建忠、文案陈季同、翻译罗丰禄,以重责成。又定选派船政学生出洋肄业章程十条,关于管理及肄业游历实习各法,规定甚详。以三年为度,经费分年汇解,共需银二十万两,由闽省厘金筹四分之二,闽海关及船政经费各筹四分之一。是为第一次选派留欧学生。其后回国成绩优异者,有习驾驶之刘步蟾、林泰曾、蒋超英、方伯谦、萨镇冰等,习制造之魏瀚、陈兆翱、郑清濂、林怡游等,习开采镕炼之罗臻禄、林庆升等。而以习驾驶之严宗光(复)最为杰出,其介绍西洋文化,有名于时,事另见学术篇。

光绪七年,鸿章以整顿水师,研精船械,规模日扩,事事需才,又奏派船政前学堂学生八名、后学堂学生二名,共计十人,出洋肄业。是为第二次选派留欧学生。光绪十一年,鸿章又以闽省水师学堂前堂习制造,后堂习驾驶,现值倡练海军,驾驶之才,视制造为尤亟,驾驶为专门名家之学,未可卤莽从事,即制造亦宜力求精进,以期日起有功,因商请续选前堂学生十四人,后堂学生十人,及北洋舰队水师学堂中选取刘冠雄、郑汝成、沈寿堃等十人,共三十四名,分赴英、法、德三国,学习驾驶制造。由华监督周懋琦率领出洋。向例定限三年,为期太促,特将制造学生展限三年,驾驶学生每年展实习二月为六月,仍限三年学成。是为第三次选派留欧学生。以后即停止。光绪十六年,总理衙门奏准出使英、法、德、美、俄五国大臣,每届酌带同文馆学生二名,然系专资办文牍之员,自无暇分身肄业。至光绪二十一年,始准奏派学生分驻英、法、德、俄四国肄业,国各四名,月给薪水五十两。时值中日战后,留学日本之风方兴,而各省疆吏又多以自强为务,竞派学生出洋留学。清廷百务丛挫,遂不复注意及此矣。

六十八　李鸿章之维新事业

（一）鸿章对于维新之主张

自强运动发起于奕䜣，倡行于曾国藩，而始终任其事者则李鸿章也。鸿章初练淮军，即用洋枪，继办外交，只重现实，深以“若驻上海久，不能资取洋人长技，咎悔多矣”。其于同治三年春，致书总理衙门曰：

伏查泰西各国，明于制器尚象之理，而得其用，所凭借以横行海外者，尤以轮船与火器为最。火器之得力者，尤以炸炮为最。鸿章自抵沪以来，购买外洋各种军火，尽心研究，略知端倪。又雇募精巧匠人，留心仿制，近来稍有把握，惟所出子弹尚不及洋人之精。制弹用炮，其中皆有至当一定之理，非可浅尝而得。鸿章窃以为天下事“穷则变，变则通”。中土士大夫沉浸于章句小楷之积习，武夫悍卒，又多粗蠢而不加细心，以致所用非所学，所学非所用。无事则嗤外国之利器为奇技淫巧，以为不必学；有事则惊外国之利器为变怪神奇，以为不能学。不知洋人视火器为身心性命之学者，已数百年，一旦豁然贯通，参阴阳而配造化，实有指挥如意，从心所欲之快。其演习之弁兵，使由而不使知。其创制之员匠，则举国尊崇之，而不以曲艺相待。中国文物制度，事事远出西人之上，独火器万不能及，其故何由？盖中国之制器也，儒者明其理，匠人习其事，造诣两不相谋，故功效不能相并，艺之精者，充其量不过匠目而止。洋人则不然，能造一器为国家利用者，以为显宦，世食其业，世袭其职。故有祖父习是器而不能通，子孙尚世习之，必求其通而后止。上求鱼，臣干谷，苟荣利之所在，岂有不竭力研求，穷日夜之力，以期至于精通而后止乎？前者英、法各国，以日本为外府，肆意诛求，日本君臣，发愤为雄，选宗室及大臣子弟之聪秀者，往西国制造厂师习各艺，又购制器之器，在本国制习。现在已能驾驶轮船，造放炸炮。去年英人虚声恫喝，以兵临之，然英人所恃为攻战之利者，彼已分擅其长，用是凝然不动，而英人固

> 无如之何也。夫今之日本,即明之倭寇也,距西国远而距中国近,我有以自立,则将附丽于我,窥伺西人之短长;我无以自强,则并效尤于彼,分西人之利薮。日本以海外区区小国,尚能及时改辙,知所取法;然则我中国深维穷极而通之故,夫亦可以皇然变计矣。抑犹有虑焉者:中国残寇未灭,外国不拘官民,窃售利器,倘山陬海隅,有不肖之徒,潜师洋法,独出新意,一旦辍耕太息,出其精能,官兵陈陈相因之兵器,孰与御之?鸿章所为每念及此,不禁瞿然起立,慨然长叹也。杜挚有言曰:"利不百不变法,功不十不易器。"苏子瞻曰:"言之于无事之时,足以为名,而恒苦于不信;言之于有事之时,足以见信,而已苦于无及。"鸿章以为中国欲自强,则莫如学习外国利器;欲学习外国利器,则莫如觅制器之器,师其法而不必尽用其人。欲觅制器之器,与制器之人,则或专设一科取士。士终身悬以为富贵功名之鹄,则业可成艺可精,而才亦可集。京城火器营尤宜先行学习炸炮,精益求精,以备威天下,御外侮之用。鸿章去年复书,曾拳拳及此,今又详布颠末,亦以明问所及,必有鉴于已然,而防其未然,且思尽其所以然也。

鸿章对于国际之认识,较一般人为高。彼知洋人视火器为身心性命之学者数百年,一旦豁然贯通,参阴阳而配造化,实有从心所欲之快。此即谓西洋科学文明,皆有至当一定之理,可以窥天地之奥窔,而非浅尝粗蠢者所能及也。如欲自强,非学西洋不可,尤非变更科举之方法,设一科以取士,士终身悬以为富贵功名之鹄不可,见解相当彻底。尤其鸿章已看出日本维新之意义(此时明治尚未即位,而日本已趋向维新),如我能自强,则将附丽于我,如我不能自强,则将分西人之利薮,直接向我侵略。人能发愤为雄,我必皇然变计,穷变则通,此其时矣。可惜只知西洋以轮船火器为最,尚不能考究西洋科学之发达,其历史背景何在?其精深理论何在?仍谓中国文物制度,事事出西人之上,是只见其枝叶之茂,而不明其根深宁极之理也。其奏请设立江南制造局之末段有云:

> 中国文物制度,迥异外洋獉狉之俗,所以郅治保邦,固丕基于勿坏者,固自有在;必谓转危为安,转弱为强之道,全由于仿习机器,臣亦不存此方隅之见。顾经国之略,有全备,有偏端,有本有末,如病方亟,不得不治标,非谓培补修养之方即在是也。……臣于军火机器,注意数年,督饬丁日昌留心仿求又数月,今办成此座铁厂,当尽其心力所能及者而为之,日省月试,不决效于旦夕,增高继长,犹有望于将来。庶几取外人之长技以成中国之长技,不致见绌于相形,斯可有备而无患,此臣区区之愚诚所觊幸者也。

可见鸿章之意见,尚以外洋獉狉之俗,不如中国之文物制度,惟急则治标,庶取外人之长技,方可有备无患耳。其思想始终不出军事范围,不外治标之方,于西洋之教育、文化、政治,全无所了解。故梁任公先生谓:“知有兵事而不知有民政,知有外交而不知有内务,知有朝廷而不知有国民,知有洋务而不知有国务。”简言之,即知末而不知本。盖鸿章之所谓本,乃中国文物制度,“所以郅治保邦,固丕基于勿坏者”也。郭嵩焘早知此非救国之道,故屡函鸿章言之,如光绪三年在伦敦驻使任上发书云:

> 日本在英国学习技艺者二百余人,各海口皆有之,而在伦敦者十九人,嵩焘所见有二十人皆能英语。有名长冈良之助者,故诸侯也,自治一国,今降为世爵,亦在此习法律。其户部尚书恩屡叶欧摩,至奉使讲求经制出入,谋尽仿行之。……而学兵法者绝少。盖兵者末也,各种创制皆立国之本也。中堂方主兵,故专意考求兵法。愚见所及,各省营制,万无可整顿之理,募勇又非能长也。正虑殚千金之技以学屠龙,技成无所用之。嵩焘欲令李丹崖携带出洋之官学生,改习相度煤铁炼冶诸法,及兴修铁道电学,以求实用。仍饬各省督抚多选少年才俊资其费用,先至天津、上海、福建各机器局,考求仪式,通知语言文字,而后遣赴外洋,各就才质所近,分别研习。

郭氏以为派遣留学生,不应只学兵事,以西人所长,固不徒在船坚炮利也。日本留学生有三特点：其一人数多，其二有诸侯世爵，其三习教育政法，而学兵者绝少。皆足为吾人取法。故嵩焘请鸿章转饬各省多派学生，各就才资所近，分别研习。总之，其以西洋之文明，有各种创制为之本，而非全在兵事。鸿章答书云："鄙人职在主兵，亦不得不考求兵法。……兵乃立国之要端，欲舍此而别求其大者远者，亦断不得一行其志，只有尽其力所能为而已。"此可看出鸿章知有兵事而不知有民政，知有洋务而不知有国务之苦衷，以远者、大者，亦断不得一行其志也。盖当时京朝士大夫多以反对洋务为高，以学习洋书为耻，顽固派之势力，借慈禧、奕譞而抬头，虽恭亲王亦无可如何。鸿章与奕䜣、文祥谈后，仅得首肯目笑，即太后亦不能办，故"闭口不言"矣。尚能望其大刀阔斧，从事革新，以自取罪戾哉？

（二）鸿章所办之洋务

鸿章认识洋务，最初由于运输之轮船与助攻之大炮，故其致曾国荃书云："此间于三月望日，克复太仓，实借戈登大炮之力。程方忠督所部逼扎昆山城下，该逆死拒不出。中隔大河，无法攻打，仍须参用开花炮或可得手。"又致国藩书云："洋务最难措手，终无办法，惟望速平贼氛，讲求洋器。中国但有开花大炮、轮船两样，西人即可敛手。日本小国，现与英人构衅，提督纠伯临之以兵，日本君臣欲与开仗，纠酋一再展期，此明证也。"就此两书即可知其倾心西法之精神，只在炮、船二事。有炮、船即可使西人敛手，此盖由海防之需要而来，"师夷之长技以制夷"，在海防运动时期，亦同持此口号也。所谓新式设备之海防，即国防近代化之义，国防近代化之条件极多：第一，必须近代化之军器，所以有兵工厂及江南制造局之设立；第二，必须有技术人才，使用机器，所以有学堂及派遣学生出洋留学；第三，必须有近代化之交通，所以设船厂、电报局，并建筑铁路；第四，新式国防比旧式费用增多，以中古式之生产，不可能负担近代化之国防，所以要经营运输事业，创立织布、纺纱、制呢、造纸诸厂，以挽回利权，开煤矿、金矿以增加收入。虽属步步推进，但无整个计划，只知机器为新工业之推动力，如御史曹秉哲所言："方今之务，以海防为最要。泰西各国，凡织布匹、制军械、造战舰，皆用机器，故日增富强。”是以鸿章所创设之新事业，咸不出此范围。兹将光绪二十年以前之维新事业列表如下：

同治元年（一八六二）　李鸿章设西洋炮局三所，同时总理衙门设立北京同文馆。

同治二年（一八六三）　李鸿章立广方言馆于上海，同时广东亦设立。曾国藩派容闳赴美采购机器。

同治四年（一八六五）　曾、李设江南制造局于上海，附设译书局。

同治五年（一八六六）　左宗棠设造船厂于福州，附设船政学堂。

同治九年（一八七〇）　李鸿章就崇厚原设天津机器制造局扩充整顿。

同治十一年（一八七二）　曾、李选派学生赴美留学，每年三十人，四年共派一百二十人。以陈兰彬、容闳为正副委员，经管一切。

同年（一八七二）　李鸿章设轮船招商局。

光绪元年（一八七五）　李鸿章筹办铁甲兵船。沈葆桢派福建船政学生随法人日意格赴法实习。

光绪二年（一八七六）　李鸿章派军官卞长胜等七人，随教习李励协赴德学陆军。

同年（一八七六）　沈葆桢、李鸿章选派船政前后学堂学生及艺徒三十名赴英、法学习海军与制造。

光绪三年（一八七七）　李鸿章设开平矿务局。

光绪四年（一八七八）　左宗棠设甘肃织呢总局。

光绪六年（一八八〇）　李鸿章设水师学堂于天津。设电报局，请修铁路。

光绪七年（一八八一）　李鸿章奏派船政前后堂学生十名，出洋留学。创设公司船赴英贸易。

光绪八年（一八八二）　李鸿章筑旅顺军港，议设上海机器布厂。

光绪十年(一八八四)　李鸿章续选船政学生二十四名,北洋舰队学堂选取十名(黄裳吉一名未行)出洋深造。后堂学生专赴英国学习驾驶。

光绪十一年(一八八五)　李鸿章设天津武备学堂。

光绪十三年(一八八七)　李鸿章开办黑龙江漠河金矿。

光绪十四年(一八八八)　李鸿章设立北洋海军。

光绪十六年(一八九〇)　张之洞创设大冶铁厂与汉阳兵工厂。

光绪十七年(一八九一)　李鸿章设伦章造纸厂于上海。

光绪十八年(一八九二)　李鸿章成立上海织布局。

光绪十九年(一八九三)　李鸿章设机器纺织总局。张之洞设湖北织布、纺纱、制麻、缫丝四局。及针钉厂,毡呢厂。

光绪二十年(一八九四)　湖北设聚昌盛昌火柴公司,多属官股。

在自强运动中所建设之新事业,大致不外上表所述,其中十分之八九皆鸿章所经营。鸿章所谓"三千年来一大变局",诚能认识时代,较一般士大夫之见解高明多矣。其所以不能作彻底的改革,如早年之思变科举制度,盖一则为数千年之思想习俗义理所困,一则为当时顽固守旧派之反对,未克尽行其志。然至今遗泽仍有巍然独存者,即招商局是也。

(三)轮船招商局之创立

福建造船厂及江南制造局所造之轮船,多系军舰,运船甚少,前述永保、海镜、济安、琛航、大雅五运船虽成,绝未闻有代商运货或代运官漕之事。且有时作兵船之用,或往来闽、台作官运,如同治十三年安澜兵舰及大雅运船,在台湾安平、旂后遭风沉没,可想见矣。曾国藩曾饬沪局另造商船四五只,后皆拨归招商局。是以中国长江外海贸易,全被洋人轮船占尽。道员许道身、同知容闳创议华商造船章程分运漕米兼揽客货,经曾国藩、丁日昌寄请总理衙门核准,饬由江海关道晓谕各口商人试办,日久因循未有成局。同治十一年七月,海运委员知府朱其昂有鉴于此,特拟招商

章程二十条,意在官商合办。经鸿章专折奏闻,得旨允许。兹录是年十一月鸿章致总理衙门函,即可见其梗概。书略云:

本年七月间曾饬据南省海运委员熟悉情形之知府朱其昂等酌拟招商章程二十条,其大意在于官商合办,以广招徕,期于此事之必成,而示众商以可信。当经录咨贵衙门察核,并钞咨南洋大臣札行沪道,仍饬该守朱其昂于海运事竣,回沪会同妥商。嗣沪局各道以官厂现无商船可领,迟疑不决。而朱其昂等尤虑将来官局所造商船未能合式。诚如钧谕,造者之心思,与用者之利钝未能一意相承,且待造成再行招商,亦断不能以一二船取信于众而争先承租。莫如仍循往年许道身、容闳原议,先招华商将素所附搭洋行之船只资本渐渐折归官局,俟试行有效,则官造商船,自可互相观摩,随时给领。现届江、浙海运米数日增,沙宁船只日少,得有华商轮船分运,更无缺船之虞。是一则为领用官船张本,一则为搭运漕粮起见,于国计固有裨益。又中国长江外海生意,全被洋人轮船夹板占尽。近年华商殷实狡黠者多附洋商名下,如旗昌、金利源等行,华人股分居其大半。闻本利不肯结算,暗受洋人盘折之亏,官司不能过问。若正名定分,立有华商轮船公局,暂准照新关章程完税免厘略予便宜,至揽载货物起岸后,仍照常捐厘,于饷源无甚窒碍,而使华商不至皆变为洋商,实足尊国体而弭隐患,尤为计之得者。前曾文正及雨生等迭经批准,未即果行。鸿章以为若不及时试行,恐以后更无必行之日。因姑允朱其昂等所请,准令设局试办。并由津海关陈道,天津丁道,议复准照苏、浙典商借领练饷制钱定章,借拨钱二十万串以为倡导。嗣据朱其昂、李振玉等会同设局,叠次禀称各帮华商纷纷搭股,现已陆续购集坚捷轮船三只,所有津沪应需栈房码头及保险各事,分装海运米数,均办有头绪。并由鸿章咨准江、浙,分运明年漕米二十万石。筱宋制军暨沪关沈道等缘未深悉底里,初尚游移,旋经鸿章详晰告知,均各释然。振轩昨已缄复照行,谅无掣肘之虑。用敢将此事原委,专折陈明,并备文咨呈水部外。朱其昂等另议商局条规,照钞呈览,大致似尚公允。此事现属试办,如有未尽妥洽之处,当随时督令察酌改定。目下既无官造商船在内,自无庸官商合办。应仍官督商办,由官总其大纲,察其利病,而听该商董等自立条议,悦服众商,冀为中土开此风气,渐收利权。将来若有洋人嫉忌,设法出头阻挠,应由中外合力维持辩论,以保护华商。伏祈加意主持,使美举不至中辍为幸。至闽厂未成船只,似无商船式样。沪厂拟造商船,现因续造兵船,尚未筹及。其应如何变通尽利之处,尤在当事续行妥筹,合并复陈。

招商局成立之初,因闽厂、沪厂无船可拨,已改官督商办。以朱其昂主其事,道员盛宣怀佐之。其昂以胡光墉、李振玉等招徕商股,宣怀亦援粤人唐廷枢、徐润为董事。原仅轮船三艘,粗具规模。继而承领闽、沪两厂商船又增购至十二艘。光绪三年,旗昌洋行以轮船十八艘售与招商局,需银二百数十万两,商本无几,不足以应。宣怀说江督沈葆桢以国防大计、江海利源,葆桢拨款百万以济。更假直隶、江苏、江西、湖北、东海关官款百九十万两有奇。事后募商股,仅得四万,以故资本过巨,收入转微。每月竟亏五六万两,御史董儁翰言招商局船多货少,揽载之资,不敷经费,宜量为变置,使所出之数不至浮于所入也。六年,祭酒王先谦请整顿招商局,语涉宣怀。疏下江督刘坤一,坤一言宣怀有意欺谩,请夺其职,以官款概作官股,不报。鸿章筹划整顿,以唐廷枢、徐润总理其事,每年结账,分晰开列清册,听股东阅看。所借官款,由运漕水脚,分年扣还。并推广营业范围,至南洋、日本及美国旧金山、檀香山。光绪七年,粤人梁云汉等设肇兴公司于伦敦,船政大臣黎兆棠实肇斯议,鸿章力赞之,至是欧、美皆有吾国商轮前往矣。先是,招商局成立,英商怡和、太古两洋行忌之,极力倾挤,故减运价,以致招商局有不支之势,赖李鸿章尽力维持,除漕运外,滇铜、蜀木、晋粮,皆由局船经营其事。至光绪三十三年与怡和、太古订利益均享之约,始免倾挤,而其利渐著云。

(四) 鸿章同时之新学家

在鸿章同时主张维新之学者,除郭嵩焘外,尚有冯桂芬、薛福成、王韬、何启、胡礼垣、郑观应等。桂芬字林一，号景庭，江苏吴县人。道光二十年一甲二名进士，授编修。二十四年，充广西乡试正考官。读书目数行下，讲求经济，与陈庆镛、姚莹、赵振祚、曹懋坚、张穆等相切劘。咸丰初，江督陆建瀛聘修《盐法志》。太平军陷金陵，奉旨与程廷桂等同办团练事。六年，迁右中允。苏省陷，吴人倡议乞援曾国藩，书即桂芬所草也。国藩尝言"东南大局，不出桂芬一纸书"云。桂芬于未入仕前，曾佐陶澍幕，为林则徐门生，受其影响。又居上海久，既感触时事，乃著《校邠庐抗议》四十八篇，参以杂家，佐以私臆，甚至孱以夷说，如善驭夷、采西学、制洋器、设立同文馆、重专对、筹国用、兴水利、筹国有、垦荒诸议。大略谓："今之天下，非三代之天下可比，世变之亟，甚于春秋。西人算学、重学、光学、化学，皆得格物之理，多为中人所不及，应取其长，辅我所有。如说攘夷，必实有以攘之，非虚骄之气也。我不如人，必求所以如之，人无弃材不如夷，地无遗利不如夷，君民不隔不如夷，名实必符不如夷，四者道在反求，惟皇上振刷纪纲，一转移间耳。"又谓："驭夷之道不讲，宜战反和，宜和反战，而夷务坏。忽和忽战，而夷务坏；战不一于战，和不一于和，而夷务更坏。今既议和，宜一于和，坦然以至诚待之，猜嫌疑忌之迹，一切无用。"对自强运动，主张选拔人才，改革教育，注重选举，变更科举。盖已由洋务而进为时务矣。曾国藩谓自是名儒之论。光绪帝之变法图强，即受其影响甚大。薛福成字叔耘，江苏无锡人。以副贡生参曾国藩幕府，积劳至知州。光绪初年，上治平六策，又密议海防十事。总税务司赫德喜言事，总署议授为总海防司，福成上书力争乃止。八年朝鲜乱，张树声代李鸿章督直，闻变将谍总署奏请发兵，福成虑缓则蹈琉球覆辙，请速发军舰东渡援之。乱定以功迁道员。十年任宁绍台道，统摄防军，布防海口，法军不得逞。十四年除湖南按察使。明年改三品京堂出使英、法、义、比四国。二十二年归至上海卒。福成《出使日记》云："昔郭筠仙侍郎每叹西洋国政民风之美，至为清议之士所抵排，余亦稍言其言之过当。以询之陈荔秋中丞，黎纯斋观察，亦谓其说不诬。此次东来欧洲，由巴黎至伦敦，始信侍郎之说，当于议院、学堂、监狱、医院、街道征之。征之同人，有谈美国风俗之纯厚者，余谓泰西诸国，在今日正为极盛之时，固由气数使然。然开辟之初,户口未繁,元气未泄,则人心风俗,自然纯厚。盖美洲之开辟,后于欧洲,欧洲之开辟,又后于中国。而欧洲各国之中,开辟有先后,故风俗亦有厚薄。美利坚犹中国之唐、虞时也。俄罗斯犹中国之商、周时也,英吉利、德意志犹中国之两汉时也,法兰西、意大利、西班牙其犹中国之唐、宋时乎?若法人意气嚣张,朋党争胜,则几似前明之世矣。”又谓:“世变无穷,御变之道,亦与之无穷。”力主生今之世,不能泥古之法,宜厉人才,整戎备,浚利源,重使职,于保商安民除旧布新之道,恒惓惓焉。福成之新思想,虽因其身处国外,亦颇受郭嵩焘、曾纪泽之影响,惟不如郭、曾二人之急进,故所言尚有相当保留耳,至王韬则不同矣。

韬初名畹,字紫铨,吴县诸生,少居粤东,通西学,有识略。壮岁返里,亦尝与外国教士交游。上海道吴煦,令华尔募壮勇而雇洋人领队,教以西法,练习火器,号为常胜军,即韬所建议也。李秀成破苏州,韬上书其部将逢天义刘某,陈攻取上海之策,应与西人言和,许其不攻,分扰四围以坐困之。洋人来修好,然后胁之使献上海,此策之上者。如欲急得,则宜饰精兵为难民,赁屋洋场,中夜一呼,应者四起,洋人计惟登舟逃逸,而上海垂手得矣。上海既得,然后招回洋人而厚待之,仍可使为我用。时秀成势日蹙,不能用其计。同治元年二月,清军攻下七堡垒,搜获此书,薛焕奏闻,今《太平天国文书》所影印者,即其原书也。鸿章至沪,下令大索,韬遂遁迹南洋,办星洲报馆,自号天南遁叟。久之,回香港,主《循环日报》笔政。其洞达外情,鼓吹改革,尝言:“今日欲办天下事,必自欧洲始。以欧洲诸大国富强之纲领,制作之枢纽,舍此无以师其长,而成一变之道。……道贵乎因时制宜。日本一切制度,概法乎泰西。中国急需改变取士、练兵、学校、律例四种旧制。更为今日时务之急者,首在收拾人心,因民之利而导之,顺民之志而适之。”彼对以往之新政,谓止能为民祸而不能为民福,能为民害而不能为民利。盖其意改革当在制度而不在军器也。后回沪任格致书院山长,又入申报馆主笔政,卒年七十八。孙中山先生与之相识,《上李鸿章书》即曾与韬及郑观应有所商酌。在同时稍后之何启、胡礼垣、郑观应宣传变法尤力。何启游学英国十余年,文理法医无所不学,回国后居香港,任议政局议员,创雅丽氏(Alice)医院及香港西医书院。启受西洋文化薰陶至深，又富爱国心，著论力主改革政法。国父曾就读西医书院，颇受其影响，革命亦得其助力。胡礼垣学于香港大学，为何启之同道好友，二人合著《新政真铨》，对英国之法治民主精神，备加阐扬。立宪思想之传播，实以是为权舆也。郑观应所著《盛世危言》，持论亦与何、胡相同，均谓："君民共主，权得其平。"盖以在专制政体下，不敢公言民主共和，只得言君主立宪矣。当时人对西洋文化之本体，尚未能十分了解，辄侈谈西洋之所长为艺，而中国之所长为道，中学治身心，西学应世事。以后张之洞著《劝学篇》，以"中学为体，西学为用"之说号召天下，即仍不出于李鸿章治标治本之说也。何、胡皆谓："西学本身体用兼具，泰西立国，上有清平之法度，下有平恕之民情，而富强之体已传。中国之积弱，在于本原未立，不仅在艺器之具未具，中国真忧之所在，乃政令之不修，而风俗之颓靡。民权实立国之真正要议。政者，民之事而君办之，非君之事而民办之。事既属乎民，则主亦属乎民。"诸人对欧洲自由主义及天赋人权学说，均能领会宣传，以破除君主专制之流弊，特取英国以为法者，以英国为君主立宪制耳。此皆足为戊戌维新开其先河也。同治十二年，李宗羲督两江，上疏云："臣闻自古觇国势者，在人材之盛衰，不在财用之赢绌；在政事之得失，不在兵力之强弱，未闻以器械为重轻也。且西人所以强者，其心志和而齐，其法制简而严，其取人必课实用，其任事无欺诳侵渔之习，其选兵甚精，故临阵勇敢而不畏死。不察其所以强，而徒效其器械，岂足恃哉？"可见同治末年，疆吏均已有由炮船进而进言政治之智识矣。惟实行则尚有待耳。